街头健身

STREET WORKOUT & CALISTHENICS
TRAINING GUIDE

训练指南

刘家亨 黄睿泽 著

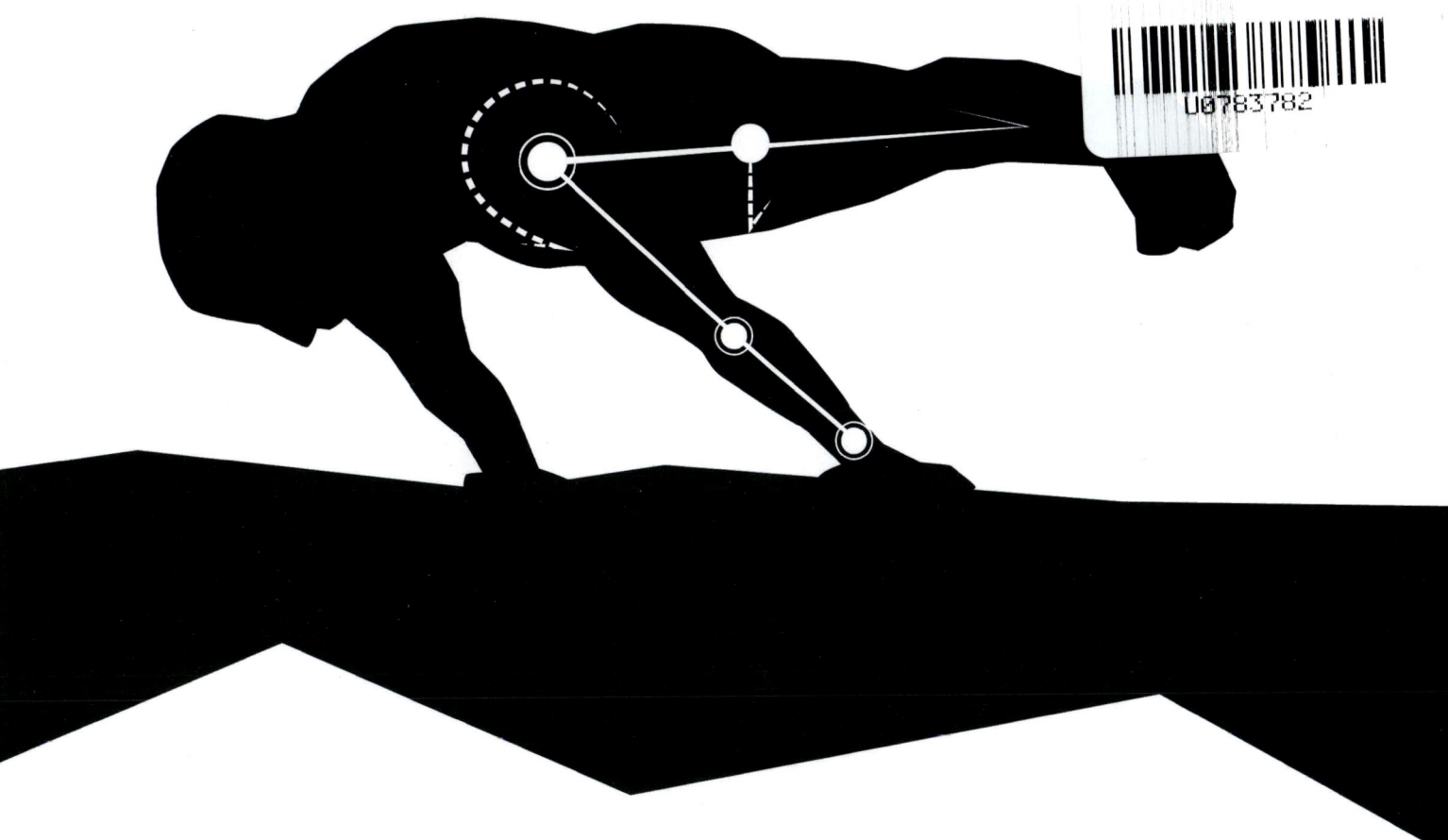

华中科技大学出版社
http://press.hust.edu.cn
中国·武汉

图书在版编目（CIP）数据

街头健身训练指南 / 刘家亨，黄睿泽著 . -- 武汉：华中科技大学出版社，2024.9

ISBN 978-7-5772-0758-2

Ⅰ . ①街… Ⅱ . ①刘… ②黄… Ⅲ . ①健身运动－指南 Ⅳ . ① G833-62

中国国家版本馆 CIP 数据核字 (2024) 第 078186 号

街头健身训练指南
JIETOU JIANSHEN XUNLIAN ZHINAN

刘家亨　黄睿泽　著

出版发行：华中科技大学出版社（中国 · 武汉）　　　　电话：(027) 81321913
　　　　　武汉市东湖新技术开发区华工科技园　　　　邮编：430223
出 版 人：阮海洪

策划编辑：段园园　　　　　　　　　　　　　　　　责任监印：朱　玢
责任编辑：陈　骏　　　　　　　　　　　　　　　　装帧设计：黄睿泽
责任校对：刘　竣

印　　刷：湖北金港彩印有限公司
开　　本：889 mm×1194 mm　1/16
印　　张：16
字　　数：256 千字
版　　次：2024 年 9 月第 1 版 第 1 次印刷
定　　价：238.00 元

投稿热线：13710226636（微信同号）

本书若有印装质量问题，请向出版社营销中心调换

全国免费服务热线：400-6679-118 竭诚为您服务

前言

街头健身（后文简称街健），是一项新兴的以自重徒手健身为基础，挑战身体极限的运动。这项运动可以随时随地训练，广受人民群众的喜爱。不论是年轻人还是老年人、男人或女人，都可以加入街健运动的大家庭。

本书旨在为街健运动建立一个相对完善的训练体系，从基础的人体运动知识开始，再到周期训练规划，配合丰富的营养学知识，以帮助大家更高效、更安全地进行锻炼。希望通过大家的共同努力将国内街健运动的整体水平不断提高，推动其逐步走向世界前列。

本书内容特点如下。

·本书大篇幅地剖析了自重训练的底层原理，通过层级化训练金字塔、周期训练计划的设计，深入浅出地进行讲解。

·本书通过训练学、生理学原理（已取得了相关大型优秀机构的内容授权），结合街健的特点设计出一整套简单、高效的训练计划。

·本书内容由浅入深，用通俗易懂的语言讲解训练计划的底层原理，让读者不仅仅记住了结论，更让读者在脑海中形成街健的相关知识体系，能真正地读懂、学会，并在实际的训练中应用这些知识。

·本书配上了 500 多张生动的彩色图表，结合文字，力求让读者借助图文结合的内容进行可视化学习，帮助读者记忆和理解。

·本书色彩搭配遵循了特定的逻辑，注重色彩语言。有关训练强度和训练难度的图片遵循了金字塔层级的配色逻辑，这样可以更容易让读者形成记忆。

·本书内容全面，包含了广义上的训练知识（即训练、营养、恢复）。只有把"训练→营养→恢复"这一套系统理解到位，最终的效果才能更上一个台阶。

由于时间有限，本书内容难免有所缺漏，欢迎大家提出改进意见，我们一定会不断完善。

四方力量街头健身团队

2023 年 8 月

目录

很多人觉得科学系统的训练方法是高深莫测的。一堆复杂的肌肉解剖图、各种"每个字都懂，但是连在一起就看不懂"的专业术语、各种令人眼花缭乱的数据和图表，给读者造成了困扰，一旦应用到实际训练中就无从下手。这也导致了很多健身爱好者认为自己不需要这么复杂的理论，随便练练就好。这是当今健身人群伤病多、总体水平不高的主要原因。

但如果系统科学的训练方法也能通俗易懂呢？

当前市面上的健身类书籍存在"两极分化"的问题：专业的书籍内容非常系统全面，但是理解门槛非常高，对新手不友好；而大众读物内容往往比较碎片化，或者给出计划但是没有告诉你怎么设计，导致应用到训练中只能生搬硬套，又或者是训练计划多为短期计划，并没有反映出整体的训练逻辑，毕竟一个计划练一段时间后你就会变强，就需要进阶了。

而本书是用简单通俗的语言，配合大量可视化的图片讲解，来教你一步步认识什么是训练，设计训练计划的底层逻辑是什么，如何去设计属于自己的周期训练计划。

本书并没有深入讲解复杂的解剖学原理，因为街健运动模式并不复杂，我们只需要知道基本的运动平面、关节功能就能去研究运动模式。当然，如果读者有解剖学基础，那学习起来也会更容易一些。

本书整体框架清晰，为大家设计了训练金字塔，每层金字塔都代表着不同能力和阶段，每个阶段都有相应的颜色。我们利用颜色作为线索，对于训练动作难度、供能系统、营养等内容，全部采用了相通的配色方案，这样我们通过颜色就能把知识点全部串联起来。

本书用通俗易懂的语言解释了大量的专有名词。专有名词其实没有多神秘，它更多的是为了统一表述方式，避免因不同人群的不同表述产生歧义而制定出来的标准。本书中每一个专有名词都会有通俗风趣的讲解，定会让您会心一笑。

大量的文字通常会造成阅读压力和理解障碍。本书别出心裁地采用了视觉化的方法，配了色彩丰富、极其有趣的插图，每张插图都是站在一个"新人、小白"的角度进行设计，确保每个人都能看得懂而且觉得有趣。

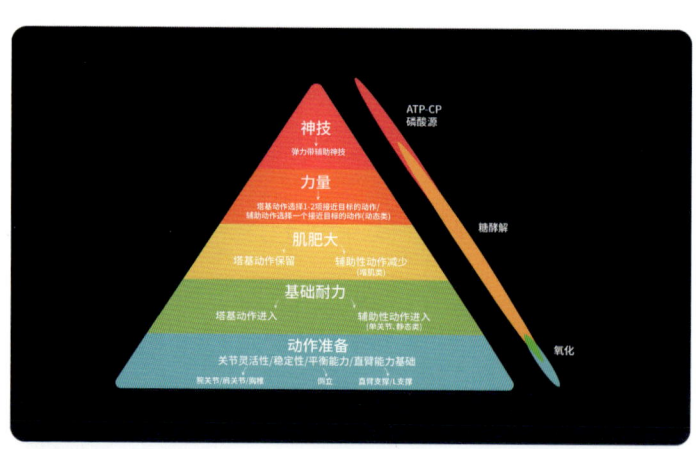

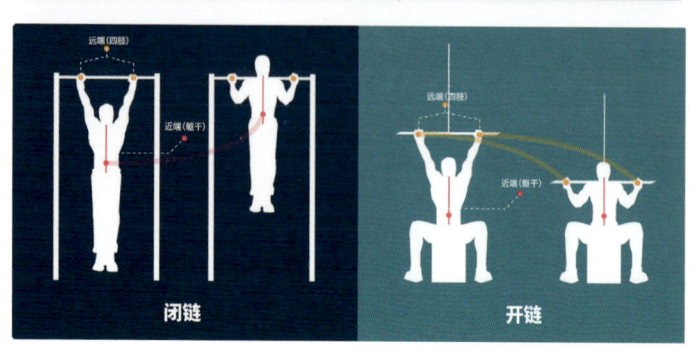

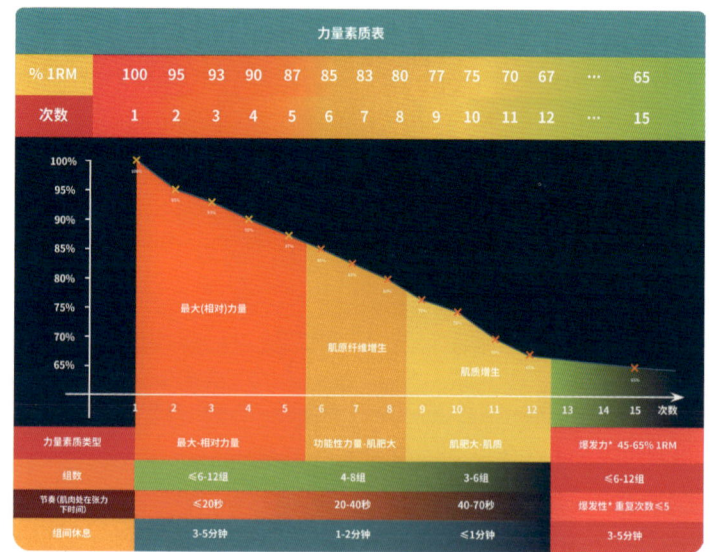

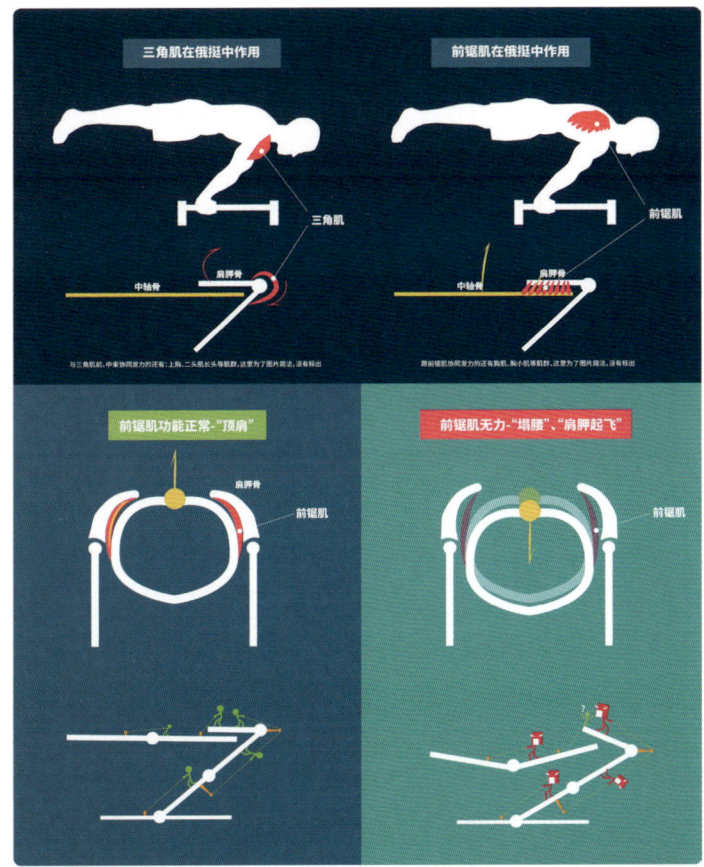

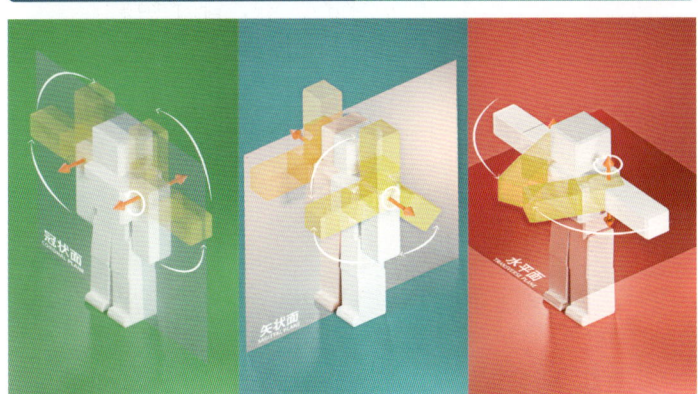

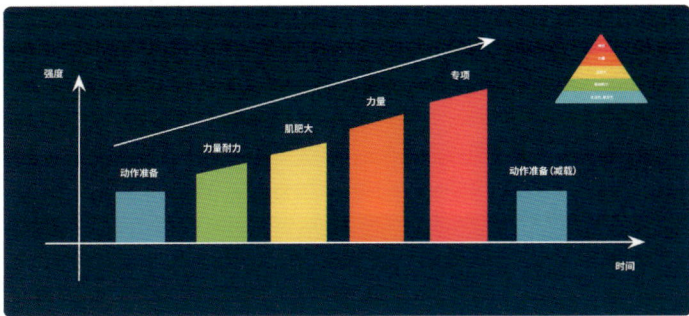

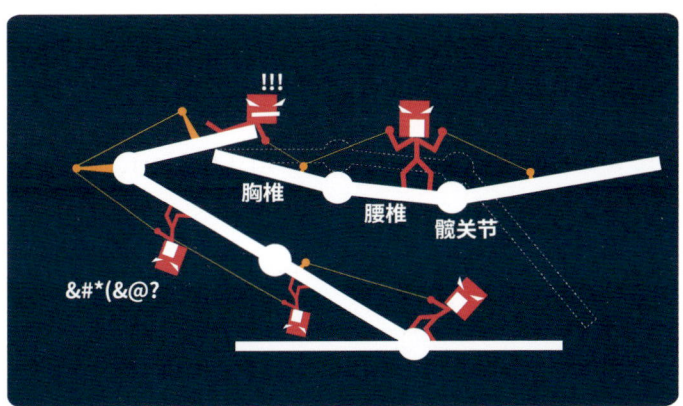

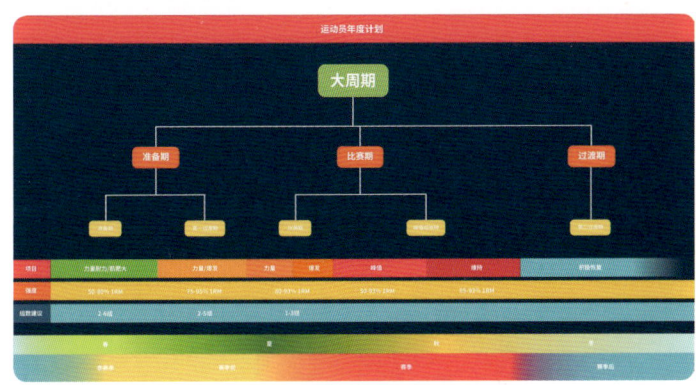

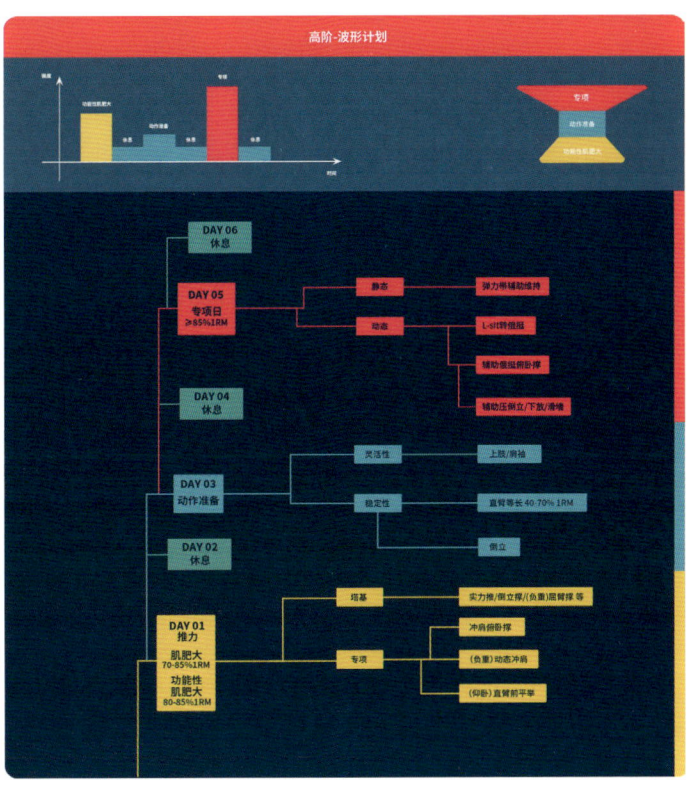

本书强调了营养和恢复的重要性。训练、营养、恢复这三者是密不可分的，只有都做到位才能算是真正意义上的训练。本书系统性地讲解了训练、营养、恢复这三大模块，每个模块都深入浅出、环环相扣，让知识在脑海中真正地形成系统，让读者做到全方位的高效训练，不留遗憾。

一　街头健身本质及特点

街健的全称是街头极限健身，属于极限运动的一种，所需的训练器材极少，借助随处可得的器材（经常只靠一根单杠）就能完成大多数动作；其精髓在于以自己的身体为阻力，随时随地进行锻炼，开发身体的极限体能。锻炼的内容也比较自由，且通常以难度较大、形式炫酷的自身动作为主。

分支 / 流派

老派（Old School）

老派又可以称为基础派。他们的训练方式以俯卧撑和引体向上等耐力、变式及组合动作为主，其中也不乏神技的展示（见图1.1）。

图1.1　老派玩家。

这类老派训练者往往拥有更为硕大的肌肉。他们能通过简单的训练方式练出强大的耐力和身体掌控能力，可以说是把自重耐力玩到极致的一群人。

另外还有专门玩花式俯卧撑和引体漫步的爱好者，在这里我们暂且把他们也归为这一类。

静态力量（Statics）

静态力量是现阶段主流的玩法。

由于花式的风险较大，很多人会敬而远之，但是静态力量是可以做到"只要给我一双手，我就能练出强大到不可思议的神技"的玩法（见图1.2）。

图1.2　静态力量玩家。

静态力量主要是俄式挺身（后文简称为俄挺）和前水平以及两者的进阶变式和组合训练，往往会配合音乐节奏来达到一定的艺术效果和强大的视觉冲击力。

本书以介绍静态力量为主。

当然，这里的"静态"主要是相对于花式的"动态"而言，其实静态力量侧重点应该在"力量"二字上。虽然俄挺、前水平等基础神技是静态维持的，但它们很多的进阶动作都是"动静结合"的，例如俄挺俯卧撑、压倒立、前水平引体等。所以静态只是相对的静，重点还是在于超乎常人的力量表现。

花式（Dynamics）

花式可以说是街健中较炫丽的玩法了。通过利用惯性以及爆发力将身体抛向空中，在这转瞬即逝的滞空时间中，选手需要做出各种越杠、转体、空翻甚至是组合的动作（见图1.3）。

图1.3 花式玩家。

这是需要具有极强身体素质的项目，因为除了力量，还要有爆发力、变向能力、制动能力等一系列素质。所以花式，尤其是 A 级以上的花式，需要健身爱好者具备非常强大的关节强度和灵活性。

由于花式的复杂性，本书暂不做过多讲解，但会在运动员周期计划中加入花式训练的科学安排方式。

全能（Free Style）

全能需要一个选手兼具静态力量和花式动态的能力。现阶段几乎所有主流大赛都是全能赛。

全能就意味着既需要有强大的力量还要有强大的协调能力。这要求健身爱好者制订科学合理的训练计划来使自己全面发展。当然还需要有制定比赛战术策略的能力，让自己的特点能在比赛中取得优势并获胜（见图1.4）。

图1.4 全能玩家。

街头力量举（Street Lifting）

街头力量举是街健和健力（力量举）特点融合的项目。

街头力量举项目主要是负重臂屈伸和负重引体，区别于传统健力三大项（卧推、深蹲、硬拉）。负重臂屈伸和负重引体这两个项目也是街健的塔基动作（塔基动作后面会详细介绍）。这两项练得不错的选手，上手神技的速度也非常快。

现在有非常多的顶级街健选手会加入这两项训练来全面提升自身的力量，当他们回到神技训练时往往又能有新的突破（见图1.5）。

图1.5 街头力量举玩家。

"英雄来自街头，毅力决定道路""干就完了"，热血与激情是街健的最大的标签。

在这本书里，我们主要讨论街健"静态力量"。"静态"这个表述主要是为了与花式区别开来。静态其实更多的是以"静态"维持神技为基础发展出来的一系列上肢力量型动作，例如俄挺→俄挺俯卧撑，前水平→前水平引体。称它们为"力量动作"会比"静态"更加贴切，本书称它们为"静态力量"（见图1.6）。

静态的本质

街健的静态力量神技训练，其实很简单，就是解锁一项"健力"运动的每一个进阶变式，也是很单纯的力量训练（参赛选手的训练模式会更复杂，我们后面会详细论述）。

· 与传统健力训练相比，开发的部位有区别。

· 健力是一项重点开发下肢力量的运动，而街健则反之。

我们以大家最感兴趣的俄挺为例：通过动作我们可以看出，肩前束与前锯肌等肌肉是俄挺的重点参与肌肉，而肩前束这个角色本质上更多为胸部肌肉的协同肌。

· 本质上来说，上肢肌肉组织的特性无法与髋部的臀大肌等"发动机"般的肌肉来比较（见图1.7）。

· 受力重点在肩关节，而肩关节的生理构造及特性与膝关节不同（见图1.8）。

· 肩关节从本质上来说并不是像下肢一样随时承受人体大部分体重的关节。

图 1.6 街健表现形式之一。

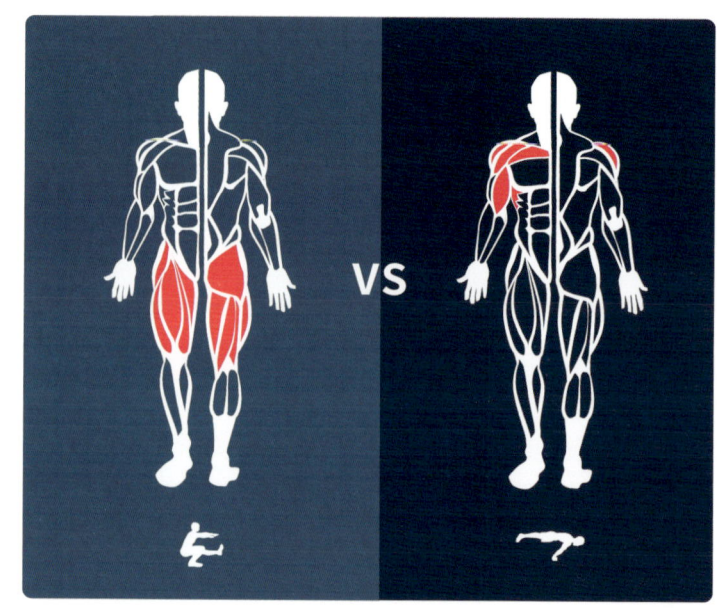

图 1.7 俄挺主要发力肌群与深蹲主要发力肌群对比：上肢肌肉组织的特性无法与髋部的臀大肌等"发动机"般的肌肉相比。

图 1.8 俄挺是最具代表性的街健静态动作之一，需要强大的腕关节、肘关节、肩关节力量以及不俗的核心稳定性。

也就是说，街健动作基本上都是以肩关节为主要运作关节，而肩关节远比髋关节和膝关节脆弱，所以街健的受伤风险要大于传统的健力训练。因为下肢承受更大的重量是合理的，而肩关节承受过大的负荷是危险的。

俄挺等神技动作对于胸部肌肉的需求远比肩少，而胸部肌肉群又是主要推力肌群，从这里便能看出它的风险性。因为它是用人体的小肌肉去承受大负荷，所以动作难度系数相对较高，风险也较大。面对这种类型的运动，如何避免风险以及有效提高才是进步的关键。同时，如何安排安全、高效的街健计划也是本书的主要内容之一。

我们首先需要简单了解训练。

现在清空一下大脑，把你当前的身体想象成一辆汽车，肌肉力量就是汽车的发动机，身体柔韧性与灵活稳定性就是这辆车的底盘与悬挂。当这辆车去赛跑时，如果有一样部件出现问题就会影响这辆车的总成绩（成绩可以理解为训练目标）。如果车的整体有明显短板，你硬是要把这辆车的性能提高到极限，那么这辆车肯定受损（受伤风险）。一辆车能跑多快不是重点，重点是这辆车能跑多远。因此我们重点不是看这辆车的发动机有多强，而是要关注它最差的零件可能引起的短板效应。

我们从专业角度来分析基础思路，街健进阶结构其实就像一个金字塔。高难度的"神技"动作可以理解为金字塔的最顶端（见图2.1）。我们刚接触街健往往会被塔尖所吸引，却忽视了街健金字塔是从面积最大的底端逐渐爬升到面积最小的顶端的过程。底层基础没有打牢的情况下，盲目模仿"塔尖"的训练，是导致这项运动伤病高发的主要原因（见图2.2），而认识人体的基础知识就是规避风险的最好方式。

因此我们就要从身体开始，了解训练的基础知识。

运动系统

人体的运动系统基本由以下三部分组成。

· 神经系统。

· 肌肉系统。

· 骨骼系统。

三者的关系是从前往后的，神经系统下发"命令"给骨骼肌和筋膜系统，骨骼肌和筋膜系统收到神经系统的信号通过收缩产生拉力来支配骨骼系统产生肢体活动。筋膜是连接和调控神经肌骨系统的重要结构（见图2.3）。

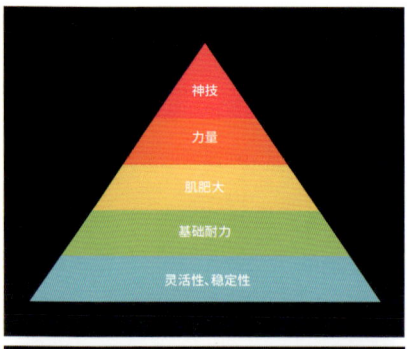

图2.1　合理科学的训练，打造稳固的塔基，是安全、稳进的保障。

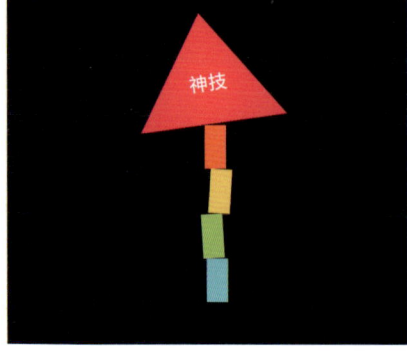

图2.2　过早接触塔尖（神技专项训练），而忽视了塔基铸造，会导致伤病概率大大增加。

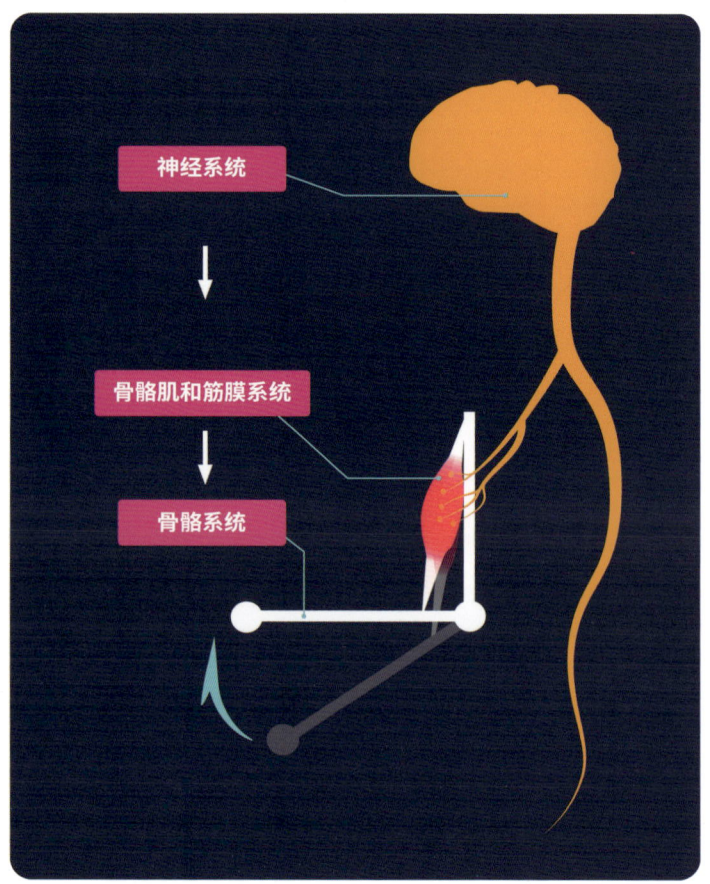

图2.3　运动系统示意图。

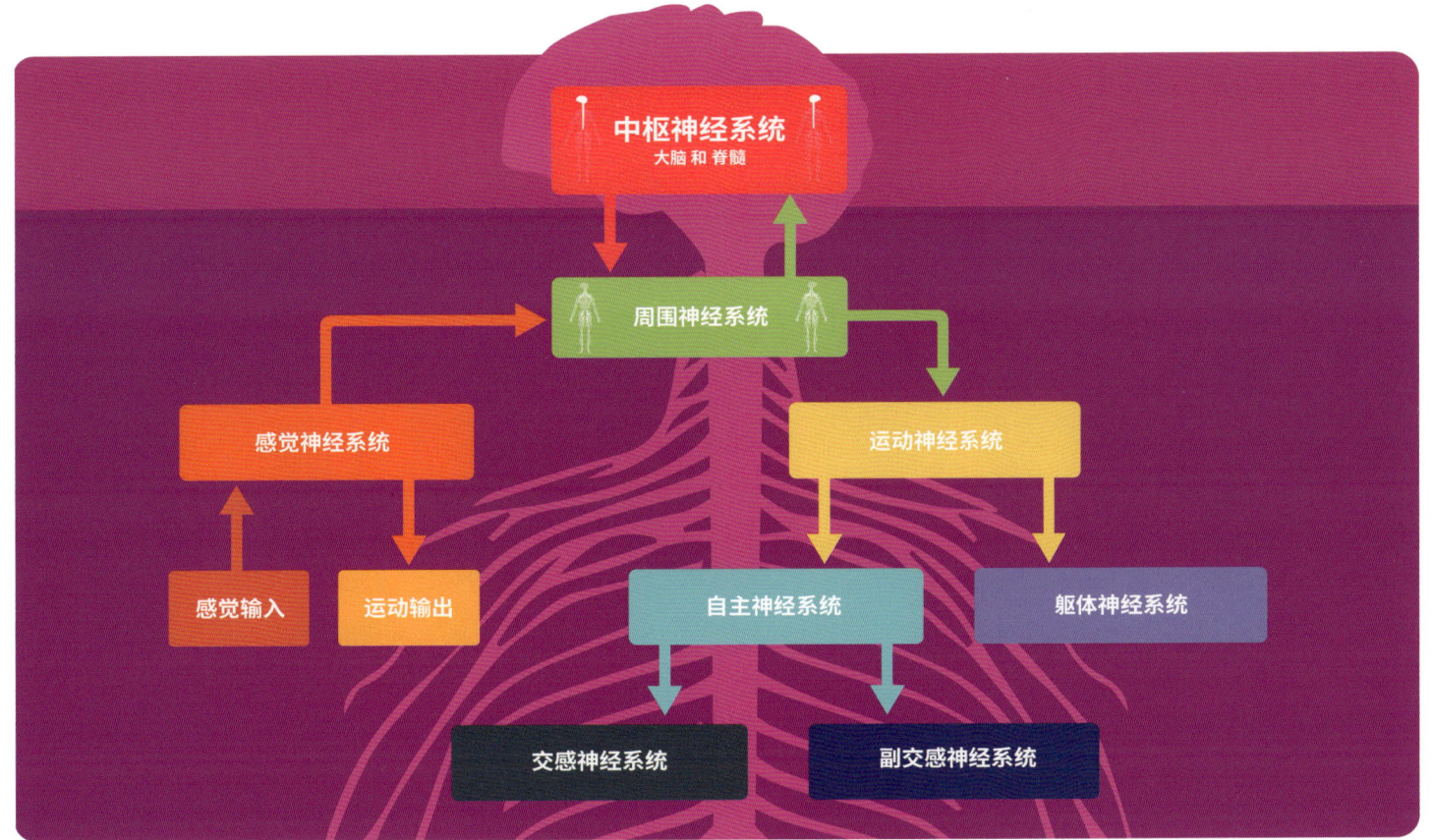

图 2.4 神经系统。

1. 神经系统

神经系统(见图 2.4)主要分为中枢神经系统 (CNS) 与周围神经系统 (PNS)。

· 中枢神经系统由大脑和脊髓组成,是受到意识支配的神经系统。它是我们身体的主要控制中心,包括接收、处理来自身体感受器官的各种信息,以及控制身体的各种功能。其中大脑负责思维、记忆、情感、学习等各种复杂的高级功能;脊髓则主要负责传递感觉信息和各种运动指令。

· 周围神经系统包括所有与中枢神经系统相连接的神经,它们负责把信息从中枢神经系统传递到身体各部分,以及把身体各部分信息传回中枢神经系统。周围神经系统受大脑支配但不受意识支配。周围神经系统包括两部分,分别是感觉神经系统和运动神经系统。其中运动神经系统的自主神经系统又包含了植物神经系统。植物神经系统的作用更多的是调节人体内环境,我们需要重点了解一下其中的交感神经系统与副交感神经系统。

交感神经系统

交感神经系统主要位于胸腰段的脊髓内,其神经纤维从交感神经节和胸腔腹腔的神经丛延伸到身体各个组织和器官。交感神经是兴奋性神经,在我们应激时起主要作用。

· 加快心率、收缩血管、扩张气管、抑制肠蠕动等。

· 调节、分泌肾上腺素等。

· 动员身体来应对环境变化。

副交感神经系统

副交感神经系统主要位于脑干和脊髓的骶髓段,与很多组织相连接,是抑制性神经,在静息放松时发挥主要作用。

· 减缓心率、扩张血管、促进消化道蠕动、刺激唾液分泌、促进食物消化。

· 促进身体储存能量,降低新陈代谢。

· 维持内环境稳定,促进身体休息与修复。

交感神经系统与副交感神经系统两者处于"拮抗"状态,分别对应人体的训练与恢复,两者的平衡协调非常重要。

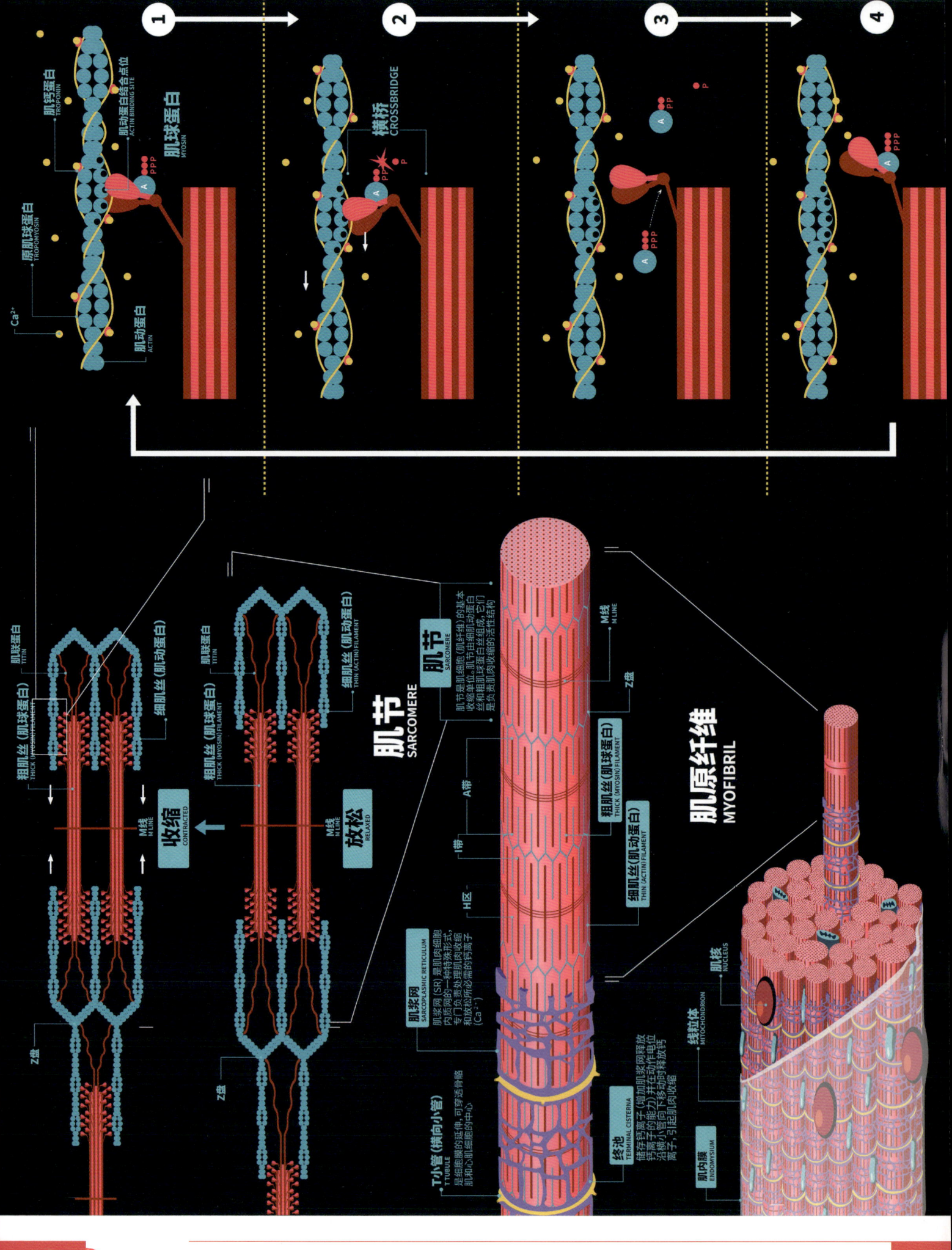

2. 肌肉系统

肌肉系统可分为三种：受大脑意识支配的骨骼肌、不受大脑意识支配的心肌与平滑肌（见图 2.5、图 2.6）。

其中骨骼肌与心肌是有横纹的肌肉，也称横纹肌。关于肌肉系统的微观结构如图 2.5 所示。

人体肌肉类型
心肌
平滑肌
骨骼肌

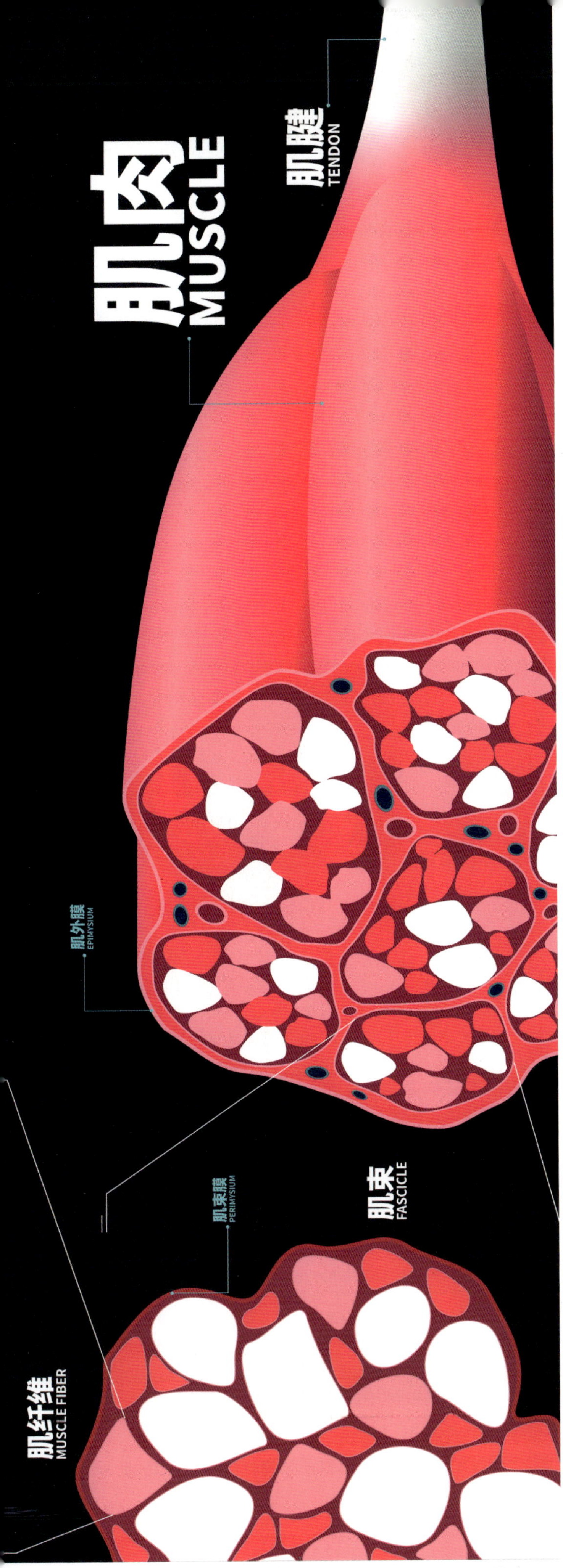

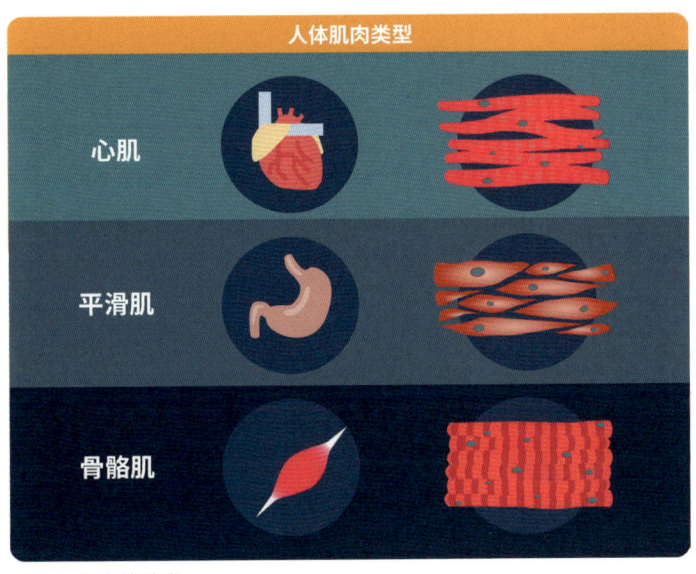

图 2.6 肌肉的种类。

我们只需要了解肌肉的功能。

骨骼肌系统的功能特别简单，就是单纯地通过收缩产生拉力，而拉力牵动着骨骼系统产生肢体活动。比如我想抬一下手，大脑就会给神经系统下达抬手的指令，神经系统会给肩部肌肉系统下达收缩的“命令”而激发动作电位，从而导致肌浆网中肌纤维内的钙离子 (Ca^{2+}) 释放。然后，Ca^{2+} 流入肌动蛋白和肌球蛋白所在的区域（肌节），启动与三磷酸腺苷（ATP）有关的一系列复杂细胞反应，这会使肌球蛋白拉动肌动蛋白（肌丝滑动模型），肩部的肌肉系统收缩产生拉力从而抬起手臂，产生肢体活动。

3. 骨骼系统

骨骼系统由骨骼、关节、韧带、肌腱等组成，起到支撑身体、保护重要器官以及造血作用，还能通过肌肉牵拉骨骼使身体各部位进行运动。

骨骼就是骨骼肌系统的“工具人”，骨骼靠骨骼肌收缩产生杠杆作用来构成肢体活动。从神经系统开始到骨骼肌再到骨骼，每一级都是上一级的“工具人”。

肌肉
MUSCLE
肌腱
TENDON
肌外膜
EPIMYSIUM
肌束膜
PERIMYSIUM
肌束
FASCICLE
肌纤维
MUSCLE FIBER

图 2.5 肌肉。

现在我们再看看肌肉骨骼杠杆与肌力的作用。

我们常听到一句话：肌肉不会知道你是在推杠铃、器械还是自己的身体。

我们剖析其本质可以发现，肌肉骨骼系统输出的其实是"力矩"而不是单纯的"力"，因为肌肉要拉着骨骼绕关节旋转。

只是平时我们用杠铃做动作时（例如卧推），都是在同样的动作模式下，不改变外部力臂，只是加了重量，所以我们会简单地说是"力量"加强了，因为推起来的重量变大了。

但是另一种情况就不一样了。我们练习自重的情况下（例如前水平），我们体重是不会变化的，但是从团身到并腿其实就是力臂变长的过程，而力臂变长会导致外部力矩变大，所以也需要肌肉力量的变大。

所以从某种层面来说，练杠铃加重量和练习神技在"变长"本质上是没有区别的，都是外部力矩变大，所以需要更大的肌力（因为一般肌肉在骨骼上的附着点可以看作是不变的，所以肌力的力臂也是不变的）。

不妨换个角度想一想，同样是二头弯举到水平位置，一次将杠铃握手上，一次放小臂中间，你会发现放小臂上能维持的最大重量会更大，这是因为外力力臂变短，而并不是你的力量变大。所以很多时候也可以通过改善力学结构这种思路来优化发力模式（见图2.7）。

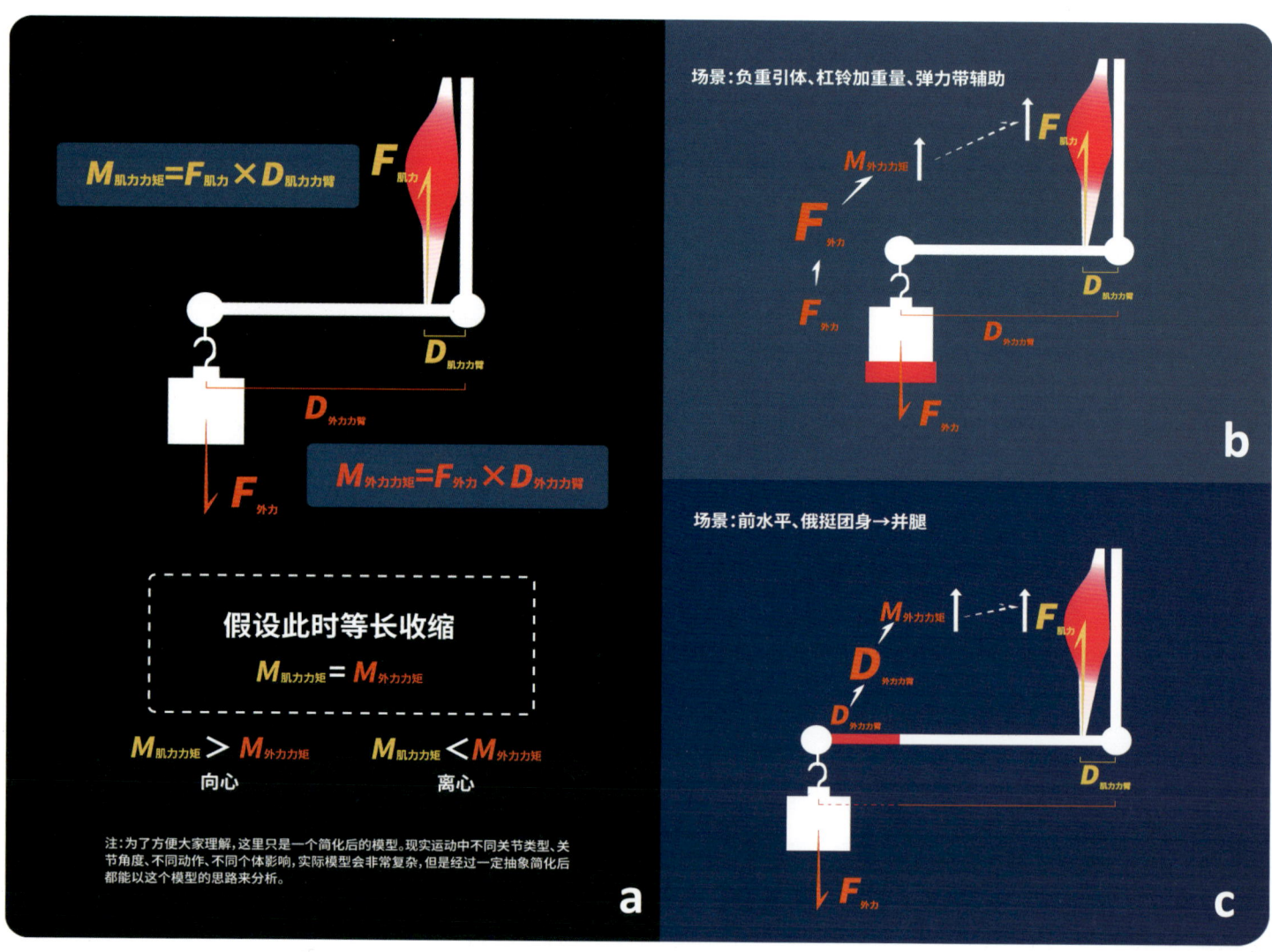

图 2.7-a： 由于肌肉牵动骨骼绕关节产生旋转，所以影响因素不仅仅是外部的阻力，还要考虑力臂的长短。
图 2.7-b： 杠铃、负重的方式就是在动作模式基本不变的前提下，增加外部的负荷来提升外力力矩。
图 2.7-c： 前水平、俄挺等动作从团身到并腿，就是通过增加外力力臂长度来产生更大的外力力矩。侧平举也是这个道理，所以侧平举重量往往比推举小得多。

4. 筋膜系统

什么是筋膜？

筋膜是一个大的话题，我们肌肉组织的收缩离不开筋膜系统。肌肉结构有深层的肌内膜、肌束膜、肌肉表层的肌外膜。

筋膜组织贯穿肌肉结构的内部到外侧，随着筋膜组织的"叠加增厚"形成肌腱附着于骨骼，用来传导肌肉产生的力量（见图2.8）。筋膜就像是被切开的一根粗电缆，里面有密密麻麻的电线，每一根小电线外面都有一层胶质绝缘体包裹，可以形象地把肌肉理解为电线，筋膜组织则是包裹电线的层层胶质绝缘体，也可以认为肌肉就是长在筋膜内的组织（见图2.9）。可以说是筋膜把人体连成了一个整体。

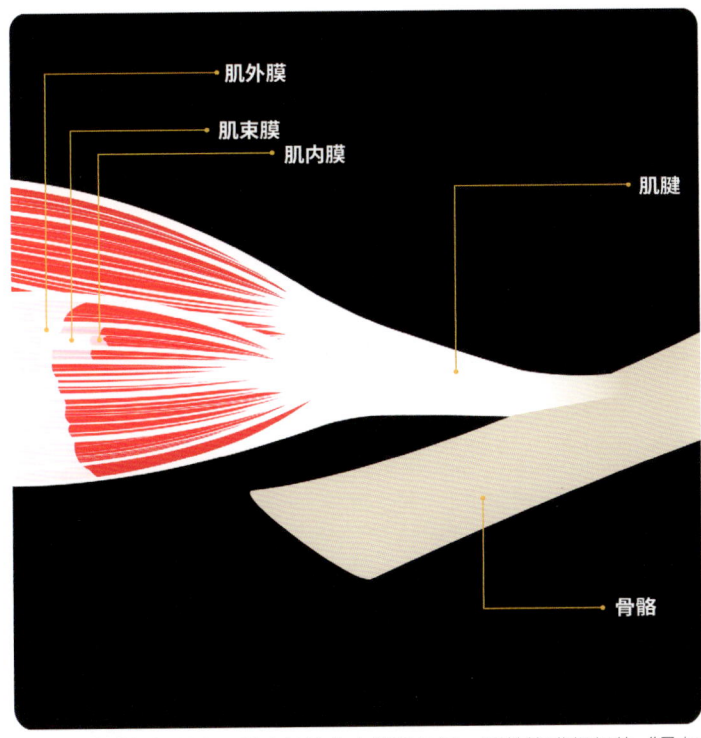

图2.8 筋膜组织贯穿了肌肉结构的内部到外侧，随着筋膜组织的"叠加增厚"，形成肌腱附着于骨骼，用来传导肌肉产生的力量。肌腱可以看作是肌筋膜的"延伸"。

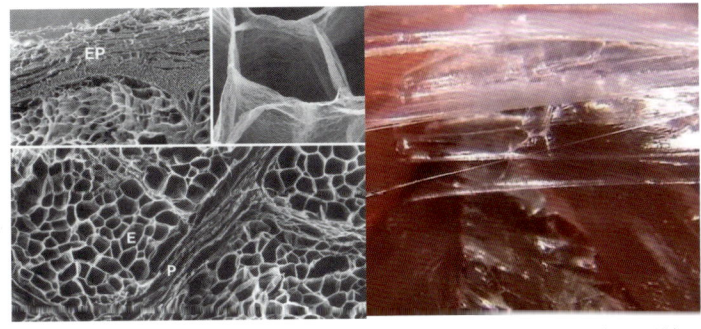

图2.9 筋膜与肌肉就像是一根粗电缆，里面有密密麻麻的电线（肌纤维），每一根电线外面都被一层胶质绝缘体包裹（筋膜）。

筋膜组织大部分是胶原蛋白，一旦有突然的外力介入，筋膜组织的排列就会发生改变来预防组织的变形。筋膜组织的表层就像是穿在肌肉身上的紧身衣，如果筋膜组织产生粘连就会影响力的传导，甚至产生疼痛。后面章节会介绍保持筋膜健康的方法。

之前看到的一篇研究有些颠覆我对于筋膜组织的认知。我在2016年学习运动损伤时，初次了解到筋膜组织以及筋膜链对于运动表现以及康复的影响，对于筋膜的认知更多局限于松解筋膜链两端而放松整条肌肉链的看法，所了解到的筋膜知识较浅。而前段时间所看到的研究就是筋膜组织可以单独进行收缩而并非是伴随着肌肉的联动，这就意味着，我们的神经末梢有可能在筋膜层单独控制着筋膜组织收缩，但是筋膜组织内没有糖原等能量底物用来支撑筋膜收缩带来的耗能，我查了很多资料与文献均没有看到支持筋膜中有神经组织的证据，所以筋膜组织的"单独性"收缩可能与本体感受器肌梭与腱梭的反应有一定的关系，而筋膜组织的"张力排序"会影响肌肉在不同角度的"形态"，肌肉因为筋膜组织的影响产生"形态"上的轻微改变。

而动作模式的改变意味着筋膜组织的张力与收缩会出现轻微变化，因为它是包裹肌肉的组织。当它的张力产生变化，对肌肉收缩的影响也会产生一定"联动"作用，而神经系统对这种"联动"的熟悉程度就是神经系统熟悉发力状况的一个过程。我们训练专项动作就是让筋膜组织适应目标动作时的筋膜排序，以及关节在特定角度时神经募集肌肉的能力。

神经系统与肌肉就像指挥官与士兵，而筋膜的排序与产生的张力，就相当于指挥官与士兵在特定地形及环境中作战。当然，筋膜组织对于动作模式以及力量的影响到底有多大还未知，以上是我个人的猜测，仅供读者参考。肌肉力量基础是根基，筋膜张力对力的影响就是熟悉"新动作"的一个过程，所以根基仍然是基础力量。

我们在看待力量这个词时，第一反应就是肌肉，而"健美式"训练往往是我们接触健身时的第一理解。习惯性考虑的是肌肉收缩感觉以及单块肌肉的"孤立"发力感，事实上这与人体的功能背道而驰。

因为人体对于动作的体现从来都没有"孤立"以及"发力感"的概念。以往我们看待动作往往只考虑哪些肌肉是主动肌、哪些肌肉是拮抗肌，而忽略了筋膜这个关键因素（见图2.10）。

图2.10 人体对于动作的体现从来都没有"孤立"以及"发力感"的概念，以筋膜为视角看待动作比用单块肌肉功能来看待动作更为合理。

其实，动作的形成到熟练，更多是人体筋膜链上的一种"协调"，因为机械张力会沿着一条筋膜链上所覆盖的肌肉以及相近的结缔组织传导（见图2.11）。而各种协调发力是因为筋膜链上肌肉的肌间协调逐步"成熟"，所以以筋膜为视角看待动作比用单块肌肉功能来看待动作更为合理。

回到街健这个话题上，主要发力肌肉的强大会为动作带来帮助，但是如果在该动作上筋膜链"不协调"就会出现动作不"干净"的问题。

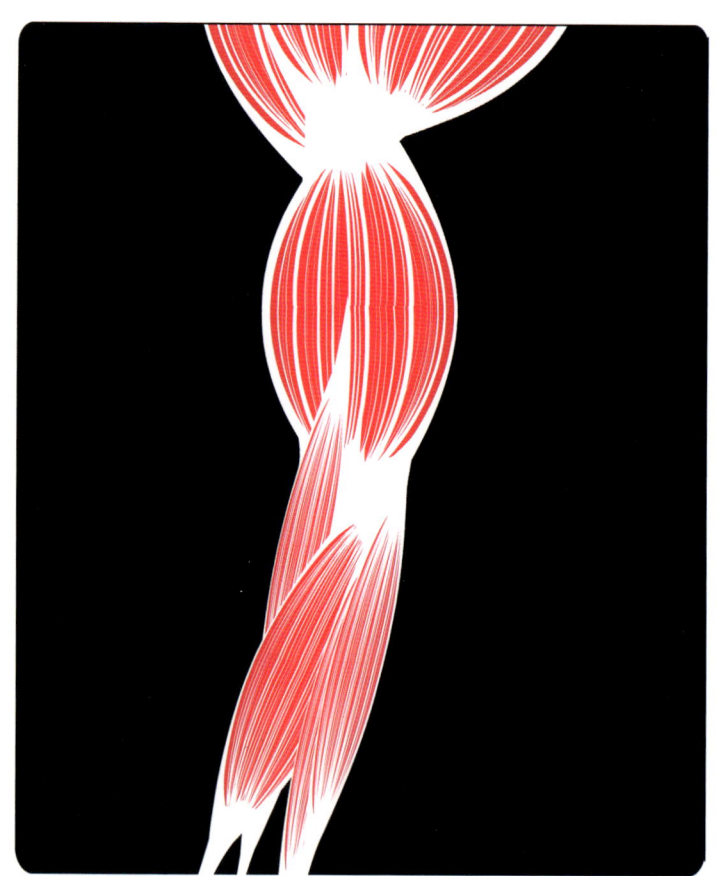

图2.11 机械张力会沿着一条筋膜链上所覆盖的肌肉以及相近的结缔组织传导，使机体的运动形成一个整体（图中只是表示肌肉和筋膜互相连接传递力量的概念示意图，并不表示具体的身体解剖部位）。

还是以团身为例，随着身体前倾角度的增加，除了力臂的增长、神经募集的增加，我们手臂链上的机械张力也会增加，所以深层、浅层手臂链的筋膜随着张力的增加，对其所覆盖的肌肉力量传导也会出现变化，这也需要神经适应上发生一些变化。

所以在专项训练这个阶段，发力的关节角度更接近目标动作才是更适合的。只有让筋膜以及肌肉提前适应动作最终所呈现的状态才是"捷径"。在专项训练这个阶段，我们更推荐的是用弹力带辅助动作，而专项底层的基础也是为了让这个阶段的训练更加"无痛"。

能量系统

如果能够深刻了解能量系统营养与训练之间的关系，你就会拥有清晰的训练思路。

我们的最终目的是希望各位街健爱好者能够对训练本质的了解更加深入。训练水平的提高就等于是身体对环境做出的适应性改变，我们要用最简单的方式来了解身体力量的提高与渐进超负荷原则。

我们的身体是一个非常智能的"机器"，它会随着环境"进化"。如果身体"感觉"到肌肉长时间承受压力时，肌肉会随着压力的形式做出改变，比如受大重量的刺激与长时间耐力训练的刺激，身体会随着这种压力形式做出"适应性改变"。

力量压力过大时，肌纤维会"适应性"地增粗来应对这种压力；而进行大量耐力训练时，我们身体会随着耐力训练的持续压力来"适应性"提升，带来的改变就是心输出量的增加，以及I型肌纤维的发达与最大摄氧量的提升。

若要了解训练强度以及不同类型训练给身体带来的影响，我们就必须认识人体的能量系统。能量系统对应的就是训练强度与训练类型，我们可以找出街健所对应的能量系统并且提升它的"耐受性"。例如我们经常听到的"无氧"训练与"有氧"训练，就是对能量系统的一种笼统区分。

接下来我们深入地讲解一下能量系统。

人体有三大能量系统，分别如下。

• 磷酸原系统（ATP-CP）。

• 糖酵解系统（其中包含快速糖酵解、慢速糖酵解，也分别叫无氧糖酵解、有氧糖酵解）。

• 氧化系统。

那么这三类能量系统是什么意思呢？下面用最简单的方式进行解释。

人体之所以能产生肢体活动，主要是因为ATP的分解产生的能量，而我们体内的营养素（糖与脂肪）是不能直接为我们提供能量的，如果直接分解产热，

那这个热量没办法精确运送到各个细胞、细胞器为它们的工作提供能量，所以它们都是把热量"打包组合"成ATP，形成高能磷酸键，形成"一份一份"的能量"包裹"来为人体各种复杂的活动供能。

ATP经过分解产生能量就变成了二磷酸腺苷（ADP），ADP与磷酸肌酸（CP）组合又形成新的ATP，我们的磷酸原系统就是这样一个过程。

1. 磷酸原系统（大强度训练的主要供能方式）

我们能做多大强度的运动取决于体内的ATP有多少。如果体内的ATP充足，我们做一些"大难度"动作也会相对简单。想象一下你在极限逃生的时候有没有感觉前面10 s你用再快的速度都可以承受？但是随着时间的延长就会出现减速，这是为什么呢？这是因为身体的ATP"供应"不上了，身体不能持续性大强度输出。

这时候，新的能量系统就会介入成为主要供能系统（糖酵解）。而磷酸原系统就可以理解为你全力冲刺逃生的前10 s，这个系统的特点就是"来得猛烈，走得也快"。

磷酸原系统对应的训练就是大强度、短时间的运动，如举重、百米冲刺等。为什么这个系统有这个特点呢？

我们前面了解到，ATP"充足"时做这种类型的训练就会相对容易。我们的肌肉原本就有现成的ATP，只是这个含量很低，在我们运动的前两秒基本都被消耗完了，然后我们肌肉当中的CP与ADP重新组合成新的ATP（见图2.12）。这个过程很快，10 s

肌酸
$C_4H_9N_3O_2$

线粒体

ATP

ADP

C

磷酸肌酸

磷酸激酶

磷酸肌酸

ATP

能量

ADP

肌原纤维

图 2.12 肌酸的作用过程示意图。

左右就会结束。休息 30 s 能恢复 50%，而恢复至接近 100% 则需要 2~5 min。

仔细观察这个系统的特点，我们会发现它正对金字塔中的力量与专项这个阶段。所以这就是组间休息建议 3 min 的原因，目的是为了该能量系统的恢复。很多对于组间休息有疑惑的人，了解完能量系统这个章节后，心中自然会有答案。

2. 糖酵解系统（中等强度训练的主要供能方式）

随着训练的持续进行，磷酸原的产生 ATP 已经无法满足需求了，这个时候血液当中的葡萄糖和肌肉中的糖原开始逐步与"残缺"的 ADP 组成新的 ATP。由于体内的糖原储备要比磷酸肌酸多，所以糖酵解系统能比磷酸原系统提供更持久的能量。它的特点是随着运动强度的大小可切换成有氧与无氧的状态。如果强度过大，产生的丙酮酸（这个系统的终产物）会转化为乳酸，这个过程是在肌细胞氧气不足时发生的，也称为快速糖酵解。如果强度不大、氧气充足，丙酮酸会进入线粒体通过氧化产生能量，这个过程就叫慢速糖酵解。这个系统的能量底物是碳水化合物（糖族）。

总结一下，这个系统就像是高强度与低强度的"中间者"，会随着肌肉中氧气是否充足（强度是否过大）而产生两种"分支"（无氧糖酵解与有氧糖酵解）。无氧糖酵解的主要供能时间大约在 2 min 以内，2 min 以上的训练有氧系统就会参与了（有些文献也将有氧糖酵解系统归类到有氧系统里，而将无氧糖酵解称为乳酸系统，因为无氧糖酵解会产生乳酸），对应的训练模式是 400 m 跑、800 m 跑以及常规 8~12 RM 训练，更长时间的训练则有氧糖酵解与有氧系统同时参与。

3. 氧化系统（低强度训练的主要供能方式）

AEROBICS
AEROBICS
AEROBICS AEROBICS
AEROBICS AEROBICS

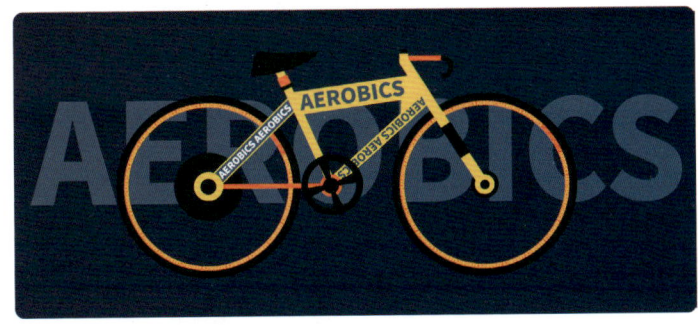

随着运动时间的持续增加，ATP 开始出现“供不应求”的状态，运动承受的强度也在持续降低。运动持续 3 min 后，除了碳水的供能，脂肪也开始氧化以产生能量来供应身体的需求。

随着运动持续时间的延长，脂肪氧化供能的占比会逐渐变大，它的特点就是产生的能量低，但是持续时间是“无限”的。

整个人体的运动持续过程就像开着“火箭加速器”（磷酸原）的汽车变成正常的汽车（糖酵解），再到汽车没油了，变成自行车（氧化）这样一个过程（见图 2.13）。

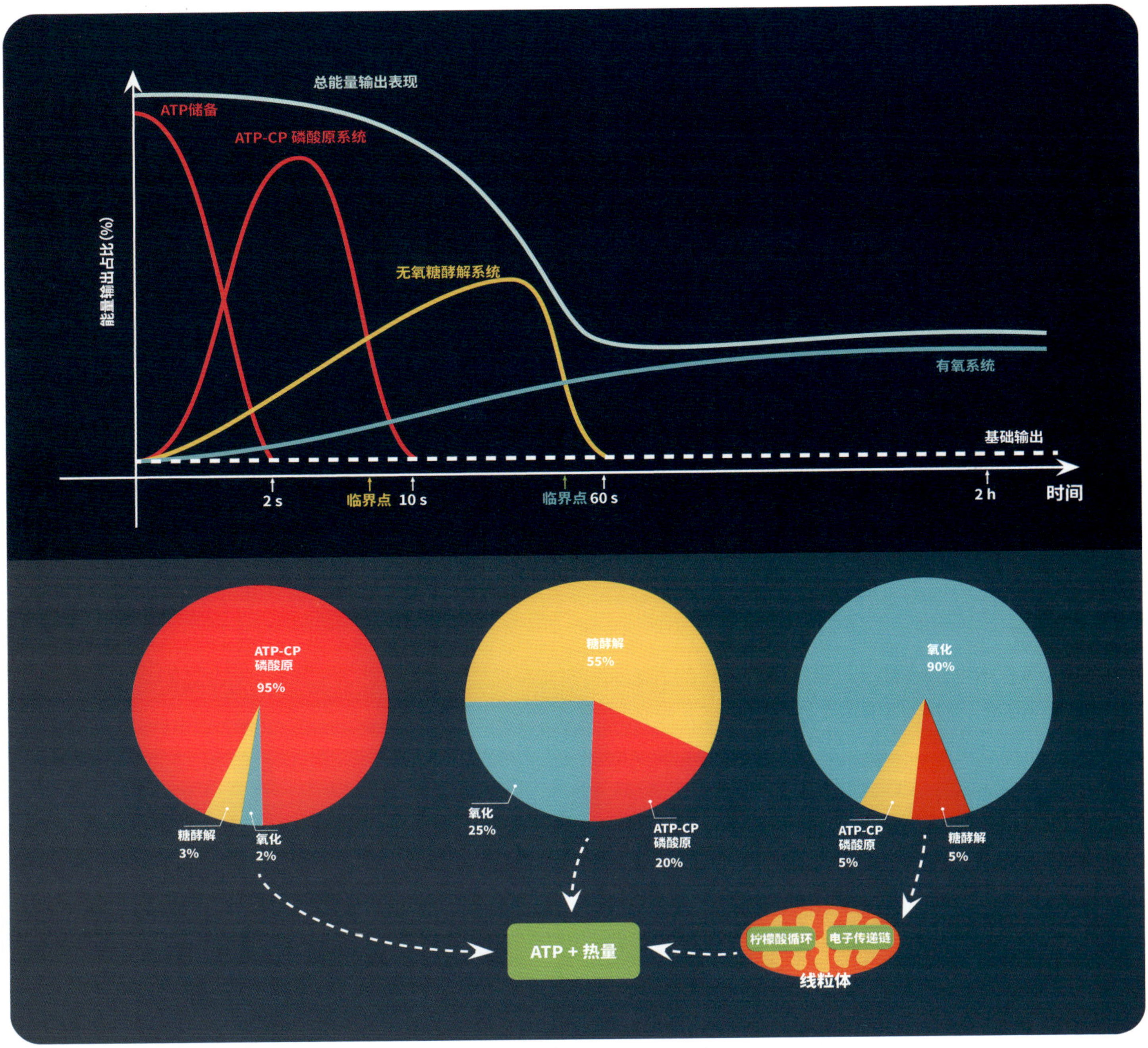
总能量输出表现
ATP储备
ATP-CP 磷酸原系统
无氧糖酵解系统
有氧系统
基础输出
能量输出占比(%)
2 s
临界点 10 s
临界点 60 s
2 h
时间
ATP-CP
磷酸原
95%
糖酵解
3%
氧化
2%
糖酵解
55%
氧化
25%
ATP-CP
磷酸原
20%
氧化
90%
ATP-CP
磷酸原
5%
糖酵解
5%
ATP + 热量
柠檬酸循环
电子传递链
线粒体

图 2.13　能量系统与运动强度、时间的关系。

所以我们平时所指的有氧运动与无氧运动分别对应慢速糖酵解与氧化系统以及磷酸原与快速糖酵解系统。

人体永远不会只有 1 种供能系统提供能量，只是随着运动的强度与持续时间的变化，这三个系统的比例会出现一定变化。安静状态时，氧化供能占比最高，突然进行大强度运动时磷酸原系统占比最大。随着运动的持续，糖酵解与氧化系统开始参与，随着持续时间越来越长，便以氧化功能为主导（见图 2.14）。

不同持续时间和运动强度下运动对应的主要供能系统

运动持续时间	运动强度	主要供能系统
0～6 s	极高	磷酸原系统
6～3 s	非常高	磷酸原系统和快速糖酵解
30 s～2 min	高	快速糖酵解
2～3 min	中等	快速糖酵解和氧化系统
>3 min	低	氧化系统

图 2.14 运动员全力运动下各系统持续时间之间的关系（出自 NSCA-CSCS《美国国家体能协会体能教练认证指南》的第 3 章运动与训练的生物能量学）。

所以决定供能系统占比的，原则上第一是运动强度，其次才是运动时间。

我们的身体也会随着不同能量系统阶段的训练而产生适应性变化。在糖酵解这个阶段的训练，身体储存碳水的能力会提高，尤其是肌糖原的储备。糖原的储备增加会使我们身体对这个阶段的"耐受性"更高，也能更好地服务于训练。能量系统与街健金字塔的对应关系见图 2.15。

这里我们需要重点提到磷酸原系统的底物（肌酸）的补充。肌酸的膳食来源主要是食物中的肉类，肌酸的每日周转量为 2 g 左右，而不足的部分由精氨酸、甘氨酸以及甲硫氨酸在肝脏中合成。有关于肌酸的内容我们会在营养篇为大家重点讲解。

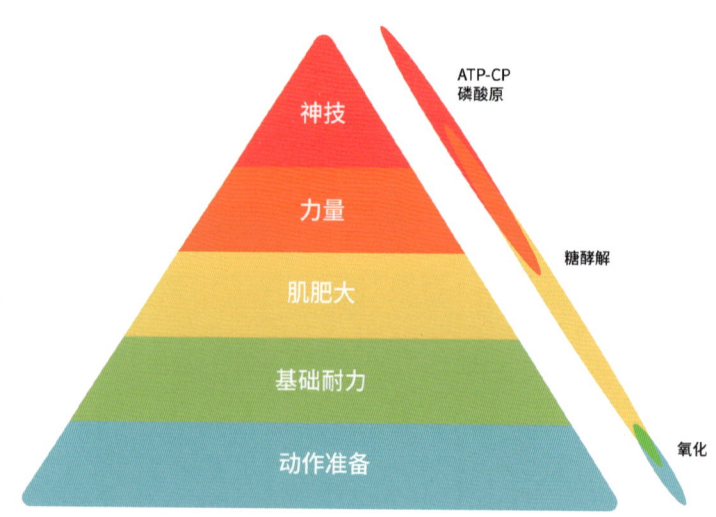

图 2.15 能量系统与街健金字塔的对应关系。

力量如何产生

力量就是指肌肉收缩产生的拉力。

肌肉力量的大小则与肌纤维的横截面积以及神经系统的募集能力有直接的关系。神经系统指挥着肌肉系统产生拉力。神经适应是优化运动表现的基础，包括神经募集主动肌的增加、神经元的激发率以及神经放电同步性的提高。

运动单位

在这里，我们要介绍一下运动单位这个名词，一个神经元所募集的肌纤维就是一个运动单位（见图2.16）。

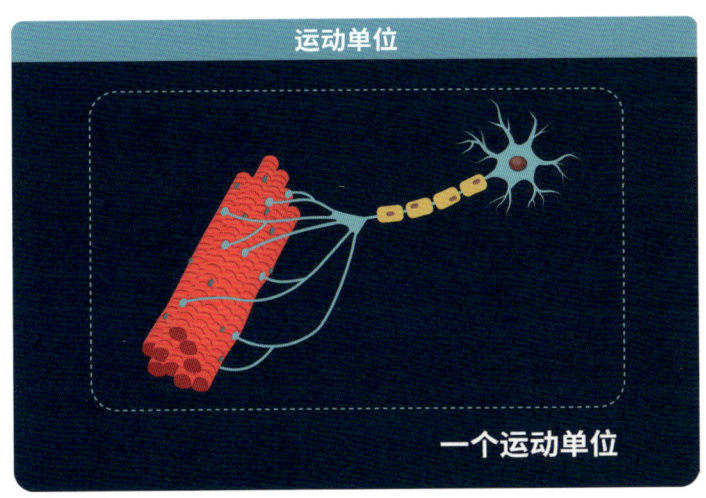

图 2.16 运动单位。

有的神经元募集的肌纤维多，有的神经元募集的肌纤维少，最多的来自腿部，最少的来自面部，例如控制眼皮的运动单位。

我们可以把神经系统比作是军队的指挥官，而肌肉则是士兵，神经募集能力的增强与指挥官逐步适应战场状态后能指挥更多的士兵是同一个道理。

因为在最开始，你身体的肌肉不是全部都能"使用"上的。有研究表明，未经训练的人哪怕尽最大努力也只能募集71%的肌纤维。随着力量训练的进行，神经末梢会像树根一样越扎越深，所募集的肌纤维数量也会发生改变，所以在训练初期力量增强显著的原因就是神经募集能力在提高，"指挥官学会指挥更多的士兵，打仗就会变得更容易"（见图2.17）。

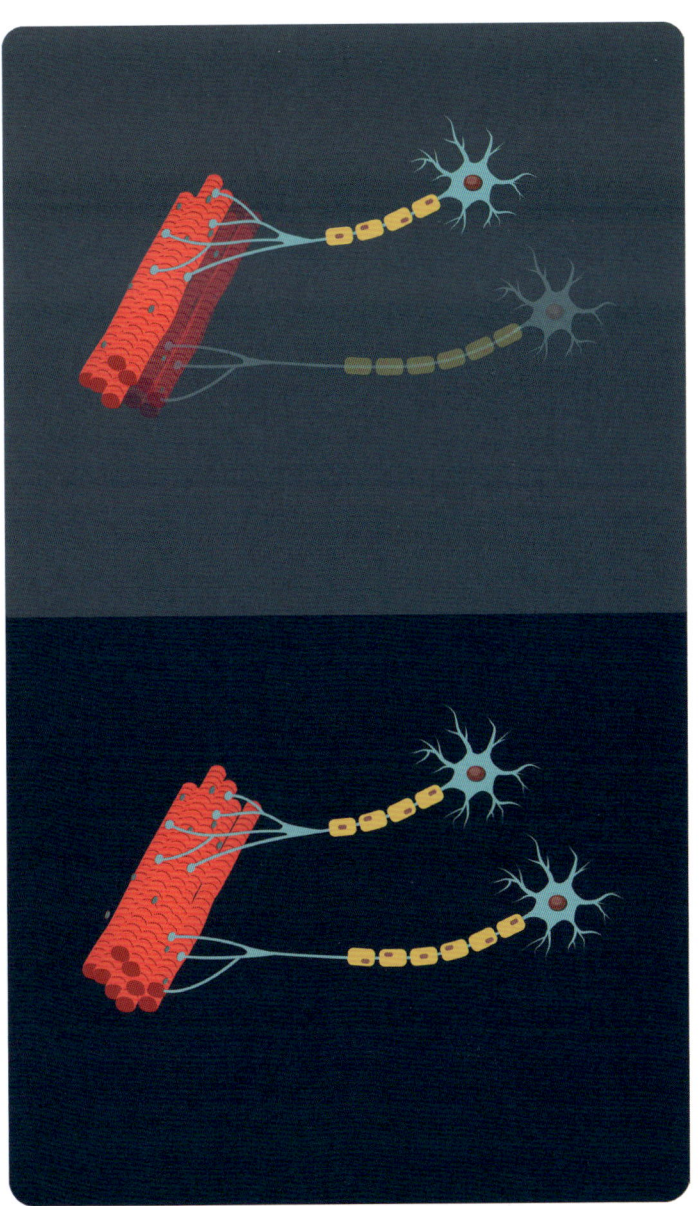

图 2.17 训练初期，力量增强显著的原因就是神经募集能力在提高。

肌肉体积与肌纤维类型

人的肌肉类型大致分为以下三种（见图2.18）。

· I 型肌纤维。

· IIa 型肌纤维。

· IIb 型肌纤维。

I 型肌纤维是占比最大的肌纤维类型，它的特点是耐力强，输出力量比较弱。

IIb 型肌纤维的特点与 I 型正好相反，IIb 型肌纤维能产生最大的力量，但是耐力很差，同时也是最粗的肌纤维。

IIa 型肌纤维的特点是既有一定的力量，也有一

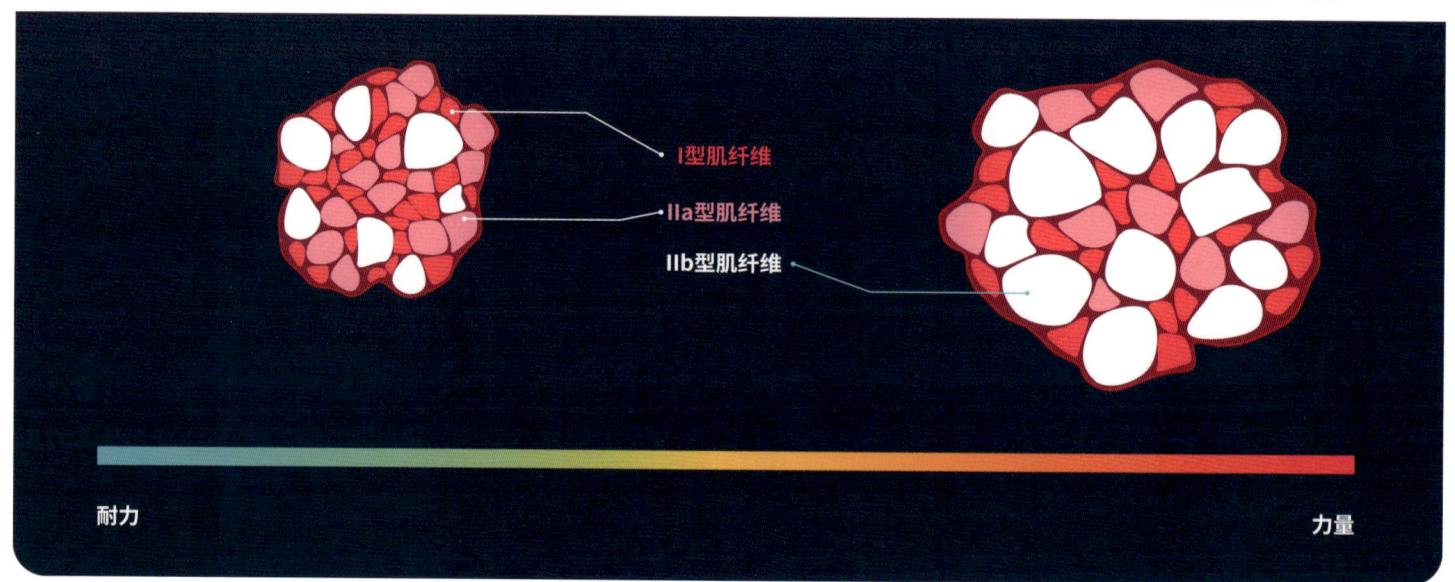

肌纤维类型及特点					
	收缩速度	氧化能力	耐力	纤维直径	力量输出
I型肌纤维	慢	强	强	小	小
IIa型肌纤维	快	强	中等	中	中
IIb型肌纤维	非常快	弱	弱	大	大

图 2.18 肌纤维类型及特点。

定的耐力，肌纤维粗细属于中等，也称"墙头草"型肌纤维。随着运动方式的不一样，IIa 型肌纤维的特点也会有所改变，因此经常做耐力训练的人 IIa 型肌纤维能力会偏向耐力发展，力量训练则反之。

我们可以总结如下。

· I 型肌纤维的特点是耐力强，含毛细血管很丰富，也被称为"红肌"。

· IIb 型肌纤维的特点是能产生最大的力量，肌纤维最为粗壮，但是耐力很差，也被称为"白肌"。

· IIa 型肌纤维属于两者的"中间者"，也称"粉红肌"。

在认识这几种肌纤维之后，就需要了解神经系统是怎么指挥这几种肌纤维工作的。

知识拓展

有研究显示，肌纤维类型是由运动神经元决定的，也就是说我们身体只存在一种肌纤维，只是被不同的运动神经募集而成了 I 型与 II 型。目前关于肌肉和神经方面的问题还没有一个结论，但是不妨碍我们去了解各种研究的进展。

知识拓展：肌纤维分类及类型特征

肌纤维的分类方式如下（见图2.19）。

·按照力学性质分类。在单发电流的刺激下，肌肉收缩快速的是快缩肌纤维（快肌，FT），收缩缓慢的是慢缩肌纤维（慢肌，ST）。

·按照代谢特征分类。最初，学界根据肌肉的代谢特征进行了分类。可在无氧或缺氧条件下进行能量代谢（糖酵解）的类型称为快缩-糖酵解型肌纤维（FG）；可在有氧条件下进行能量代谢（糖的有氧氧化）的类型称为慢缩-氧化型肌纤维（SO）。由于肌纤维的代谢特征和肌肉收缩速度几乎呈对应关系，因此可以得出：FT ≈ FG，ST ≈ SO。还有一种既不完全属于FG也不属于SO的中间类型，即快缩-氧化-糖酵解型肌纤维（FOG）。

·按照组织染色法分类。由于肌纤维的代谢活性研究起来非常麻烦，为了简化研究方法，学界采用了另一种分类方法——ATP酶染色法。如果与肌纤维的代谢特征相对应的话，与SO相对应的为I型，与FOG相对应的为IIa型，与FG相对应的为IIb型。虽然不是完全相等的对应关系，但总体上是相似的。

·按照蛋白质类型分类。肌纤维可以按照肌球蛋白的类型进行分类。不同类型的肌纤维其肌球蛋白的类型也各不相同，也包括基因表达层面。

慢肌纤维中的肌球蛋白分子（准确来说是肌球蛋白重链）属于I型（MyHC I）；快肌纤维中的肌球蛋白分子共包括3种：MyHC IIa、MyHC IIb和MyHC IIx。而这正好可以和I型、IIa型、IIb型大致对应上（再加上一种IIx型）。

分类			特征						
力学性质	代谢特征	组织染色法	肌球蛋白重链	肌钙蛋白	Ca⁺ ATPase	糖酵解酶活性	糖氧化酶活性	线粒体数量	肌红蛋白数量
慢缩肌纤维	慢缩-氧化型	I型	MyHC I	慢肌纤维型	慢肌纤维型	低	高	多	多
快缩肌纤维	快缩-氧化-糖酵解型	IIa型	MyHC IIa			高	高	中	中
		IIx型	MyHC IIx	快肌纤维型	快肌纤维型	高	高	中	中
快缩肌纤维	快缩-糖酵解型	IIb型	MyHC IIb			高	低	少	少

图2.19 肌纤维分类及类型特征。

力量的生成

首先，人体是"节能模式"的预设。

当我们尝试去举起一个重量时，神经系统会优先募集I型肌纤维，当募集完全部I型肌纤维仍举不起重量时，会再募集IIa型肌纤维，仍然无法举起时会募集IIb型肌纤维（见图2.20、图2.21）。

当然，上述的募集是一个很快的过程。

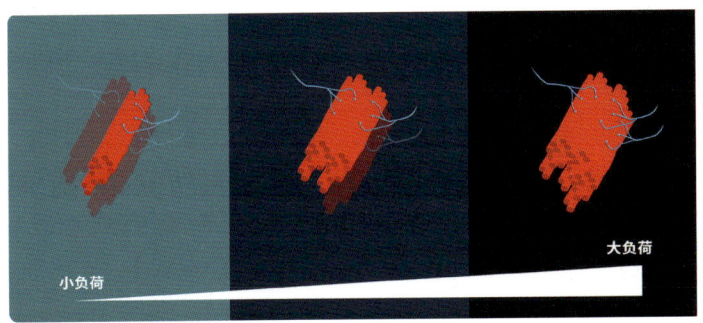

小负荷　　大负荷

图2.20 肌纤维的募集。

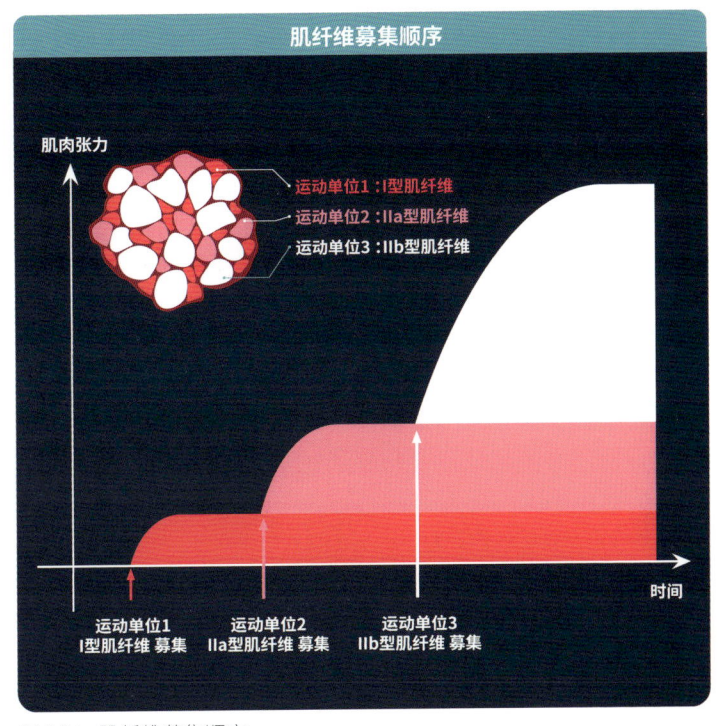

肌纤维募集顺序

肌肉张力

运动单位1：I型肌纤维
运动单位2：IIa型肌纤维
运动单位3：IIb型肌纤维

时间

运动单位1　I型肌纤维 募集
运动单位2　IIa型肌纤维 募集
运动单位3　IIb型肌纤维 募集

图2.21 肌纤维募集顺序。

简单总结一下：我们的大脑会根据力量的感知来调整肌纤维的募集（见图 2.22）。也有研究指出"高水平"举重运动员有"选择性"募集肌纤维的能力（此结论参考《运动生理学》第三版），但在这里我们探讨的更多的是大众群体。

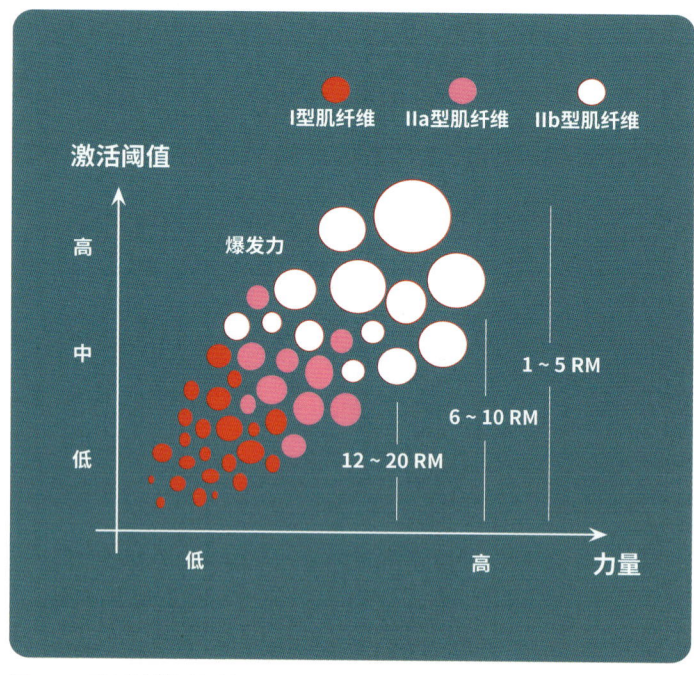

图 2.22 肌纤维激活阈值与力量的关系。

加速募集快肌训练方法如下。

· 2 周爆发力训练能使募集阈值降低。

· 阻血带产生的代谢压力能降低募集阈值。

· 力竭疲劳性训练也能使募集阈值降低。

我们既然了解了力量的最大输出是由 IIb 型肌纤维产生的，那我们该如何针对性地去训练 IIb 型肌纤维呢？

100% 的最大力量训练当然能募集到 IIb 型肌纤维，但是风险性太高，因此最大重量的 85% 是训练

IIb 型肌纤维的主要建议，对应训练值就是 5 RM 左右。

所以 5 RM 的训练也叫力量系统训练、神经系统训练，是力量训练的主要进步方式。那么传统的肌肥大训练为什么要定在 6 ~ 12 RM 这个范围呢？我们要明白的一个重点就是，肌肉当中有 70% 都是水分。肌肉当中储存着大量的肌糖原，而 1 g 糖的储存需要有 3 g 水。

在 6 ~ 12 RM 这个范围，不仅大量肌纤维会被募集，同时因为一组训练的持续时间增长，肌糖原的储备也会增加，肌肉当中各种酶的活性与数量也会增加，所以从肌肉整体体积上来看会有更大的效果。

但是对于力量的提高来说效果却低于 5 RM 这个范围，因为对于 5 RM 以内的训练，神经系统几乎是用"火力全开"的方式在募集肌肉，所以持续时间很短而很难起到肌糖原储备大量提高的效果，这就是力量训练与"肌肉"体积之间的关系。

我们既然了解到静态街健属于比较单纯的力量性训练，那么我们对于训练的难度安排就应该有针对性。能够大量重复的动作更多的是训练 I 型肌纤维的能力，而我们的目标却是发展 IIb 型肌纤维能力与神经募集能力。

大量的耐力型训练不仅会使力量提高缓慢，还会造成肌肉的严重疲劳。虽然有一定证据表明，人体受较小重量刺激产生代谢压力时，肌肉中各种酶的活性会增高，也有可能募集上层肌纤维（参考《运动生理学》第四版），但是募集的比例以及对于白肌的刺激远没有直接训练它来得有效。

但是我们也需要耐力与肌肥大，因为肌肥大也是力量训练的基础，只是在思维方式上不能本末倒置。

三　训练基础概念术语

运动平面

三种运动平面如下（见图3.1）。

·冠状面：沿运动轨迹将人体前后一分为二的运动状面称为冠状面。常见动作：宽距引体向上、宽距倒立撑、宽距实力推、侧平举、铁十字。

·矢状面：沿运动轨迹将人体左右一分为二的运动状面称为矢状面。常见动作：等肩宽的俄挺、前平举、臂屈伸、引体向上、前水平。

·水平面：沿运动轨迹将人体上下一分为二的运动状面称为水平面。常见动作：卧推、超宽距俄挺（也称"飞机"）、超宽距前水平。

需要注意的是大部分动态动作的运动平面很难单纯用某一个平面来确定。例如跑步，下半身属于矢状面，而躯干传递动力的转动又属于水平面动作，所以

从运动表现的层面分析，人体的运动轨迹是三维的。但是运动平面应用到街健动作中还是有必要的，因为街健静态动作的运动轨迹相对单一，而同一关节上同一运动状面的肌肉群相对固定，这样更有助于我们对于目标动作塔基动作与专项性动作安排。

例如街健动作中的高难度动作基本都属于肩关节矢状面的范围，那么塔基动作本身就是强化肩关节矢状面与推力和拉力相关的肌肉群，选择专项动作也是如此。目标动作如果是肩关节矢状面动作，那么选取相关的专项动作练习，最起码的一点就是也要在矢状面上，这样才更为接近目标动作的发力模式。如果目标动作是上肢矢状面推力，而安排的训练动作却是冠状面拉力（就像有些体育老师告诉学生练引体向上就是多做俯卧撑），这样就南辕北辙了。所以，了解运动平面是科学合理搭配动作的基础。

图3.1　运动平面（由于街健主要是开发上肢力量的项目，所以图中以肩关节为例）。

推力／拉力

大部分只接触过健美肌肥大训练的人可能会对推力与拉力没什么了解，因为什么关节动作对应什么肌肉与训练哪里可能是他们的第一出发点。但是对于功能性训练、体能训练，我们更多的是将动作分成了推力与拉力，包括上肢推力、下肢推力等，这种方式更切合对于人体功能而言的训练体系。我们了解推力与拉力能更好的挑选动作。

· 推力是指将重量远离身体的力。

· 拉力是指将重量靠近身体的力。

从更深层次来看，推力更多的是"向前、向上"的发力，例如俯卧撑、倒立撑等。拉力更多的是"向后、向下"的发力，例如引体向上、前水平等。

所以有一些特例动作（例如后水平），从定义上看这是一个"拉力"动作，但是它的发力方向却是一个"推力"。所以有时候不需要过度纠结一个动作究竟是"拉力"还是"推力"，从本质上去分析它就可以了（见图3.2）。

对于街健而言，主要目的依然是结合运动平面来挑选与组合合适的动作。例如，等肩宽的俄挺就是一个矢状面推力动作。我们在挑选辅助俄挺的训练动作时，首先要考虑同一运动状面与同一训练模式的动作。

举个例子，俄挺与超宽距俄挺是类似动作，因为参与的肌肉群整体相似，但是它们却是不同运动平面的动作，俄挺更偏向于矢状面而超宽距俄挺则偏向水平面，哪怕是同一关节的推力，如果运动平面不同，那么参与肌肉的"激活"程度也是有区别的。

如果目标是运动能力，则我们对于动作的概念需要离开以"肌肉感觉"为出发点的逻辑。推与拉只是一种概念，跟练某一块肌肉没有关系，以体能训练为逻辑，安排抗阻力训练动作要与"功能"挂钩，例如上肢推、上肢拉、下肢推与下肢拉，其中还包含了双侧推／拉，单侧推／拉以及交替推／拉。出发点要结合专项性运动的特点来分析，并且着重于运动所处的薄弱环节。

动作模式

动作模式是指执行一个特定运动时，中枢神经系统会产生一系列的精细时间序列，用来协调和组织身体各部位的肌肉动作，使我们能有序地达成预期运动目标。

在进行特定动作时，大脑会按照一定的顺序激活不同的肌肉群。这个顺序对动作的效率和力量输出有很大影响。关节在运动过程中所达到的角度会直接影响力量的产生和肌肉的活动范围。不同的关节角度会导致力量产生的机械效率不同。随着我们的练习和学习，某些动作模式会变得更加熟练，并转化为自动程序。这意味着，对于经常执行的动作，大脑可以快速并且无需过多思考地发出控制肌肉和关节的指令。

TUT

力量训练的 TUT(Time Under Tension) 指在一次运动中肌肉处于收缩状态的持续时间，它与增加肌力有密切关系，可以理解为做一个动作的持续时间。

例如一组 8 RM 动作做一次需要 3 s，做完 8 次，TUT 时间就是 24 s。

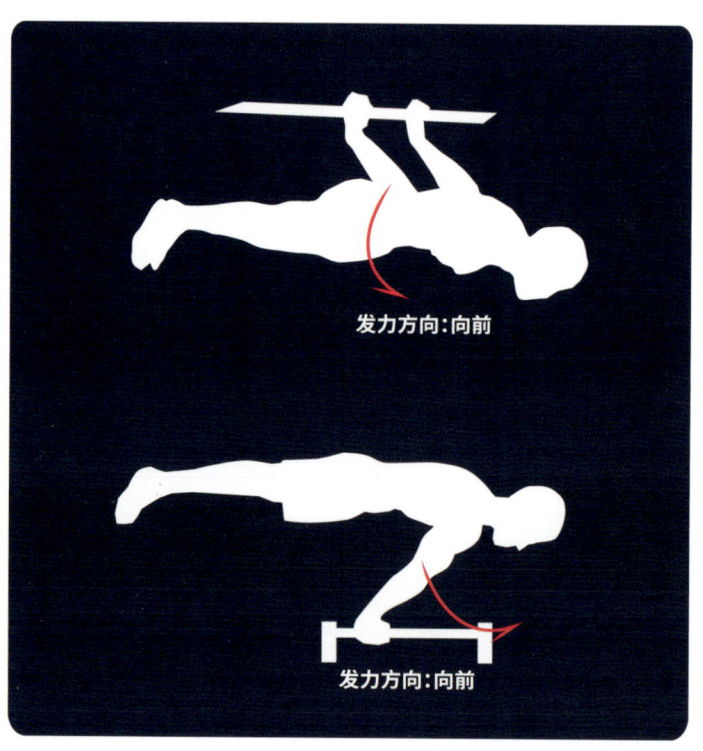

图3.2 后水平（上）与俄挺（下）发力方向对比。

RM

我们在力量训练中最常听到的 RM(Repetition Maximum) 指的是最大重复次数。

RM 是指保持动作标准的情况下最大可重复次数，RM 数值越小表示强度越大。例如这个动作最多只能做 5 次，那么就是 5 RM 的强度。不同 RM 对于力量、肌肥大与耐力的侧重各不相同。

PAP

PAP(Post-Activation Potentiation) 是指激活后增强效应，是先进行一个动作使肌肉激活，然后进行另一个动作时力量和爆发力会短暂提高的现象。

PAP 一般出现在力量训练与爆发力训练中，简单理解就是让肌纤维先大量"激活"之后，再进行高难度力量训练，这样可以进入更安全、更高效的训练状态。

组数与容量

组数与容量是我们根据不同的力量训练需求而提出的概念。

例如肌肥大训练中常出现的容量就是每组重量与数量（组数）的乘积，例如使用 5 kg 重量的哑铃弯举重复 10 次为 1 组，那么这 1 组的训练容量就为 50 kg，如果 1 次训练是 10 组 5 kg 哑铃弯举，每组 10 次，则当次的训练容量就是 500 kg。

容量可以简单理解为 1 次训练的"训练量"。容量、TUT、RM 是发展肌肉不同侧重能力的关键（见图 3.3）。

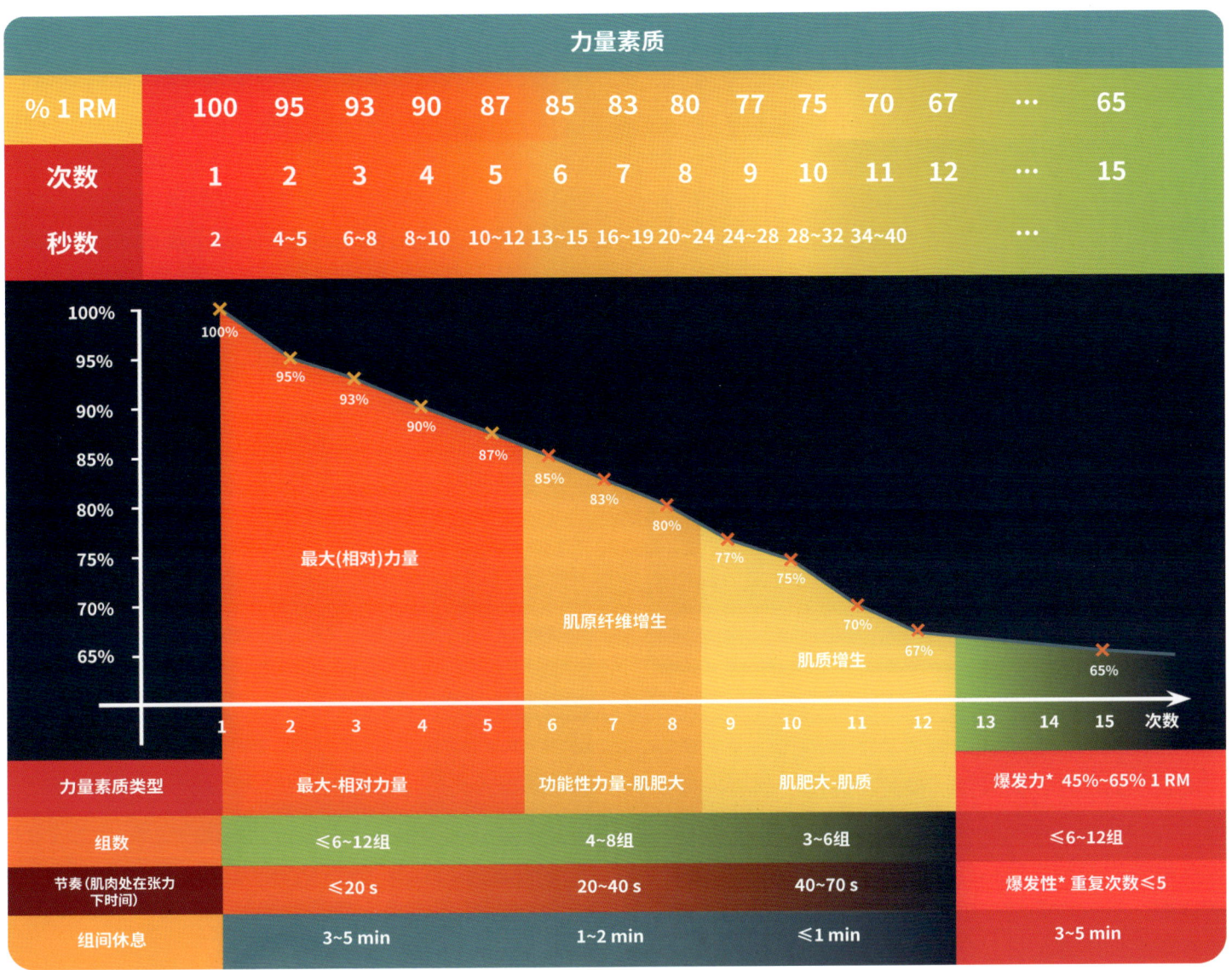

图 3.3 力量素质。

四　科学街健进阶法则——金字塔

塔基的铸造

什么是塔基？塔基可以理解为常说的"打基础"。但是以往对于"打基础"的概念比较模糊，认知上也觉得就是练习俯卧撑、引体向上之类的动作。但是这种看法会产生一个问题：训练效果有限，与神技目标跨度很大，对进阶时机也不能做一个很好的量化。这种不确定会带来训练上的迷茫。所以我们要对"打基础"做一个清晰、统一的定义。

塔基就是金字塔的下端，它支撑整个金字塔。要确保最上端的结构（神技）更加稳固，我们训练的重点就应该放在塔基上（见图4.1）。

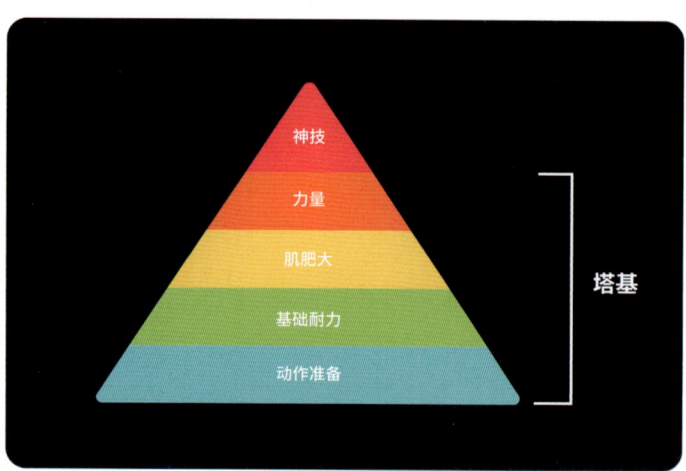

图 4.1　金字塔塔基。

打个比方，健美训练的塔基就是最大化增加全身"肉量"的动作，如深蹲、硬拉、卧推、划船与实力推（因为这种训练能够提升全身的"肉量"）。而杠铃弯举与坐姿腿屈伸这种动作更多起到"锦上添花"的作用，所以训练动作的主次非常关键，主项动作就是金字塔的塔基部分。那街健的塔基训练又是指哪些呢？我们最常看到的一些做法是：要练俄挺就死怼"冲肩""团身""高团""吊腿"等训练动作，但是这些训练方式真的合理吗？

我们来分析健美动作中的深蹲、卧推、硬拉等动作，这些动作都有一些特点，首先都是多关节复合动作，其次是可以进行大重量递增的动作，最后是可以大幅度提高力量与增肌的支柱动作。

现在我们再回头看街健的团身与冲肩类动作。首先这两个动作都是单关节动作，其次它们的重量是恒定的，只能通过调整阻力臂来增加难度，这就出现了一个问题，对于部分人来说这个阻力范围可能刚好合适，但是对于绝大部分人会产生肩痛。很多人会说"这健美能跟街健一样？""团身这是专项动作？""那俄挺也是单关节动作，跟健美比是不是扯淡？"我知道大部分人会有这样的疑问，但正是因为俄挺是一个依靠单关节、大负荷、小肌群的"高难度"动作，是肩关节"变态"的力量，所以更需要科学严谨的训练安排。

俄挺相当于将大重量的杠铃前平举举到一个特定的角度，正是因为动作的进阶不亚于力量举总成绩的提高，所以对待这个动作的训练计划就需要更加严谨（见图4.2）。

图 4.2　俄挺，金字塔塔基动作。

在肩关节还不具备一定肉量和关节强度的情况下，就训练团身这类动作，这种训练思路从本质上就是本末倒置，一旦出现了只练"塔尖"不练"塔基"的情况，等待你的很可能只有肩关节的积液与长期的慢性疼痛。神技除了力量还需要多种身体素质，金字塔塔基就是帮助你成为一名"六边形战士"（见图4.3）。

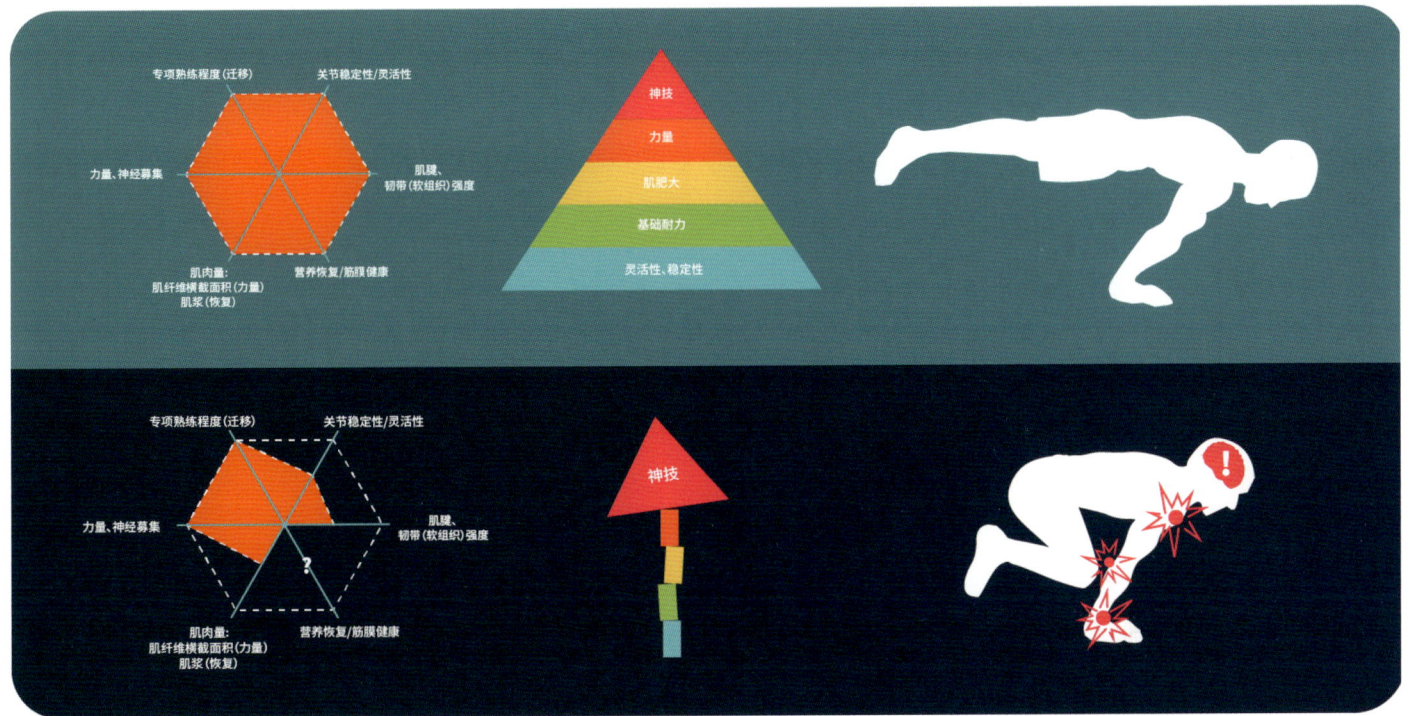

图4.3 神技除了力量还需要多种身体素质，金字塔各层就是帮助你成为一名"六边形战士"。

塔基

街健的塔基训练究竟是什么？我们该通过哪些思路来分析适合街健的塔基训练动作呢？

首先分析动作模式，所谓"街健五神技"的5个动作，只有1个是推力动作，剩下的都是拉力动作。仔细分析会发现推力的动作远少于拉力的动作，而推力动作的难度却又远大于拉力动作。但是在俄挺这个动作中，本身能产生大量推力的胸部肌肉参与又少，所以难度等级远大于其他4个动作（见图4.4）。

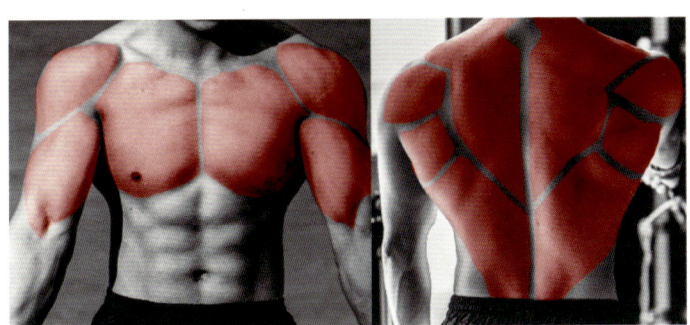

图4.4 推力神技主要肌群和拉力神技主要肌群对比。

我们可以看到卧推取得好成绩的爱好者不少，但是谁见过杠铃前平举能举出很大的重量？这就是因为卧推这个动作更"符合"推力，而俄挺是属于推力中的"变态"动作，所以适当地延伸两手之间的距离，

才是使俄挺变得相对合理的方法。举个例子，宽距俄挺会比俄挺的合理性要强，因为胸大肌的参与程度更高，有胸大肌参与的才更适合叫推力动作（见图4.5）。

正是因为神技对各方面素质都有更高的要求，所以我们对于塔基的要求也高。结合上肢的推拉，可以想象一下，多关节参与、增肌增力效果明显、同时能线性增重的动作有哪些呢？

图4.5 俄挺发力模式与超宽距俄挺发力模式对比，胸肌参与程度更低。

塔基动作：
- 多关节复合动作。
- 可以进行大重量且负荷递增的动作。
- 可以大幅度提高力量与增肌的动作。

塔基动作的选择

在介绍塔基动作之前，我们可以先看一下街健技能树（见图 4.6、图 4.7）。

技能树是对传统"五神技"的补充和完善。技能树不仅仅是动作大全，更是全面的动作进阶逻辑树。

我们把街健动作大体分为垂直推力与水平推力、垂直拉力与水平拉力以及平衡控制类和推拉综合类。

动作按照难度划分为 9 个级别。同类型、迁移性较大，只是力量难度不同的动作之间，我们用树枝（线条）连接来表示其中的关联性，所以可以通过树枝来逆推目标神技动作所需的基础动作。

可以看出，随着阶段的提升，一个动作 A 可以分出许多相关的进阶动作 X、Y、Z 等等，所以联系金字塔内容，A 动作也可以作为进阶动作 X、Y、Z 等动作的专项塔基动作。

每一个级别中的动作难度都较为接近（但不代表难度完全一致），不同级别之间则难度差距较大。从力量上来说，普遍会有相当于从 5 RM 到 1 RM 的差距，5 RM 的力量约为 1 RM 的力量的 87%。举个例子：从前水平到前水平上压，差不多相当于前水平要到 5 RM（查图 3.3 可得为 10 ~ 12 s）左右的相对强度，才能完成一个标准的前水平上压。所以我们可以通过技能树配合力量素质表来量化当前离下一阶段的差距，制订更准确的计划。

大多数同类型的动作进阶都是通过改变发力姿态、加大行程或者是偏重 / 单手来提升难度。但是这类提升往往会伴随着发力模式的改变，也会有更高的训练风险。

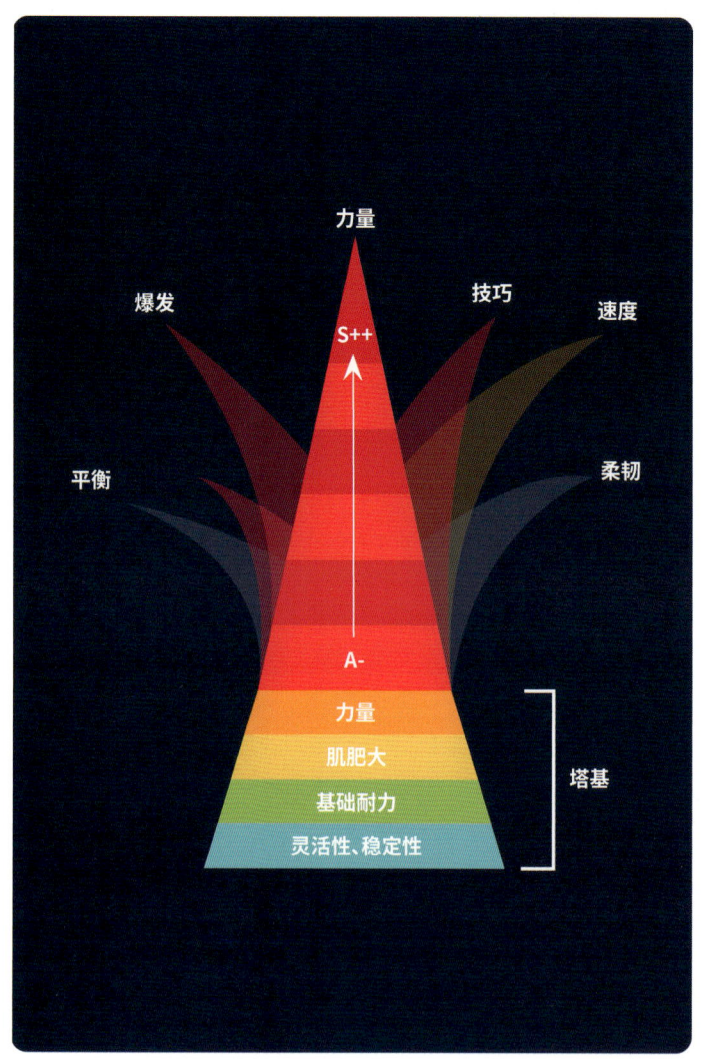

图 4.6　街健技能树概念图。

但是有一类动作，可以从 D 级贯穿到 S++ 级，并且发力模式几乎不变，风险也仅仅是负荷重量的提升。这就是塔基动作。

我们分析一下哪些动作有利于从新手到高手的持续性进步。

街健技能树 ▶

图 4.7　街健技能树。

负重引体

可用辅助或者负重引体来进行线性进退阶（见图4.8）。

图 4.8 负重引体。

潘德雷划船

能力足够的训练者可以用前水平引体代替（见图4.9）。

图4.9 潘德雷划船。

负重臂屈伸

可用辅助或者负重臂屈伸来进行线性进退阶（见图4.10）。

图 4.10 负重臂屈伸。

实力推 / 倒立撑

倒立撑难度跨级比较大，负重方式没有实力推直接，比较适合刚好满足这个能力范围的人。实力推全阶段都可进行（见图4.11）。

图 4.11 实力推 / 倒立撑。

不要对杠铃有偏见，不要觉得用了杠铃街健就不纯粹了，就像篮球运动员也会进健身房练习举重一样，杠铃只是帮你高效达到目标的一个工具而已。

接下来我们逐个分析选择这些动作的原因。

负重引体与负重臂屈伸是推拉训练中切合街健且能够提升躯干力量的直接方法，它们是多关节动作且负载可以线性增加。在增肌与增力的同时，负重臂屈伸还对俄挺所需的直臂力量有直接帮助。手臂上几乎所有的肌肉都会因为这两个动作而得到加强，同时也避免了由于不适应直臂而导致的伤痛。

实力推与倒立撑是提升肩部力量最直接的动作。这里的倒立撑指的是面墙倒立撑，其发力模式与背墙相比，和俄挺这个动作更契合而且腰部压力更小。实力推就不用多说了，有能力推起一倍体重的人练俄挺都不会有困难。

争议比较大的可能是潘德雷划船。潘德雷划船属于水平拉力动作，是引体向上的互补动作。引体向上这个动作对于中背部斜方肌中束与菱形肌的发展相对有限，而前水平这个动作中保持不塌胸的关键就在于它们。相对于水平引体来说，潘德雷划船更能线性和直观地提高相关力量（见图4.12）。

图4.12 潘德雷划船可以更多地锻炼到中背部。

另外，潘德雷划船与负重臂屈伸这两个动作从短期神技专项进步上来看，可能不如负重引体与实力推/倒立撑，但是从长期来看，负重臂屈伸能为高阶动作（如超宽距俄挺）打下更好的基础，因为街健动作中对于胸部肌群侧重较大的动作就是俯卧撑类动作（见图4.13）。

图4.13 单臂俯卧撑。

变式进阶的俯卧撑虽然难度在增大，但是对于胸部肌群的整体发展却没有促进，以常见的俯卧撑→射手俯卧撑→单臂俯卧撑这条路线来看，难度增大的原因除了负荷的增加（偏重），更多的是发力肌肉群从体积较大的胸大肌，侧重为三角肌和肱三头肌、核心区（侧链）。虽然动作在进阶，但是对于胸大肌来说，负荷却不一定能有效增加。尤其是当我们从俄挺进阶到超宽距俄挺时，就需要胸大肌有一定的肌肉发展才能相对轻松。当然单臂俯卧撑对于肩部的训练效果还是非常棒的，可以适当加入俄挺的力量训练中。

潘德雷划船也是同理，单纯对于前水平来说这个动作的效率可能并不算高，但是面对前水平升级动作——前水平引体时，这个动作对于中背部强化的优势就能体现出来。所以面对塔基动作二选一的时候，重点需要看你当前的阶段与需求（见图4.14）。

图4.14 前水平引体和潘德雷划船的中背部发力模式较为接近。

专项性动作

是不是有一个疑问？为什么有水平拉力动作而没有水平推力动作？

这主要是肌肉问题，背部的肌肉群比正面胸部的肌肉群从功能上来说要更复杂一些，因为背部肌肉不止一块背阔肌，还包括斜方肌与深层菱形肌，这些肌肉都是拉力神技所必须强化的。

而神技的推力从肌肉的角度分析会简单很多，主要就是肩前束与上胸以及前锯肌在肩屈的各个角度上参与占比不同（见图4.15）。那么，我们前面介绍的臂屈伸以及相应的变式折体臂屈伸与实力推是不是就涵盖了矢状面肩屈的全部范围呢？

我们前面介绍了俄挺这个动作，它虽然是个推力动作，但却是一个不太正常的推力动作，因为作为推力的"主角"，胸部肌群的参与并没有肩部三角肌等"辅助"肌群的参与多，而能线性提升这些肌肉的动作中，效益最大的就是负重臂屈伸与实力推。也许有人会说冲肩俯卧撑难道不算是适合俄挺的水平推力动作？为什么不加上？这是因为冲肩俯卧撑属于"范围类"动作。

"范围类"动作只适合能力刚好在这个范围内去做它的人，能力不够的人不好退阶，身体能力强的人练习这些动作进步较慢（见图4.16）。适合做这个动作的人，只在一个"范围"内，因为这类动作重量负荷无法线性增加。

图4.15　臂屈伸和实力推/倒立撑能覆盖矢状面肩屈的所有角度。

就像问60 kg的卧推有没有用？当然有用，但是要看对于谁来说——新手推不起来，老手又无法进步，只有刚好在这个力量范围内的训练者才能受益最大化。

那如果有条件，为什么不选择提高更直接的实力推呢？倒立撑相对于实力推也是同样道理，它们都是很好的动作。

这就是"范围类"动作的最大问题，虽说改变体式的退阶是街健最常见的退阶方式，但是这种退阶对于重点参与肌肉的受力占比还是有一定影响，而且适用的负荷范围不够广，负荷递增的方式不如线性递增重量来得直接。例如冲肩俯卧撑，虽然可以通过调整前倾度来调整难度，但终究不够直观。（你很难知道你究竟前倾了多少，即使前倾了一定的距离，那么这个距离又相当于增加了多少的负荷？虽然可以费心思计算出来，但是远不如加片来得直观。而且严格来说，

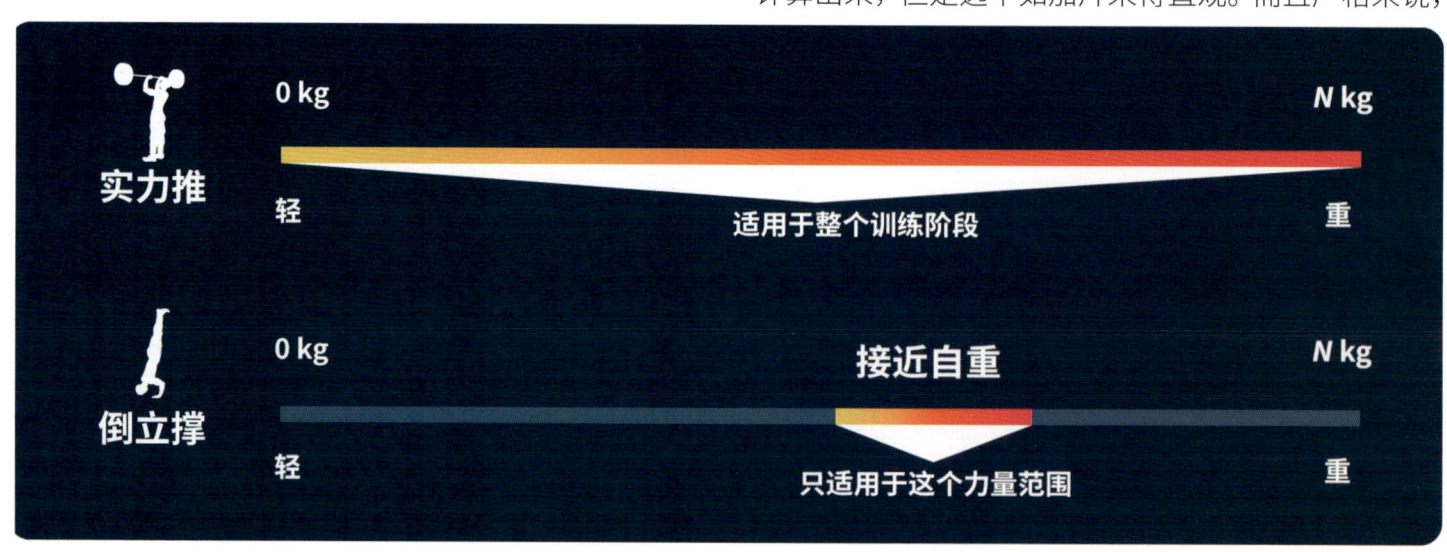

图4.16　范围类动作概念。

不同前倾度已经是不同的动作模式了，这又相当于多了一个变量。）

倒立撑相对于实力推也是同样道理，它们都是很好的动作，但是面墙倒立撑这个动作的负荷比较恒定（后续会详细介绍倒立撑负重方案），能做的人只在一个"范围"内。可能有人会说："从折刀撑退阶不就完啦？"倒立撑确实可以退阶，但是从俯卧撑到折刀撑再到面墙倒立撑这个过程并不是线性进步，每一个动作之间的跨度没有那么小和精确。如果没有杠铃，当然也可以选择折刀倒立撑这种退阶方法，但是如果有条件，为什么不选择进步更线性、更直接的实力推呢？

还有一个问题经常被问到，那就是实力推等动作对于俄挺的进步帮助有多大？这两个动作虽然侧重肌肉差不多，但是动作模式不太一样。

这里必须先承认一点，实力推、负重臂屈伸所能强化的不是俄挺所需的全部力量元素，但肩部力量绝对是俄挺的重中之重，大多数训练者俄挺进步慢也是由于肩部力量不足而导致的（见图4.17）。

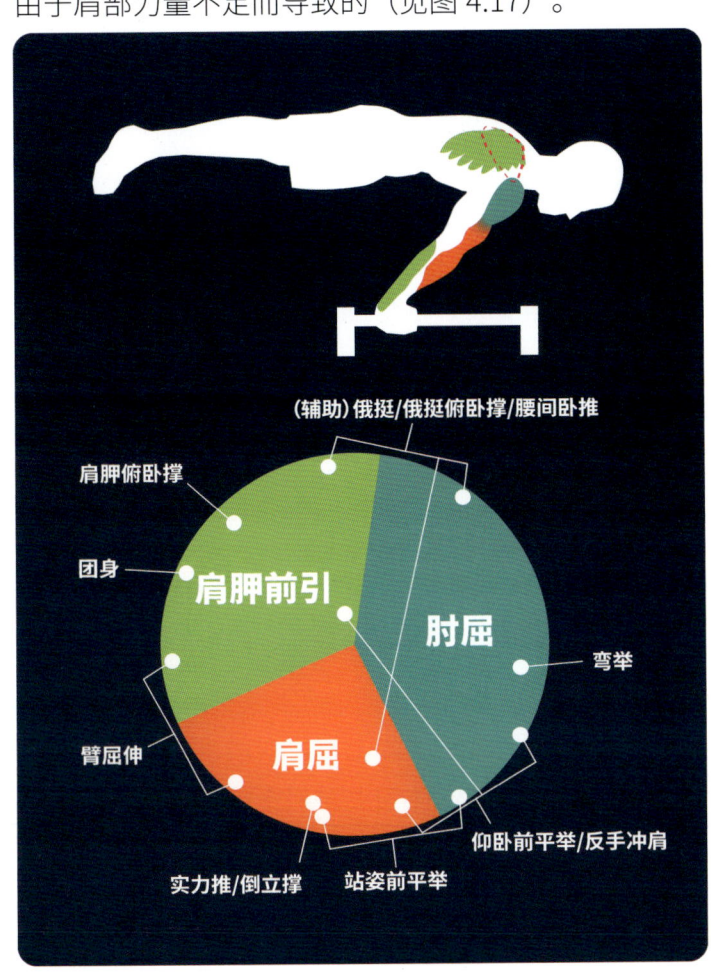

图 4.17 以俄挺为例，神技所需要的身体素质元素。

训练动作确实需要有迁移性，但还是要看当下的需求。塔基动作就是让整体基础持续性加强，先让身体从整体上去学习和认识运动，通过复合性动作去建立一定的协调性，等对运动和力量有了基本的适应和协调能力后，再去专攻特定的专项动作或技术，这样上手速度会远比没有任何基础力量和协调能力就专攻特定难度动作要快得多（见图4.18）。

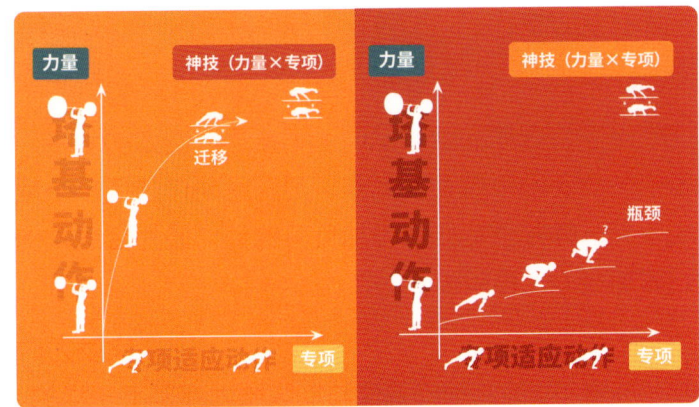

图 4.18 以俄挺为例，神技力量与专项迁移关系图。

冲肩俯卧撑这种动作适合在什么阶段练习呢？冲肩俯卧撑这种动作更适合在有一定基础后作为"迁移性"动作使用，因为该动作模式和"专项"模式比较接近，它可以让神经系统更早地熟悉"专项"动作。图4.18简单阐述了这个进阶思路，神技的第一需求始终是力量，而迁移本身没有太大难度。

倒立撑、冲肩俯卧撑这类"范围类"动作都有一个特点，那就是负重不好增加，但是它们的动作模式却更接近专项动作。

用最简单的话来表述这个思路，有些动作可能在动作模式上与神技很接近，但是在力量提升方面却不够线性。举个例子，从俄挺的团身→高团（吊腿）→分腿→并腿，是不是一个常见的思路？但是只要实践过就会发现其中的问题，那就是动作之间的跨度太大，因为它们都是"范围性"动作，每个动作之间的进阶缺乏线性过渡的条件，每个动作都是在"迈大步"，所以在街健练习者中最常见的问题就是，在团身阶段"卡住"了，甚至受伤。所以这类动作更适合在塔基足够强的基础上，作为向"专项"靠近的"专项迁移性动作"。

如何选择合适的塔基动作来使训练效果最大化

我们怎么样去选择合适的塔基动作？这里有三项建议。

·第一：在目标肌肉群上重合。

·第二：使当前所选择的专项动作与目标动作处在同一运动平面。 塔基动作与当前解锁动作要在一个运动平面，这样在主体肌肉上更接近。例如前水平，属于矢状面水平拉力类动作，则塔基动作选择一个运动状面一样并且能线性增加负荷的动作最为合适，例如等肩宽的负重引体。

·第三：在肌节收缩长度上最接近。 肌肉发力时收缩长度不同，其神经募集与筋膜张力都是不一样的。

举一个例子，团身俄挺与俄挺在运动平面与参与肌肉上基本一致，但是在不同肌肉长度的发力上却有差别：随着前倾角度的增加，三角肌的长度也发生变化，这就意味着神经募集能力需要进一步适应。

再思考一个例子：前水平上摆与前水平贴腹哪个更适合作为双杠维多利亚的塔基动作呢？这两个动作在目标肌肉上基本都覆盖，在运动状面上也一致，但是在特定肌肉长度发力这点上，贴腹前水平显然比前水平更适合维多利亚这个动作，所以后者更适合作为贴近专项的动作。

在动作挑选上，以上三项满足得越多越合适。

·满足一项是对动作有帮助的。

·满足两项是对动作帮助比较大的。

·满足三项就是最接近动作本身的。

当然，我们看问题需要全面，不要非黑即白，有些动作虽然可能只满足一项，但是负荷能持续安全增长，所以它带来的价值也不低。

我们先预习一下后面要讲到的周期性训练，就会对周期设计的底层逻辑有自己的看法。

例如，线性计划动作冲刺中的动作准备、肌肉发展、专项这三个环节。其中肌肉发展（肌肥大、肌力量）这个环节的动作在选择上都满足两项，并且大部分都是可以发展肌纤维体积并且负荷可以持续增加的塔基动作。

动作准备用来建立动作模式和修补短板，以及在后期卸掉压力，促进神经系统与肌肉系统休息并恢复。

肌肥大这个环节更多的是为专项这个阶段预防损伤，因为大负荷的直臂动作需要更强的结缔组织（筋膜、肌腱、韧带）来预防风险。

专项这个环节中的动作则三项都需要满足。专项动作不太适合发展肌纤维体积，但适合发展神经募集。

结合前面的力量介绍，我们还是用指挥官与士兵这个逻辑关系来看待这三个板块。

·动作准备就是两个字——备战。

·肌肉发展就是增强指挥官的指挥能力与士兵的单兵作战能力。

·专项就是让指挥官与士兵在最贴近战场的环境中进行模拟作战。

需要说明的是，这里没有介绍解剖学的内容，因为对于街健训练，我们只需要了解运动平面就可以了。（当然对解剖感兴趣的也可以自学一些内容）。

有条件进行杠铃训练的训练者，处在专项模块前的塔基阶段时，建议杠铃动作（实力推与划船）与自重负重（负重臂屈伸与负重引体）动作训练比例相同，例如杠铃动作一周，再换自重负重动作一周。

因为杠铃塔基动作这类复合性的有下肢参与的动作能给身体提供一个更好的锻炼环境。

专项动作和迁移性

迁移性是指已获得的经验对于后来学习效果的影响。迁移也分为正迁移和负迁移。

例如练习负重引体向上可以对前水平力量有正向的帮助，所以负重引体向上对前水平是正迁移的。而跑马拉松对俄挺训练可能有负面影响，所以是负迁移效果。

如何定义专项动作呢？专项动作就是对神技动作

的迁移性很高，但是负荷不太好增加的动作。可以把它们理解为力量训练与神技之间的"桥梁性"动作，根据它们的特点可分为静态类动作、专项增肌类动作、动态类动作三类（暂且以俄挺、前水平为例）。

· **静态类动作**：前倾支撑（冲肩）、团身类。

· **专项增肌类动作**：腰间俯卧撑（团身俯卧撑）、弹力带前水平引体类。

· **动态类动作**：前水平上摆、辅助俄挺上压、俯卧撑等。

这些动作都非常好，只是都属于"范围类"动作，力量不太好量化提升，所以它们可以作为专项动作与主项动作一起放进周期训练里。

我们还可通过下面这个图来判断动作的迁移性。满足条件越多，该动作的迁移性越高（见图4.19）。

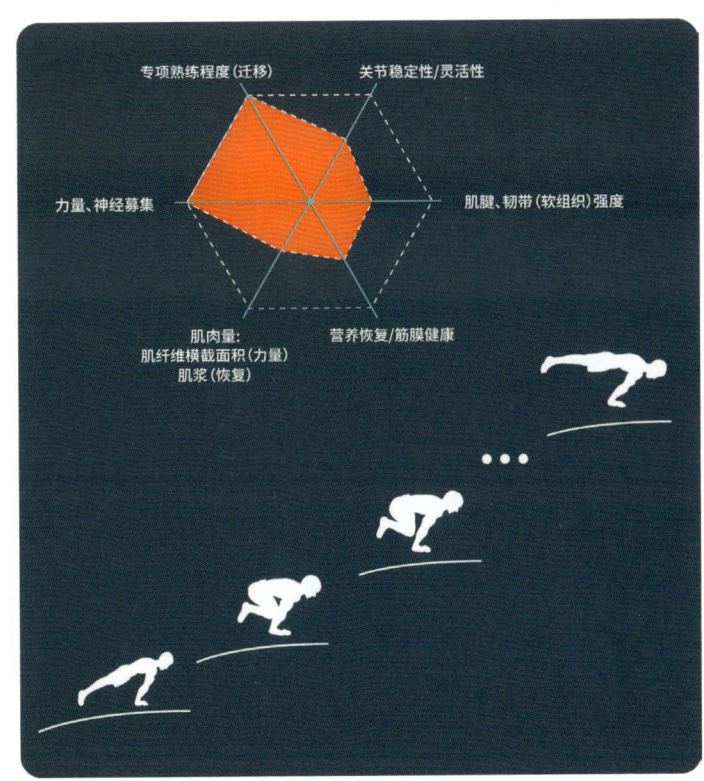

图 4.20　传统思路会导致很多关键素质缺失或者达不到要求，进而导致进步缓慢以及受伤风险大大提高。

但对于力量的提升不够直接，动作之间跨度巨大。

在介绍塔基动作的时候，我相信大家有一些疑问，即实力推与潘德雷划船这两个动作，并不在街健的专项范围里，难道不是一切动作都应该在专项这个范围里去进阶吗？这两个动作满足"专项性"吗？

是的，这两个动作虽然与街健俄挺、前水平专项动作并不一样，但是也不会影响进步，相反对进步的直接帮助很大。在这里跟大家重新捋一捋"专项性"这个概念。

偏离专项训练的一个核心原则是大方向偏离，什么意思呢？例如目标是提升肌肉力量，而你却去长跑，原则上来说这才算是偏离专项。

不偏离街健专项需满足两个因素。

· 第一，能增加目标动作对应肌肉的肌肉量。

· 第二，能增加目标动作主要对应肌肉的力量。

街健训练的专项包括力量、肌肉量、专项技术等。实力推与团身相比，在动作模式专项性的满足上显然是后者更优。但是问题来了，团身虽然符合专项性但是进步并不呈线性，从低团到高团之间的跨度巨大，这存在很高的风险，并且这类静态动作对于增肌而言

迁移性动作选择

运动平面	矢状面
	冠状面
	水平面
动作模式	静态
	动态
	关节角度
	肌节长度
	开链/闭链
负荷/募集适应	

图 4.19　迁移性动作选择。

关于"专项性"的讨论

常见的传统街健训练思路（见图4.20）会导致很多关键素质缺失或者达不到要求，进而导致进步缓慢以及受伤风险大大提高。

例如腰间俯卧撑一天数百个的练法，只适合一部分人，即能力刚好足够的人。

从图4.20就可以发现，虽然动作都接近"专项"，

收益较低，好处是可以提高肘关节对抗压力的能力。我们把这个关系理顺就可以对两者做比较了，一个更接近专项，但是进阶不线性，增肌能力较弱；一个在动作模式上不够接近专项，但是能线性提高动作的相关肌肉的力量和增加肌肉量。现在思路就清晰了：我们先提高相关肌肉的力量与增加肌肉量，再去做专项是不是比直接硬扛几个"范围类"动作更安全呢？

还可以这样理解，假设你当前还很瘦弱，处于俄挺塔基阶段，那么你当前更需要加强的是相关肌群肌肉量和力量，所以更能给相关肌群增肌和增力的塔基动作，才是更符合现阶段的"专项性"动作。

打个比方，从团身到高团再到分腿这个过程，团身相当于深蹲 50 kg，高团相当于深蹲 100 kg，分腿相当于深蹲 150 kg。

而你想从深蹲 50 kg（类比团身）进步到 150 kg（类比分腿），你的主要目标是增加力量。而常见的思路是先练习团身维持，等到团身能维持几十秒再进阶到高团继而再进阶到分腿。这就相当于你想增加力量，却靠大量低强度高重复次数去增加力量，这样的增力效率远比线性加重的效率要低。要想深蹲从 50 kg 进阶到 100 kg，最直接的方法就是线性增加重量（50 kg、52.5 kg、55 kg……97.5 kg、100 kg），而不是拼命去增加 50 kg 的重复次数，然后突然冲击 100 kg。这就是当前很多爱好者总卡在团身或某一阶段的根本原因，归根结底就是团身这类动作对于力量进步慢，进阶动作跨度太大，力量的线性增长比较模糊。而且在力量基础不足的情况下强行进阶，还有可能导致受伤风险的增加。

团身这个动作本身并没有任何问题，它依旧有其训练价值。但是重点在于阶段的跨越巨大，尤其是从低团到高团这个阶段。根据肌电测试的结果，前锯肌、肩、二头与小臂等肌肉的负荷相当于"原地升天"，这也是导致许多人会出现瓶颈期甚至身体损伤的原因。团身是直臂适应以及提高肩胛前引力量的基础，适合在能做到折体臂屈伸之后融入动作准备阶段，而不是从一开始就维持时间死磕（见图 4.21）。

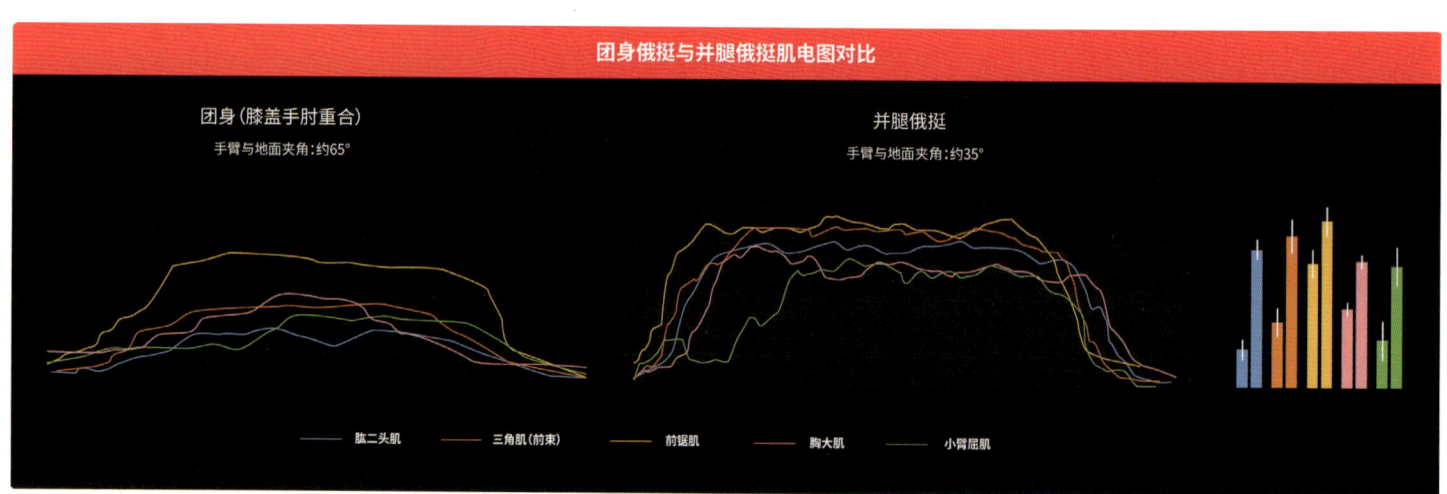

图 4.21 团身俄挺与并腿俄挺肌电图对比。

渐进超负荷原则

一切进步训练都是围绕渐进超负荷这个原则来进行的，包括后面周期计划的设计，也是对这个原则的科学化呈现。

用最简单的话来解释渐进超负荷原则，即力量训练不可能一口吃成大胖子，要不断地给予刺激，肌肉纤维才会习惯性地被募集和感应而形成运动定型，再施加新的压力。训练过程就是"定型→打破定型→建立新的定型"。我们训练进步的根源就是渐进超负荷原则（见图4.22）。

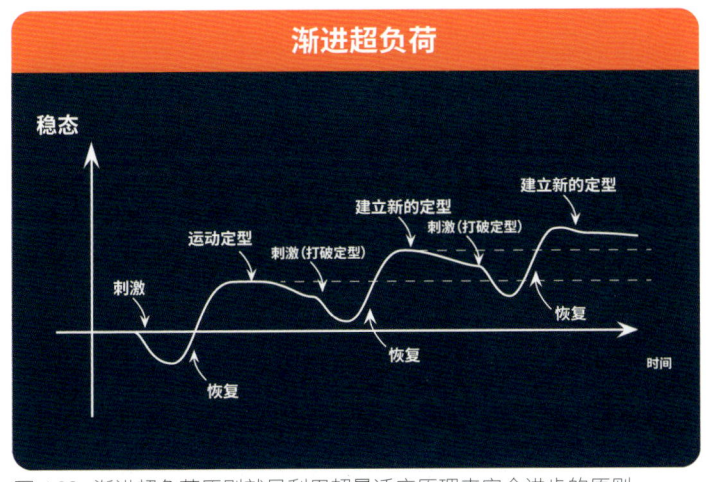

图4.22 渐进超负荷原则就是利用超量适应原理来安全进步的原则。

在恒定阻力训练及固定模式下，身体会取得一定进步，但当身体的能力足够对抗这个阻力带来的压力时，便不会再取得更大的进步。

如果想要继续进步，就需要改变当前模式，"逼迫"身体去建立新的适应，而重量的增加就是一种在恒定模式下给身体带来新的压力的方式之一。但是要明确一点，超负荷是需要渐进的，过大的负荷或者过少的休息都会让进步受到影响（见图4.23）。

渐进和超负荷是相互依存的，二者缺一不可。我们可以再来看一下传统的方案都欠缺什么。

传统方案1："低团→高团→分腿→并腿"，这个思路就是满足"超负荷"却没有做到"渐进"。

传统方案2："每天数个，坚持数天就能解锁某动作"，这个思路从一开始可能就是过度"超负荷"，后期适应了却又"负荷"不足，总体上也没有满足渐进性。

渐进超负荷的程度和时机也要把握好。刺激不足就难以使身体建立新的稳态平衡；刺激过大会导致身体恢复不足，造成看似很努力反而退步的情况。

很多人喜欢问练哪些动作进步最快？其实合适的动作只是一方面，训练能符合渐进超负荷原则才是进步的关键。

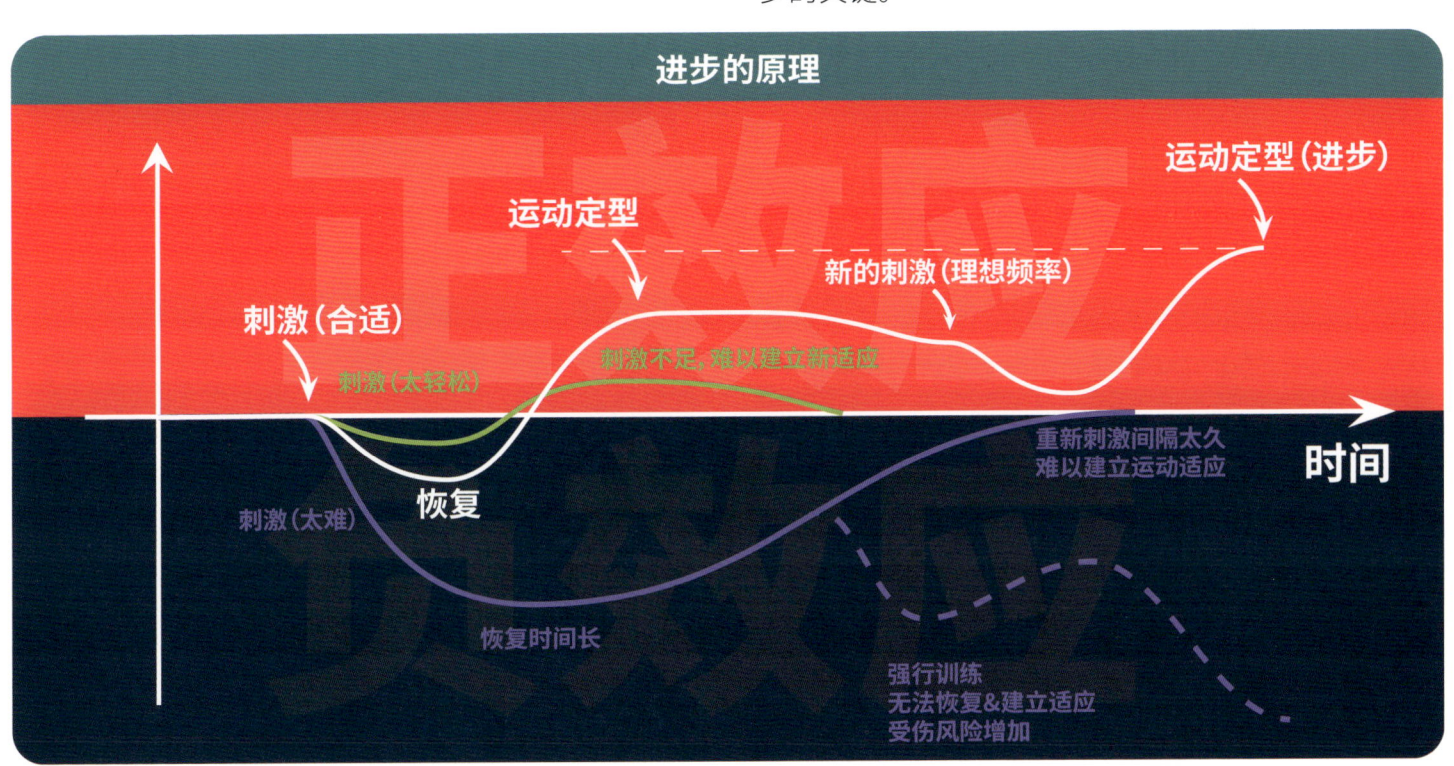

图4.23 渐进超负荷需要把握训练强度以及恢复能力，过大的强度、过少或者过长的休息都会影响进步甚至导致退步。

超负荷的方式

除了重量这个因素，增加重复次数、增加组数、减少组间休息、更换训练模式等方法都能给身体带来新的压力来"逼迫"着身体进步，力量训练渐进超负荷原则的本质就是逐步增加负荷量，以不断刺激肌肉产生超负荷适应来实现力量提高。

为什么渐进超负荷会变强

力量超负荷会给生理上带来适应性变化，其中主要有以下几点。

· 调节基因表达，加速肌肉合成。

· 肌纤维横截面积增加。

· 肌糖原储备增加。

· 激素稳态平衡被打破。

· 神经系统适应性被提高。

SAID 原则

渐进超负荷原则一般要围绕训练目标展开，这就需要提到 SAID 原则。SAID 原则指身体对不同训练负荷会产生特定的适应反应，包括以下几点。

· 特异性（训练内容应该根据目标肌肉或运动特点来定制）。

· 适应性（身体根据训练产生的适应性）。

· 个体差异性（训练目标与计划应针对特定的目标与身体条件）。

· 渐进性（在适应的基础之上继续建立新的"压力"，使身体产生新的适应）。

SAID 原则应用在街健上，就是训练的重心要围绕街健的特点（力量、神经适应性）来安排，根据进步状况与强度大小来不断调整训练模式，使身体朝着目标做出适应性进步。

五　街健量化

在介绍周期性训练思路之前，我们需要了解一个重点，那就是通过将动作量化来看清动作背后的本质（例如直臂动作与屈臂动作）。目前针对俄挺类训练动作的研究与试验还非常少。过去我们分析动作本质时更多是从关节动作与对应的肌肉功能出发，但是这些始终都不够"量化"。

于是我们做了一些"不太严谨"的试验，这个试验就是通过街健动作的肌电测试来观察具体参与肌肉的发力占比和发力顺序。

为什么说这个测试"不太严谨"呢？因为测试的人群不够多。严谨的测试至少需要100人，其中50人为没有太多训练经验者，50人为经过系统街健训练且有一定年限者，因为个体的差异性很大，训练经验的差距与长期训练使身体发生的适应性变化可能会导致肌电测试中肌肉"激活程度"存在一定差异。

但是可以肯定的是，无论是老手还是新手在完成动作时，主要的发力肌肉和顺序都不会出现太大偏差，只是在"激活程度"上可能存在差异。由于受限于当时的条件，我们只找到了3名测试对象，1名为街健训练不足1年的人，两名为街健训练超过3年的人。这3名受试者的测试结果仅供参考。

俄式挺身

标准俄挺

支架正摆俄挺

这里我们以支架正摆俄挺为一个参考标准。

从图5.1可以看到，三角肌、前锯肌、肱二头肌都有较大的激活程度；而小臂屈肌和胸大肌稍微低一点，因为在良好的肩部力量和肩胛前引动作模式下，

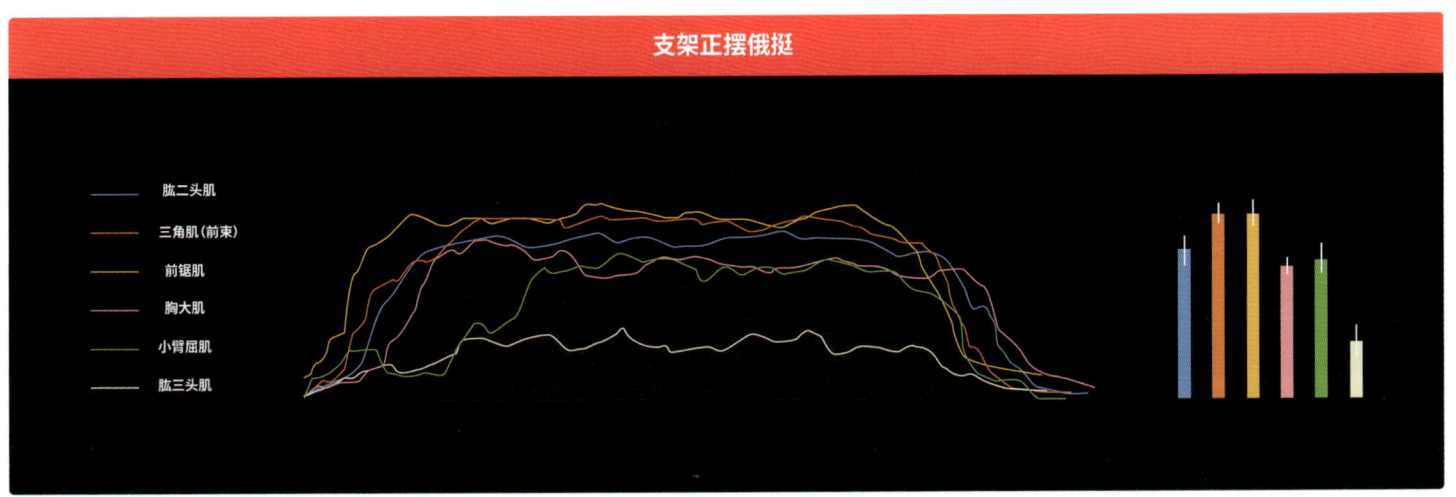

支架正摆俄挺

肱二头肌
三角肌（前束）
前锯肌
胸大肌
小臂屈肌
肱三头肌

图 5.1　支架正摆俄挺，握距比肩略宽（50～55 cm）。横坐标表示时间，纵坐标为肌电信号强度，后文所有肌电图均采用此指标。

前倾度不会太大，因而小臂不会过度参与发力；肱三头肌激活程度很低，主要是维持关节稳定，而不是主动肌群。

另外我们还可以通过肌电图来观察动作模式、肌肉发力顺序。可以看到，前锯肌是最先激活的，另外

可以参考后面标准俄挺俯卧撑，同样是前锯肌优先激活，也就是说想要俄挺、俄挺俯卧撑动作达到标准，前锯肌的激活优先级应该是最高的。而小臂屈肌会随着身体前倾和肩部力量的消耗逐渐参与得越来越多。

弹力带腰间辅助俄挺

我们再来看弹力带腰间辅助俄挺，可以发现，除了激活的总体程度略有下降（因为有辅助的原因，当然不同训练者对于辅助的强度也是不一样的），其他主要肌群发力的比例、发力顺序和支架正摆俄挺几乎一模一样。这可以佐证一个观点即腰间弹力带辅助对俄挺维持的迁移性是非常高的（见图5.2）。

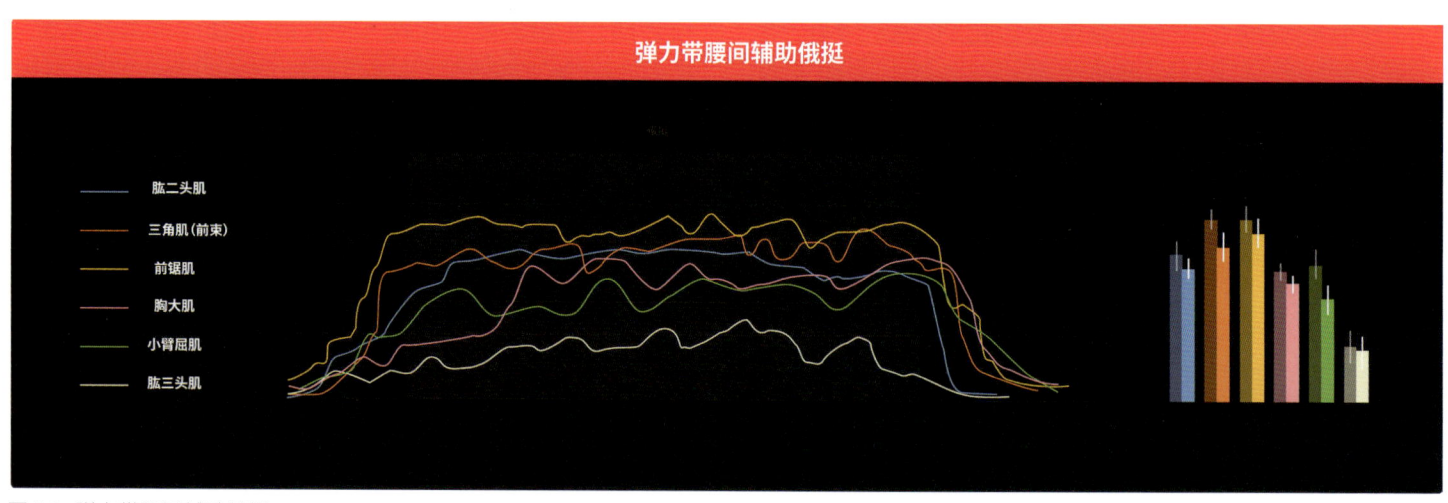

图 5.2 弹力带腰间辅助俄挺。

支架反手俄挺

相比于支架正摆俄挺，支架反手俄挺肱二头肌激活程度明显更高。除了肱二头肌，肘屈肌群总体激活程度都相对更高（见图5.3）。后文有肘屈肌群详细的发力对比。

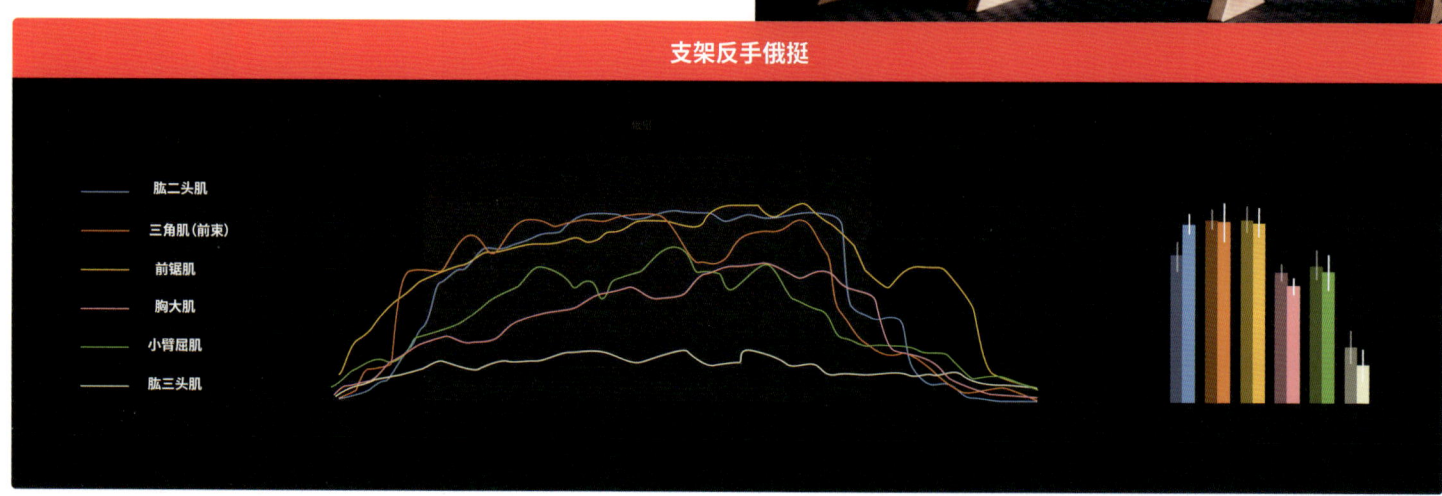

图 5.3 支架反手俄挺。

俄挺其他肌群发力分析

最大的俄挺"谣言"之一是俄挺时背阔肌会发力。但从肌电图可以看出来，背阔肌几乎是没有发力的，只是可能会参与一定的关节稳定，但并不是主动发力肌群（见图5.4）。

很多人会感觉背部深层有发力感或者练完会酸痛，那其实是深层的前锯肌的反应。

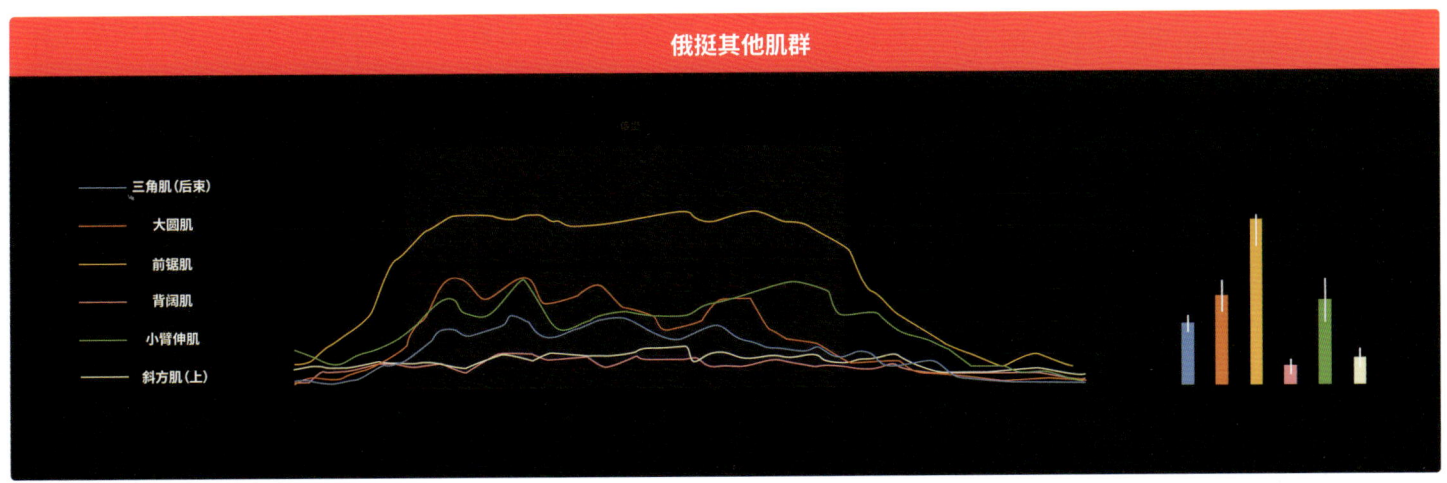

图 5.4　俄挺其他肌群发力分析。

不标准俄挺分析
屈臂俄挺与塌肩俄挺

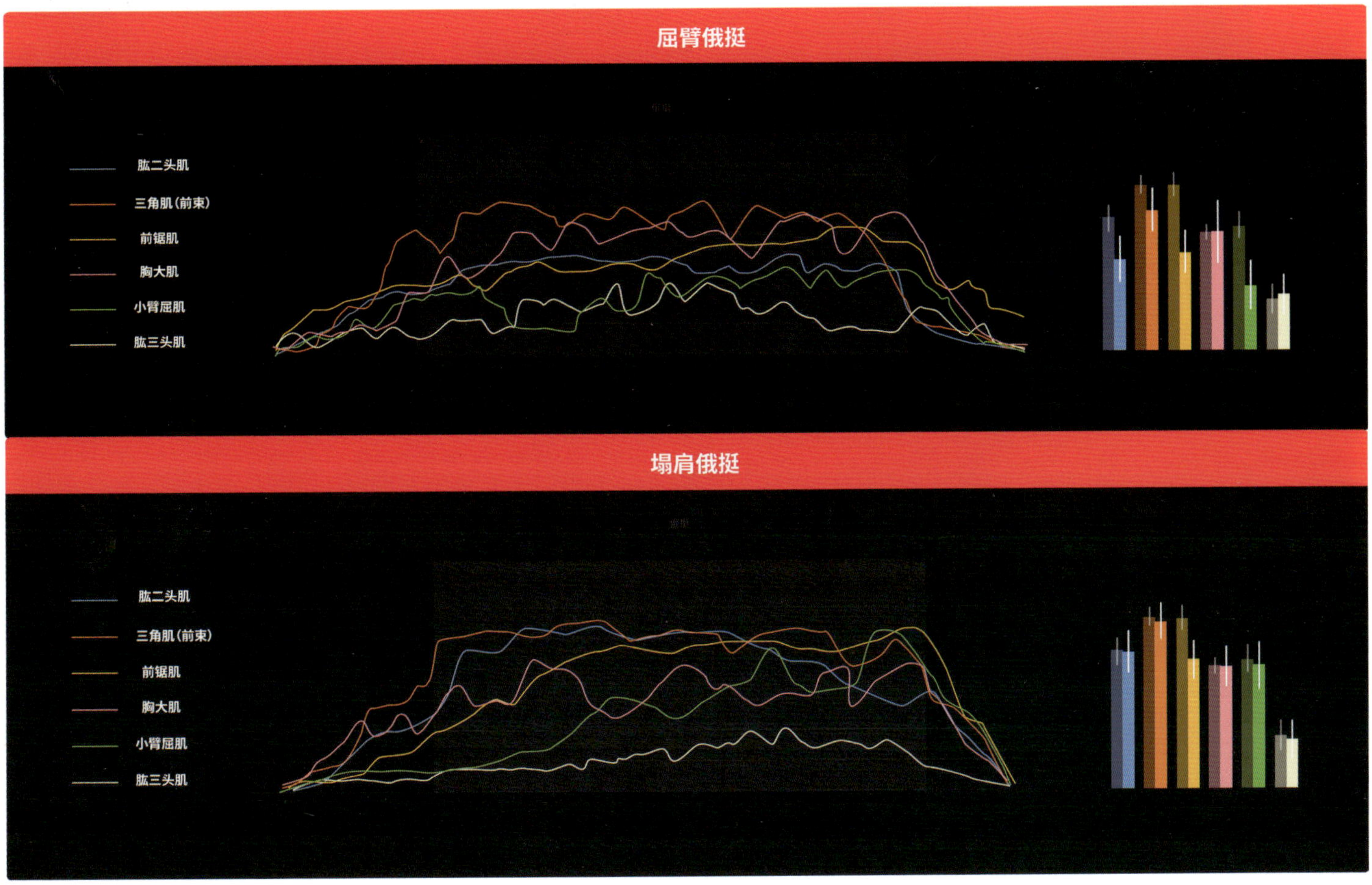

图 5.5　屈臂以及塌肩俄挺。

常见的俄挺姿态错误有屈臂和塌肩。

屈臂是从俄挺的定义出发的：标准俄挺就是手臂伸直锁死的身体水平动作。

塌肩其实就是肩胛前引能力不足，因为俄挺是一个对抗重力的动作，所以肩胛前引是相对于脊柱的前引。在远固定（手和肩胛固定）情况下，肩胛相对脊柱前引就是把脊柱推离地面。而塌肩就是前锯肌无法对抗重力，导致脊柱下降。而且肩胛翘起可能还反映出更深层次的问题，如肩胛和胸廓贴合出现了问题，这个可能会关系到脊柱曲度等更深的问题（见图5.5）。

屈臂俄挺

屈臂俄挺（见图5.6）总体激活程度都略有下降，尤其是肱二头肌激活程度非常低。同时前锯肌激活程度也明显降低。

这里还能发现一个事实，即屈臂和塌肩这两者很多时候都不是单独出现的，屈臂时往往肩胛也会不稳定。

另外我们观察曲线的波动，可以感受到曲线波动非常大，而现场测试过程中动作非常不稳定，出现了明显的抖动。直臂则可以在结构上提供更稳定的支撑。

塌肩俄挺

从塌肩俄挺（见图5.7）可以观察到前锯肌的发力明显滞后于其他主要发力肌群，更像是被动地"拖着"发力，最终肩部无法维持稳定角度，小臂屈肌会过度参与来抵抗前倾的力量。这是因为塌肩的俄挺动作中，往往前倾度很大，而且虎口容易压到发黑、小臂容易出现伤病的原因。这也是发力模式问题导致动作出现错误的典型例子。

其实在很多动作中，更靠近躯干的核心肌群应该是优先激活的，这一点我们会在核心概念中详细介绍。

图5.6 屈臂俄挺。

图5.7 塌肩俄挺。

俄挺直臂与屈臂的"秘密"

通过肌电测试，我们会发现一个问题，也是大部分人都会忽视的一个主角：肱二头肌，或者说是肘屈肌群。最开始，我们用改良式实力推作为主项动作来观察与跟踪俄挺训练者的进步，结果大部分人先解锁的并不是俄挺维持，而是俄挺俯卧撑；相反，对于一些高阶训练者，实力推却提升了他们俄挺的维持时间（见图5.8）。

面对这个现象，绝大部分人提出的观点是：屈臂力量强于直臂力量，所以会先解锁俄挺俯卧撑。但是这样的说法过于笼统，本人曾经对此类问题也存在疑惑。因为直臂与屈臂相比，除肘关节周围软组织压力更大以及肩部负荷更大之外，暂时没有涉及其他因素，所以在早期训练者的重点一直围绕着肩部力量以及肩胛前引的力量，结果就是俄挺俯卧撑越做越多，而俄挺维持的进步速度低于预期。那么我们所指的直臂力量到底是什么？仅仅是肩部力量更强以及神经系统对于直臂模式的建立吗？经过这次测试我们发现直臂力量与肱二头肌等肘屈、肩屈肌群密切相关（见图5.9）。

我们的推力系列动作很少能直接训练到该肌肉群，导致肱二头肌等肌肉力量与肩部力量的差距开始越来越大，而静态的维持所需的肘屈、肩屈力量却远远不够，所以很多人往往先解锁了俄挺俯卧撑。

冲肩与折体臂屈伸等动作对于肱二头肌等肌肉有一定的训练刺激，但是整体不呈线性，因此我们需要重点关注肱二头肌等肌群的进步，除了哑铃、杠铃，反手引体与吊环弯举都是非常不错的补充动作。肱二头肌的训练可以单独放在训练后以及动作准备阶段。

我们通过测试，把直臂力量稍有欠缺的训练者加入了弯举的训练动作，结果受试者的俄挺维持进步有显著提高。

结合测试结果以及前面的案例分析，可以把直臂推力进一步量化。通过肌电图我们发现，其实俄挺的主角主要是三部分肌肉。

第一，肩部肩屈肌肉，主要是三角肌前束和中束。

第二，肘屈肩屈肌群，肘屈肌群主要就是肱二头肌、肱肌、肱桡肌等，而肱二头肌的功能除了肘屈还有一定肩屈能力。

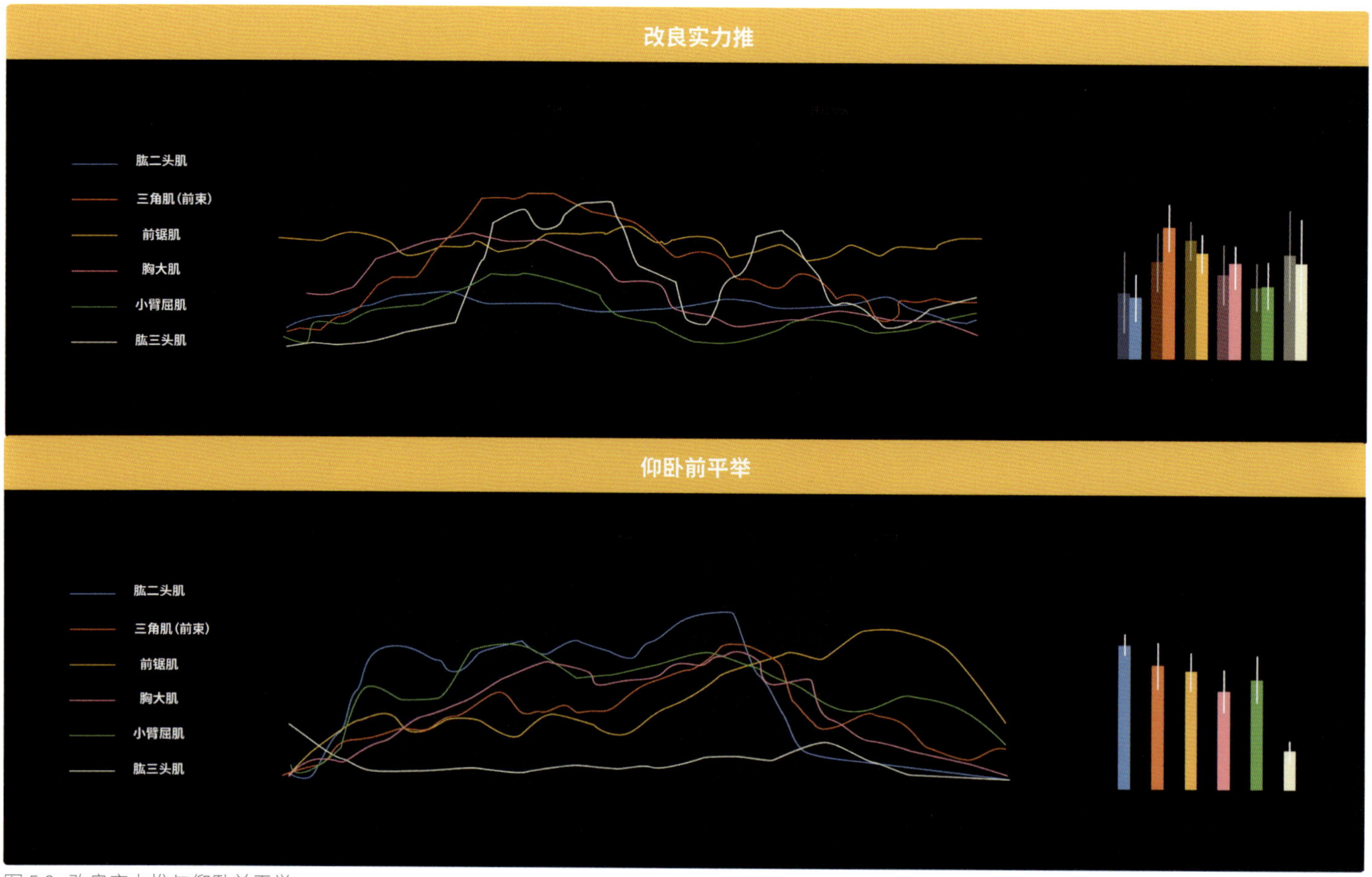

改良实力推
肱二头肌
三角肌（前束）
前锯肌
胸大肌
小臂屈肌
肱三头肌
仰卧前平举
肱二头肌
三角肌（前束）
前锯肌
胸大肌
小臂屈肌
肱三头肌

图 5.8 改良实力推与仰卧前平举。

屈臂
阻力臂
动力臂
F外力 × 阻力臂 = F肌力 × 动力臂
直臂
动力臂
阻力臂
F外力 × 阻力臂 = F肌力 × 动力臂

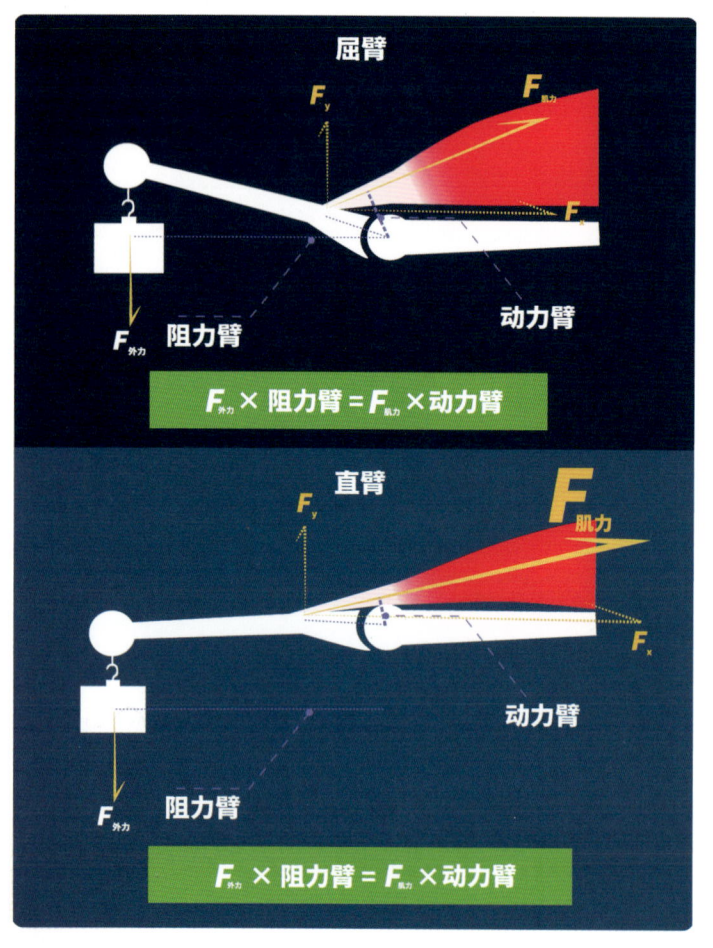

第三，稳定肩胛及肩胛前引肌群，对于俄挺而言主要是前锯肌。

只有这三者的力量取得一定的平衡，才能最终达成目标。而大多数所谓的屈臂维持动作，例如屈臂俄挺维持等，都无法有效地针对肘屈肌的力量，所以最终三者平衡的能力存在缺口，导致无法完成目标；再加上直臂力量动作在前期不好增加负荷，大部分属于范围类动作，导致初学者不容易掌握，增肌与增力收益也要低于屈臂动作。我们把这个底层逻辑量化之后，可以有效定制训练计划侧重点来更安全地达到目标。

图 5.9 直臂与屈臂的简化模型示意图。虽然微屈臂状态下阻力臂并没有比直臂短很多，但是肌肉的内部力臂（动力臂）明显变短，所以需要更大的肌力来达到力矩的平衡。

团身

我们前面提到过从低团到高团这个进阶方式难度跨度过大的问题，我们可以看看肌电测试结果（见图5.10）。

"拨开"最上端表示前锯肌的黄色数据线，你就能发现这个问题，这也是很多人为什么会"卡阶段"

的原因：因为这些动作之间难度跨度过大。

但是我们也能从中发现团身的价值，这个动作对于前锯肌的激活是很不错的。如果你能用一个相对"完美"的前引姿态来练习团身，那么它对于肩胛前引能力的锻炼提升是一个很好的动作（见图5.11）。

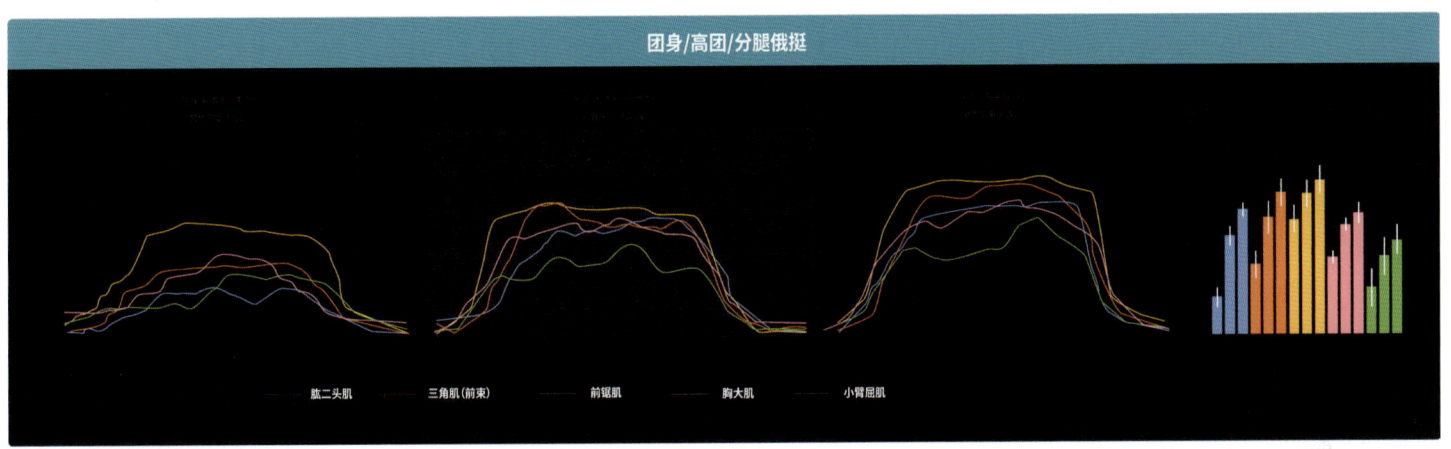

图 5.10　团身 / 高团 / 分腿俄挺。

图 5.11　团身与并腿俄挺的前倾度差距巨大。

常见推力塔基 / 专项动作

负重臂屈伸、含胸臂屈伸 / 支架正摆俄挺、俄挺俯卧撑

我们把这4个动作放在一起，方便大家直观地进行对比（见图5.12）。虽然前两者是动态动作，但是我们也要发现其中的共性：激活的程度以及激活的顺序一致。

负重臂屈伸对于胸肩以及推力的整体发展更好。

而含胸臂屈伸其实可以理解为直腿的"团身俯卧撑"，本质上就是把身体抬平，但是重心比团身低，

更容易控制。

我们对比一下含胸臂屈伸的"直臂→离心→向心→直臂"阶段和俄挺俯卧撑的"俄挺→离心、底端→向心→俄挺"阶段可以发现，二者的发力模式（激活顺序）是十分接近的，主要区别在于小臂和肱二头肌的激活程度，这大概率是由俄挺俯卧撑更加前倾造成的。

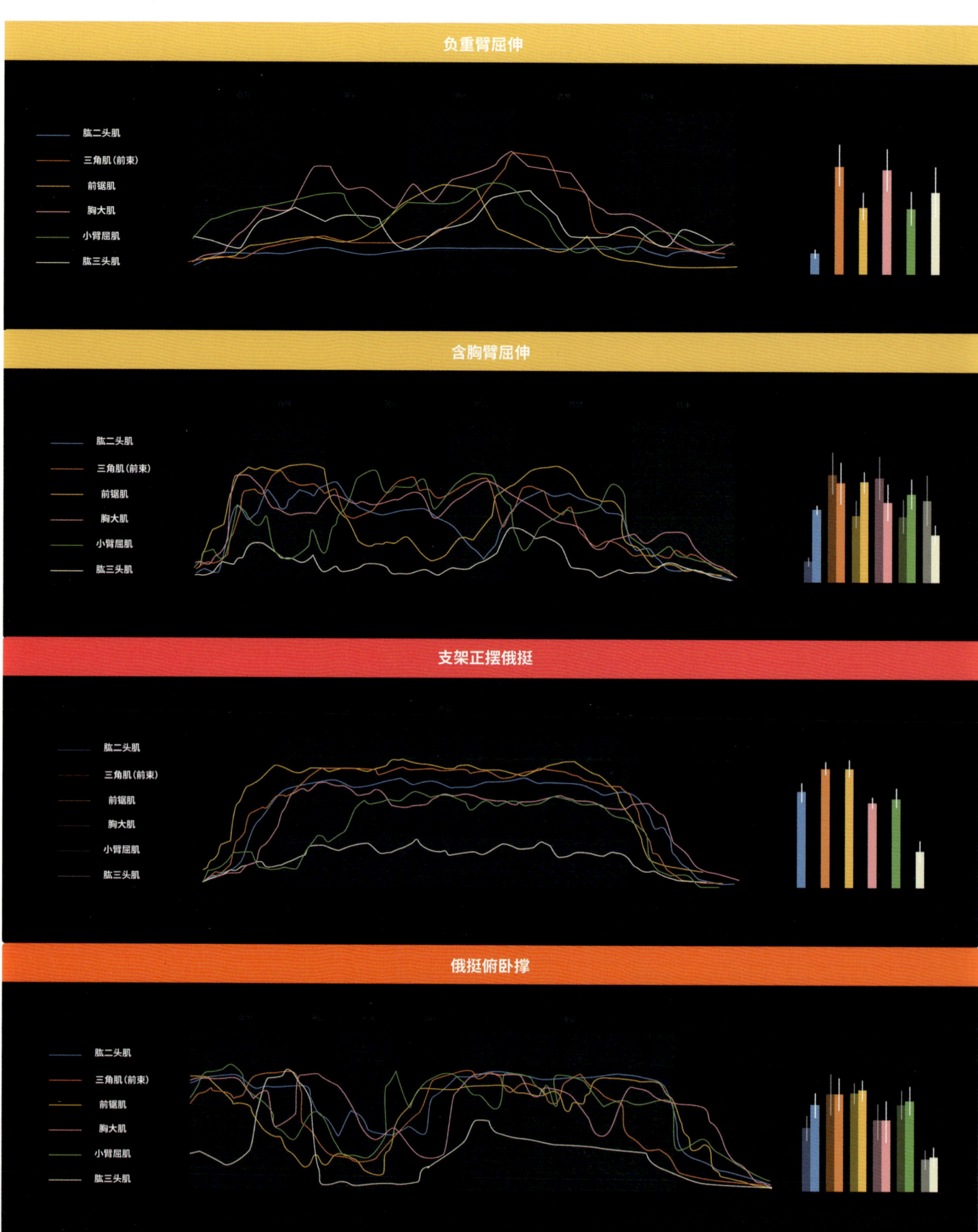

图 5.12　动态屈伸类俄挺动作分析：负重臂屈伸、含胸臂屈伸、支架正摆俄挺与俄挺俯卧撑之间的对比。

传统实力推、改良实力推、面墙倒立撑

通过对比可以看出，同等强度下，改良实力推的三角肌发力会比传统实力推更强，但是前锯肌激活程度稍弱。而面墙倒立撑由于有一定倾斜度，所以前锯肌激活程度会更高。可以用改良实力推配合面墙倒立撑进行互补训练，使训练效果最大化（见图5.13）。

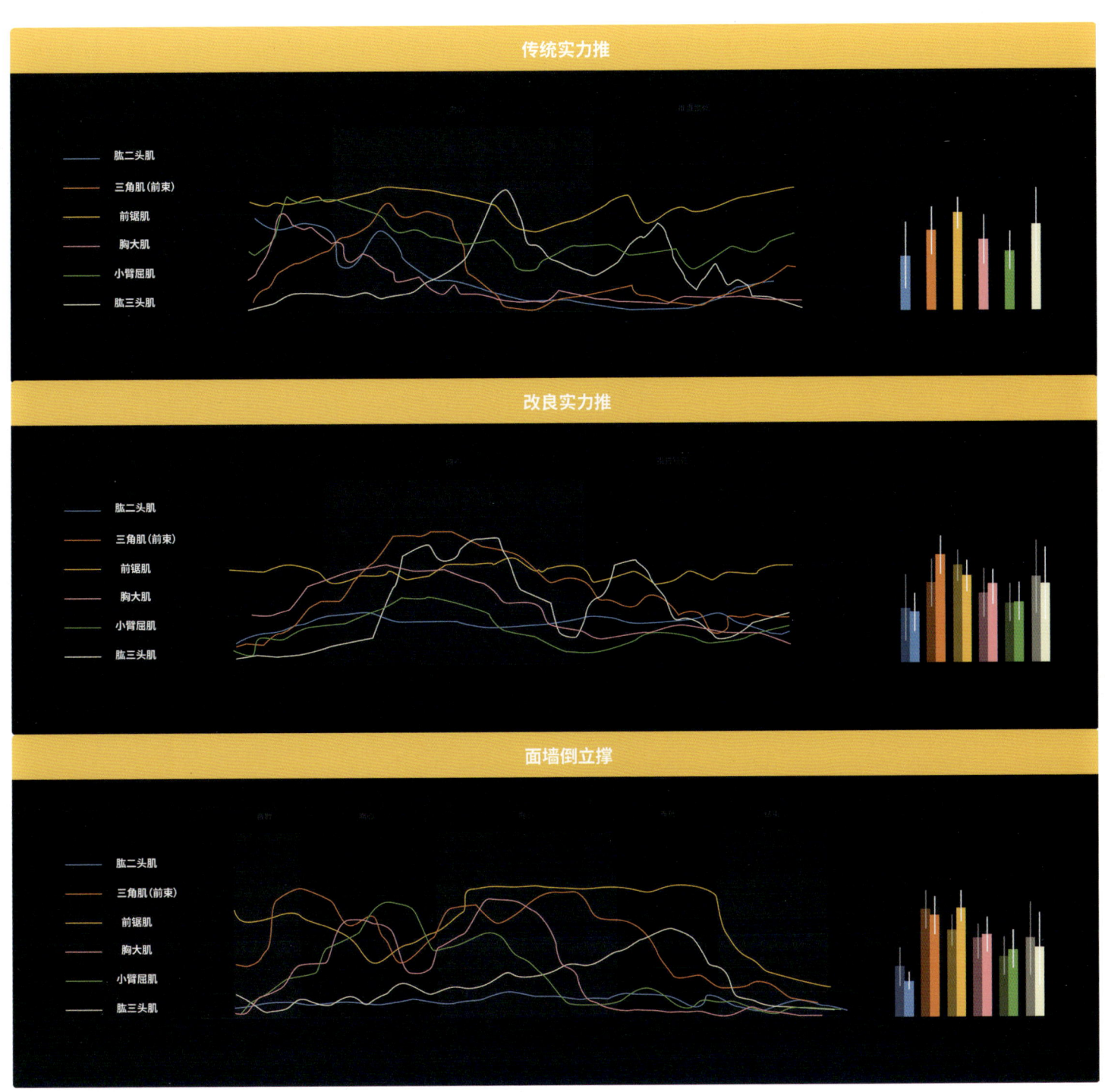

图 5.13 传统实力推、改良实力推与面墙倒立撑对比。

仰卧前平举、站姿反手前平举、反手俄挺

站姿反手前平举三角肌前束发力刺激会比仰卧前平举更高，如果是专项提升肩部力量，或许站姿反手前平举是更优的选择。但是对于反手俄挺迁移性而言，仰卧前平举可能会更优一些。区别就在于仰卧前平举前锯肌发力会更大，但是推起后可能由于手臂稍微偏向垂直，所以手臂和肩发力变小（见图 5.14）。

因此可以对动作做出优化：仰卧前平举不用举至手臂垂直，而是保持一定的前倾度，这样能最大化模拟俄挺的发力模式（见图 5.15）。

腰间卧推、俄挺俯卧撑

腰间卧推是俄挺俯卧撑对应的一个开链动作，二者的发力模式十分接近，但是腰间卧推对于肘屈肌群的募集能力稍低。和仰卧前平举一样，在推起时保持一定的前倾度，这个角度最好是跟俄挺角度一致，可以最大化模拟俄挺俯卧撑的发力模式，强化肘屈肌群在直臂状态下的力量（见图 5.16、图 5.17）。

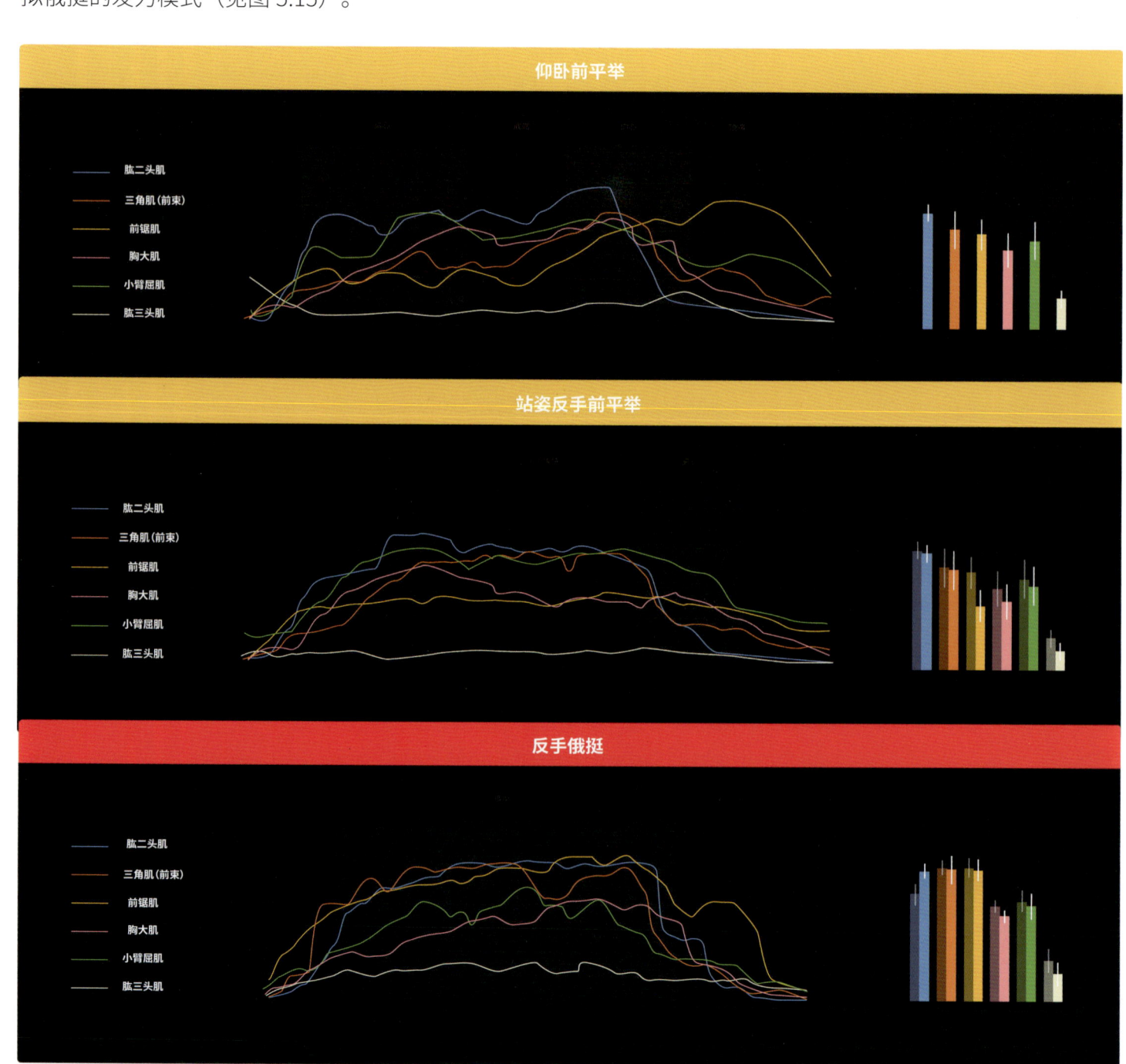

图 5.14 仰卧前平举与站姿反手前平举对反手俄挺迁移性分析。

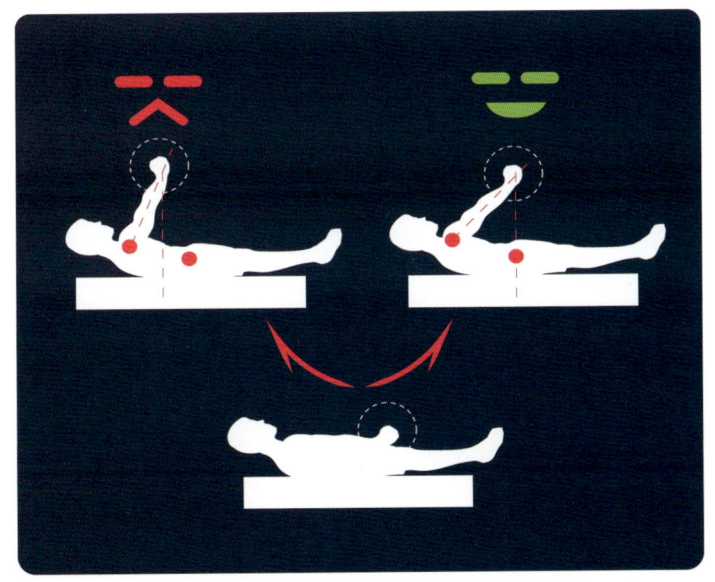

图 5.15 仰卧前平举动作优化：顶端不需要举至手臂垂直，而是保持街健俄挺的前倾角度。

图 5.16 腰间卧推。

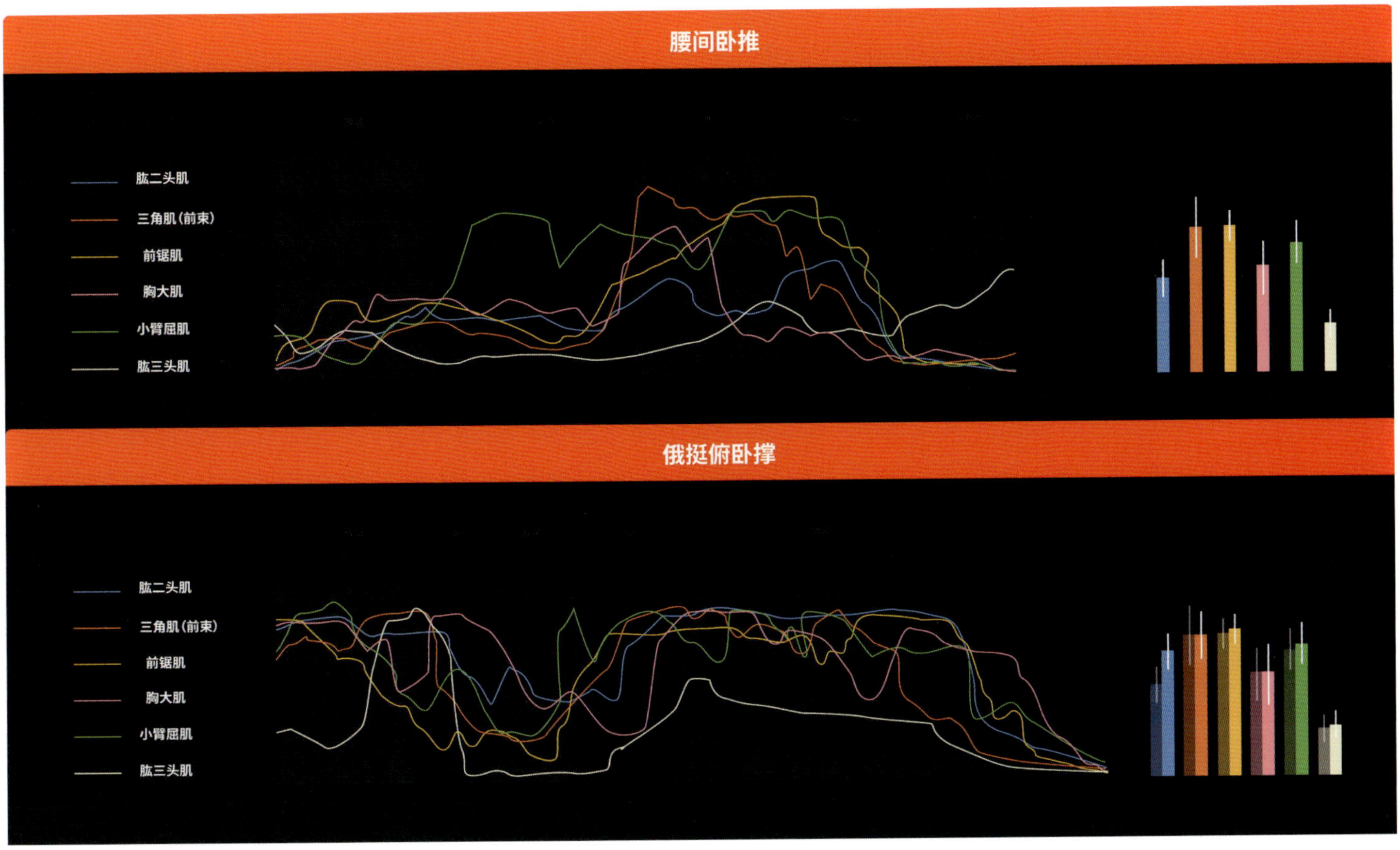

腰间卧推

— 肱二头肌
— 三角肌（前束）
— 前锯肌
— 胸大肌
— 小臂屈肌
— 肱三头肌

俄挺俯卧撑

— 肱二头肌
— 三角肌（前束）
— 前锯肌
— 胸大肌
— 小臂屈肌
— 肱三头肌

图 5.17 腰间卧推与俄挺俯卧撑对比。

不同握距、握法分析

不同握距、握法俄挺发力对比见图 5.18、图 5.19。

从正摆（侧手）到反手，主要区别是反手手臂相对外旋，所以发力模式也会有一定的区别。

·肘屈肌群：反手小臂相对旋后，肱二头肌发力会比侧手更多，而侧手相对旋前，所以有肘关节骨骼以及软组织的支撑，手臂整体肌肉发力会小于反手。

·肩屈肌群：侧手相比于反手相对内旋，三角肌中束会更多地转到肩的前方参与发力，反手则反之。

超宽距俄挺由于手臂在水平方向上的力臂更长，所以手臂肘屈肌群的压力也会大大增加，而肩部受力区别主要在于胸大肌，握距从 50 cm 到 110 cm，胸大肌发力明显增加。

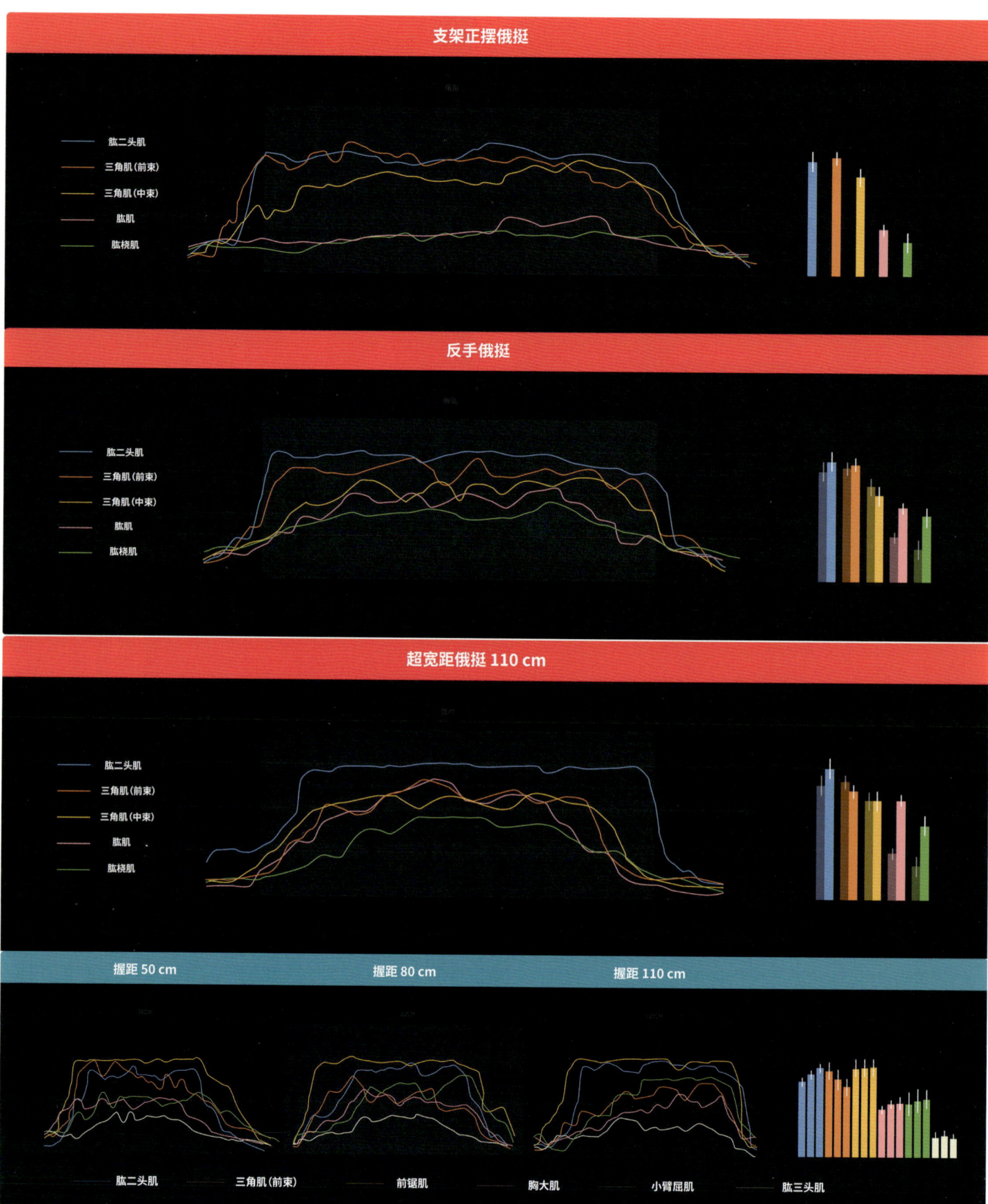

图 5.18　不同握距、握法俄挺发力对比。

图 5.19 反手俄挺（左）与支架正摆俄挺（右）发力对比。可以看出，反手俄挺手臂相对外旋一定角度，三角肌前束和肱二头肌相对来说更向前"暴露"，处于发力线上。

拉力

前水平维持

前水平的肩胛后缩肌群激活程度是比较高的，前水平的肩胛后缩肌群也是优先募集到位的。

比较有趣的是，在弹力带腰间辅助前水平的动作中，肩胛后缩反而有了更高的激活程度（见图 5.20）。

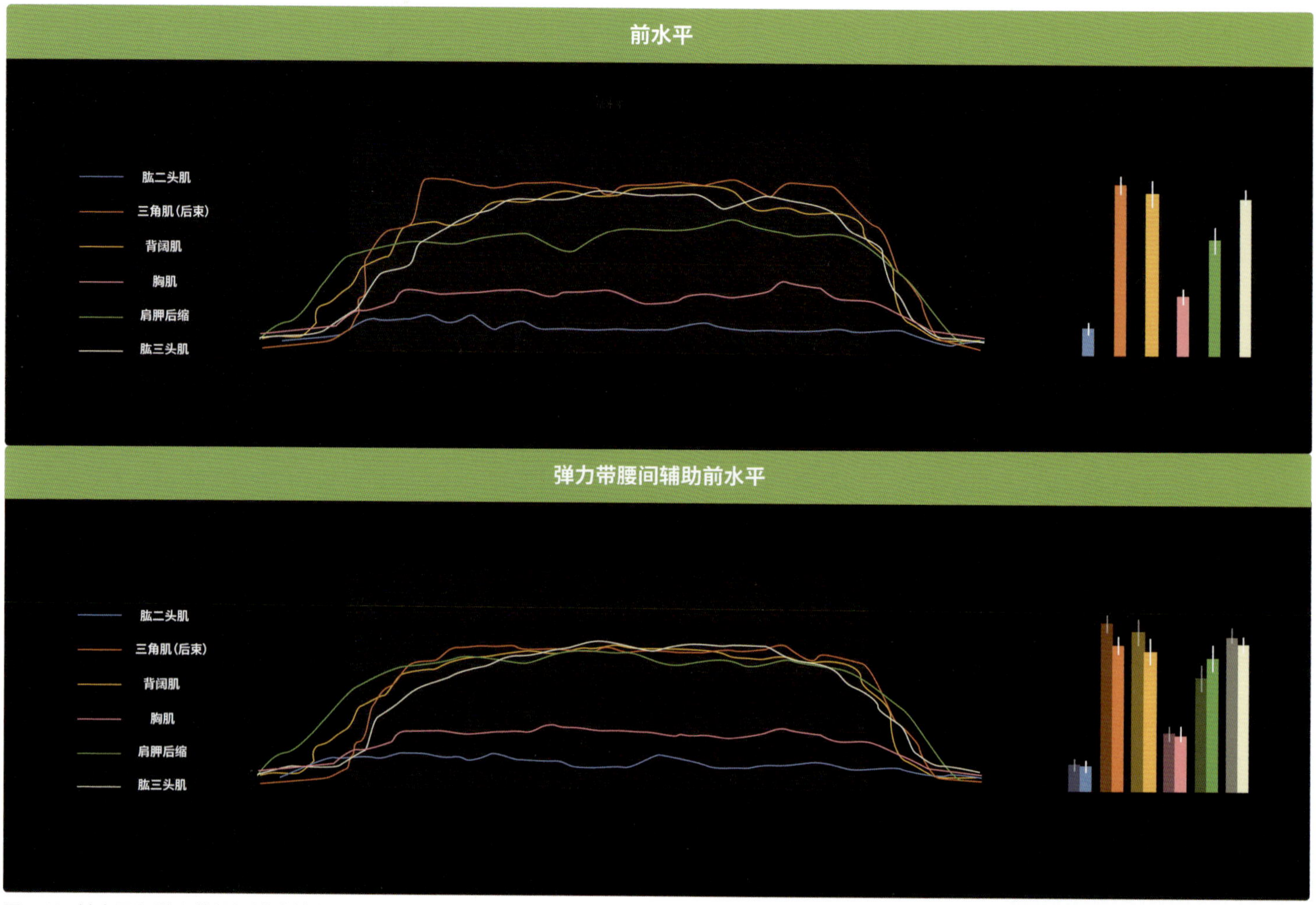

前水平
肱二头肌
三角肌(后束)
背阔肌
胸肌
肩胛后缩
肱三头肌
弹力带腰间辅助前水平
肱二头肌
三角肌(后束)
背阔肌
胸肌
肩胛后缩
肱三头肌

图 5.20　前水平与弹力带腰间辅助前水平对比。

前水平引体

我们同样可以发现，前水平引体（见图 5.21）在启动阶段肩胛后缩肌群最先会有一个激增。潘德雷划船和辅助前水平引体发力模式较为接近。团身前水平引体虽然也是优先激活，但是激活程度并不高（见图 5.22）。

图 5.21　前水平引体。

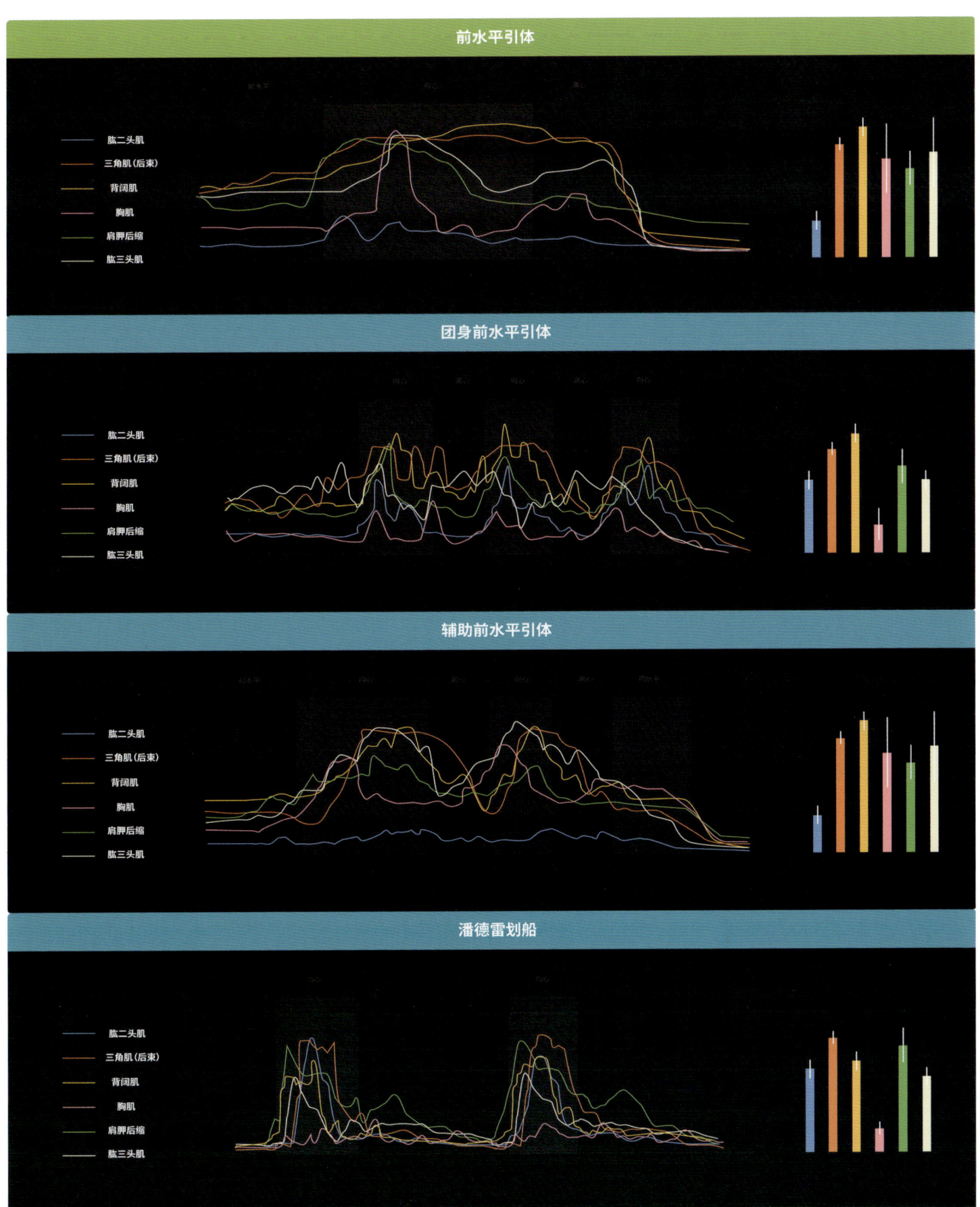

图 5.22 团身前水平引体、辅助前水平引体、潘德雷划船对前水平引体迁移性对比。

前水平引体在启动阶段胸肌也会辅助参与发力，这一点在引体向上的动作中会更明显。

通过观察，可以发现潘德雷划船对爆发力的需求很高，因为它更快地达到了波峰。

负重引体 / 爆发引体

很多人对于负重和爆发引体不知道该如何选择。我们可以看到爆发引体和负重引体虽然发力肌群和发力顺序都很相似，但是有一个很大的区别，那就是募集的速度：爆发引体在相当短的时间内就"激增"到达波峰（0.2～0.3 s），而负重引体到达波峰的速度较慢（0.7～1 s）（见图5.23）。

而且观察胸肌可以发现，底端"回弹"到启动的瞬间，胸肌也有非常高的募集水平，也就是说，在启动阶段胸肌所在的链也会参与"回弹"，把身体像弹簧一样弹射上去，而且这几个力量几乎是同时到达波峰，可以使力量叠加达到最大。

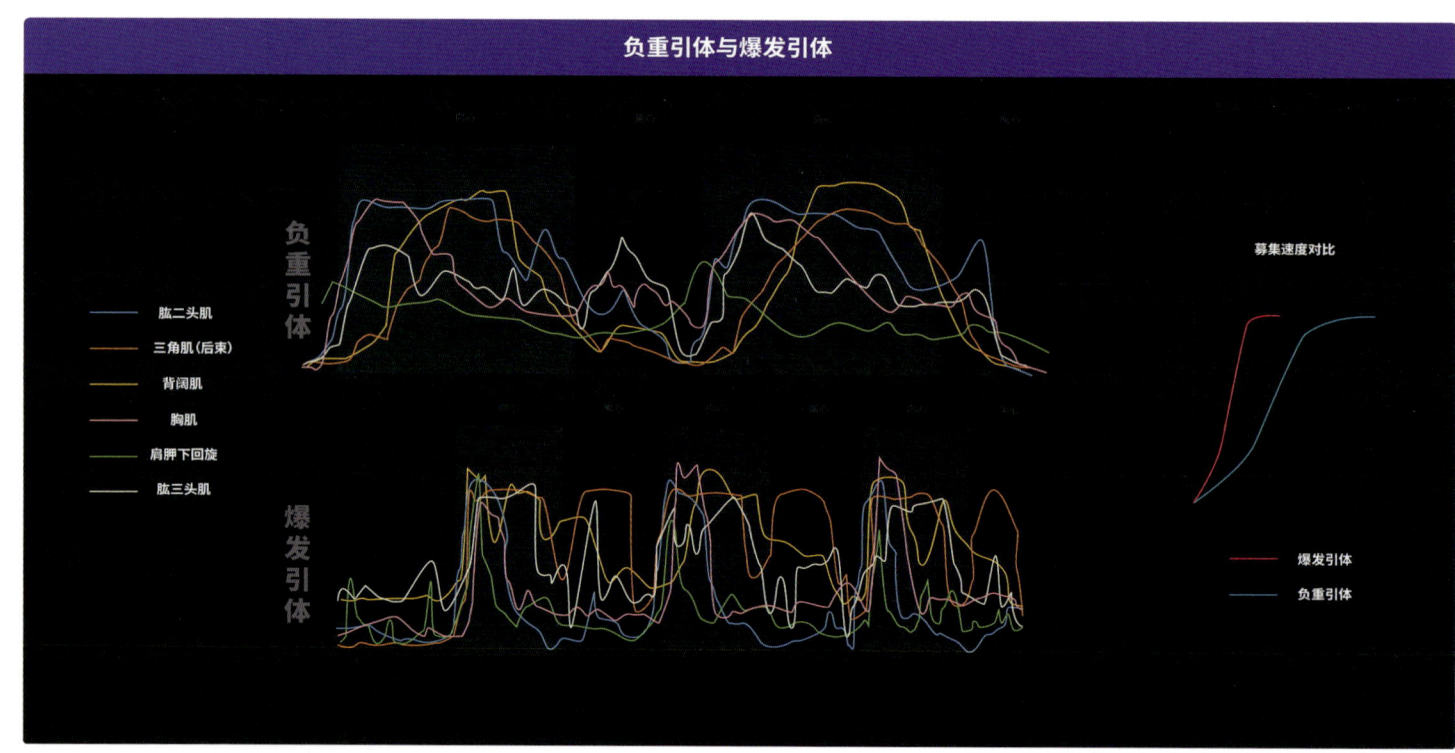

图 5.23 负重引体和爆发引体的区别在于募集的速度。

扣腕的作用

扣腕除了能缩减行程，还有一个非常关键的作用，那就是能提升拉力肌群的募集水平。我们可以看到，扣腕之后，除了小臂屈肌激活程度变高，背阔肌和肱三头肌的激活水平也有显著的提升。换句话说，扣腕能让你处于更好发力的"预激活"状态（见图5.24）。

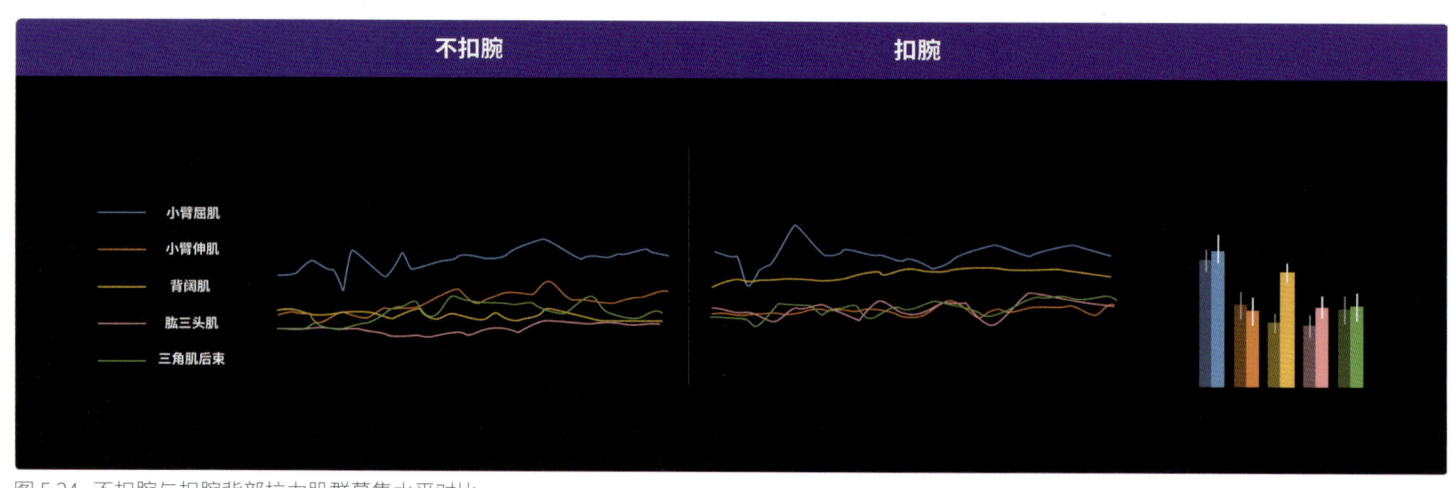

图 5.24 不扣腕与扣腕背部拉力肌群募集水平对比。

单手引体 / 负重引体

同等强度的单手引体和负重引体在发力上有一定区别，主要是在顶峰阶段（见图 5.25、图 5.26）。

由于单手引体需要对抗旋转，除了启动阶段，在顶峰和离心时胸肌也会有非常高的参与度。

由于启动时，不论负重引体还是单手引体，双臂都是过顶的，也有与背阔肌一样的"下拉"功能，所以引体拉完胸部肌肉会感觉酸涨。

图 5.25 单手引体。

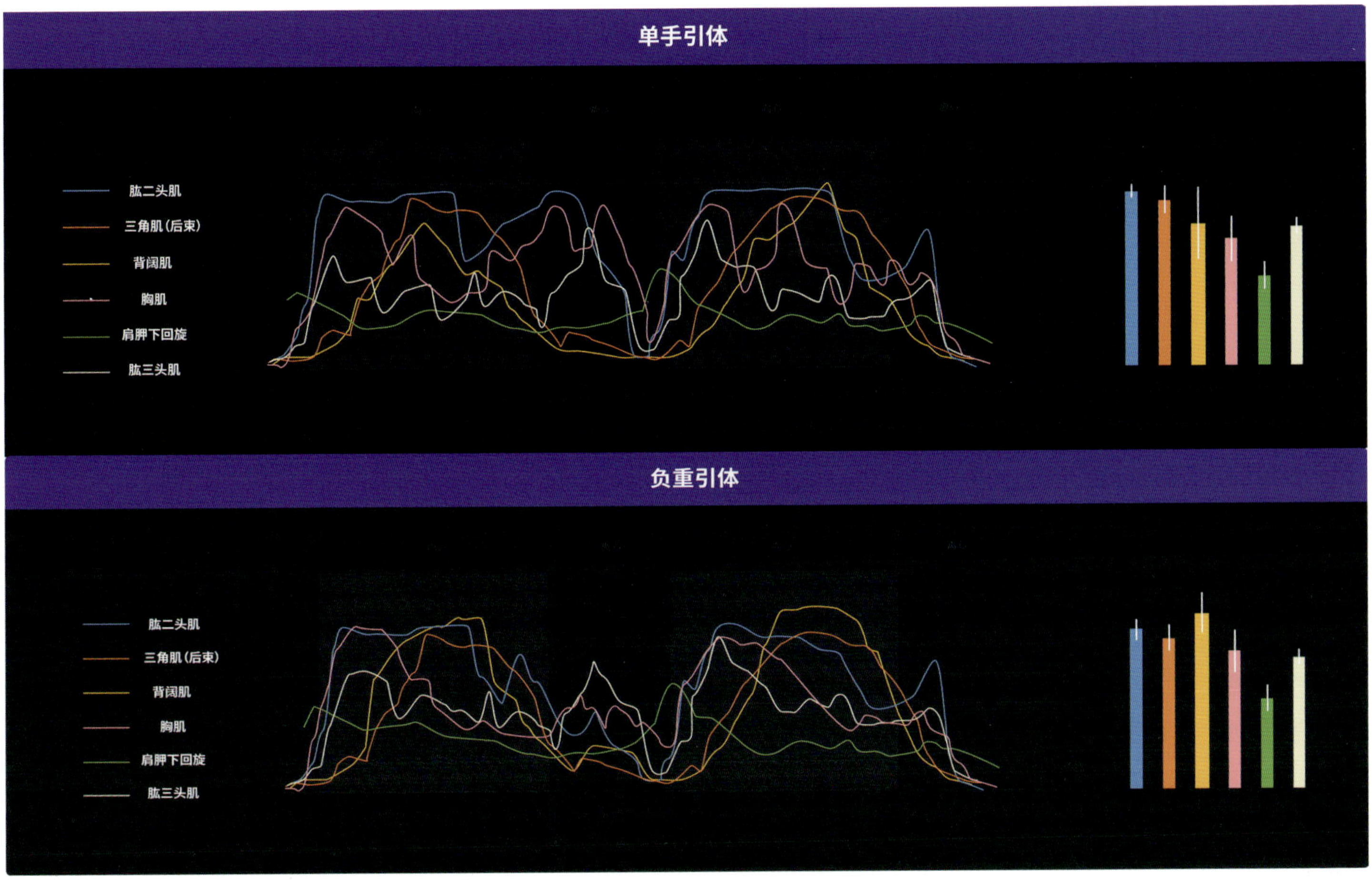

单手引体

- 肱二头肌
- 三角肌（后束）
- 背阔肌
- 胸肌
- 肩胛下回旋
- 肱三头肌

负重引体

- 肱二头肌
- 三角肌（后束）
- 背阔肌
- 胸肌
- 肩胛下回旋
- 肱三头肌

图 5.26 单手引体与负重引体对背部拉力肌群激活水平对比。

六　街健训练进阶思路

前面我们介绍了"金字塔"这个概念，了解了渐进超负荷原则，也了解了服务于"神技"的塔基动作与专项性动作，接下来我们就需要看看最核心的内容——"金字塔"训练思路。

当我们把力量训练量化，会发现它由以下几个大体模块组成。

稳定性→力量耐力→肌肥大→最大力量→爆发力与神技专项。

图 6.1 是 NASM-OPT 美国国家医学会最佳运动表现模型与 ACE-IFT 美国运动委员会整合式健身训练模型，无论是哪种经典体系，最底层的都是稳定性与基础力量。街健金字塔其实也是同样的底层逻辑。

它们之间的关系就类似于上楼梯，你的目标如果是第六层阶梯（专项神技，如俄挺、前水平），那么你就应该老老实实走完前面五个阶梯，再去走第六个阶梯，而不是在前面几阶台阶都没走稳的情况下就在后面两个台阶反复横跳，如果训练的元素不够完整，受伤风险就会加大，进步持续性不强，稍微有点松懈就会明显退步。如何能保持进步，这就需要了解这些阶梯的重要性了。如果你在基础很弱甚至没有的情况之下就去进行一个最大力量训练，那么有可能产生一些不良的后果。

例如你刚刚接触街健，俯卧撑还只能做十来个，倒立撑都不会，有一天看了俄挺视频觉得热血沸腾，就心血来潮想强行起团身发到某群里炫耀一下。然后你就会发现一个问题：尽管你很努力地练习团身，每次起腿都会憋得眼冒金星，但就是只能做无法达到标准的硬撑，并且进步非常缓慢，哪怕有短期进步但是持续性也很低。后来你会发现受伤风险会加大，肩部开始出现不适，手腕、小臂、手肘也出现不适，肩部积液与慢性疼痛伴随。

造成这一切的原因就是训练的思路发生了本末倒置，因为绝大部分人对力量的"量化"始终没有明确，又不知道力量耐力是肌肥大的基础，而肌肥大又是最大力量的基础。根基没有打牢固，就盲目跨越了超出自身能力的范围。

我们把前面的内容做一个总结。

·稳定性训练是运动模式的基础，也是力量耐力的基础。

·力量耐力训练是肌肥大训练的基础。

·肌肉增粗训练是最大力量的基础。

·最大力量训练是爆发力与运动表现的基础。

图 6.1 NASM-OPT 模型与 ACE-IFT 训练模型。

当然有一些项目的表现就是最大力量，如健力与街头力量举。它们都不能算是非常完美的运动表现训练，因为总体上动作相对单一，缺少了多方向训练等元素。

现在我们认识了金字塔的元素组成，也了解了服务于神技的塔基动作与专项性动作。接下来我们需要用街健训练的思路把这些关系完美整合起来，形成真正的街健系统训练。

周期性训练概念

了解训练计划之前，我们需要明确一个概念，那就是训练是服务于目标的，没有一个明确目标的训练不应该叫训练，叫"练习"更加合适。

现在大多数训练者的问题在于，过度关注单次训练的内容，而忽视了长期的规划。每次训练都是千篇一律的动作内容，而没有按照金字塔进阶，训练者也没有渐进超负荷的概念。

很多训练者是不是常常感到迷茫：我哪怕知道该进阶了，也并不知道具体该在什么时候进阶，进阶多少？

所以我们单次的训练安排不是重点，重点是从起点到目标之间要有一个明确的思路。要知道自己该在什么时候练什么，什么时候去进阶。

就街健而言，这个思路应该覆盖前面所提到的训练元素，明确哪个阶段对应哪些动作更加合理，而不仅仅是一个笼统的概念："做某某动作多少个就能解锁某一难度动作"，或者"团身多少秒就进入下一阶段"。

训练归根结底就是身体适应性、耐受性、特定肌肉强化的问题。那么街健训练将哪些放在前面、哪些放在后面是比较合理的呢？本人认为特定肌肉强化训练应该放在最后。

我们应该在身体适应性整体变强之后再加入特定肌肉强化训练，这才是一个合理的身体能力发展逻辑。 那么回到周期训练这个问题，我们该怎样去做安排？

举例来解释这个问题，假如你是一个运动员，你还有一年就要参加一个重大比赛，那么这一年的训练就需要做出系统性的规划，以确保你在比赛时能够呈现出这一年中最佳的运动状态来争取一个好成绩。

一个训练周期有的长达 1 年，有的短至 2～7 周。一个大的训练周期中也包含了中周期与小周期，要实现一个大目标就要先实现几个小的目标（见图 6.2）。

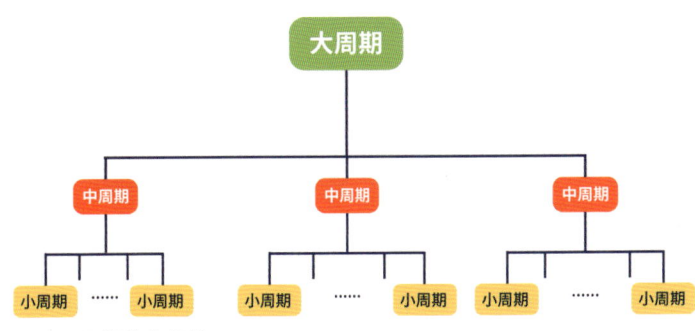

图 6.2 周期结构概览。

大家也不用想得太复杂，简单来说周期训练计划就是为一个目标定制的一个长期的训练计划及进阶思路，这个计划要包含准备、进步以及减载，其中的每一项都很关键。

一般来说，对抗性运动项目运动员的周期训练计划会比较复杂（如篮球、足球、橄榄球等），因为涉及的元素较多，如协调能力、技巧性、增强式训练与相关爆发元素。而街健这类运动的周期训练计划相对来说就没有那么复杂。一般大周期中包含了准备期、比赛期以及过渡期，其中也包含了细化的第一过渡期与第二过渡期，还有赛季与非赛季之间的训练差异安排。

街健周期性训练计划的特点在于其能够对训练进行排序和组织，监控所有因素，最终使峰值运动表现在合适的时间点上。对于周期的复杂性不用太在意，因为我们的需求主体是提升力量，这类周期训练计划的安排会相对简单很多，所涉及的元素相对没有那么复杂。

这其中最主要的两项就是进步与减载。

大部分人因为长期采用高频率、大容量的"榨干"性、疲劳累积的训练思路，往往会忽视减载这个重要环节。可以回忆一下，我们是不是每一次的突破都是经过一段时间的休息之后得到的呢？举个实际的例子：之前"五花肉"（四方团队副队长）训练前水平贴腹长时间都没有突破（一直是 10 s 左右），在"摆烂"休息一个星期后，前水平贴腹出现了前所未有的突破（18 s）。这也说明了减载这个环节的重要性（见图6.3）。

图 6.3 "五花肉"的直臂贴腹。

训练、营养、恢复这三大环节会形成齿轮效应，训练就是为了启动这个齿轮系统，而身体的进步就是这三个齿轮的联动性工作所带来的。假设一个齿轮转动起来而另外两个齿轮卡住了，这套系统的整体转动就会受到阻碍。周期性训练的思路就是让这三个齿轮高效率动起来，直到完成最终的目标（见图6.4）。

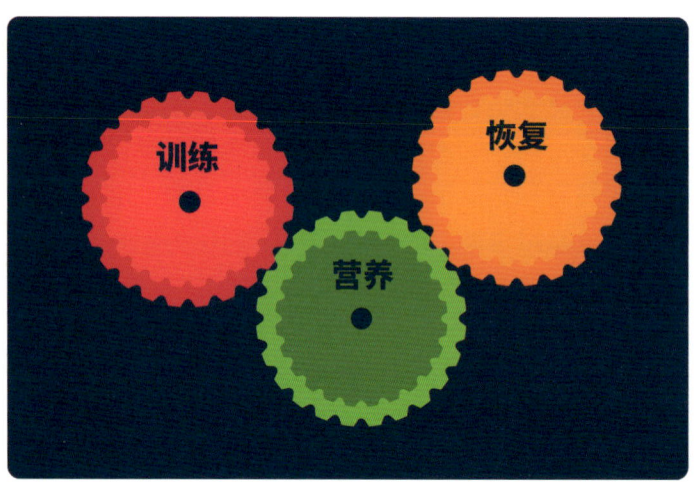

图 6.4 训练、营养、恢复三项会形成齿轮效应。

街健的周期设计相对简单，因为其运动形式相较于橄榄球类项目来说会简单很多，所以周期训练元素也会相对较少，我们可以直接围绕力量项目当中主要的元素来安排街健训练的周期。每个元素可以以月为单位，设计该元素的训练模块。训练基础较强者也可以把这些元素（模块）以周为单位去安排（肌肥大 / 力量专项模块除外）。

好戏即将开始

估计很多人读到这里还是一脸迷茫：怎么又是金字塔又是周期呢（见图6.5）？没关系，好戏才刚刚开始呢！接下来我们就来看看如何把金字塔所需的元素融入周期训练中，来完成我们对于各项能力进步的规划。

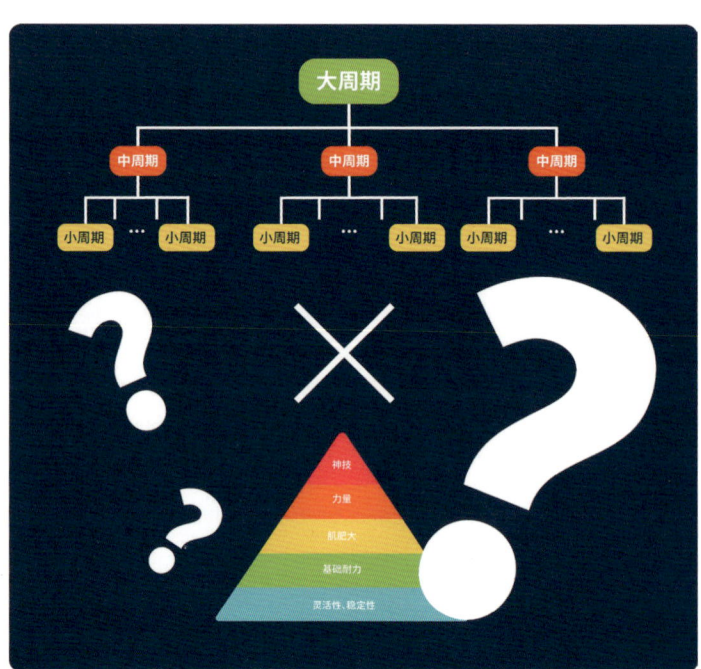

图 6.5 周期结构与金字塔。

七　金字塔周期训练计划

　　相信很多购买本书的训练者都是冲着周期计划来的，那我们开始吧。

　　这里我们针对两类人群设计了两个阶段的周期训练思路。

　　· 第一阶段是针对基础略差、刚接触街健的人群。

　　· 第二阶段是针对具备一定基础、准备冲刺动作的人群。

第一阶段金字塔周期设计

第一阶段金字塔周期设计（见图 7.1）主要针对基础较差以及刚接触街健的人群。

总体上，一个基本逻辑就是当我们越接近金字塔顶端的时候，动作就要开始由多到少，强度（难度）开始由小到大。

完成一个阶段性周期目标需要很多训练元素，所以我们会把整个阶段拆分成几个模块，这些模块的内容与进阶过程中所需的各种元素相对应。

第一阶段包含 5 个模块，这 5 个模块有进阶的顺序，分别是动作准备模块→基础耐力模块→肌肥大模块→力量模块→神技模块。

第一次接触街健的人，其主要目的有三个。

· 第一，合理逐级发展力量元素，减少受伤风险。

· 第二，适应街健专项动作，建立直臂力量。

· 第三，发展相应关节的肌肉和软组织，为冲刺动作与安全性打下基础。

全面发展相应肌肉是非常重要的环节，但要注意，肌肉的发展有时不能马上为目标动作提升相应的力量，因为经过抗阻力训练增加的肌肉体积需要一定时间才可以转变为我们需要的肌肉力量，主要原因如下。

· 神经支配的新适应。

· 肌肉"内环境"的适应以及动员"顺序"建立。

· 抗阻力训练增加的肌核以及肌核进入细胞发展出的肌肉初始的神经支配较弱，这限制了神经对"新生肌细胞"的完全激活与协调。

虽然"增肌"在动作力量提高上，表面上看来不能马上发挥作用，但是它大大提高了我们的力量潜能，而且在保护关节及提高动作安全上还是有很大价值的。增厚的肌肉就是高风险动作的安全保证，是神技动作的基础。

图 7.1 第一阶段金字塔周期设计。

1. 动作准备模块

该模块是让你取得快速进步的基础和捷径。

很多训练者可能会对动作准备没有概念，或者觉得关节活动度、稳定性等要素似乎也没那么重要——冲力量就完事了嘛！花几周甚至几个月整这些花里胡哨的有什么用呢？这里我们用几个例子来看看你有没有"中招"，也让大家对于动作准备有一些基本的感性认识。

· 倒立香蕉，支撑的时候手腕疼。

· 做双立臂时肩、肘痛。

· 做俄挺时肩胛起飞，肘痛，小臂痛。

· 做前水平时背痛，动作发抖。

· 到了专项阶段发现自己动作模式有问题或者不知道怎么发力。

· 感觉肌肉很僵硬，动作不流畅。

这些你都占了多少呢？这些问题其实应该在最开始的阶段就解决掉，而不是等后期要一鼓作气冲击极限时才发现自己一身毛病。

动作准备模块底层原理

大部分人容易忽略动作准备阶段。这个阶段处在金字塔的最下端，也是一切安全训练的基础。

进步的前提就是要保证训练的风险被合理规避，这个阶段背后的意义就是确保力量与专项训练的安全进行。尤其是对于俄挺类动作，这个阶段更为关键，甚至可以说这个阶段就是为直臂推力所准备的。

因为俄挺这个动作所需要的不仅是力量，还包括上肢关节在阻力臂最大时的关节适应性。如果没有进行特定强化训练，就算具备俄挺相应的肌肉力量，也会因为肘关节与腕关节的压力过大甚至疼痛而无法完成动作。

所以在动作准备阶段就应该包含关节灵活性、稳定性、关节应对压力的基础能力以及肌腱能力。

灵活性主要是针对于腕关节与肩关节，如果目标是地面俄挺，那么对腕关节灵活性的要求几乎要达到"变态"的程度，双手打开的角度变大虽然可以减少对腕关节的灵活性要求，但是取而代之的是肘屈肌群所面对的巨大压力（越接近反手肘的压力越大）。如果灵活性与关节承受压力的能力都不够，那么此类训练风险极高。

稳定性主要是指肩胛的稳定性。尤其是在上肢力量动作中，肩胛充当了身体和手臂的"中继站"，如果没有稳定的肩胛，那么上肢动作模式往往会出现问题。很多伤病是由于肩胛不稳定导致的，诸如俄挺发抖、倒立不稳、引体耸肩等。

关节适应性训练也就是"直臂支撑"能力的建立，进阶方式为从增加支撑负荷到增大前倾角度。曾经也流传着一种说法，我认为是很有价值的："练俄挺和飞机之前要先压肘压一段时间。"其实这就是动作准备模块的应用。因为肌腱的适应和强化周期会更长，所以要提前进行练习和适应。

动作准备包括了动作模式的初步学习和建立。在学习新动作的时候，有一个"泛化→自动化"的过程。我们应该先学习动作的发力方法，等动作模式成为习惯后，再去增加负荷。

例如我们目标是俄挺，就应该先去建立核心稳定性，肩胛前引的稳定支撑模式，直臂前倾的发力适应，明确手腕的角度、支架的握法，让核心、腿部绷紧形成刚性整体等。等到掌握这些要点，再去逐渐加大负荷；而不是到了专项阶段还不适应发力，还在想着手臂要伸直、肩胛往前引，这样注意力就完全被分散了，怎么能专心冲击负荷呢？就像练深蹲，最开始就应该练习动作模式，而不是用错误的动作蹲大重量。熟练掌握正确动作模式能大大优化总体训练质量。

重视等长训练

直臂前倾支撑训练的方式，除了常规的动态训练，还有等长训练。等长训练是一种很容易被训练者忽视的肌肉收缩训练。

在本人以前的片面认知中，等长训练只适用于康复训练者在相对的安全范围内锻炼肌肉募集能力，然而经过不断的学习与实践，我发现了等长训练的作用是非常大的，而且与街健相关性更强。等长、向心以及离心收缩的概念见图7.2。

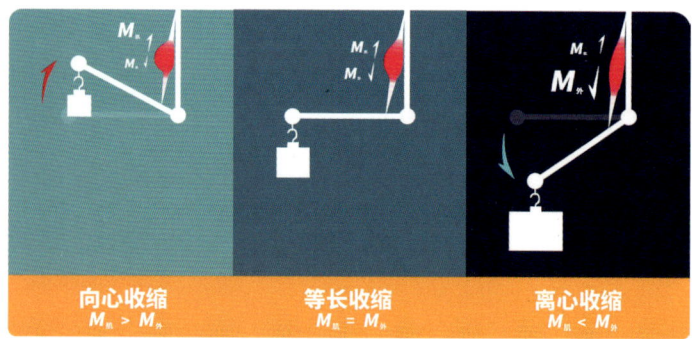

向心收缩
$M_{肌} > M_{外}$

等长收缩
$M_{肌} = M_{外}$

离心收缩
$M_{肌} < M_{外}$

图7.2　向心、等长以及离心收缩。向心收缩：肌肉产生力矩大于阻力力矩，所以肌肉能拉着物体收缩。离心收缩：肌肉虽然在发力收缩，但产生的力矩并不足以抵抗外力，所以被"拉长"了。等长收缩：内外达到平衡，肌肉长度不变。

等长训练的作用如下。

第一，在相对安全的情况下增加神经募集肌肉的能力。前面篇章对力量已做过介绍，神经就像是指挥官，肌肉就像是士兵，而力量的增加意味着神经系统能募集到更多的肌肉，即指挥官能指挥更多的士兵了。肌纤维横截面积增加可以理解为士兵的战斗力在提高，神经募集能力与肌纤维横截面积的增加共同提高了我们的力量。而等长训练对神经募集能力的提升不比动态训练差，且更安全。

虽然等长训练在增加肌纤维横截面积效果上存在一定争议，但是本人认为等长训练是有一定增肌效果的。举两个"不太严谨"的例子。第一个例子是本人在练习前水平维持阶段期间，背阔肌在视觉上有明显的变宽，不过因为没有做详细的对比，所以并不"严谨"。第二个例子就是我带的学员在经过一段时间的硬拉练习之后，竖脊肌明显变厚（非练完之后的"充血"状态）。经常练硬拉的人会发现，即使没有专门练竖脊肌，竖脊肌也会随着硬拉的练习而变发达，而在硬拉这个动作当中竖脊肌并没有明显的收缩，更多只是帮你维持上半身不变形的等长状态（这里又牵扯出一个争议性话题，那就是硬拉这个动作到底能不能练背。从关节动作分析认为硬拉不练背是因为肌肉没有明显的收缩，但是这个问题既然出现，肯定是有人从硬拉中获得过背部肌肉群的收益。本人认为硬拉练背和等长训练与肌肥大的效果有关）。有不少文献指出等长训练可以在一定程度上增加肌肉的横截面积，但不是

最佳选择。所以能更安全地提高神经募集能力以及帮助增肌，是等长训练的第一个作用。

第二，在增力的同时还能强化肌腱组织。等长训练是增强式训练与离心训练之外对肌腱有强化作用的训练。

2001年，日本学者久保启太郎、兼久博明、伊藤正光等人在美国应用生理学杂志上发表了《等长训练对体内人体肌腱结构弹性的影响》，试验主要是研究等长训练对于肌腱结构弹性的影响。8名受试者完成了12周（每周训练4次）的等长训练。试验结论表明，12周的等长训练后，肌腱结构的刚性以及肌肉力量与体积都有增加。

凯瑟琳·伯吉斯等人于2007年在美国国家医学图书馆体能研究杂志上发表了《增强式训练与等长训练对肌腱特性与肌肉输出的影响》。这个试验让13名男性每周进行2～3次增强式或等长式下肢训练，试验持续6周。结果显示，增强式训练组的人发力速度提高18.9%，跳跃高度提升58.6%；等长训练组的发力速度提升16.7%，跳跃高度提升64.3%。由于增强式训练的特点，该类型训练会对身体产生较大的压力，这会导致受伤的风险增加，而等长训练的效果与增强式训练类似，但风险较低。

与第一个试验不同的是，第二个试验所采用的等长训练叫"爆发等长训练"。"爆发等长训练"是指运动员在规定时间内（通常是1～5 s）尽可能地推或者拉一个不可移动的物体，这种训练方式可以相对安全地增强最大力量。这里的等长训练可以理解为，用你的最大力量去推墙或者去拉一个打不开的门，虽然它不是"纯等长收缩"模式，但是肌肉发力方式中等长的占比最大，这种模式被证明可以增强力量或者最大力量，这也从侧面反映出等长训练能提高肌肉募集能力，同时还能强化肌腱组织。（注意：这两项试验并没有说明受试者是否为没有运动经验的初学者。初学者因为没有经过系统的力量训练，所以短期进步会很大，而有一定训练经验的人做下肢增强式与等长爆发训练，提升效果可能没有这么显著，所以试验数据仅供参考）。

第三，等长训练的最终进阶与众多街健神技动作

相吻合。大部分的街健神技动作，例如俄挺、人旗、前水平，最终展现出的状态就是肌肉的等长收缩状态，所以在动作准备这个阶段需要充分适应等长训练模式。

以俄挺为例，如果缺少动作准备的训练，到了弹力带辅助俄挺阶段就会出现这样的问题：肘关节不适应，为了避免肘疼，就必须使用过大磅数的弹力带，这样就很难达到专项训练的目标强度。如果把弹力带的磅数降低，就算肩部力量足够，也会因为肘关节强度不够而"拖后腿"，从而无法进行高效率训练。所以在动作准备阶段，等长直臂训练是一个重要的环节。直臂力量只是其中一个可能出现的短板，同样应该受到重视的还有前臂肌肉群的训练与肩袖肌群的训练，还可以加入力量平衡性的倒立训练，为后续训练打下基础。

动作准备阶段的质量会直接影响后续专项的训练进度。以俄挺为例，理论上讲，肩部肌群需要更大的训练频率刺激，但是在执行中会出现的问题就是腕、肘关节承受不了多频率带来的负荷而受伤。而动作准备这个阶段就是提前集中处理这种问题。另外，肘关节也是伤痛重灾区，尤其是肱二头肌肌腱等，而肌腱等组织的恢复速度远远慢于肌肉的恢复速度，所以肌腱的适应比肌力发展理应更早，不然很可能出现"明明肌肉该上强度了，却因为肌腱承受不了负荷而拖了后腿"的情况。而肌腱一旦出现损伤和炎症，恢复时间至少需要数周甚至数月。所以利用动作准备这个阶段来减载及强化弱项是必要的（见图7.3）。

本人之前也经历过很多伤痛，但是经过一段时间的动作准备训练（包括筋膜放松、关节活动度、稳定性训练）后，接下来几年几乎都是"无伤速通"。虽然花了一个多月时间进行动作准备训练，看似走了弯路，但在这之后短短一年半时间的进步比之前五年的进步都要大，而且还远离了伤病的困扰。

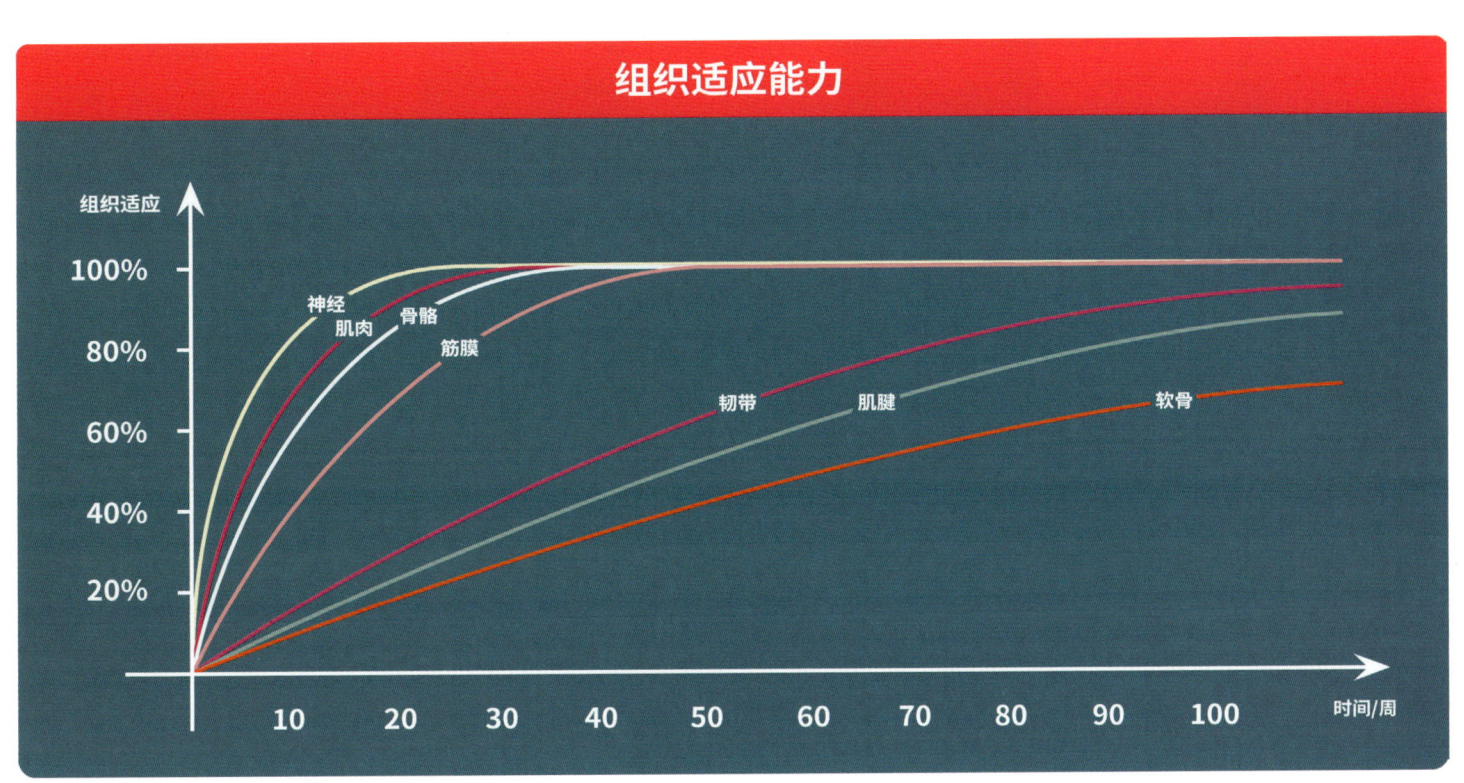

图 7.3 各种组织的适应能力。肌腱、韧带等组织的适应速度是远远慢于肌肉、神经等组织的恢复速度的，所以肌腱的适应性训练更应该前置。

动作准备训练

除了安排基础的稳定性训练，还要安排柔韧性与灵活性训练，但是稳定性训练的动作要结合我们的目标。这里主要推荐五个针对于街健的训练元素。

· 关节灵活性（包括腕关节、肩关节、胸椎。值得注意的是腕关节灵活性，如果只把腕关节灵活性放在俄挺训练的热身阶段是远远不够的，需要单独抽出时间来打下"无痛"基础）。

· 直臂能力基础（选择维持 20～25 s 的强度）。

· 肘屈肌群强化（尤其是目标为俄挺的训练者）。

· 稳定能力。

· 平衡控制。

直臂动作以倒立、L 支撑、俯卧支撑为主（可调节前倾角度的俯卧直臂支撑）。

肘屈力量在这个时候就要开始强化。相对来说，屈臂力量更容易建立。

稳定性训练以肩胛稳定与静态悬吊为基础。

我们推荐倒立作为平衡稳定的首要训练，原因是倒立既符合平衡稳定性训练的特点，也是俄挺辅助训练的必要条件（如倒立压俄挺），同时还具备加强直臂力量的能力。强度在自身可恢复的状态下自行安排。

这个阶段建议隔天训练，一周训练 3～4 次，这样不易产生疲劳。

动作准备训练阶段千万不能忽视。相信我，有了动作准备作基础，你会发现动作变得更得心应手，受伤的概率也会更小（见图 7.4）。

动作准备训练计划模板

	一	二	三	四	五	六	日
	支撑类	休息	平衡类	休息	支撑类	休息	平衡类
	整合	休息	整合	休息	整合	休息	整合

示例	灵活性			腕、肩、胸椎	弹力带肩外旋		10 min
	倒立						15 min
	板式支撑→肩带前引→L支撑						15 s×3组
	哑铃弯举						15×3组 （正握、反握、对握各一组）
	悬吊			（有哑铃可以选择腕弯举来代替）			15～20 s×3组 （正握、反握、对握各一组）

注：整合即训练所有项目

图 7.4 动作准备训练计划模板。

2. 基础耐力训练模块
基础耐力训练模块底层原理

基础耐力阶段本质上属于肌肥大，但是相较于肌肥大模块来说，基础肌耐力的负荷相对小一些，更侧重于肌肉在面对一定负荷时持续工作的能力。基础耐力这个模块比较特殊，对于部分人来说这个模块可以不练，对于部分人来说这个模块一定要练，那么什么情况下需要训练这个模块呢？这个模块对我们训练的具体作用是什么呢？首先我们需要理解的是增肌与力量专项阶段才是我们进步的关键阶段，那么基础耐力这个阶段存在的意义是什么呢？

这个模块的主要作用有三个。

第一，确保后续长期训练的安全。这个阶段的作用是打下一定的力量基础，为下一步的肌肥大（强度会更大）提供安全保证。与此同时，**专项性动作模式的建立也是在这个阶段开始进行。**

基础耐力训练模式对于肌肥大中的代谢压力元素刺激相对较大，所以对于肌肥大也有一定的作用。而随着肌肉体积的增加，肌肉保护关节的能力也会相应提高。

我们之前所说的有一部分人可以不练这个阶段，那一部分人就是对于专项动作特别熟悉且有一定肌肉量的人。如果对于街健的专项性动作没有练过，或者练习较少，那么这一个阶段是一定不能跳过的。只为快速突破动作的"街健老手"可以跨过这个阶段（以俄挺为例，我所指的"老手"是为了延长俄挺时间以及可以分腿俄挺的这一部分人），因为如果对动作都已特别熟悉，并且专项所需的力量已基本具备，那么把重心放在肌肥大与力量阶段上，进步才是更快的。

这个阶段的训练对于最大力量的提升有限，主要是为了让不熟悉动作的人建立动作模式，且在此基础之上，增加一定的负荷，向肌肥大这个阶段进行安全的过渡。

第二，促进能量系统的发展。

我们看待问题不能只停留在力量层面，还需要看与这个阶段相对应的能量系统对你当前的训练有没有帮助。

由于基础耐力阶段的训练特点是动作难度不大、每组训练的重复次数相对较多（15 RM 左右），组间休息时间较短（通常 1 min 左右），一般建议用超级组的方式训练，这样每组训练时间较长，代谢压力也会较大。

很多学员反映这个阶段很累，不光是肌肉疲劳，心肺的负荷也在加大，甚至有些学员还会有轻微的呕吐感。这反映出这些学员对这项训练背后的能量系统不适应。

能量系统对于训练是有直接影响的。例如，马拉松长跑对应的是氧化供能系统，与举重对应的磷酸原供能系统就不同。一个是低输出、长持续时间，一个是高输出、短持续时间。如果我们长期都在一种模式里面训练，那么脱离原先的训练模式就会产生不适应。

所以"专项发展"这个词，除了针对动作与肌肉，还针对身体对能量系统的适应性。不同的运动对于背后的能量系统发展也不同，而基础耐力这个阶段背后所对应的就偏向于无氧糖酵解供能系统，这个阶段的训练除了为动作与肌肉带来好处，还会促进能量系统的发展（见图 7.5）。这个能量系统的特点就是能在相对较长的时间持续输出能量，经常进行基础耐力阶段训练的人，对 400 m 跑等项目的适应能力也会很强，因为项目背后的能量系统与当前的训练模式更加接近。

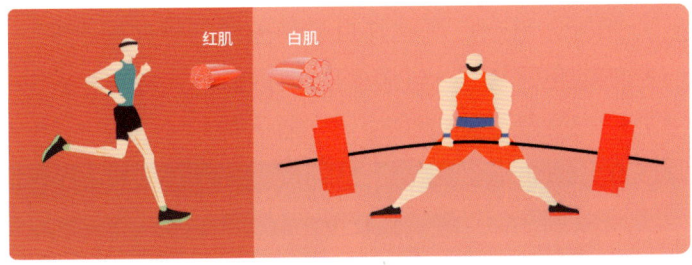

图 7.5 不同运动背后对应的能量系统也会不同。

对街健来说，街健全能比赛中的连续组合动作也是侧重无氧糖酵解供能系统。如果我们有关注类似项目的比赛，就可能会发现一个问题：有的选手可能做两个动作就要停下来休息片刻，再继续后面的动作，导致整套动作不是很连贯。这种情况出现最多的就是只侧重力量阶段与专项阶段的训练者（在有一定基础之后就长期只练 5 RM 左右的人）。长期适应磷酸原系统（只能输出几秒）的参赛者，即使比赛中单个动作很轻松，但是忽然换到糖酵解系统持续输出（比赛组合动作往往需要几十秒），就会出现不适应，从而导致比赛耐力不足的情况发生。

如果你是一个真正的街健大神并且有参加比赛的打算，选择对应难度为 15 RM 左右的超级组训练进入到耐力阶段吧（很多比赛选手力量、耐力训练都做得很到位）！我们把金字塔各个阶段的底层逻辑用相对简单的大白话总结出来，就是为了让各位训练者能够根据自己的需求"对症下药"（见图 7.6）。

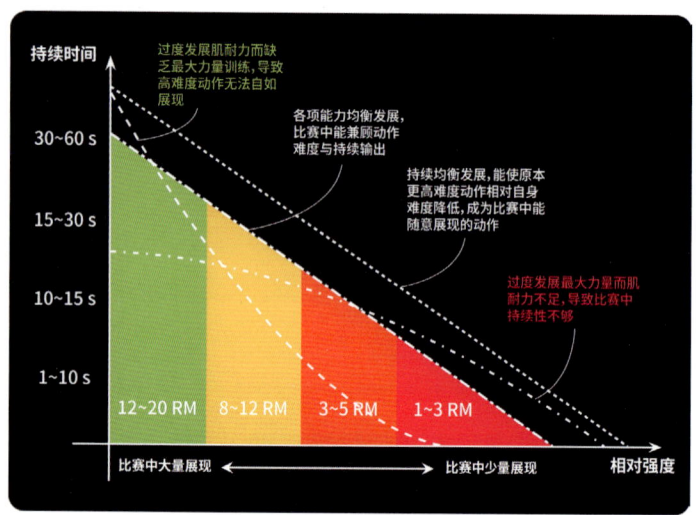

图 7.6 能量系统与强度对于比赛表现的影响。如果要能在比赛组合技能中熟练展示某个动作（例如俄挺），就需要自身力量远远超出俄挺所需力量，才能把俄挺变成一个"肌耐力"动作（12 ~ 20 RM）；而要在比赛中完成一系列连续的耐力动作，则需要发展糖酵解系统来为比赛中的供能作保障（相当于换更大的油箱并且把油加满）。

第三，促进全面发展。

如果你有一定基础并且当前关注的是力量进步（例如准备突破某一个新的力量神技），你可以从金字塔中去除基础耐力阶段（见图 7.7）。

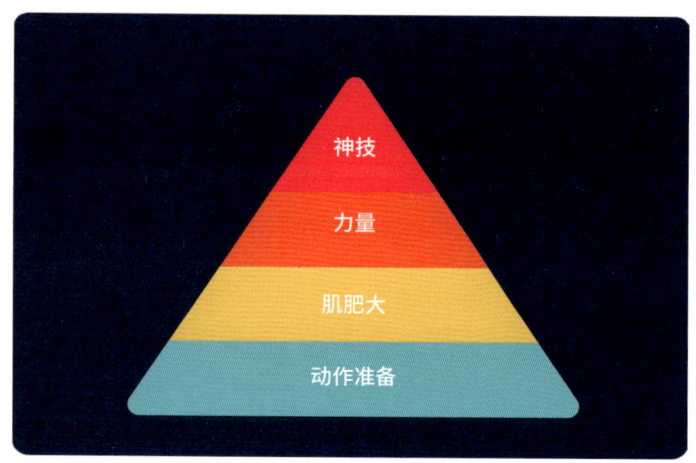

图 7.7 去除基础耐力阶段的金字塔设计。

耐力模块对力量提升不如上面三个模块，并且还占用一定时间和精力，从短期进步考虑只练上面三个模块会快得多。如果你的目标是突破力量动作，并不考虑与力量耐力相关元素的任何项目，那你可以把金字塔改成图 7.7 那样。但是我们看待问题还是需要有全面性，你可以暂时不练它，但是不排除你也许会在"意外"的情况中需要它。例如发生了地震，某人的下肢被坍塌的砖块砸伤只能爬行，而爬行的距离还有点远，房屋随时有可能坍塌，这时某人就需要肌肉有相对较长时间的输出能力以逃离危险。

训练本来就是为了服务生活，一时不需要不代表它永远用不着。另外在面对一些有体重限制、并且需要肌肉持续工作的项目时，肌耐力这个模块所提供的帮助也会更大，所以这个模块应根据能力范围与当前需求来选择。

基础耐力训练

耐力训练月该安排什么动作呢？我们该练的就是前面所指出的塔基动作，包括推力的负重臂屈伸、实力推 / 倒立撑、倒立撑退阶，拉力的负重引体向上与潘德雷划船。关于这些动作在这个模块的负荷在不同能力阶段可以自行安排，如果你还不具备引体向上的能力，就可以做弹力带辅助引体，不用纠结负重这两个字（负重可以是正数或 0）。剩下的也同样处理。如果连臂屈伸的能力都不具备，则可以自行退阶，就不用抠"负重臂屈伸"这几个字眼。

杠铃的好处在这里就可以体现出来，不管你在什么能力范围都能找到适当的重量，除非你连空杆都举不起来；而自重就需要改变一些身体姿态，会相对麻烦一些。

这个模块的特点就是这些动作都要能相对轻松完成，都要达到至少 15 RM 的强度，同时一些专项动作也可以安排在这个模块中，如仰卧哑铃前平举、弹力带辅助前水平上压等动作，这样可以进一步适应专项动作模式。

所有动作，无论是主项还是专项，都建议以推拉交替的动作组合为一组，举例如下。

·引体（拉）做完不休息直接上臂屈伸（推）（见图 7.8）。

图 7.8 超级组：引体做完不休息直接上臂屈伸。

·杠铃推举（推）做完直接上潘德雷划船（拉）。

这样一组的训练时间会更长，更符合力量耐力这个模块的特点。

直臂力量适应还不够强，或者有一定肌肉量但是刚接触街健的初学者，不建议哑铃前平举直接上大重量，可先从适当重量开始逐渐增量（15 RM 左右）。另外在这个阶段可以慢慢增加冲肩的幅度。

肌耐力灵活的适应周期

细心的人可能发现了一个问题：其他专项都是以月为单位，为什么唯独力量耐力这个专项是以周为单位呢？

其实这取决于刚接触这个金字塔的人处在什么样的水平，如果是几乎没什么训练基础的"小白"，那么这个模块必须持续一个月甚至更长时间；如果是之前接触过健美、力量举等力量训练的人，完成这个肌肉耐力模块等于是在增肌模块前逐步适应直臂力量以及加大的负荷。

如果适应过程没有问题，则可以减少肌肉耐力模块的时间直接进入增肌模块。至于基础较差的人之所以需要练一个月的耐力基础，除保证安全外还有一个因素，就是发展一定的"肌浆"。基于力量耐力训练的特点，每组训练的 TUT 较长，单位时间内容量略大。

而 TUT 与容量这两个因素会让力量训练侧重于代谢压力这个元素，而较大的代谢压力容易引起肌肉内流体蛋白与肌糖原等物质增加，这些物质的增加发展了肌肉体积，为保护关节提供了帮助，同时肌肉内其他物质的增加能够为肌纤维提供足够的养分，会为恢复带来帮助。另外力量耐力这个模块的训练会导致乳酸的大量堆积，而乳酸的大量升高会刺激生长激素的分泌，生长激素又可以调控胰岛素生长因子的分泌。所以力量耐力的训练是为后期训练创造一个更安全、更利于恢复生长的环境。这里我们所说的力量基础是一个范围性话题，这个模块的内容对应的就是初学者的基础建立。而到了后期，如果已经完整走完整个金字塔，在后续冲刺动作阶段，可以把重量偏大的仰卧直臂前平举这类动作放在增肌模块。

力量耐力训练建议

·一周训练 4 次。

·每次训练总组数 10 ~ 20 组，塔基动作组数：专项动作组数 ≈ 1：1。

·组间休息 1 min。

·周容量不超过 40 组（塔基超级组 20 组，专项动作 20 组）。

可根据自身恢复能力进行频率与组数的调整。想更加严谨地监控自身疲劳状态，建议直接监测晨脉，先测几天看看自己的晨脉平均值，如果某天晨脉高于平均晨脉 10 ~ 15 次以上，建议当天休息，不要训练（疲劳管理后面有详细讲解）。

以俄挺为目标的训练者，需要安排肘屈肌群的强化训练，以二头弯举、锤式弯举或自重吊环弯举为主。

基础耐力计划模板见图 7.9。

基础耐力训练计划模板

一	二	三	四	五	六	日
训练	休息	训练	休息	训练	休息	训练
一	二	三	四	五	六	日
休息	训练	休息	训练	休息	训练	休息

示例 A

热身		动作准备	15 min
塔基		负重引体 实力推 } 超级组	15 RM ×5
专项 推		仰卧前平举	15 RM ×2
专项 拉		钢线（弹力带）直臂下压	15 RM ×2

示例 B

热身		动作准备	15 min
塔基		负重臂屈伸 潘德雷划船 } 超级组	15 RM ×5
专项 推		俄挺动态冲肩	15 RM ×2
专项 拉		前水平冲肩	15 RM ×2

基础耐力动作库(部分)

塔基		专项	
负重引体		冲肩俯卧撑	
潘德雷划船		动态冲肩/仰卧前平举	
实力推（折刀/倒立撑）		高位水平引体/前水平冲肩	
负重臂屈伸		钢线（弹力带）直臂下压/杠铃直臂后伸	

图 7.9 基础耐力训练计划模板。

3. 肌肥大训练模块
肌肥大训练模块底层原理

虽然 BMI 低于 19 的训练者确实有可能快速解锁一些神技，在他们眼中，这个项目大可不必搞这么复杂，但这都是建立在"瘦弱"的亚健康基础之上。靠轻体重单纯解锁基础神技或许很快，但是上限能有多高呢？是不是往上继续突破很快就会遇到瓶颈呢？健康无伤的状态能持续多久？因此，不建议任何训练者的 BMI 低于 20，这是健康的基本保障。

从肌肥大这个阶段开始，我们就进入了进步时期。我们的力量与肌肉体积都在这个阶段开始有线性的提高。这个阶段相当关键，是处于任何能力阶段的人都无法跳过的。

这里我们需要介绍一下功能性肌肥大与非功能性肌肥大。这是来自 EXOS 的表述，简单理解就是肌纤维肥大与肌浆肥大。虽然肌肥大的范围在 6 ~ 12 RM，但是 6 ~ 8 RM 还是更侧重于肌纤维横截面积，9 ~ 12 RM 侧重于肌质，无论是肌纤维还是肌质（肌肉中的流体与非收缩性蛋白），它们共同组成了肌肉的体积。它们都是我们能保持进步的基石（见图 7.10）。

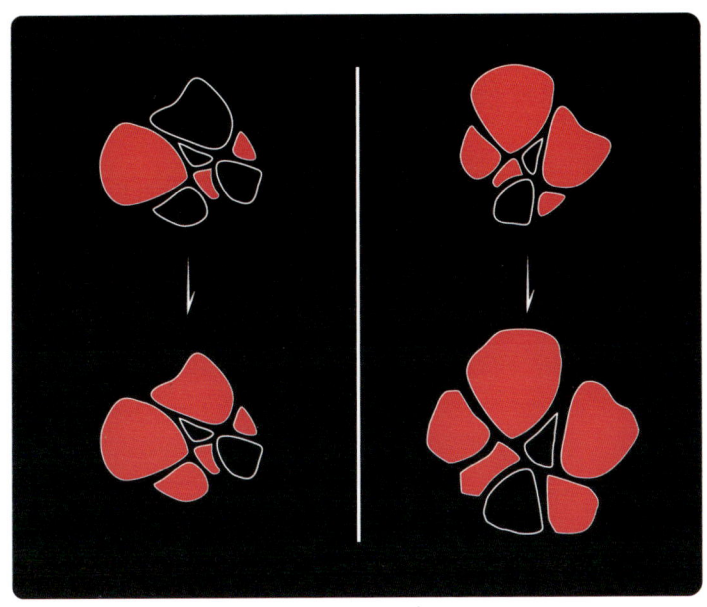

图 7.10 肌肉力量变强的两种主要方式：

① 左：神经募集肌纤维能力变强。

② 右：肌纤维横截面积增加。

两者不会单独存在，只是不同训练侧重点不同。

如果把街健比作赛车运动，那么肌肥大这个阶段就相当于提升赛车的马力，而动作准备阶段就相当于强化赛车的轮胎车架强度以及避震器，基础耐力阶段就相当于让驾驶员先熟悉赛道。而决定赛车成绩的最大因素就是马力，所以力量与肌肉是街健进步的底层支撑，基础耐力就相当于构建了一些动作框架，而肌肥大往上的阶段就相当于是往这些框架中填充力量，使人体在安全有效的范围中持续进步，最终因为力量以及肌肉体积等的提高，产生质变的效果。

影响力量的因素一个是肌纤维横截面积，一个是神经募集肌肉能力，而 6 ~ 12 RM 这个范围的训练既可以增加肌纤维横截面积也可以增加神经募集能力。

随着肌肉体积的增加，其对关节的保护能力也会增强，为下一个阶段的负荷持续增加提供一个安全的基础。

在前面的介绍中我们可以看到，其他阶段以周或者月为单位，而在肌肥大这个阶段，我们的时间只能以月甚至以季为单位，因为肌肉增长过程需要比较长的时间。

对于没有多少训练基础的初学者来说，这个阶段的时间至少需要 3 个月甚至更长。而塔基动作就是在这个阶段为提高神技所需肌肉体积服务的，这个阶段除了肌纤维横截面积会增加，肌肉当中的一些非收缩物质——"肌浆"也会增多。

本质上，肌肥大阶段是为力量训练打下基础，并起到一个安全过渡的作用，而肌肉发展的重要性可不止体现在街健上，它与我们的生活和健康息息相关。根据流行病学调查，过了 25 岁，人体肌肉就会有轻微"流失"，60 岁以上者肌肉"流失"约 30%，80 岁以上者更是高达 50%。老人去世大多都与肌肉相关，因为肌肉的萎缩会导致行动能力下降，出现行动不便，而这些不便引起的摔倒、受伤会导致其长期卧床，进而出现器官衰竭，这可能是导致大部分老年人去世的重要原因。

所以肌肉的发展除了服务于街健，更多的还是服务于生活。

回到街健，6 ~ 12 RM 虽然可以提升力量，但是效果并没有上两个阶段直接。这个阶段虽然肌纤维横截面积会有一定增长，但是侧重不算太大，因为肌肉中除了肌纤维还有肌浆。有相关文献认为，肌浆的增长虽然不能直接增强力量，但是对力量的增强有间接帮助（速度类项目除外）。因为与力量阶段的 5 RM 相比，6～12 RM 会在负荷降低的情况下提高重复数量。而随着每组数量的增加，肌肉的代谢压力也会加大，这些代谢废物会提高肌卫星细胞（肌肉生长与恢复的重要物质）的活性，对肌肉内蛋白质的合成环境有帮助。另外，威尔科姆·莉娜等人于 2011 年在美国国家医学图书馆发表了《乳酸对 C2C12 与肌细胞增殖和分化行为的影响》，该研究指出乳酸（无氧糖酵解系统的代谢产物）对肌纤维的增长有一定帮助，只不过这项研究的对象并不是人而是小白鼠。另外还有一些资料提出的假设是：人体大部分组织的目的是维持能量的稳态，在进行能量代谢压力训练时，能量稳态所受到的威胁会被人体视作比抗阻力压力带来的威胁更大，因此增强快速生成 ATP 的能力成为首要任务。由此可见，肌肉体积对于最大力量的影响是存在的。

例如在《美国国家体能协会体能教练认证指南》中，"无氧训练计划的适应"这一章就明确指出，随着肌肉体积的增大，并不需要太多的神经激活来举起预定的负荷。普劳茨等人指出，当受试者的股四头肌进行 9 周不同负荷的抗阻训练后，肌肉体积增加 5%，但股四头肌肌纤维被激活的数量却很少。本人认为肌肉体积对最大力量的发展肯定是有帮助的。最大力量的产生是肌纤维横截面积增加与神经募集能力增强的结果，肌肉的横截面积与肌肉中的非收缩性物质"肌浆"共同组成了肌肉体积。

无论是哪一种训练体系，肌肉发展（增肌）都是不可缺少的基石。从 EXOS-XPS 到 NASM-OPT 再到力训思路中常见的增肌—力量转化期—高峰表现期三个阶段，不难发现肌肉始终是力量的基石，EXOS 教材更是明确指出："肌肥大本身并不是一项力量素质（这里所指的力量素质是力量对于训练目标的服务），但肌肉量会影响力量素质（肌肥大会对速度项目产生一定负面影响），具备一定的肌肥大基础可保证在训练中实现最大力量产出。"

可能会有人有一些疑问，例如举重运动员肌肉没那么大为什么力量却这么强。这里想说的是，肌肉小但是力量巨大的人基本不存在，某个人在某些项目里面力量大的影响因素还包括身体结构以及对动作的熟练度。有人会说举重运动员深蹲的重量与大体重健美运动员的极限一样，如果我们换个角度看问题，卧推呢？划船呢？这些都一样吗？如果让这些大体重健美运动员以提高绝对力量为目的来训练，他的上限可能会更高。另外，顶级举重运动员的肌肉量绝对不低，只是因为体重的限制导致视觉上没有大体重健美运动员那么令人震撼，如果让同级别健美运动员跟他们站在一起，举重运动员的肌肉量是不会逊色的。同样，顶级的街健静态选手的肌肉量也是相当令人震撼的。经过一段时间的训练，相信大家的肌肉发展也会有质的改变（见图 7.11）。

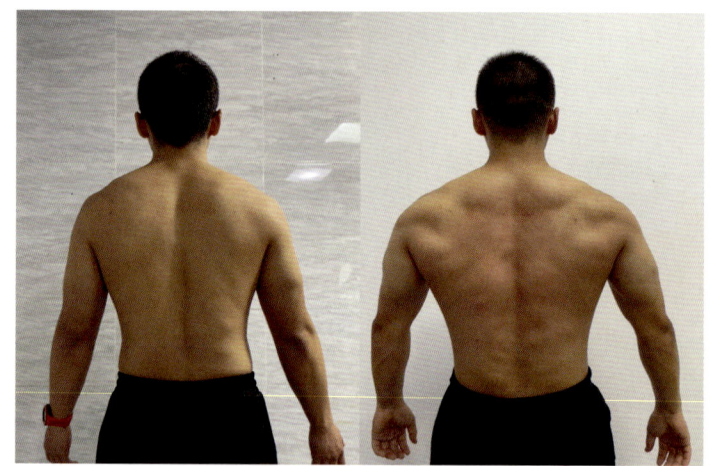

图 7.11 体重 90 kg 的力量举选手在训练中加入前水平训练，收效颇大。

肌肥大模块训练

从这个阶段开始，我们的训练负荷开始逐渐提升，神经疲劳也会开始增加。

所有动作从这个阶段开始就要化繁为简，以采取多关节复合型的塔基动作为主，专项动作只选择两项来进行推拉交替组合。

例如：负重引体、负重臂屈伸、杠铃实力推（倒立撑）与潘德雷划船（高位水平引体）。

阶段越往上，神经疲劳越大，我们越要把效率动作留给有限的神经恢复。这个阶段我们也可以使用推拉交替的超级组。

• 单次总组数：10～20 组，每组动作 6～12 RM。

· 组间休息 90 s。

· 练 1 d 休 1 d。

· 塔基动作周总容量不建议超过 30 组（推拉交替）。

· 专项动作不超过 30 组。以俄挺为目标的训练者，需要安排肘屈肌群的强化训练，以二头弯举、锤式弯举或自重吊环弯举为主。

· 晨脉监测与身体状态作为主要参考，可根据身体恢复能力调整组数。

基础耐力跟肌肥大这个阶段的训练，可以将其中一半组数的训练动作速度加快，这样可以适当发展一定的爆发力。虽然俄挺等项目需要的是最大力量，但是很多专项动作也需要一定的爆发力，如俄挺俯卧撑、压倒立、前水平引体等动作，因为动作的变化与转换的过程也属于爆发力元素。

当然，如果你的目标是最大化发展爆发力的项目（如双立臂、弹射双立臂、汉尼拔引体等动作），也可以把神技这个阶段的训练换成爆发力专项训练（见图 7.12）。

思路可以灵活调整，但这些训练元素不能缺失。

图 7.12 如果目标专项是双立臂等爆发力类动作，可以将其中一半组数的动作速度加快，逐渐适应爆发力的发力模式。

增肌训练计划模板见图 7.13。

增肌训练计划模板

一	二	三	四	五	六	日
示例一						
综合	休息	综合	休息	综合	休息	综合
示例二						
塔基	专项	休息	塔基	专项	休息	综合

示例 A

热身	动作准备	15 min
塔基	负重引体 实力推/倒立撑 } 超级组	6~12 RM ×5
专项	冲肩俯卧撑	6~12 RM ×4

示例 B

热身	动作准备	15 min
塔基	负重臂屈伸 潘德雷划船 } 超级组	6~12 RM ×5
专项	前水平(辅助)上摆	6~12 RM ×4

增肌动作库(部分)

塔基	专项
负重引体	冲肩俯卧撑
潘德雷划船	动态冲肩
实力推(折刀/倒立撑)	高位水平引体/杠铃直臂后伸
负重臂屈伸	前水平(辅助)上摆

图 7.13 增肌训练计划模板。

4. 力量强化模块

力量强化模块底层原理

我们练"神技"的最大进步往往来自这个阶段，因为这个阶段的特点（1～5 RM）就是增加肌纤维横截面积与神经募集能力。

肌肉与力量这个阶段的关系就像是汽车的发动机排量与马力（对于汽车不了解的朋友看到这些比喻可能会比较头疼，不是本人对汽车有偏执，而是没有找到比汽车更形象的比喻）。熟悉汽车的朋友会发现，马力越大的车它的排量往往也越大，而力量训练就像是给发动机加一个外挂提升马力。比如让 1.5 t 的发动机产生 220 匹以上的马力，那肯定会减少发动机的使用寿命，但让 2.0 t 的发动机产生 220 匹马力却是很常见的事。

想表达的关键就是力量的上限还是与肌肉有关系，想要更大的马力（力量），你的发动机也需要更大的排量（肌肉）去承受（见图 7.14）。

图 7.14 更大的肌肉量往往意味着有更高的力量上限。目标动作的主动肌越发达，做力量动作往往也能更轻松。

这个阶段力量会有线性的进步，但是不可能无限制进步，出现停滞时就应该减载去打牢基础。就像一辆车的发动机排量只有 1.5 t，使用外挂（力量训练阶段）虽然可以提升马力，但是你非要让此发动机产出 500 匹马力，结果就是发动机报废，而如果让 4.0 t 的发动机产生 500 匹马力却很容易。

所以我们从这个角度去看待肌肉与力量的关系，思路就清晰了。如果一辆车的加速能力是专项，那么关键因素除了马力，还有很多其他因素，例如车重（体重）与变速箱换挡速度（身体结构优势）等。所以哪怕肌肉与力量够强，还是需要看一下你的力量与体重之间的相对力量。即使力量和体重很大，最终呈现的结果可能也不太尽如人意，因为街健的负荷主要就是来自体重产生的力矩。

相对于肌肥大阶段，力量与专项这个阶段的神经疲劳会进一步增加，所以通常情况下这个阶段的训练做完后需要减载，给神经恢复的空间。

力量阶段与耐力阶段一样，训练基础较差的人需要花时间适应一下负荷加大的情况。有一定经验的街健训练者可以直接延长专项阶段，或者把力量阶段直接换成专项。因为这两个阶段在负荷上没有太多差异，在对专项动作熟悉程度足够高的情况下可以直接进行。

而对于水平相对较高并且暂时没有比赛安排的街健训练者，其金字塔可以安排如下。

动作准备→功能性肌肥大→神技（见图 7.15）。

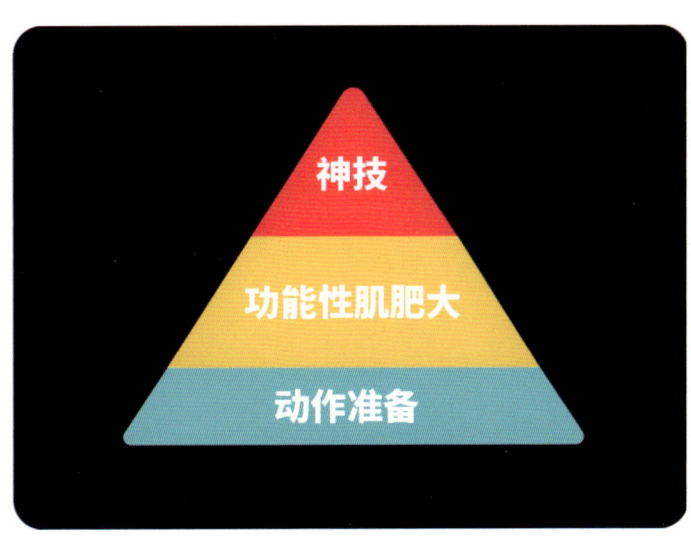

图 7.15 有一定基础的训练者可以把力量和专项模块合并，肌肥大采用功能性肌肥大训练方式。

对应的思路就是从动作准备到肌肉发展（肌肥大）再到神技（力量）最后回到动作准备（此时的动作准备就相当于肌肥大与神经疲劳累积后的恢复期，这个阶段我们可以针对于身体的弱项、小肌群做一些强化）。

现在我们可以把前面所述内容做一个总结，这样每个人就可以根据自身的需求来规划自己的训练。

我们再次回顾一下塔基动作与每个阶段之间的关系。

从力量发展范围中的三个阶段我们就开始融入塔基动作。这里再解答一次塔基动作是什么？塔基动作就是能够发展神技所需肌肉力量与体积的动作，归根结底它是服务于神技的。而专项动作是与神技联系最直接的动作，塔基动作与专项动作之间不存在谁比谁重要，因为它们的总目标就是为了达成神技，只不过在增肌与增力方面，塔基动作效率更高。专项动作的缺陷还是存在的，例如难度跳动过大、负荷不能线性增加等（见图 7.16）。

图 7.16 专项动作也能有不错的增肌增力效果，但是相对来说负荷的增减不够线性，动作本身模式较难、风险相对塔基动作更大。

先打牢基础再去接受特定难度范围的专项动作就能更好地避免损伤，更不用担心会"偏离专项"。因为塔基动作无论是在对应的能量系统，还是在增肌与增力方面都有优势。与动作本身更接近的不一定是真正适合当前阶段。

专项阶段最基本的就是力量、肌肉与该运动相对应的能量系统。以短跑为例，长跑是不是比负重深蹲与杠铃高翻更接近动作本身？事实上，我们见过无数短跑运动员训练高翻与深蹲等力量和爆发力动作，但基本没见过短跑运动员花大量精力练长跑，这正是因为高翻与深蹲这两个动作首先能促进下肢力量与肌肉的发展，其次这类动作对应的能量系统正是短跑所需的磷酸原供能系统。在动作上接近虽然重要，但是我们不能忽视发展该目标动作肌肉与力量的其他动作。

对肌肉与力量发展效率更高的是塔基动作，而专项动作是在该动作所需的肌肉与力量增强后，再去适应动作本身，这就能结合两类动作的优点去服务于最终动作。力量与肌肉即使增长，也需要神经系统去适应目标神技所需动作的发力模式，所以力量和专项两

者都不能缺少。

如果感觉自己塔基动作的负荷在增长，而神技的进步却不大，这时专项动作的占比需要增加。就算神技的进步暂时不大，也不需要去掉塔基动作，因为相应的肌肉在发展到一定能力之后，再去专攻专项动作，进步也不会少。

事实上，按照正常思路实施塔基与专项训练，这两者都在渐进超负荷。关于对专项产生影响的项目问题，后面章节有更深入的讲解。

通过图 7.17 可以直观了解塔基与专项的关系。整个金字塔其实都在专项这个范围内，只是在肌肉发展过程中出现了塔基动作，而塔基动作所产生的收益还可以贯穿难度更大的动作，为后续所有训练打下基础。

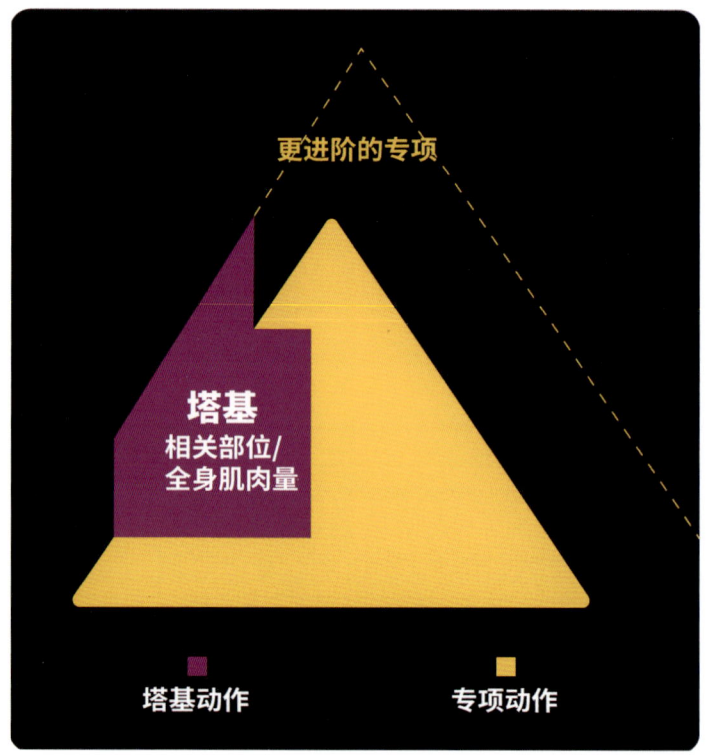

图 7.17　塔基动作的持续收益能贯穿到难度更大的动作中。

如果是初学者（尤其是很瘦弱的初学者），一定要把目光放长远。相比于选择快速解锁神技，还是更强烈建议把基础打牢，不要盲目攀比专项进步速度。当你足够强壮时，解锁这些动作会轻松很多。

例如引体向上吉尼斯世界纪录保持者王鑫城以前的训练主体是引体向上等垂直拉力训练。据他个人反映，水平类拉力也会练习，只是比例不高。但是他接触前水平这类动作，只经过短时间尝试后就突破了。

虽然前期的动作不美观，但尝试训练几次后，动作就已经基本成型，这就是肌肉力量的重要性。当主体够强时，只需要神经系统熟悉一下新的发力模式便可以很快掌握动作（见图 7.18）。

图 7.18 引体向上吉尼斯世界纪录保持者王鑫城的第二次前水平训练就能轻松维持。

还有很多世界顶级训练者，也会在神技达到现阶段极限后，去练一段时间的塔基动作，例如负重臂屈伸和负重引体等。现在顶级俄挺玩家的负重臂屈伸水平一般在 100 kg 甚至 120 kg（1.5 ~ 2 倍自重）以上。而经过一段时间的增肌、增力训练之后，他们的神技往往又能突破到一个新的高度。

力量模块训练

这个阶段的神经疲劳会进一步加大，同时神经募集能力与 IIb 型肌纤维会得到充分提升。

在这个阶段我们需要把动作继续精简，每次训练从塔基动作中的两个推力动作、两个拉力动作中分别二选一进行组合。例如，可选择负重引体与实力推为一个推拉主项，也可以选择潘德雷划船与负重臂屈伸作为一个主项。

专项动作只选择与当前目标动作最接近的一个动作即可，可以是一个推力动作，也可以是一个拉力动作。推力动作可以放在第一天，拉力动作放在第二天。

此阶段不建议练超级组，因为负荷巨大，供能系统的恢复会受到影响。

· 每组动作不超过 6 RM。

· 一次训练只选择 2 个动作，每个塔基动作周容量不超过 20 组（推力总组数不超过 20 组，拉力总组数不超过 20 组）。

· 每次塔基训练后，选择 1 个迁移性较高的专项动作进行训练（直臂维持或者动态类。以俄挺为目标的训练者，需要安排肘屈肌群的强化训练，以二头弯举、锤式弯举或自重吊环弯举为主）。

· 组间休息 3 min。

· 塔基与专项动作组数比例为 1 ： 2。

· 晨脉监测与疲劳感受作为自身调整强度的主要依据。

增力训练计划模板见图 7.19。

当我们塔基力量达到一定程度后，就可以更专注于专项的训练。推荐塔基力量目标值：

· 负重臂屈伸的负重达到 1.2 倍体重做 5 RM。

· 实力推达到 0.8 倍体重做 5 RM。

· 负重引体的负重达到 0.75 倍体重做 5 RM。

· 潘德雷划船达到 1 倍体重做 5 RM。

增力训练计划模板

一	二	三	四	五	六	日
推力	休息	拉力	休息	推力	休息	拉力

示例				
	拉力	**热身**	动作准备	**15 min**
			负重引体	**5组×7下**
			(辅助)前水平上摆	**3组×5下**
	推力	**热身**	动作准备	**15 min**
			实力推	**5组×7下**
			滑墙/(辅助)俄挺俯卧撑	**3组×5下**

力量动作库

塔基		专项	
实力推(折刀/倒立撑)		倒立滑墙	
负重臂屈伸(自重/窄距俯卧撑)		(弹力带)俄挺俯卧撑/压倒立	
负重引体(自重/弹力带辅助)		(弹力带)前水平上摆	
潘德雷划船(水平引体/前水平引体)		前水平下放	

图 7.19 增力训练计划模板。

5. 专项强化模块

经过前面的训练建立起基础之后，我们就可以进入专项周了，也就是金字塔中大家所期待的塔尖部分。

我们要确保力量至少达到以下标准后才可以正式开始俄挺、前水平的直接辅助训练：负重臂屈伸的负重达到 1.2 倍体重做 5 RM；实力推达到 0.8 倍体重做 5 RM；负重引体的负重达到 0.75 倍体重做 5 RM；潘德雷划船达到 1 倍体重做 5 RM。因为在这个力量基础上，我们的躯干以及肩关节已经足够强大，可以进行与专项最接近的动作训练了。

与俄挺直接相关的训练是什么呢？当然是弹力带俄挺维持，或者辅助倒立压俄挺。在这个阶段我们可以只选取一种或者两种专项动作，不要过多，挑最直接的就行。

定向适应

专项强化是一个定向适应的过程。定向适应对于力量训练而言，其实就是我们常说的肌内协调与肌间协调。

肌内协调

肌内协调（Intramuscular Coordination）指的是单个肌肉内不同肌纤维的协调工作。在一个肌肉中，存在多个肌纤维，每个肌纤维由多个肌原纤维组成。肌内协调涉及这些肌纤维之间的相互协作，以产生协调的肌肉收缩。在肌内协调中，神经冲动从中枢神经系统传递到肌纤维，引发肌肉收缩，并确保不同肌纤维之间的协调与同步。肌内协调的优化可以提高力量、速度和动作的精确性。

举个例子，前面曾提到有一定运动经验的举重运动员具有"选择性"募集肌纤维的能力。这种选择性募集的案例不仅出现在《运动生理学》中，也出现在《美国国家体能协会体能教练认证指南》中。在某些情况下，运动员能够抑制较低阈值的运动单位，并且在其位置上激活更高阈值的运动单位。当需要以非常快的速度产生肌肉力量，获得很好的爆发力表现时，这种

选择性募集方式至关重要，主要体现在奥林匹克举重、快速伸缩复合训练、速度训练中。这种反应就是典型的肌内协调经过长期适应性训练之后的反应，也是运动员经过长期专项性训练之后出现的定向适应。简而言之，长期的同一种速度频率与负荷会使神经系统的募集能力出现适应性变化。

再举个例子，马拉松运动员与铁人三项运动员经过长期训练，肌肉中 IIa 型肌纤维能力会偏向 I 型肌纤维能力，这是一种定向适应，也是一种典型的肌内协调发生的反应。其底层的原理就是抗阻力训练计划的适应反应与有氧耐力训练计划的适应反应不同，这些不同训练给身体带来的反应不仅仅体现在肌肉层面，更体现在结缔组织、肌腱、骨骼与内分泌系统的变化上。

肌间协调

肌间协调（Muscle Coordination）指的是在动作中不同肌肉之间的相互协调。肌间协调不仅仅是肌肉层面，它还涉及中枢神经系统的控制和调节，以及神经肌肉系统的配合和相互作用。

在做出动作时，不同的肌肉需要以适当的时序、强度和持续性来协同收缩和放松，这样才能保证动作精确、高效地执行。

肌间协调也可以理解为动作模式上的适应。例如普通俯卧撑和俄挺支撑，虽然都是推力动作，但是肌肉的发力方向、肌肉的募集都会不同，包括对前倾度的适应（很多人一开始都会觉得俄挺所需前倾度比想象中大得多）、脚离地后的核心稳定性等，这都属于肌间协调的适应。

影响"定向适应"的因素主要体现在哪里呢？

第一，强度模式与运动负荷。例如，在大重量力量训练阶段，如果加入大量有氧耐力训练，就会对训练效果产生一定影响，从肌肉层面来说，就是影响神经募集能力与 IIa 型肌纤维的能力；从整体角度看，如果两者都是大量练习，那么对于神经系统的恢复与体内激素的急性适应都会有影响，从而导致针对性内容的提高速度受到影响。这里的强度更多的是指供能系统比例需要接近，即使动作一样但是强度不同，肌

肉的募集也会有区别。

第二，动作模式的大量偏移。例如，训练的目标是进行俄式挺身大强度专项训练，而计划中却大量出现其他运动平面的、拉力的、低强度训练（如引体向上），这也是影响整体进步速度的一大关键，因为"恢复资源"被无效动作大量分摊。

mTOR

影响定向适应关键的一点是出现强度与运动类型的转换，从而出现无氧运动适应与有氧运动适应之间的"冲突"，导致进步速度变慢。从激素层面来说，力量训练会刺激 mTOR(哺乳动物靶向雷帕霉素，mammalian target of rapamycin）升高，而 mTOR 这个物质可以导致蛋白质合成速度增加，以及刺激 HGH（生长激素）与 IGF-1（类胰岛素生长因子 -1）的分泌。

而大量有氧耐力训练会导致体内能量底物大量消耗，从而导致 AMPK（腺苷酸单磷酸活化蛋白激酶，该物质主要是调节机体代谢，维持细胞正常生理作用）升高，而 AMPK 的升高则会抑制 mTOR 水平。

那么问题出现了，这两者能不能兼容呢？这个问题的关键取决于量，也就是毒性与剂量这个问题。理论上讲，肌纤维的转换需要时间，不是长期做力量训练但偶尔做一下有氧运动肌纤维就转换了。而 AMPK 升高这个问题的关键在于营养的补充是否充足。能量不足时，AMPK 才会承担调节的作用从而抑制 mTOR。

关于兼容性这个问题，《运动生理学》的结论如下。

在营养物质补充充足的情况下，每周总时间为60min 的有氧耐力训练并没有明显影响力量的发展。而如果营养与睡眠出现问题，那么做什么类型的训练收益都不大，这就是问题的本质。

最后举个例子：力量举运动员为了发展体能储备，做背着杠铃登山的训练，请问他的全面提升训练偏离了所谓的定向适应，就前功尽弃了吗？事实上，问题都有两面性，很多人的进步速度快，就是因为前期的练习给他提供了体能储备，间接为恢复速度提供了帮助。

就像这个金字塔，塔基就是为刚接触街健的人提供体能储备，后面的专项冲刺阶段正是大部分人所理解的定向适应。但如果长期大强度冲击，身体会积累大量疲劳。因此适当的减载也并没有偏离专项，反而有利于后面更好地冲击强度。

知识扩展

mTOR 是一种丝氨酸 / 苏氨酸蛋白激酶，是肌肉蛋白合成和肌肉增长的关键调节者，主要有调节细胞生长、细胞增殖、细胞运动、蛋白质合成等作用。

在训练后摄入氨基酸或氨基酸衍生物后，人体会激活 mTORC1 来进行肌原纤维肌蛋白合成和骨骼肌肥大来响应刺激。力量训练后长达 48 h 内身体都会刺激肌肉蛋白质合成 (MPS)。在这段时间内摄入富含蛋白质的食物会增强由运动引起的肌肉蛋白质合成（见图 7.20）。

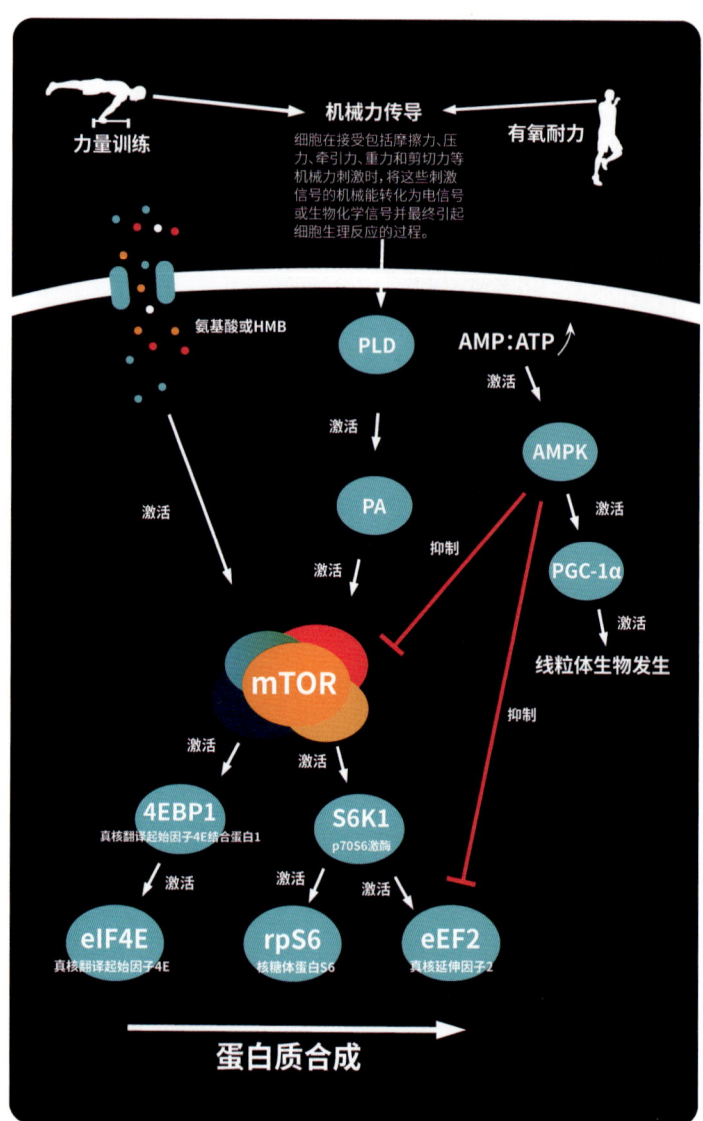

图 7.20 mTOR 调节蛋白质的合成。

专项强化模块训练

静态训练的 RM 可以采用时间计算，6 RM 以内的动态训练，一次动作可算为静态训练的 2 s（见图 7.21）。

值得注意的是，这个阶段的训练热身至关重要，因为此阶段基本都是单关节大负荷动作，热身不充分会存在受伤风险。

每组的时间只需接近极限即可，例如极限可以做 10 s，那么做到 7 ~ 8 s 的时候就要停下来，切记不可使用"榨干"式训练。

· 组间休息 3 min，保证供能系统充分恢复。

· 每次训练总组数 10 ~ 20 组。

· 若此阶段训练正常，就会感觉每一次训练都有提高，例如俄挺的弹力带维持时间会在这一个月（周）大幅提高，同时训练者还没有明显的疲劳感。

专项训练计划模块见图 7.22。

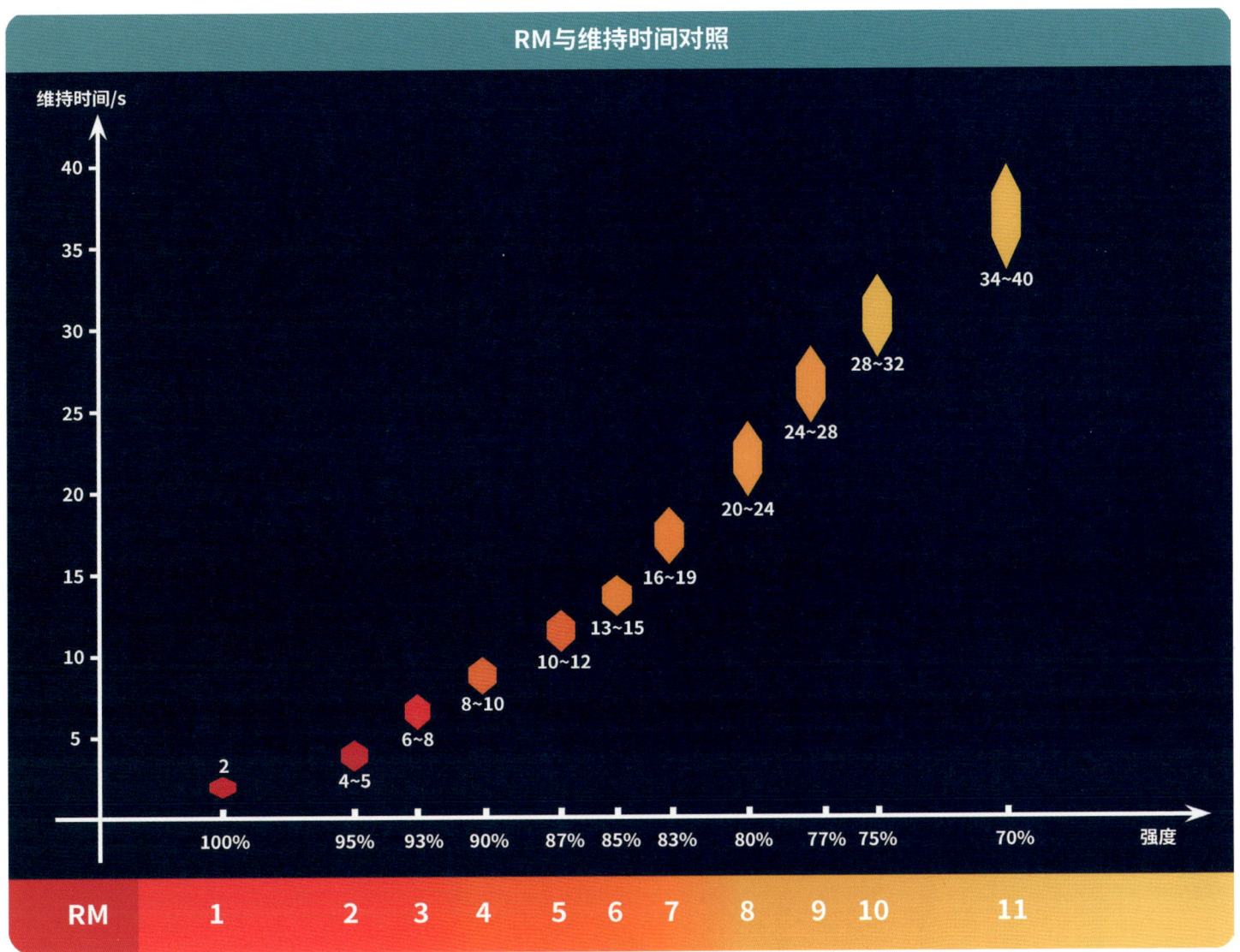

图 7.21 RM 与维持时间对照。

专项训练计划模板

一	二	三	四	五	六	日
主推 辅拉	休息	主拉 辅推	休息	主推 辅拉	休息	主拉 辅推

示例 主推辅拉	热身		动作准备	15 min
	静态维持		俄挺(辅助)维持	7 s×4组
	动态		俄挺(辅助)俯卧撑	5下×3组
	拉力		前水平(辅助)维持	7 s×4组

专项动作库(示例)

推(俄挺专项)		拉(前水平专项)	
俄挺(辅助)维持		前水平(辅助)维持	
俄挺(辅助)压倒立/俯卧撑		前水平(辅助)引体	
倒立滑墙		(弹力带)前水平上摆	
L-sit转俄挺		前水平下放	

图 7.22 专项训练计划模板。

6. 减载模块

当我们走完前面的周期，肌肉与神经系统的负荷会拉满，大部分人会进入到疲劳的阶段，这个时候就需要适当安排减载训练来恢复疲劳的身体，同时又让身体保持训练状态（见图7.23）。

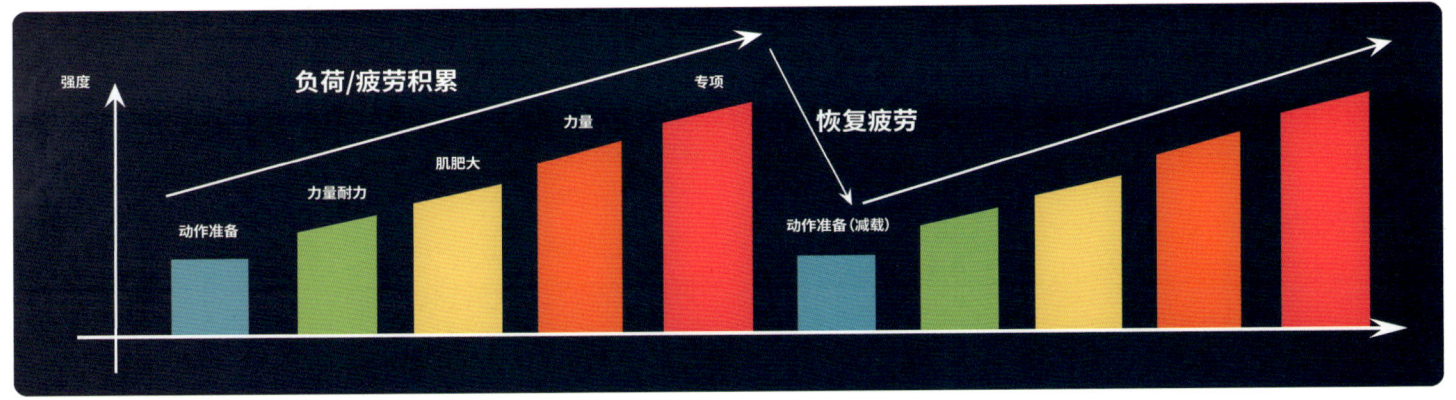

图 7.23 减载模块的加入可以及时缓解过大强度带来的疲劳，同时为进入下一个周期做好准备。

减载不是当"咸鱼"

减载并不是让你躺在床板上休息，当然，严重神经疲劳者可以完全休息，这个休息主要指的是规律的生活。如果没有出现严重神经疲劳，我们该怎么安排减载呢？

一举两得

实施方法很简单，处于第一阶段金字塔的训练者可以重新回到第一模块的动作准备训练，重复之前的思路与流程，做到无缝衔接至下一周期。正在进行专项冲刺或已经解锁神技的训练者可以采取另一种方式保持力量水平，即保持强度，降低组数，而减少的组数可以替换为动作准备训练，这样既保证了力量水平也使疲劳得到很好的恢复。经历了一个周期，我们的身体能力肯定会变强，这个时候我们就可以以周为单位进行这些模块的重复训练。

强化弱点，补齐短板

除了做动作准备的训练，还需要找出自己的弱点，并在这个模块着重加强。

例如你在上一周期中发现自己的直臂力量存在弱点，那么可以在这个阶段单独地强化肱二头肌等肌肉；或者发现自己做负重引体时小臂容易疲劳，就可以在这个模块进行小臂抓握力的训练；又或者你想练俄挺压倒立，但是倒立不稳，就可以在这个阶段进行平衡性和稳定性的训练等等。这些训练给小肌群带来的疲劳不大，适合在这个模块进行单独强化，这样在减载的同时也能不断克服自身弱点。减载的时间可以根据自身情况灵活安排，如果不想以周为单位来训练，继续以月为单位进行各项模块训练也是可以的。

知识拓展：神经疲劳

运动疲劳主要有中枢性疲劳和周围性疲劳。

中枢性疲劳是指发生在从大脑皮质到脊髓运动神经元的疲劳。中枢神经就是我们运动的"指挥官"，负责产生运动兴奋、发放神经冲动以及调节肌肉活动。

在大强度运动时，运动神经中枢需要频繁激活肌肉，这会导致神经的疲劳，主要原因如下。

· 神经细胞内积累的代谢废物会影响兴奋性。

· 细胞表面和突触结构损伤会影响神经冲动的产生和传导。神经网络连接效率下降，协调能力减退。

· 进行大强度力量训练时，交感神经分泌使身体兴奋的神经递质，而训练结束后，这些物质仍然残留在循环系统中，需要一定时间才能降解清除。这些兴奋性物质继续刺激身体各系统，使机体仍处于亢奋状态，不易进入睡眠和放松状态。肾上腺素也直接刺激中枢神经系统，延长大脑皮层的觉醒状态。这些都会影响运动员的睡眠质量，而睡眠不足又会加重中枢和外周神经的疲劳。

后面介绍的筋膜放松、冥想以及呼吸训练都可以有效恢复过度亢奋状态，帮助神经疲劳的恢复。

第一阶段金字塔总结

这个训练周期的主要思路就是打牢基础再进阶到专项训练，当然也可以适当做出调整。

虽然跟着这个思路练习，不一定是进步最快的，但一定是科学、安全、有效的，并且基本适用于所有人群（疾病类人群除外）。

有人可能会提出疑问："为什么前面要准备这么久？我要是直接死怼低团高团，进步肯定比你快。"我们暂且先不谈从低团死怼到高团合不合理、受伤风险高不高、科学不科学，就算真的在进步，也只是对俄挺这一个项目而言。况且训练不平衡会使损伤风险更高。而前期所打下的基础，可不仅仅是针对俄挺这一个动作的。从宏观角度去看这个问题，你觉得哪种更合理、进步更快呢？

这套思维模式里面没有提到常见的"团身→高团→分腿→并腿"这种思路，并不是说这种思路不能进

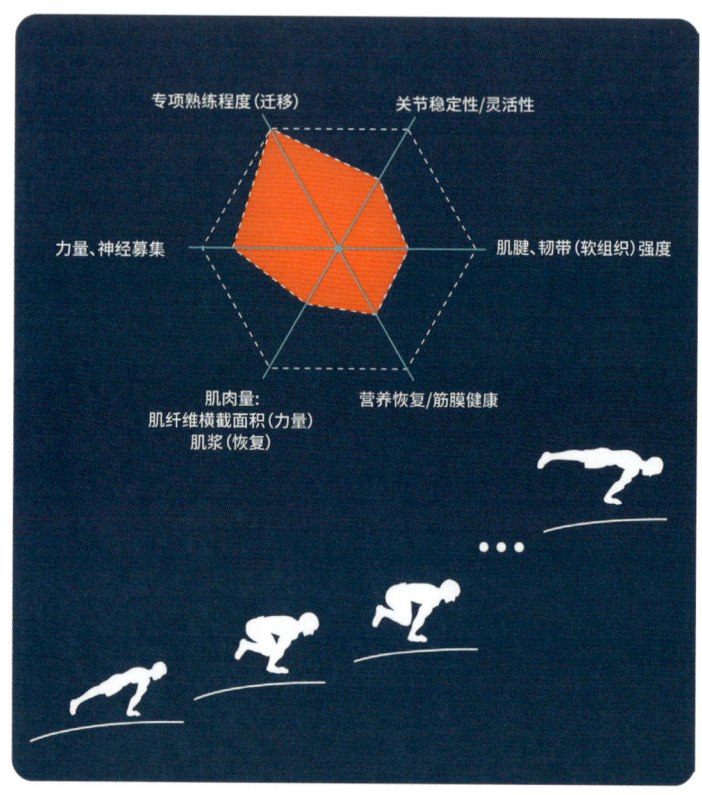

图7.24 "传统思路"会导致很多关键素质缺失或者达不到要求，导致进步缓慢以及风险的提高。

步，而是这种思路动作之间的跨度较大、进阶不线性、部分元素缺乏（见图7.24）。

整个金字塔的训练都是一个渐进超负荷的过程。正常情况下，当一轮金字塔训练走完，在保证睡眠充足、营养补充到位、疲劳管理合理的情况下，力量都会有提升。当然，每个阶段的时间都可以灵活调整，对于长期训练耐力与肌肥大的人，走到力量这个模块时可以把时间适当延长，这样你就会发现力量的负荷可以在这段时间内持续增加。如果在营养及睡眠都良好的情况下力量增加出现瓶颈，这时就应该退回增肌模块。

围绕金字塔中服务于力量训练的这些元素，可根据自身的短板适当延长相应的训练周期，除了增肌模块，每一个模块的时间不建议超过三个月。

这个阶段安排的思路就是发展相应肌群体积以及适应街健直臂动作，为街健的长期训练打下基础。

这些模块的目的就是实现全面发展以及筛查自身能力不足。例如直臂支持类动作是短板，那么就应该把重心放在肌肥大以及动作准备阶段。

动作准备的设计就是为了让我们去适应动作模式，而肌肥大是确保相应关节附近的肌肉（以及软组织）足够发达，这两者属于安全的保障。

如果直臂动作可以适应负荷，但是基础力量不够（例如直臂时感觉肘部完全能适应俄挺的负荷，但是感觉肌肉没力量维持不住），无法完成弹力带辅助神技动作，那么就需要延长在肌肥大与增力这个阶段的停留时间。

这时，训练金字塔和周期的好处就凸显出来了，我们可以对照金字塔评估自身能力，在周期中适当延长短板能力的训练时间，随着能力的逐步增强，再适当调整金字塔元素，使其逐步精简，最终将其调整为快速发展目标动作的板块。

简单来说，这个金字塔能促进全面发展，但是要想取得进步，还是要回归到力量阶段这个重点，并根据自身能力来弥补短板，最终把重心放在力量与专项阶段，达到要求后就可进入动作冲刺板块（见图7.25）。

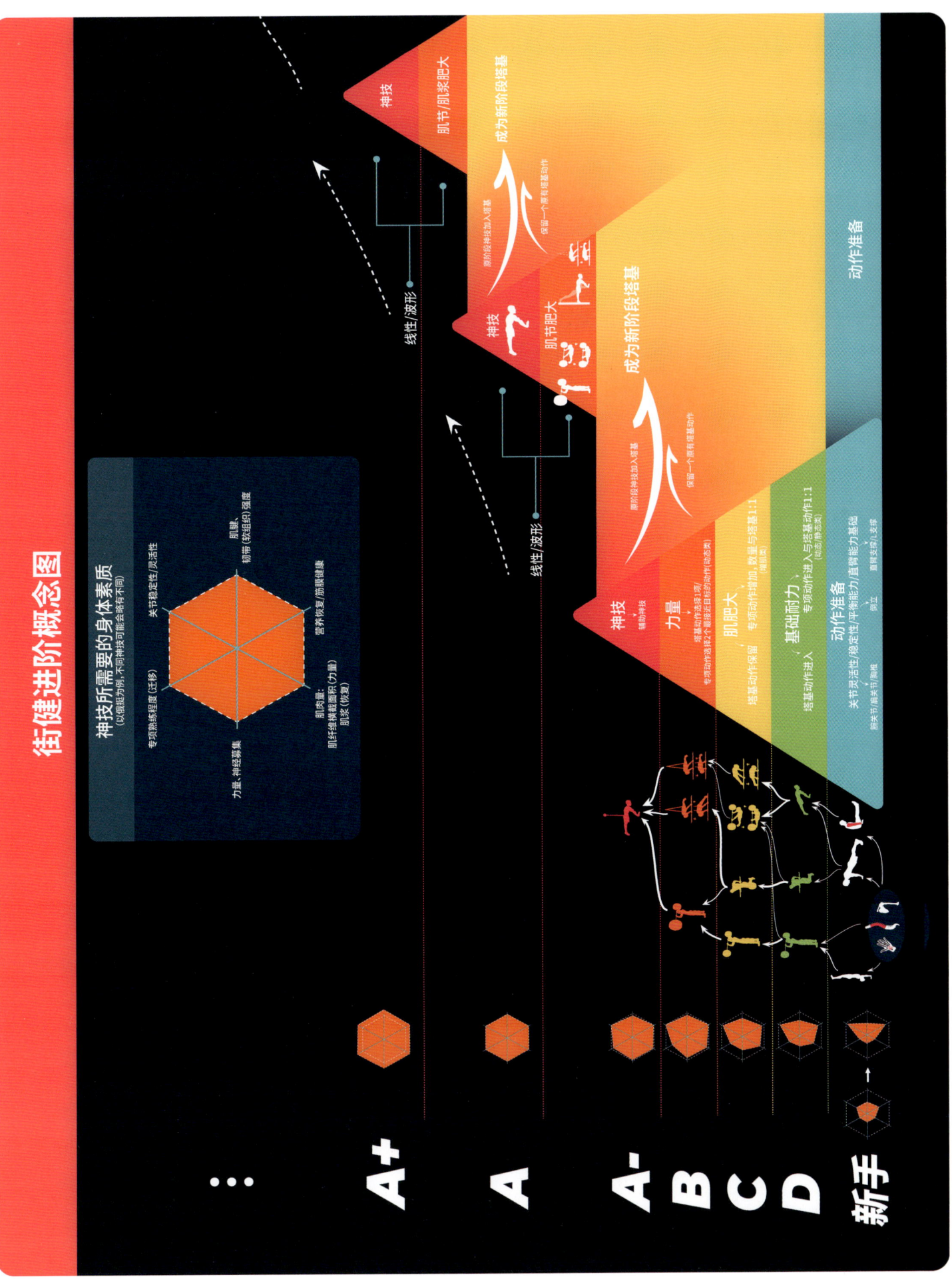

图 7.25 街健进阶概念图。

第二阶段：冲刺目标动作金字塔

　　达到什么要求才可以进入第二阶段（见图 7.26）的练习呢？

　　以下是基本的参考标准。

　　·推力：可以完成面墙标准倒立撑 10 次或者 0.9 倍体重实力推 5 RM。

　　·拉力：可以完成负重在 0.8 倍体重以上的引体向上 5 RM，或者爆发高位引体（拉到肋骨以下）6～8 次。

　　·直臂力量：可以用中等至相对大磅数（辅助磅数为 20%～25% 体重，注意这里的磅数是实际的磅数，也就是拉到辅助位置长度对应的磅数，不是商家说明书上的磅数）弹力带辅助神技维持动作，并且关节无不适的情况。

　　达到以上要求便可进入动作冲刺板块。

图 7.26　第二阶段金字塔。

　　·如果力量没有达到要求，就延长增肌与力量板块的时间。

　　·如果直臂力量无法达到要求，就延长动作准备板块与增肌板块的时间。

　　·根据弱项动作来调整动作占比（如专项直臂推力动作普遍难于拉力动作，可以适当减少拉力专项动作而增加推力动作占比）。

　　不建议连续 3 天晨脉过高时依旧继续训练。

　　不建议一个月的训练强度都高于 RPE 8。

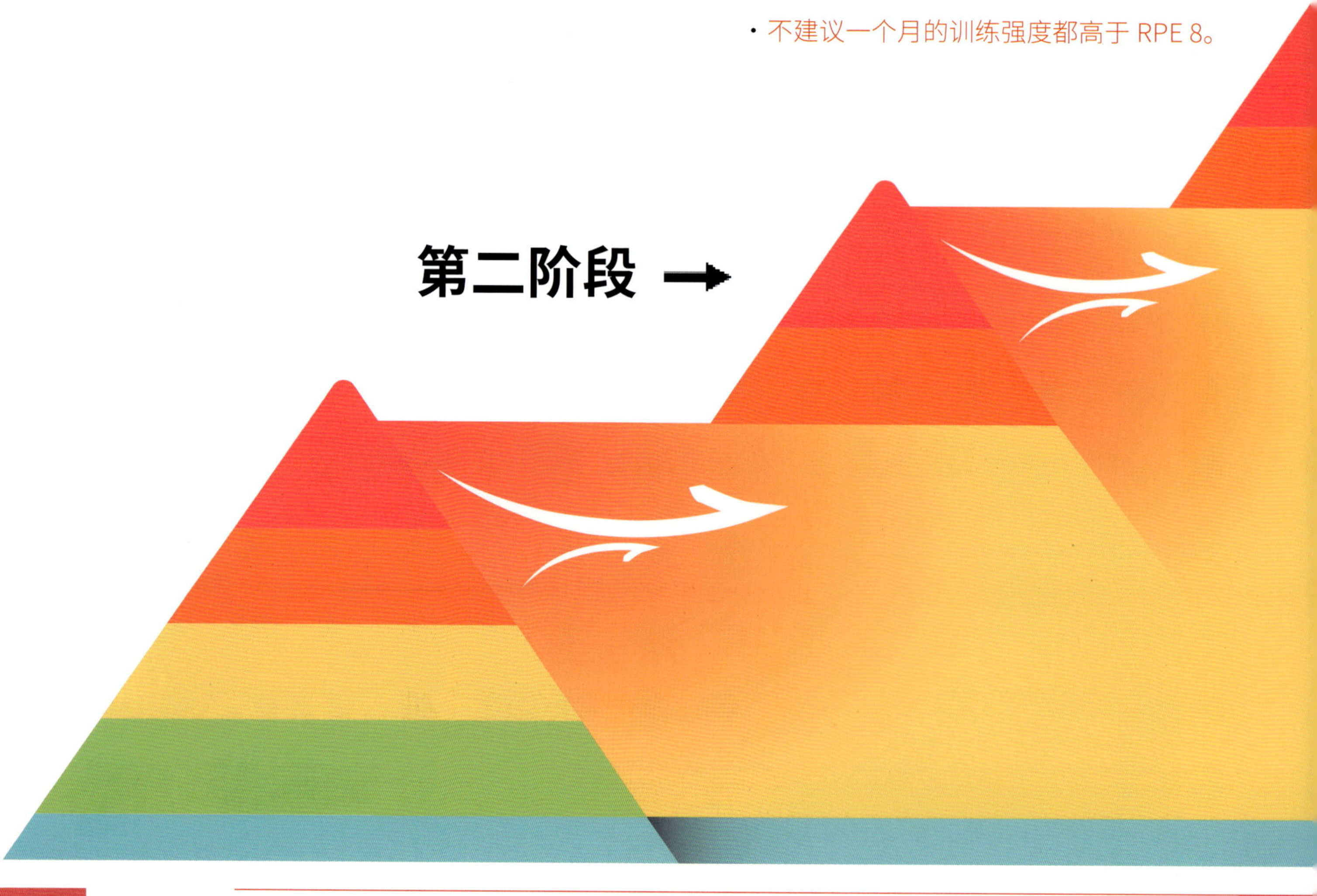

第二阶段 ➡

八 周期性训练的实践

前文简单介绍了金字塔的概念，我们对进阶的思维逻辑也有了大致的了解，现在我们就要把金字塔的各种模块安排进训练周期中。接下来就要深入量化每个模块在周期中的具体安排。

不同能力的人群所对应的周期思路都有差异。前面我们将金字塔划分为两个级别，现在我们要把第二阶段进一步细化分成三类，也就是把不同能力的人群分为三种，分别对应三种不同的周期安排思路（第二阶段金字塔所需模块类似，但在周期的安排上会有很大区别）。

· 第一种为初学者（刚接触街健训练的人群）。

· 第二种为中级训练者（解锁或者接近解锁 A 级难度动作的训练者）。

· 第三种为高级训练者（准备参加比赛的街健运动员）。

这三种人的周期安排是有区别的，尤其是准备参加比赛的高级训练者，其周期性计划会相对复杂很多。

周期与系统训练的关键就是围绕刺激、恢复、进步这三个元素进行，这一切都需要进行井井有条的规划。

接下来我们将对以上三种不同能力人群的方案设计进行剖析讲解。

线性计划 / 初级

线性计划的思路是什么？为什么适合初学者（这里所说的初学者既包含有一定基础但刚接触街健的人群，也包括从来没有接触过线性计划的人）？线性计划就像爬山一样，将一个训练主题做好再进阶到下一个主题，负荷重量随着训练时间逐步递增，难度由易到难（见图 8.1、图 8.2）。

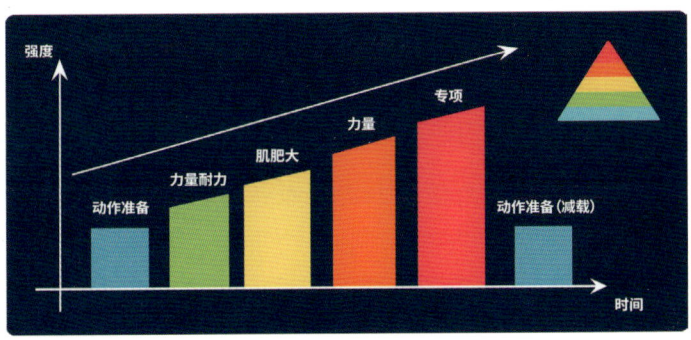

图 8.1 线性计划概念图。

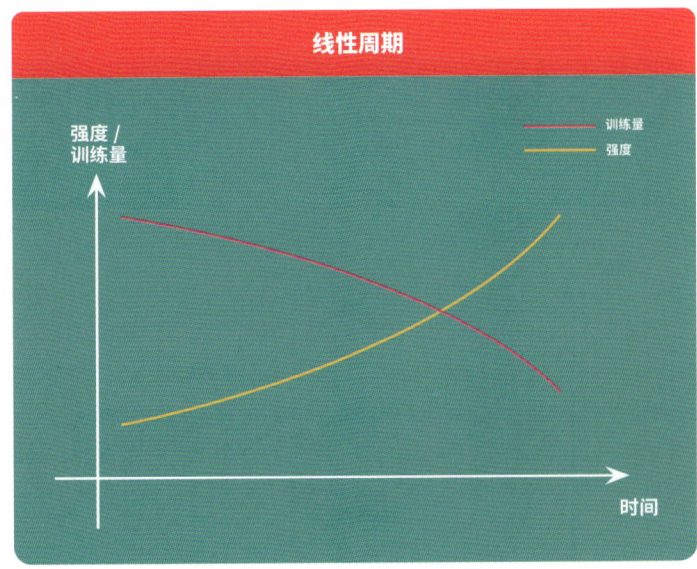

图 8.2 随着周期的推进，动作逐步简洁，强度渐次提升，训练量逐渐变少。

对于没有任何训练基础的人，我们建议每个模块以月为单位进行训练，在发展到下一个阶段（力量主题）之前先完整发展一个力量主题。

为什么建议初学者按照线性计划开始呢？

因为对于初学者来说，前期力量的进步会非常大，身体可开发潜力很高。线性计划按照力量主题的升级以及每周负荷线性递增的方式进行，有一些身体条件好的人仅用线性计划力量提升的"上限"也非常高，例如健力圈的某人直接用力量线性计划，其把深蹲成绩提高到了 300 kg，但这个是需要天赋的。大部分人用线性计划确实可以提高力量，但是往往到一个"上限"之后就会开始停滞，再盲目加重只会提高危险性。

同时，随着力量潜力被逐步开发，恢复的难度也在直线增加。举个例子，让一个训练没多久的人训练5 RM，他可能会觉得简单，因为他的力量开发程度比较低，所以恢复起来相对简单。但是随着力量潜力被进一步挖掘，同样是 5 RM，重量会越来越大，神经疲劳也开始逐步加剧。我们常见的健力思路大部分都是采用线性计划，例如经典的"五乘五"以及马克·瑞比托（Mark Rippetoe) 的《力量训练基础》（小蓝书系列）。线性计划思路是安全且高效的，对于街健而

言，我们还可以对频率做出相应的调整。

经过观察发现，街健的训练频率可适当高于杠铃力量训练。因为深蹲、硬拉、划船推举等杠铃力量动作，都是直接给予脊柱压力的结构性动作，据本人观察，这些动作产生的神经疲劳会略高于常见的街健专项动作，尤其是在练习俄挺阶段，大部分人肩部的耐劳性（快慢肌特性以及比例）要强于下肢，可承受的训练频率也会高于下肢。

所以在进行俄挺专项训练时，可以把训练频率适当提高。随着能力的增强，我们可以把自己当前"不需要"的力量主题暂时移除，把与进步直接相关的肌肥大、专项模块提取出来。但是基础不强者还是不要盲目自信，如果你是一个压力较大的中年人，你也许需要提前减载，因为生活中的各种压力以及琐事会导致你的睡眠与恢复相对于年轻人来说差很多，因此可以在力量模块训练之前提前设置减载来消除疲劳（见图 8.3、图 8.4）。

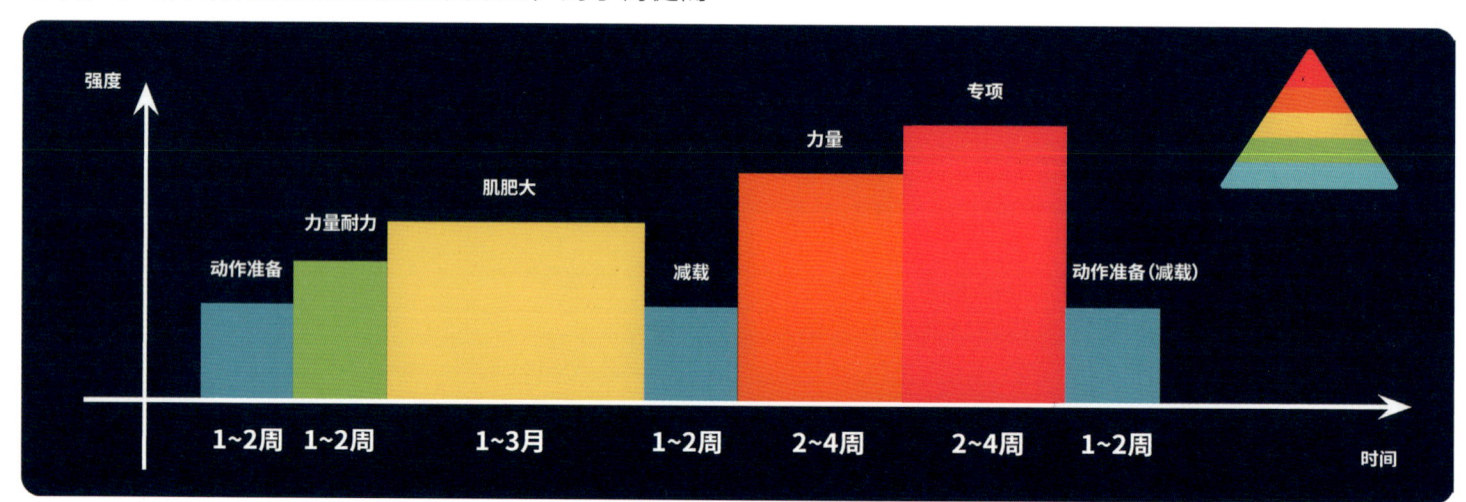

图 8.3 可以在周期中段插入减载训练。

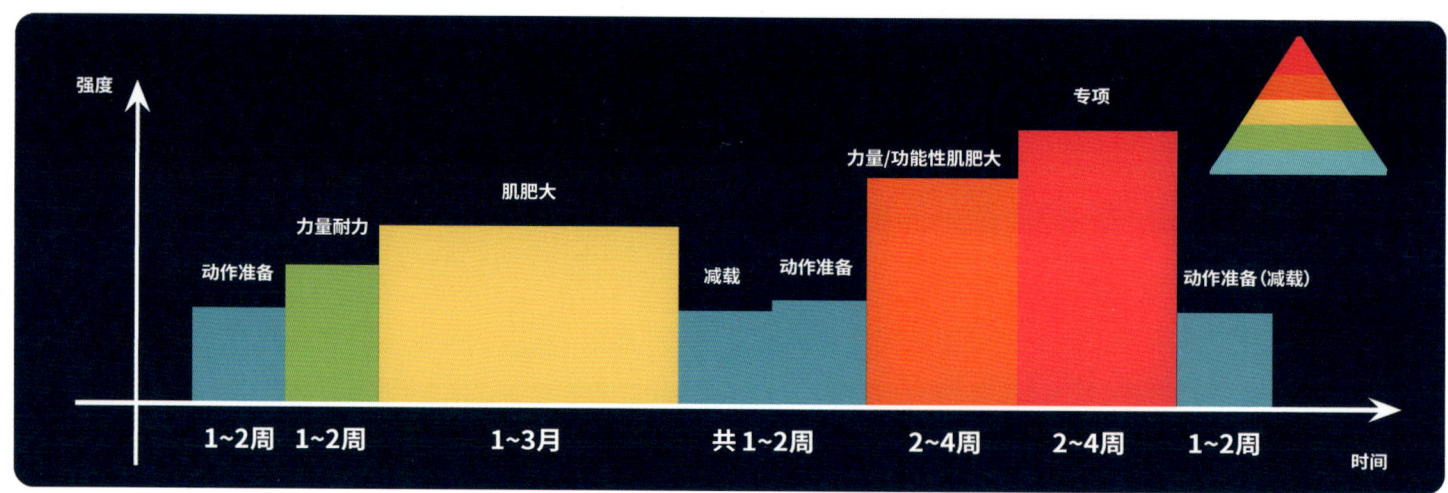

图 8.4 线性周期中的减载和动作准备模块可以相对灵活穿插。

通常情况下，有一定力量基础、走完一遍金字塔并且当前目标是进一步解锁神技的训练者，其计划安排是可以灵活调整的。例如想解锁俄挺这个目标动作，则一周的项目大部分都可以围绕俄挺展开；如果想实现一个目标动作的短期进步，那么金字塔可适当调整，如图 8.5 所示。（注意功能性肌肥大模块持续时间不应超过 3 个月。）

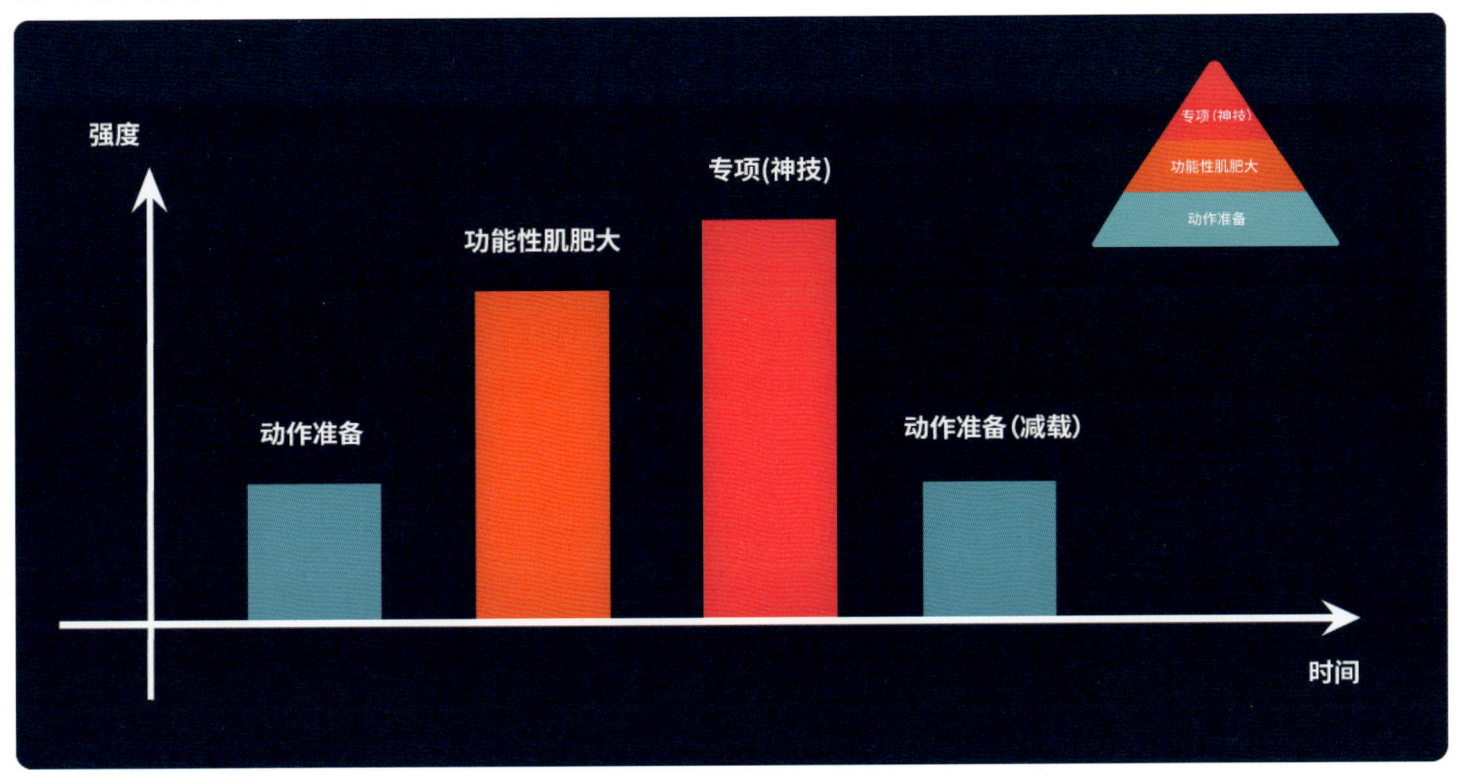

图 8.5 已经走完一遍金字塔的训练者，在进行第二轮金字塔线性训练时可以直接从功能性肌肥大开始。

针对单项动作，进步最直接的就是以上三个阶段。传统肌肥大的范围是 6～12 RM，功能性肌肥大可以理解为 6～8 RM 的训练。而在 9～12 RM 的训练中，功能性肌肥大对于肌纤维横截面积的提升没有前者大，这个 9～12 RM 的训练也叫肌质（浆）肥大（虽然肌浆对力量提升有间接帮助，但是想追求更快的速度还是应尽量侧重功能性肌肥大）。

线性计划的进步空间非常大，常见的"五神技"解锁按照线性计划都可以完成。我猜有人会问，为什么我把有一定肌肉量但初次接触街健的人也定义为初学者，并且要他走完一整个周期（金字塔第一阶段）再切换到进步最快的这个周期（金字塔第二阶段）呢？

为解答这个问题，这里需要对街健所需要的力量进行介绍。虽然力量的增强是因为肌纤维横截面积的增加以及神经募集能力的增强，但对于街健则有一个前提，就是肌肉群在特定动作中产生的力量。什么意思呢？也就是说很多人虽然有力量有肌肉，但是神经系统并不熟悉在特定动作下的发力；单纯的力量就像塔基，而专项的发展就需要力量在特定环境中去适应，再加上街健部分动作需要关节活动度，如果直接进行这个"最快"周期的练习便会存在风险。

从来没有按照线性计划训练的人为什么也推荐从线性思路开始呢？

这里介绍一个真实的案例：本人的一个朋友，他的能力很强，但是练习方式整体较混乱，虽然"五神技"早已熟练，但是在我帮他规划了周期并且在力量专项这个阶段把计划换成了街健负重 5 乘 5 之后，短短的一个月，俄挺与超宽距俄挺的维持时间平均提升了 7 s。

所以，没有系统按照线性计划（见图 8.6）进行训练的人，不妨尝试一下。

线性计划示例

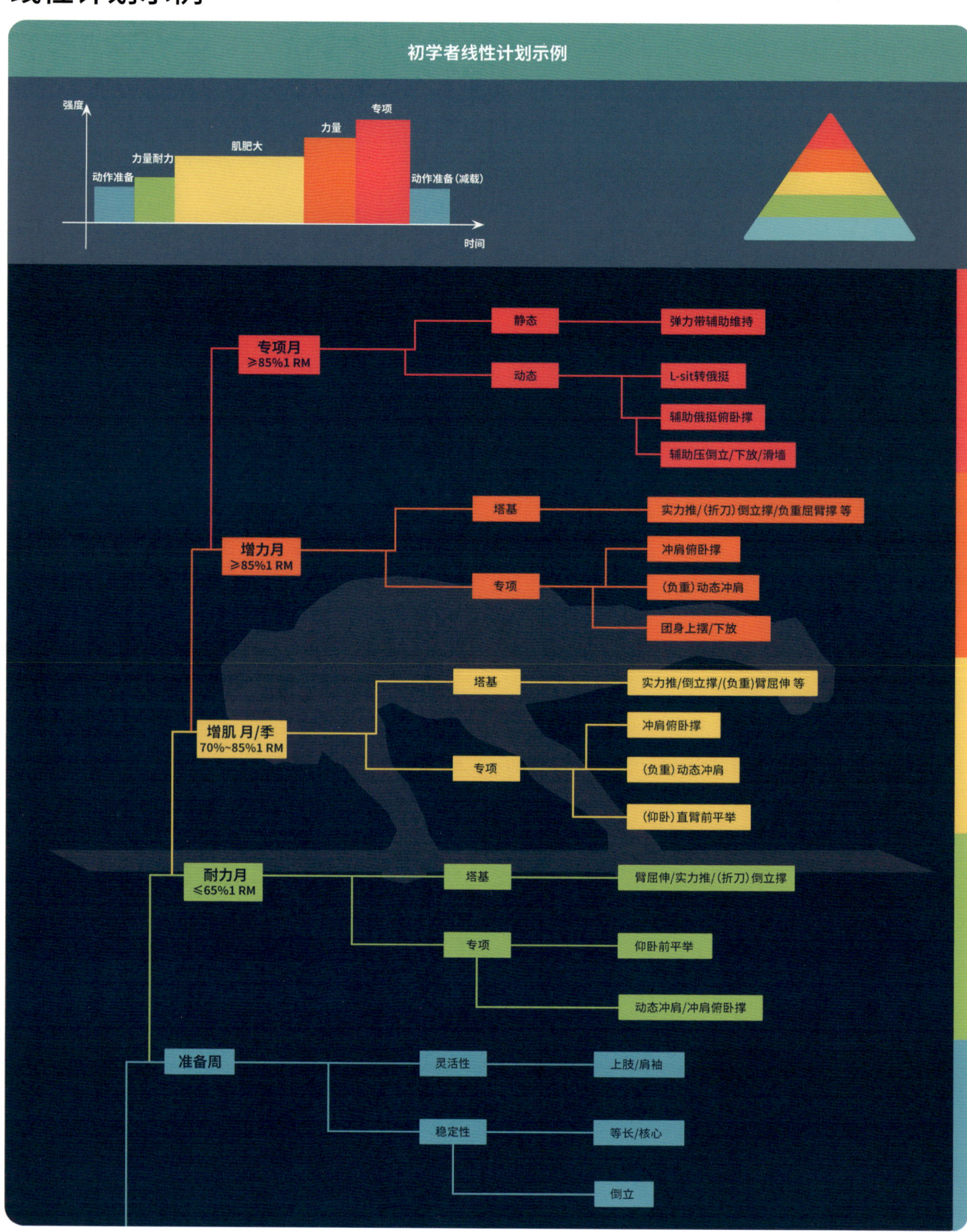

初学者线性计划示例

强度
专项
力量
肌肥大
力量耐力
动作准备
动作准备（减载）
时间

- **专项月** ≥85%1 RM
  - 静态 — 弹力带辅助维持
  - 动态
    - L-sit转俄挺
    - 辅助俄挺俯卧撑
    - 辅助压倒立/下放/滑墙
- **增力月** ≥85%1 RM
  - 塔基 — 实力推/(折刀)倒立撑/负重屈臂撑 等
  - 专项
    - 冲肩俯卧撑
    - (负重)动态冲肩
    - 团身上摆/下放
- **增肌 月/季** 70%~85%1 RM
  - 塔基 — 实力推/倒立撑/(负重)臂屈伸 等
  - 专项
    - 冲肩俯卧撑
    - (负重)动态冲肩
    - (仰卧)直臂前平举
- **耐力月** ≤65%1 RM
  - 塔基 — 臂屈伸/实力推/(折刀)倒立撑
  - 专项
    - 仰卧前平举
    - 动态冲肩/冲肩俯卧撑
- **准备周**
  - 灵活性 — 上肢/肩袖
  - 稳定性
    - 等长/核心
    - 倒立

图 8.6 初学者线性计划示例。

没有任何运动基础的人初次执行该计划可能会出现一个问题：在专项这个阶段，哪怕是用弹力带辅助专项训练，也可能会出现肘关节负荷过大的问题。这类问题通常出现在俄挺的训练中。

如果出现这种情况，可以在增肌期停留久一点，增加一个月的"功能性肌肥大"训练（具体操作在动作冲刺板块有详细介绍），建议达到实力推 0.8 倍以上体重做组（5～8 RM），负重臂屈伸达到 1 倍体重以上做组（5～8 RM），同时把直臂支撑类专项动作的比例适当增加，在动作准备阶段强化自己的薄弱小肌群，俄挺当中也可以根据自己的弱项来调整推力塔基动作的占比。

观察俄挺这个动作（见图 8.7）时会发现：主要是肩部肌肉承担体重的负荷，让身体"翘起来"，以对抗前倾。但是由于三角肌并没有直接连接在中轴骨上，而是连接在肩胛骨和锁骨上，所以其实是三角肌发力让肩胛骨"翘起来"。

而前锯肌等肌肉则负责将肩胛骨固定在身体上，把三角肌的力量传导到身体，把身体拉起来。所以我们需要肩带前引发力，肩屈肌群与肩带前引的肌群共同推起身体，对抗重力。而肩部除了撑起身体，也同时和小臂一起对抗身体的前倾。

如果在这个阶段出现了明显的肩胛骨凸起，那就该把塔基动作的重心放在负重臂屈伸上。另外，负重臂屈伸这个动作可以选择折体含胸负重臂屈伸，也就是将臀部抬高，使身体接近于与地面平行（这里重点是肩胛前引）。在身体具备一定基础的情况下，可根据自身的能力与当前需求来调整臂屈伸的变式。

推力塔基动作设计的核心思路是：除了服务于肩部的力量动作，更多的是服务于水平推类动作。

实力推动作侧重提升肩部力量（这里所说的实力推并非健力动作中的实力推，而是经过一定调整更适合街健的实力推，后续动作教学中有详细介绍）；而臂屈伸这个动作可能对肩部力量的提升没有前者大，但是这个动作所覆盖的肌群更均衡，尤其是变式动作对于肩前引来说作用更加直接。

所以，结论就是，根据自身的弱项以及当前需求来调整推力塔基动作的占比是最合适的。

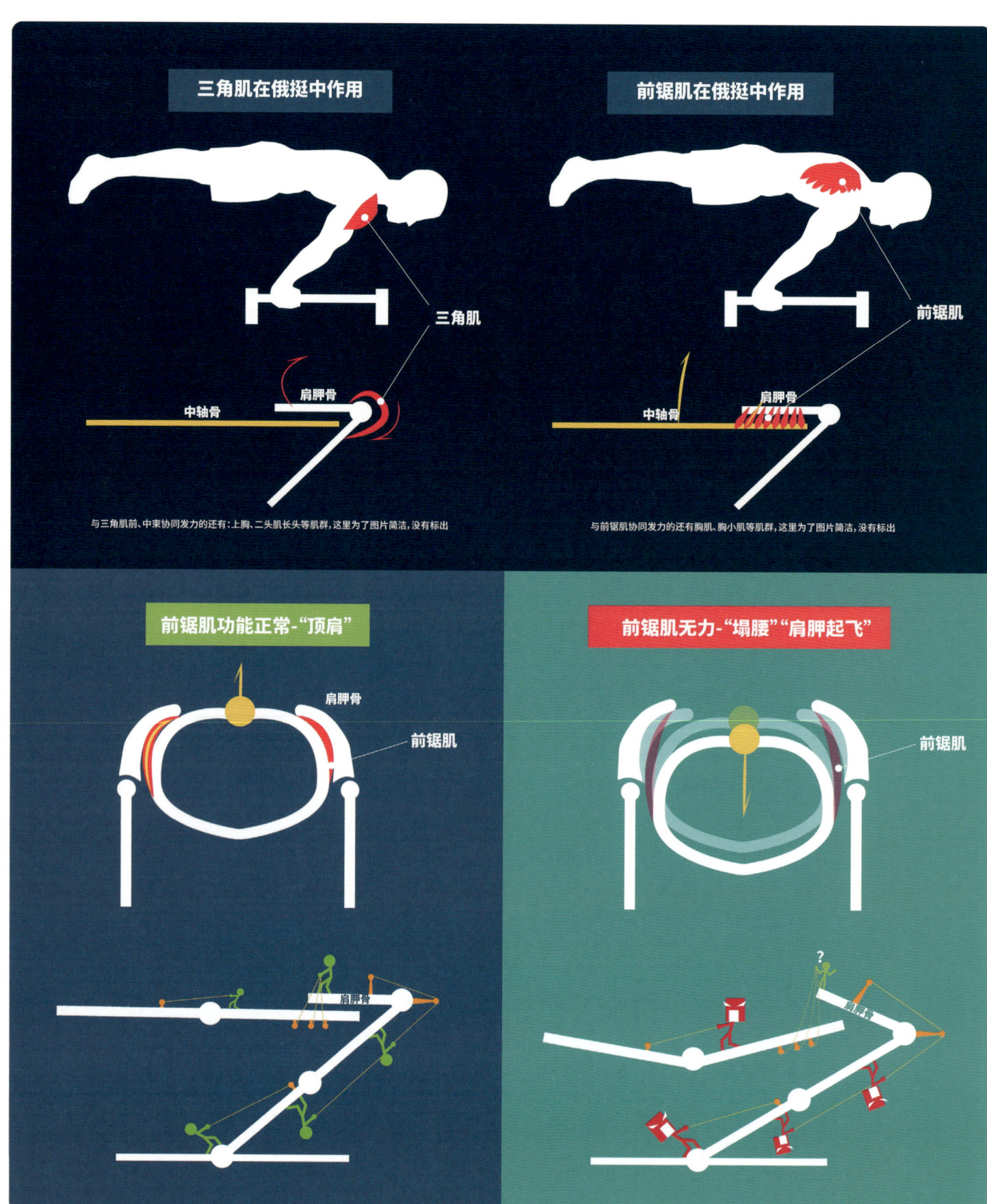

图 8.7 肩胛前引在俄挺中发挥了重要作用，需要重视肩胛前引的训练。

动作冲刺线性计划示例

如果已经完成最基础的线性计划，且取得一定的进步，力量已经达到第二阶段动作冲刺的基础，就可以开始执行动作冲刺线性计划（见图8.8-a、图8.8-b）。

这个线性周期计划是循环往复的，并不代表两个月练完就能解锁动作。

在专项这个阶段可以开始增加难度。例如在每个动作的最后一组结束之后，休息20 s，再继续最大限度维持动作，重复5次。这种方式对于磷酸原系统的"锻炼"会更加充分，具体操作可根据当天的训练状态来决定。

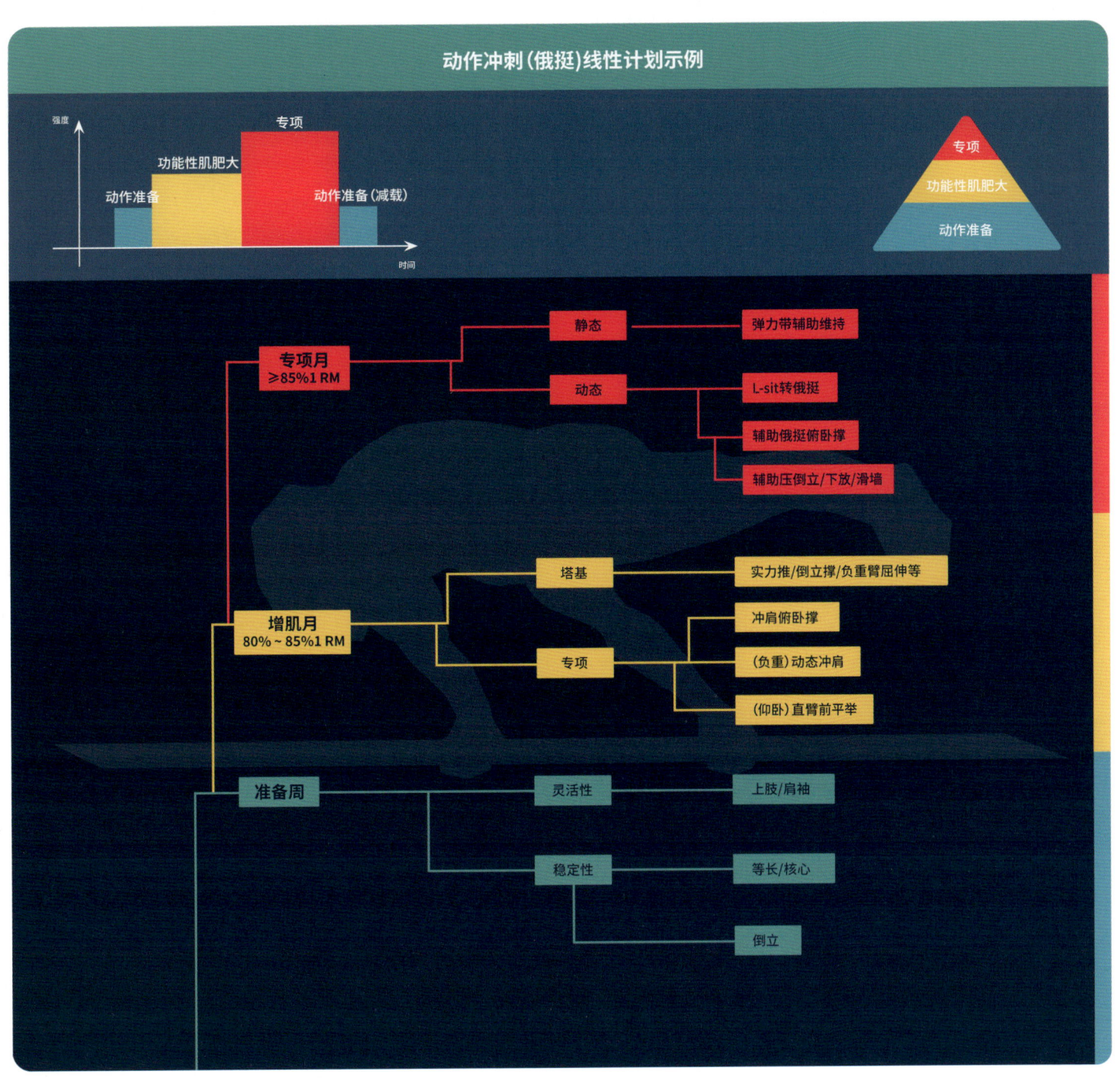

图 8.8-a 动作冲刺（俄挺）线性计划示例。

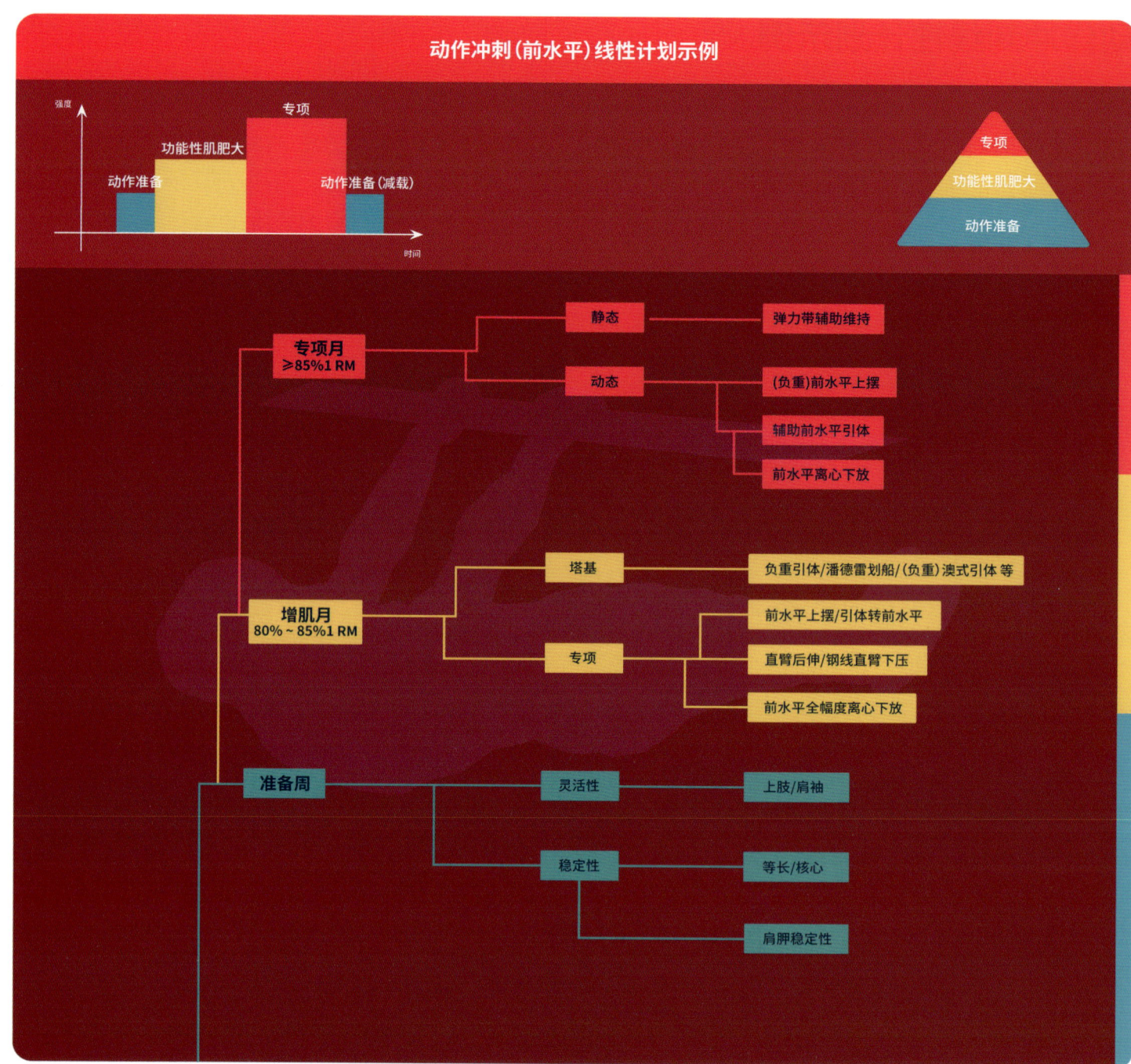

图 8.8-b 动作冲刺（前水平）线性计划示例。

大家有没有发现动作冲刺的增肌模块有一些不同？这里介绍的并不是像初学者初次训练肌肥大那样是 6～12 RM 这个范围，而是 6～8 RM 这个范围，即"功能性肌肥大／肌节肥大"这个范围。

我们可以把 6～8 RM 理解为增肌又侧重增力，简单来说就是肌节肥大而非肌浆肥大。肌节肥大与肌浆肥大共同构成了增肌。而与力量直接相关的就是肌节肥大，这个范围的训练非常有效，本人也实践了一段时间，受益非常明显。

注意：功能性肌肥大是有严格框架的，而不是凭着自己的感觉在 6～8 RM 这个范围里面佛系训练。它有严格的组数要求、组间要求以及 TUT（承压时间）要求。

框架

· 选取 2～3 个动作（如塔基 1 个、专项 2 个，或者塔基 2 个、专项 1 个）。

· 组数要求 4～8 组。

· TUT 要求 20～40 s。

· 组间休息 1～2 min。

这个训练难度非常大，可以把它理解为 4～8 组的"挑战"。之所以称之为挑战，是因为它真的很难。

本人初次将功能性肌肥大训练应用在街健时，就感受到了前所未有的"折磨"，尤其是 TUT 的限制（必须要持续做功发力 20～40 s，而不是随随便便 10 s 做完）。第一次练的是推力，选择的是倒立撑、负重臂屈伸以及仰卧杠铃前平举。由于对倒立撑动作相对熟悉，在以前的训练中并没有觉得有多强挑战性，但是在肌节肥大的"规则"下，我却无法完成 6 组 80%～85% 1 RM 的负荷（肌肉张力时间持续在 20～40 s，不超过 2 min 的休息），在做第 4 组时已经感受到了深深的无力，在进行到第 6 组时，动作已经出现了变形，并且无法按照规定的时间以及次数完成。感觉 4～8 组很容易的人可以尝试一下，绝对比你想象中难。

当无法完成时怎么办呢？训练过程中不要减负荷继续硬怼，而是直接跳到下一个动作。例如第一个塔基动作刚完成 5 组，就已经达不到既定的次数或者动作已经开始出现变形，那么就直接开始下一个专项动作，开始新的 4～8 组的"挑战"。

以本人当时的训练为例，倒立撑无法按照要求继续进行时就直接做下一个动作，也就是负重臂屈伸，负重臂屈伸无法完成时再进行到下一项：杠铃仰卧前平举。这个过程中不要减负荷也不要去堆数量与组数，而是保持重量，做不到了就跳过。

通常一次训练的时间在 30～40 min。

如果以当前负荷可以完成 8 组，接下来并不是增加组数，而是增加负荷重复 4～8 组的挑战。这种方式增长力量非常明显，会让你在进入下一个专项月的时候感觉"瞬间轻松"。

负荷提升的两种方式

第一：增加阻力（负荷）。可以用 0.5～2.5 kg 的杠铃片作为负荷来源。当你可以按照要求完成 8 组时，就可以增加负荷，当然也可以通过调整姿势增加阻力臂（只是这种方式不够直观）来增加阻力。

第二：增加 TUT。很多人做第 1 组持续 30 s 感觉不难，但是到第 5 组以上时，TUT 只能勉强持续20 s。

我们先用增加负荷的方式，再通过增加 TUT 去增加难度。记住，增加负荷是首选。

大负荷与较长 TUT 时间持续的训练非常"艰难"，这种肌节肥大训练模式处在力量训练与肌肥大训练的"中间"。我对这种训练的理解是：在侧重力量与神经募集这个范围的重量上提高 TUT，相对于传统 5 RM 的训练能产生更大的代谢压力，这种方式更有利于蛋白质合成，同时神经疲劳也会稍低一些。

再来思考一下，为什么对于具备一定能力的训练者，我们的要求是将动作准备、增肌、专项三个板块分开呢？

结合前面的知识，我们可以发现一个事实：街健力量的体现取决于肌纤维横截面积、神经募集能力以及对于动作的熟悉程度及技巧性的掌握，而且大多数神技都是以等长训练的模式出现的，所以在专项这个阶段我们所安排的基本都是等长训练以及等长爆发力训练。

等长训练对于力量的提升非常有效，主要体现在运动单位能够最大限度被激活，它的发展也正好对应了力量能力中的神经募集能力。

肌纤维肥大对于力量发展相对有限，如果我们想要力量最大化发展，则神经募集能力、肌纤维肥大、动作熟练程度都需要最大化发展。其中最关键的两点是肌纤维肥大与神经募集能力。

训练等长静力性动作时，动作准备可以提高动作熟练程度，而这类训练对于肌腱强度的提升效果是相当可观的。但又由于肌腱等组织的恢复速度远远慢于肌肉恢复，所以肌腱的适应时间也要提前。

专项训练的主要目的是提高技巧动作熟悉程度，以大强度等长静力性训练为主。

增肌这个阶段的主要目的就是促进肌纤维肥大以及提高动作熟练度。

这三个板块刚好覆盖了街健动作所需的力量元素，其中增肌与专项（肌纤维肥大与神经募集能力）是进步最大的两个板块，动作准备则是为这两个板块"恢复充电"。

本人认为这是一个非常好的模块组合，因为等长训练与动态训练的交替组合是促进力量整体提高的手段，这种方式可以全面刺激不同类型的肌纤维，还能避免训练适应（如果长时间使用同一种训练方式，肌肉会逐渐产生适应，肌肉力量的提高速度会放缓），对于力量突破的帮助也会比较大。本人以及很多小伙伴都是受益者，我们在实践这个冲刺板块的时候发现，肌节肥大阶段做完之后再进入专项阶段明显会轻松很多，专项阶段做完再回到肌节肥大阶段会发现动态动作也有突破。我们见到的难度动作俄挺就可以利用这个板块突破。

不要忽略动作准备这个板块，否则线性计划在实践中会出现问题，因为力量的提升与关节承受强度相关，而动作准备就是利用肌肉的休息来进行关节能力提升的小强度训练。这三个板块不建议混到一次训练中，因为"恢复资源"会受到影响。所以以月或者更长的时间为单位来发展单一元素是聪明的做法，这样三个模块能像齿轮一样持续转动起来，为我们的力量提升带来巨大收益。

波形计划 / 中级

前面我们介绍了线性周期，线性周期的特点就是力量主题模块按顺序一步一步进行，负荷持续增加，动作逐步简洁。波形周期与线性周期的区别就是，后者是直线爬到山顶的过程，前者是经过上下起伏爬到山顶的过程。是不是有人想问，能直线走到山顶的话，干嘛还要上下起伏到山顶呢？直线不是更快吗？

对于初学者来说，线性周期计划确实可以达到非常可观的力量提升效果，但也会出现一个问题，那就是随着身体力量的潜力被逐步开发，神经疲劳也在线性递增。举一个例子：有一位学员用线性力量计划训练负重引体，从 15 kg 提高到了 60 kg，初期一切都好，进步稳固。但是到了后期，身体的疲劳开始难以承受，哪怕进行减载，疲劳状态还是很明显。身体力量的进步原理用大白话来讲就是：当恢复能力大于疲劳负荷时，才能"渐进超负荷"，否则就会退步。

线性周期训练带来的负荷一直在提升，所以疲劳管理的难度也一直在增加。因为前期的负荷并不大，身体恢复起来相对轻松，所以力量进步很快，但是随着负荷的持续加大，恢复能力也开始变得困难（见图8.9）。

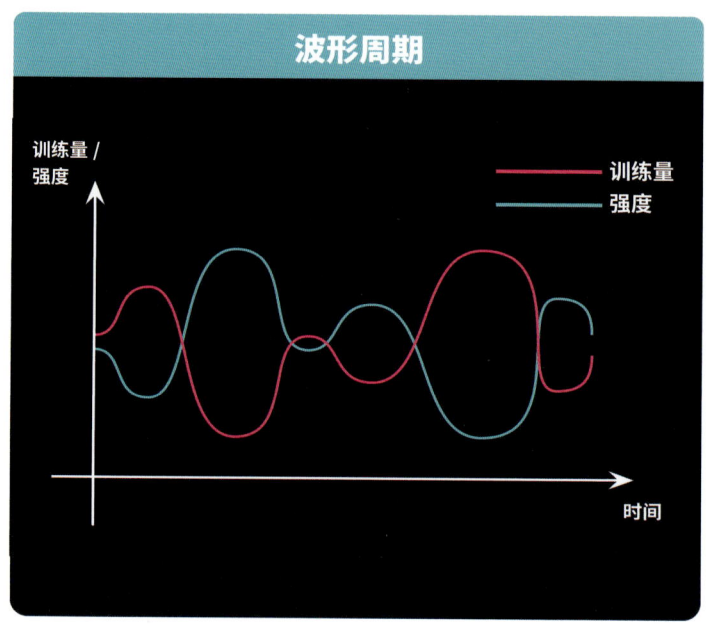

图 8.9 波形周期训练强度与训练量（容量）的关系。

虽然线性周期计划配合减载可以满足绝大部分人的力量需求，但是对于有更高运动追求的训练者来说，可能更需要第二种力量训练思路，那就是波形计划（见图8.10）。

力量水平经过开发后，疲劳负荷太大，这个时候采取波周期形计划，力量突破会更加平缓。波形周期计划相对于线性计划来说，对疲劳的管理也会更"轻松"一些。波形周期计划与线性周期计划之间不存在谁好谁坏，只是对于疲劳管理的难度不一样。恢复能力很强的人，也能用线性计划达到非常好的成绩。如果采用线性计划出现了明显的疲劳且难以恢复，除减载（如果过度疲劳，一直减载也会影响身体的适应，进而影响进步）以外，还可以将计划调整成波形计划。

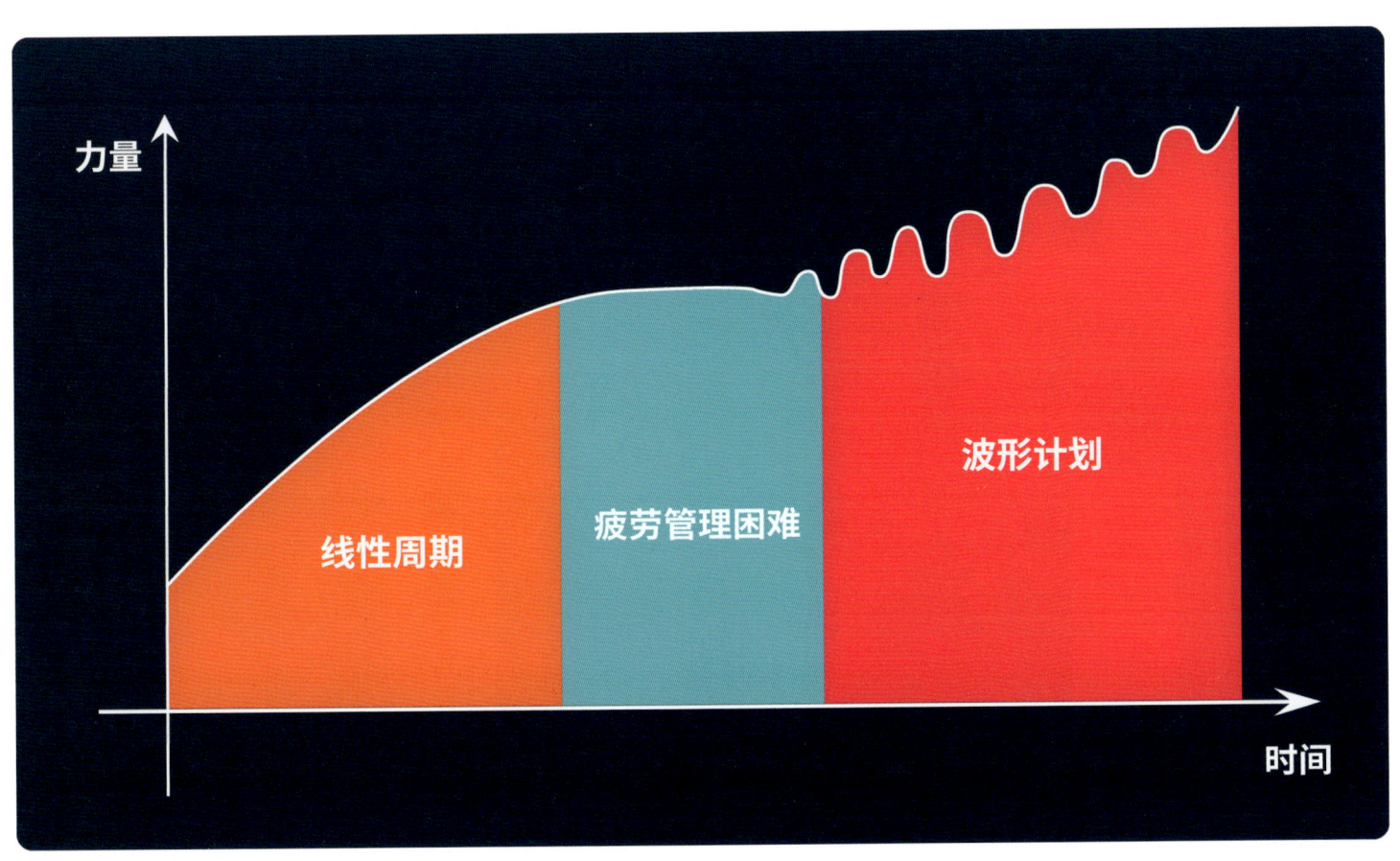

图8.10　随着训练水平提升，训练负荷会随之增大，疲劳管理也会更加困难，再用线性周期计划很难有效提升，这个时候就可以采用波形周期计划来突破。

微周期设计

与线性计划相比，波形计划更多体现在微周期上，也就是在每周训练的思路上不一样。如果说线性计划比较有代表性的是"5×5训练"，那么波形计划的代表就是"德州计划"。前者是每周比较平稳地递增重量，后者是每周的训练模式相对比较丰富。无论是线性计划还是波形计划，它们的目的都是增加力量，这两种计划都更适合用来解锁和突破动作。

波形计划更适合用来突破难度系数较高并且对力量要求也较高的高阶单一动作，例如"街健技能树"当中的 A+ 级以上动作。

在这个阶段，整个微周期都是在为最后一个"大"动作做准备（见图 8.11）。

第一天，我们进行肌肥大训练，这个肌肥大更建议采用"功能性肌肥大"训练。在《周期性训练理论与方法》中，作者表示，低于最大重量的 70%（11 RM）对于力量的提升没有明显作用，而"功能性肌肥大"所对应的力量强度为最大体重的 79%~85% 时，效果会更加显著。

第三天，我们进行低强度训练，这个低强度训练可以理解为是给神经系统"充电"，保障第五天以"最佳"的状态进行大强度专项训练。

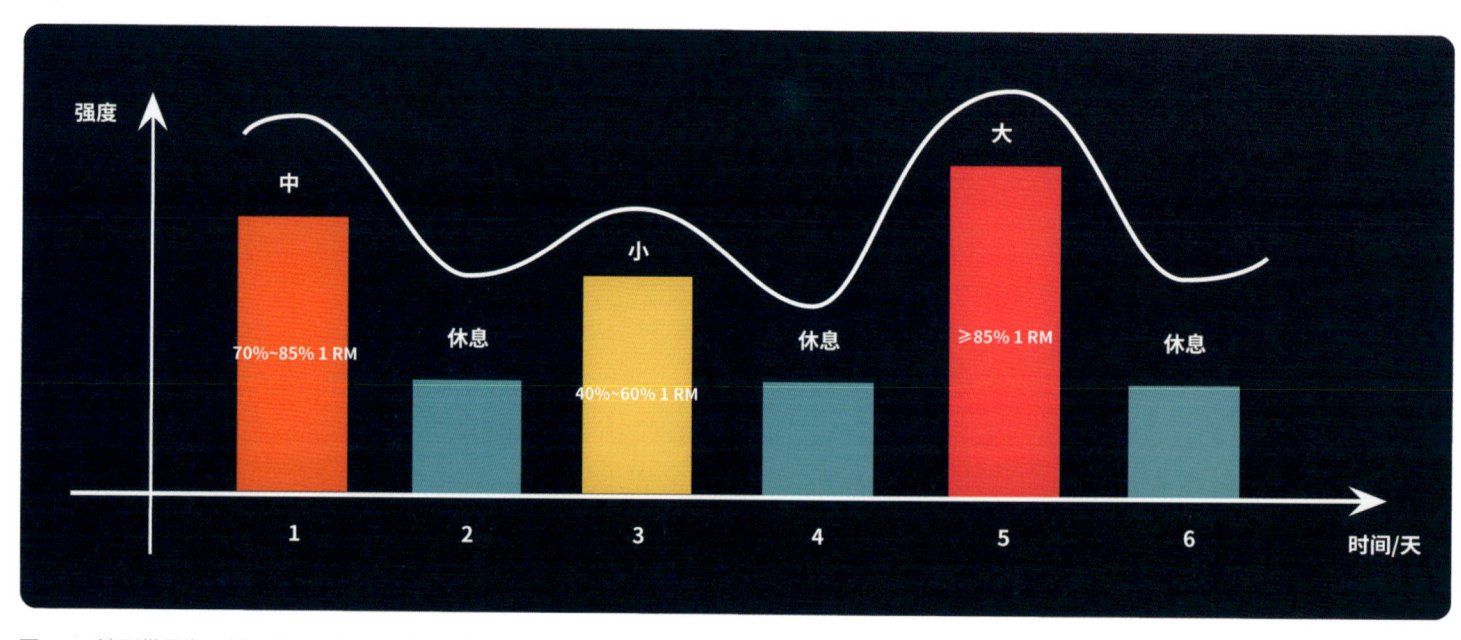

图 8.11 波形微周期示例：第一次进行中强度训练，第二次进行小强度训练，第三次进行大强度专项训练。

相对于线性计划，波形计划可以理解为以"最好的状态"应对当前最难的动作。"渐进超负荷"的方式除了可以增加负重，还可以在合理范围里增加数量、组数以及 TUT。

训练频率其实没有一个绝对的固定值，恢复能力强的人，频率可以适当增加。

值得注意的是，两次大强度训练 (85% 以上 1 RM) 之间至少间隔两天。

在训练项目安排上，弱项的占比应该大于强项的。

波形计划既适合单个动作的突破，也可以作为整体提高的计划（见图 8.12）。

总结一下波形计划，是为最后一周中的最后一次大强度专项计划服务的，中间一次的低强度训练是为了让第三次的大强度专项训练状态更好，因为适度的训练可以促进神经系统的恢复。研究表明，在营养以及睡眠足够的状态下，30~60 min 强度处于最大心率 50%~70% 范围内的有氧训练，对于神经系统的恢复最为理想。相反，过强的运动会使神经疲劳加大。

所以在一周的计划安排里，中间的"小强度"日就是为后面的"大强度"日做"充电"准备。

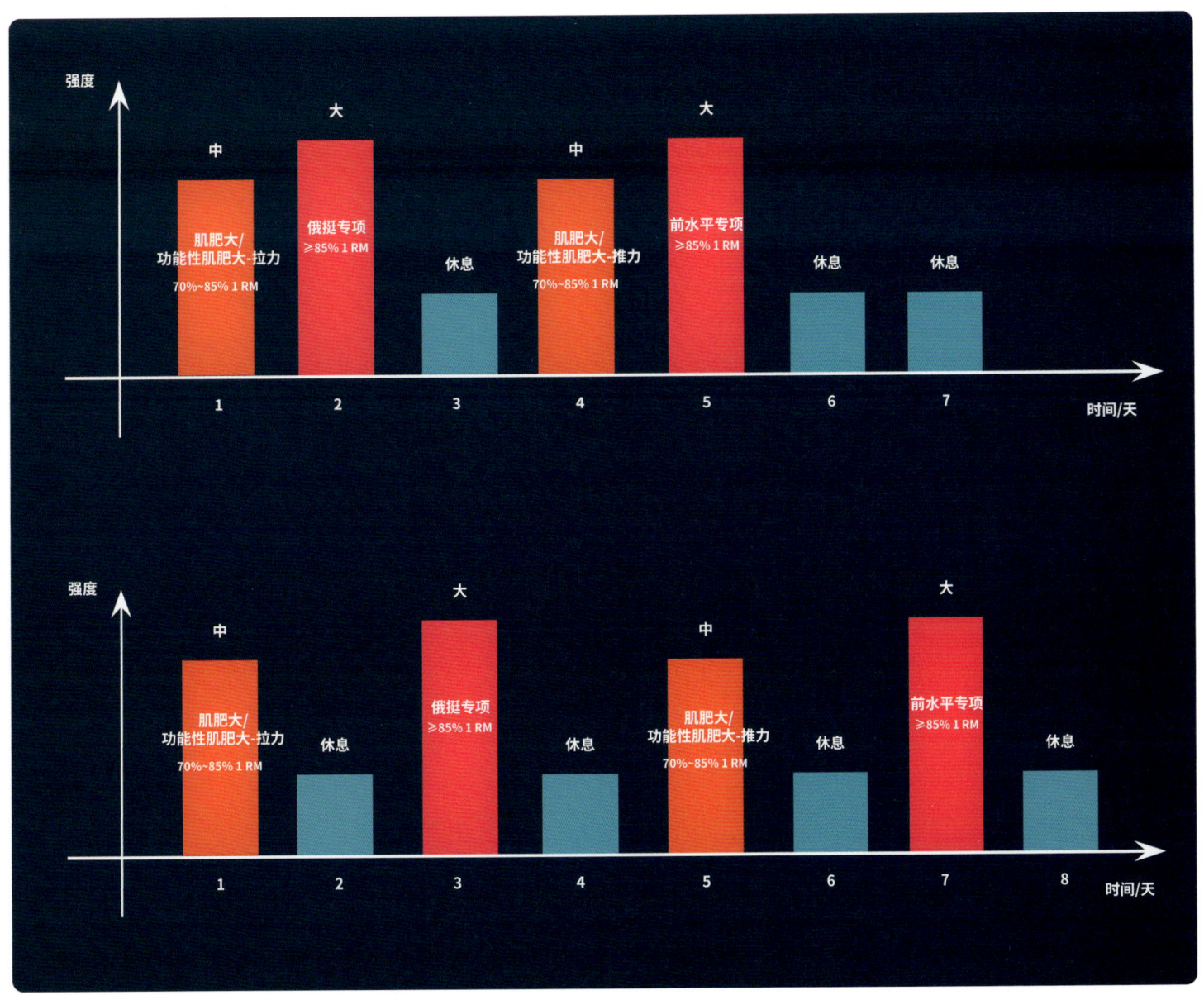

图 8.12 该示例属于波形计划，更适合动作已经突破并掌握，想要保持整体进步的人。我们可以在训练之间灵活穿插休息日或者低强度的动作准备日。

除了持续性小强度有氧的安排，我们更推荐在小强度日进行动作准备阶段的低强度耐力训练，以及小强度维持训练（如俄挺的直臂维持），这些运动可以促进分泌及合成神经生长蛋白与脑源性神经因子等，这些因子有助于促进神经元的增长以及突触重塑。这类运动也可以调节神经递质的释放与再吸收，如血清素、多巴胺能改善情绪与睡眠，促进精氨酸的合成。

有人可能会问低强度运动与有氧运动会不会影响力量训练"定向适应"？

不必担心，"定向适应"更多是指训练重点分散（例如目标是俄挺，结果天天跑长跑），造成神经系统分散适应以及肌纤维类型转换。而在波形计划里，我们训练的重心仍然在专项力量上，中间的小强度训练更多的是为了使专项日的训练状态更好。不必过于扣字眼，了解本质才是提升训练思维的关键。

波形计划示例如 图 8.13、图 8.14。

波形计划示例

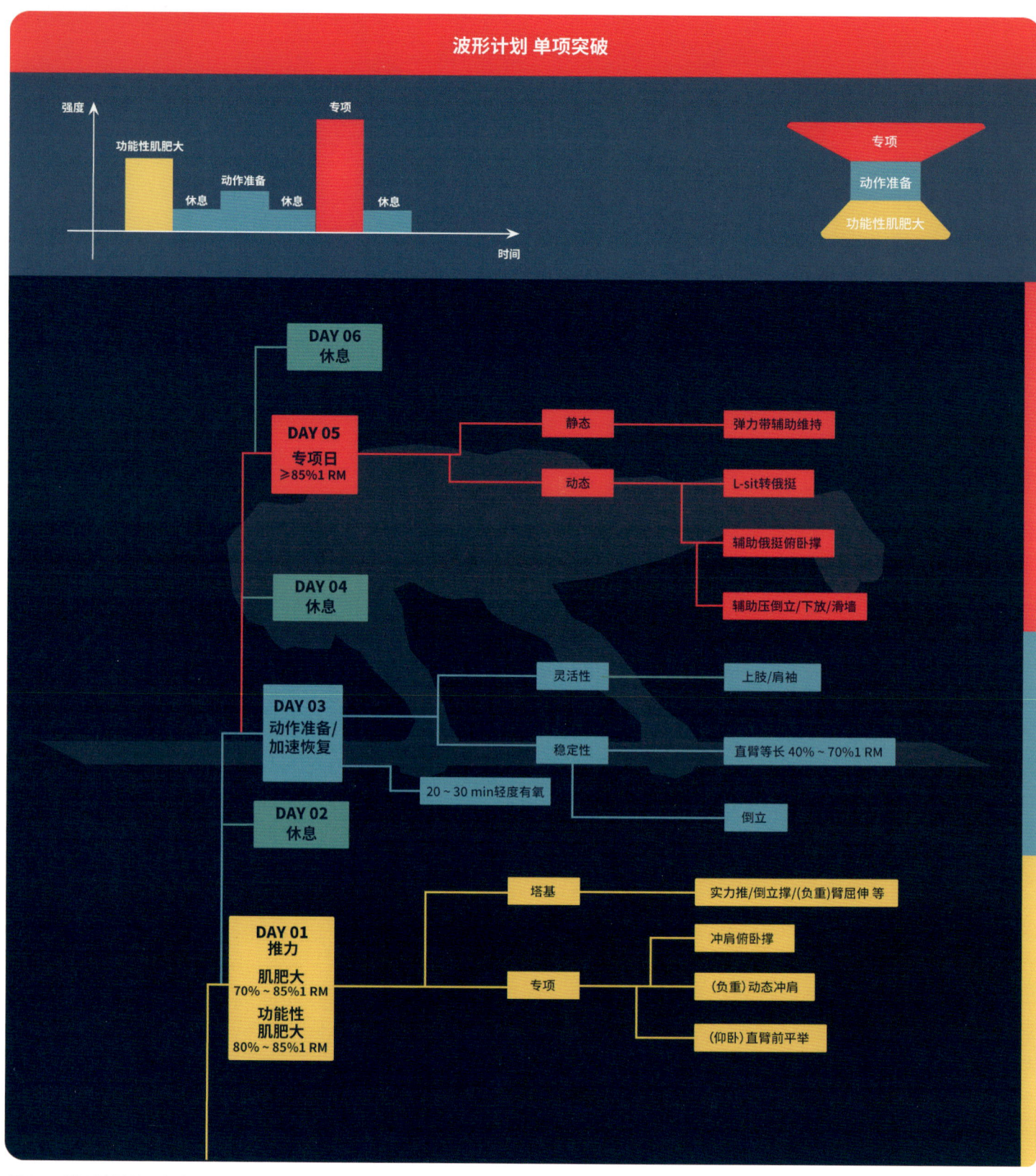

图 8.13 波形计划单项突破示例。

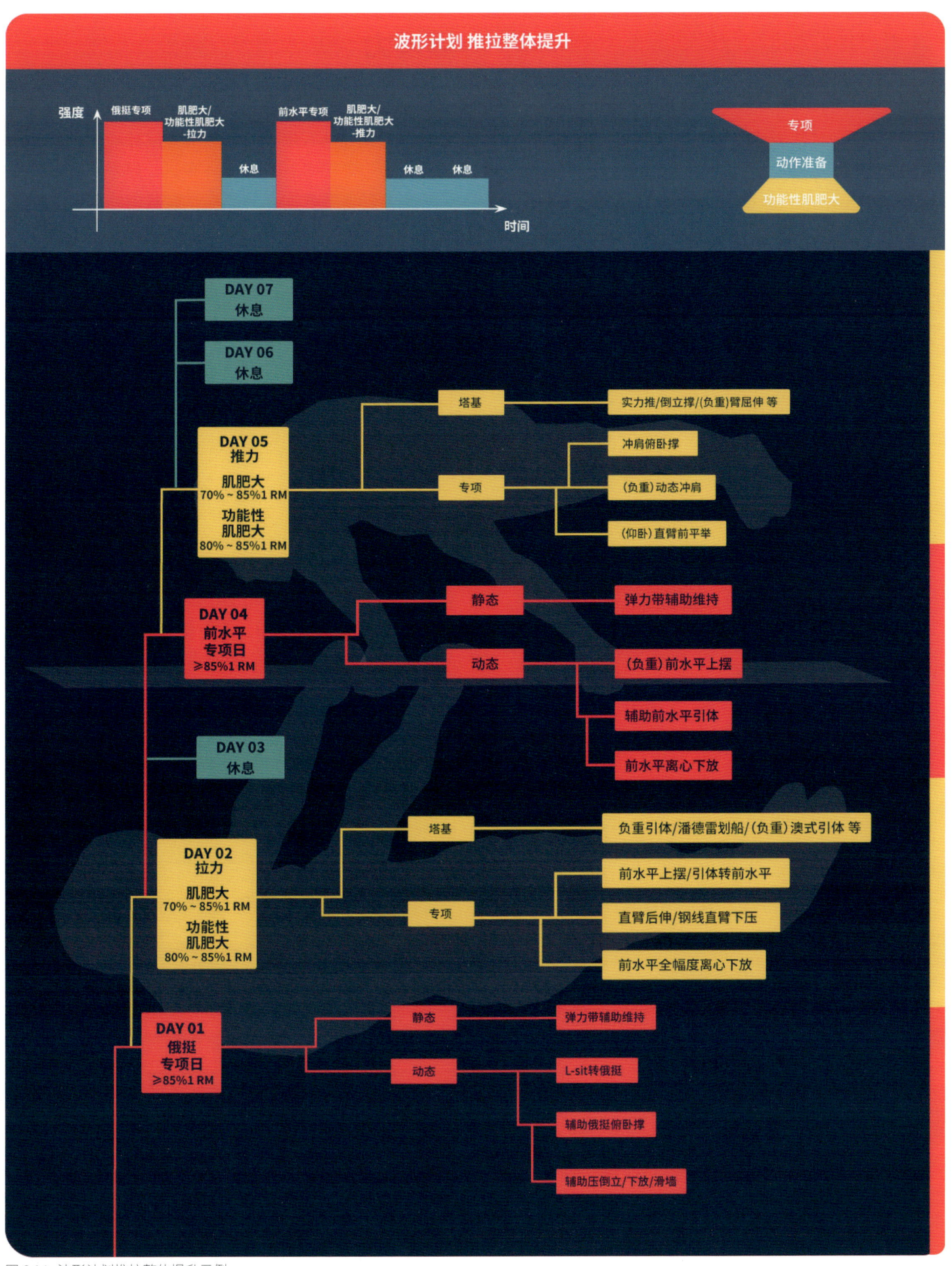

图 8.14 波形计划推拉整体提升示例。

共轭计划 / 高级

线性计划与波形计划适合增力与单纯性的突破力量动作，但是在街健领域（尤其是对于高阶训练者和运动员），除了力量动作还包含了技巧类、爆发类动作，例如花式单杠与组合。

这种技巧、爆发与力量并存的训练方式，用单纯的线性计划与波形计划都不太合适。接下来我们介绍另外一种计划思路——共轭计划。

共轭计划指多种力量主题能同时发展的计划（这里要注意区别：推力、拉力交替训练不算是共轭周期，因为它们都算是同一种力量元素——绝对力量）。

我们前面所介绍的训练计划思路都属于提升最大力量计划，如何让力量与技巧共同发展才是共轭计划的关键。

共轭计划同样可以服务于最大力量训练，例如可以在力量主题中选择爆发力训练这个项目，因为爆发力训练能够提升神经募集快肌（IIb）的能力，这对最大力量的增长有一定帮助。

爆发力与力量之间的冲突点主要体现在恢复上。爆发力造成的神经疲劳比较高，同时人的恢复能力是有限的，所以将爆发力与力量放在同一次训练当中，就会出现神经疲劳加剧、力量与爆发力提升都不明显的情况。如果在同一次训练中安排有一定疲劳影响的两种力量主题，则两者的发展可能都无法最大化。但是作为街健运动者，我们不能避开的一个话题就是爆发力，所以如何使力量与爆发力同步发展就是共轭计划所要考虑的（见图 8.15）。

力量素质类型	爆发力* 45%~65% 1 RM
组数	≤6~12组
节奏（肌肉处在张力下时间）	爆发性* 重复次数≤5
组间休息	3~5 min

图 8.15 爆发力训练要素。

爆发力

爆发力也是力量表现的一种形式，爆发力的基础仍然是力量。其实爆发力训练与街健各项素质的训练密不可分（见图 8.16）。具体来说，爆发力是动作的加减速、动作变化的加成因素，但是为什么爆发力要放到这个阶段来介绍呢？

图 8.16 街健中很多动作都有爆发力要素，包括花式、爆发引体，花式俯卧撑等。

因为侧重爆发力的训练存在一定风险，爆发力训练需要建立在有一定力量的基础上。简而言之，爆发力就是以力量元素为基础再加上速度，也就是用更短的时间发出更大的力量，来获得更大的加速度以达到快速做功的目标（见图 8.17）。

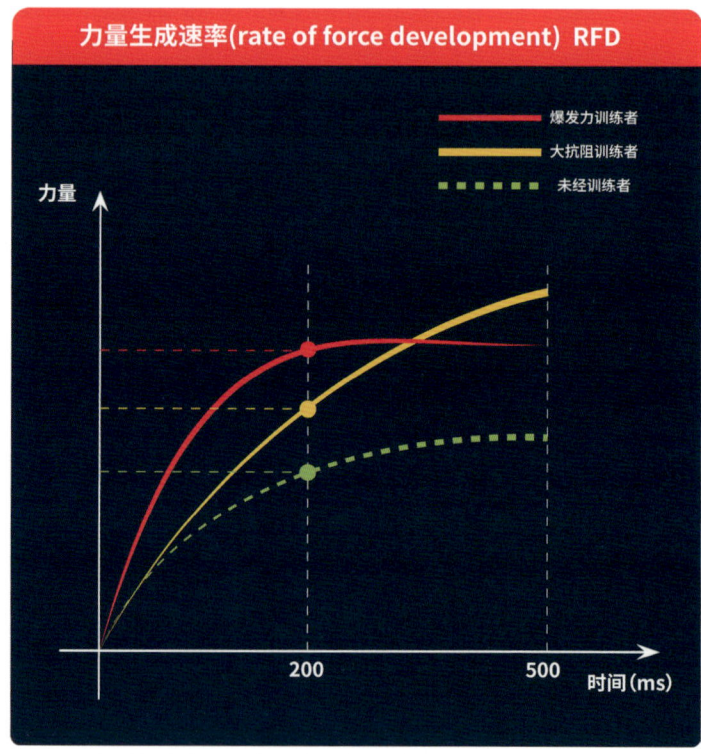

图 8.17 经过爆发力训练的训练者（红线）可以在更短时间内募集更大的力量，虽然最终的最大力量可能不如大抗阻力训练者，但是功率会大于后者。

为什么力量是放在底层的？因为物体的加速度与作用力成正比，有了大力量作为基础，才有可能使身体产生更大的加速度。

而爆发力＝（力量 × 距离）÷ 时间，也就是在最短时间内用尽可能大的力量移动更长的距离。以负重引体与爆发引体为例，对比肌电图能很直观看出慢速最大力量（负重引体）和爆发力（爆发引体）的募集速度的区别。同等强度（5 RM）爆发引体和负重引体相比，爆发引体募集速率会明显高于负重引体，斜率更陡；虽然可能最终输出的力量绝对值不如负重引体，但是能在更短时间内完成力量的输出（见图8.18）。

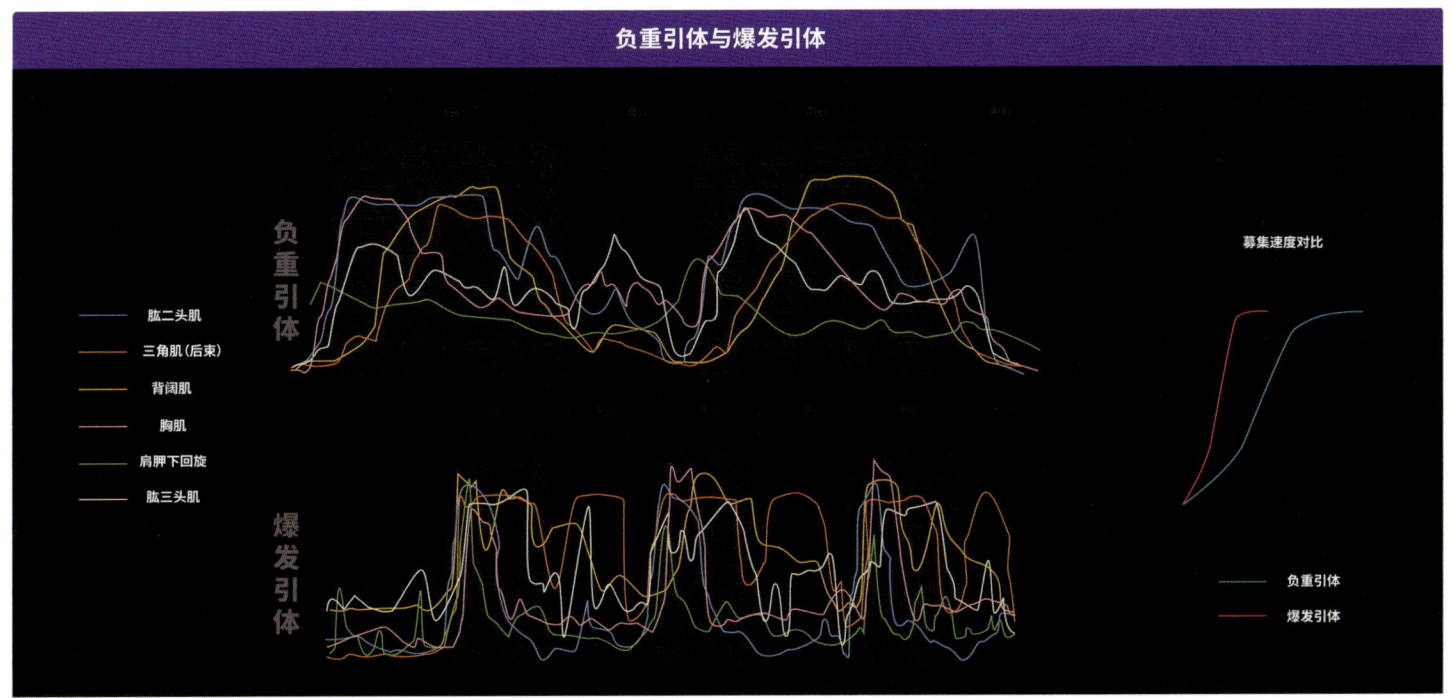

负重引体与爆发引体

肱二头肌
三角肌（后束）
背阔肌
胸肌
肩胛下回旋
肱三头肌

募集速度对比

负重引体
爆发引体

图8.18 负重引体与爆发引体肌电图对比。

立定跳远也是一个典型的爆发力分析项目，在进行跳跃之前我们会先甩手屈髋来预热，在准备起跳时身体后侧链与髋伸肌群被充分拉长（因为肌肉肌腱与筋膜都有弹力），这些组织被拉长时就像一张拉上弦的弓，此时结合软组织回弹的力量再加上肌肉收缩的力量，我们就能在短时间内爆发出更大的力量来完成项目，这就是爆发力的直观效果（见图8.19）。

图8.19 爆发力除了需要肌肉的快速募集，还要利用身体组织本身的弹性。肌肉力量加上弹性同步输出，才能使爆发力最大化。

很多初学者刚接触双立臂这个项目时往往会采用借力的方式，这种方式与立定跳远是同样的道理。我们悬吊在单杠上时，利用身体前探使发力肌群被充分拉长，再去瞬间发力结合软组织回弹的势能，使力量最大化爆发。所以有时候借力其实就是身体本能地想更高效地做功。还可以拓展一下，我们做爆发俯卧撑时也会本能地先做一两个普通俯卧撑，将离心阶段储存的弹性势能爆发出来。再如，为什么汉尼拔引体会比一般爆发引体更难？原因之一是屈髋导致腹部这一部分的"弹簧"没法拉长，而损失了很多回弹的力量。所以当我们谈及动作和力量的时候，不应只考虑肌肉，还要考虑与肌肉协同发力的其他部分。

爆发力训练也需要单独的训练才可以最大化实现，因为除了力量这个底层因素，我们的神经系统也需要熟悉和适应这种"快速募集"。没有经过爆发力训练的人，他们的肌肉募集速度可能会慢于回弹的速度，造成两个力不能很好地叠加。例如很多刚练双立臂的训练者，发力会分截，这就是其中一个重要原因。特定的爆发力训练可以提升"募集"速度。

爆发力的最终呈现除了受力量的影响，还与肌腱长度、刚性和肌肉、肌浆肥大等因素有关。有些书籍对于爆发力与力量耐力的看法过于偏激，从而会让很多人觉得爆发力与力量耐力是阻碍力量进步的因素，导致很多人对此项目避而远之。其实大可不必，我们要看清背后的本质，力量耐力与爆发力确实会对力量的最大化发展有一定影响，但这个影响取决于两点。

第一，多元素训练占用了恢复资源。

第二，力量耐力的定向适应会导致粉红肌（IIa）的能力向红肌（I）发展。

这两个问题确实存在，但是我们不能抛开剂量谈毒性。爆发力项目与力量是可以同时发展的，重点要看周期计划的安排设定，它们可能不适合放在一次训练里。

但爆发力绝对不能不练，原因也有两点。

第一，有些书籍所针对的项目是力量举，力量举的比赛特点就是一次举起最大的重量，记录三大项的成绩总和；而街健的比赛项目可不是让你完成一次最大力量就马上结束了，街健比赛覆盖了力量、爆发力（单杠上的花式）以及力量耐力（一轮动作中力量的持续输出）。

如果爆发力缺失，街健比赛成绩一定不会理想，爆发力训练可以参考力量举的思路吗？前面也提到过街健静态力量动作就是上肢的力量体现，所以力量举思路（本质也是力量提升的原理）当然可以作为参考，但参考点主要在突破以力量为基础的动作本身，对于动作的组合来说并不适用，因为两者最终呈现出的比赛模式是有差异的。例如我们不会先一直提升俄挺，再一直提升俄挺的负重，最后上台比赛时只展示几秒最大重量的俄挺维持。更多的情况是，当力量提升到一定阶段，我们的力量已经远远超过俄挺所需的力量时，俄挺以及进阶变式已经不属于我们的最大力量范围了，随后我们会将动作整合进我们的动作组合中（想过参加全能赛的小伙伴可以好好思考一下）。

其次，因为力量举计划的基本思路也是力量提升，而街健难在动作的突破上，所以在突破动作时可以参考力量举计划。但是能力到一定程度时就需要共轭发展更多能力了。另外，长期的力量耐力确实会对最大

力量有一定影响。力量耐力会对代谢压力刺激非常大，代谢压力的提升会对肌浆肥大有帮助，从而导致肌糖原储备的增加以及毛细血管增加，这些物质的增加对于肌肉恢复的帮助是巨大的。

爆发力训练需要充分热身，选取高于 12 RM 以上的负荷完成长距离位移的动作（如爆发高拉引体或者双立臂等动作），按照重复次数与组间休息的安排，选取 2 ~ 3 个动作进行，推拉尽量均衡。

利用 PAP 激活后增强效应使爆发力训练更高效。

前面介绍的 PAP 激活效应非常适用于这个环节。原因有以下两点。

第一，大重量预先"激活"，会增加神经元的兴奋性与敏感性，产生更强的力量输出。

第二，可以提高肌肉中的钙浓度，促进与肌浆网钙的释放，有利于后续收缩产生更大的力量。

PAP 实操

我们可以选择与目标动作在同一个运动平面和动作模式的动作。例如负重引体与爆发引体，负重前水平与前水平引体等。

选择 1 RM 的 80% ~ 95% 负荷重复 3 ~ 5 次，完成 1 ~ 2 组的"准备预热"，便可开始后续的爆发力训练。但是一定要避免"激活过度"导致疲劳过大而起到反作用，不要每一组都采用 PAP 效应。

PAP "有效"的激活时间是 3 ~ 6 min，我们只需要把这个时间留给挑战性最大的爆发力动作，确保在该时间内产生更大的训练收益。

爆发金字塔

爆发力训练不一定只能在共轭周期内进行，共轭周期只是其中一个例子，我们也可以根据自身的实际需求，将爆发力训练安排在金字塔肌肥大以上的阶段。例如你的目标如果是双立臂或者汉尼拔引体等变式动作，那么直接用弹力带辅助动作本身，就是专项动作训练，而这个专项动作本身也侧重爆发力，所以可以直接安排在增肌板块之后，例如：动作准备→肌肥大→爆发专项（见图 8.20）。

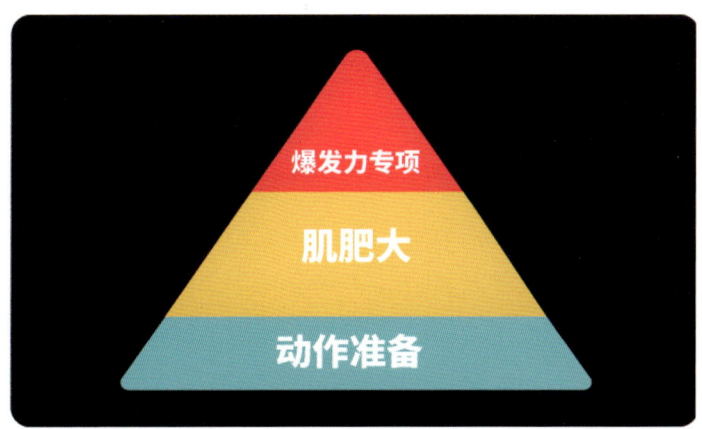

图 8.20 爆发力模块也可以在金字塔第一、第二阶段就融入训练中，例如：动作准备→肌肥大→爆发专项。

共轭计划示例

除了爆发项目，我们的共轭计划还可以根据当前阶段所需的其他元素，自行安排其他力量主题。因为力量这个词的涵盖范围非常广，EXOS 中指出力量包括了绝对力量、启动力量、速度 - 力量、力量 - 速度、力量耐力（见图 8.21）。

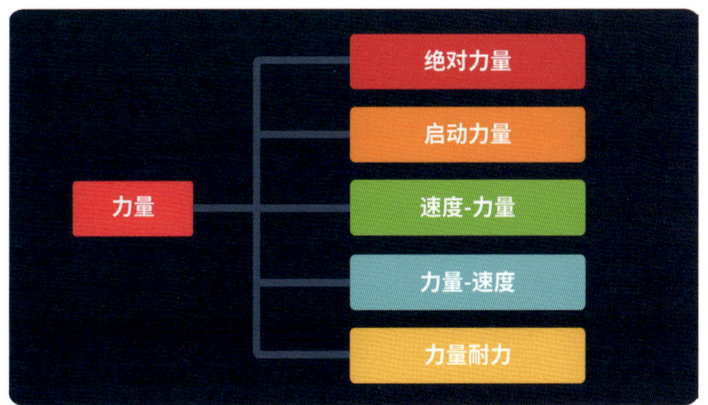

图 8.21 力量涵盖了绝对力量、启动力量、速度 - 力量、力量 - 速度以及力量耐力等多项素质。

绝对力量：自主所能产生的最大肌力，无关时间（例如最大负重引体向上）。

启动力量：肌肉在开始收缩时发力的能力（例如前水平引体底端发力）。

速度 - 力量：肌肉在运动时快速克服相对较小阻力的能力（例如竞速引体、俯卧撑、花式）。

力量 - 速度：在重负荷条件下快速动作的能力（例如负重双立臂）。

力量耐力：在长时间的工作条件下有效维持肌肉机能的能力（例如神技组合动作）。

我们回到共轭周期，看看应如何安排（见图 8.22、图 8.23）。

如图 8.22，值得我们注意的是俄挺与前水平专项之间只间隔了一天，恢复起来会相对困难，所以需要适当地减少组数。当然，如果第二次训练的强度负荷不大，可以在第一个专项日适当增加组数，例如第一次训练是负荷最大的专项，第二次可以改成 70% ~ 85% 的肌肥大训练。

力量训练确实可以打下基础，但是面对复杂元素的竞技性运动，"僵硬"的框架会给相对"复杂"的运动带来限制。虽然街健是一项非常侧重力量的运动，但是前面的周期框架更适合解锁动作、发展力量。街健比赛不单单展示单一动作，还有各种组合项目。面对逐渐复杂的训练，我们需要结合比赛项目的特点把自己的力量"弱项"单独拎出来放在共轭周期里面完善。只针对动作而言，力量训练的思路可以通用，但是涉及的元素一旦变多，就需要在共轭这个阶段里面融入针对性元素。

例如在一场街健比赛中，你需要在单杠上完成一系列动作，这些动作一套做下来可能需要 1 ~ 2 min（不同比赛规则略有不同，但总体上是这个范围）。而如果单纯按照最大力量的训练方式，你可能在杠上做两个动作就得休息，导致整套动作不连贯。

如果你发现自己的训练元素相对单一，此时就需要融入爆发力训练、力量耐力训练以及各种技巧性训练，使你的能力更接近比赛规则的要求。就像让举重运动员去练 CrossFit，面对十几次的抓举，他的完成时间不一定会比专门训练这种方式的 CrossFit 运动员快，因为除了动作本身，项目背后的能量系统也是一个关键性问题，针对这项能量系统的训练非常少，那结果就是显然的。

共轭计划就是需要你根据自己的最后目标来融入其他元素，使整个周期的训练元素更多，更接近目标。如果只是单纯解锁动作，或许不需要太多元素，"力大飞砖"就足够。但是街健不只有单一的动作，还有其他动作和比赛项目。所以高阶训练者要在共轭周期中融入自己的短板，使自己变得更加全能。

对于街健比赛来说，以下的力量元素训练都很关键：力量 - 速度是爆发阶段的训练；等长爆发力训练可作为启动力量的针对性训练；力量耐力除了刚训练金字塔的人需要练习，后期也要根据自己的目标适当添加。这些元素就像是"食材"，根据自己最终的"口味"在共轭周期里进行规划。

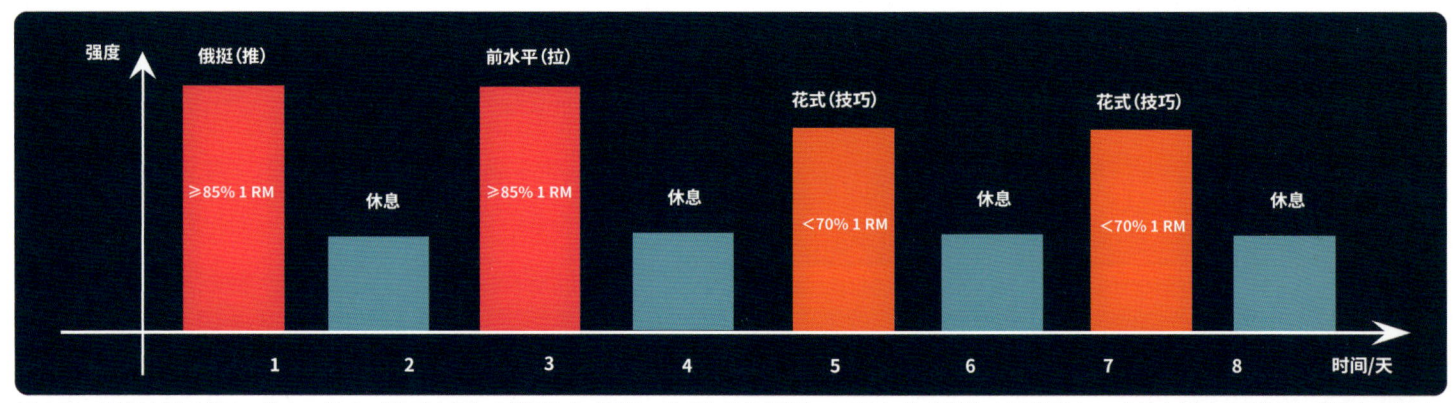

图 8.22 共轭计划示例 1。推力、拉力（绝对力量）以及花式（爆发、技巧）同时发展。可以在花式训练中适当融入一定的力量专项训练来巩固专项能力。

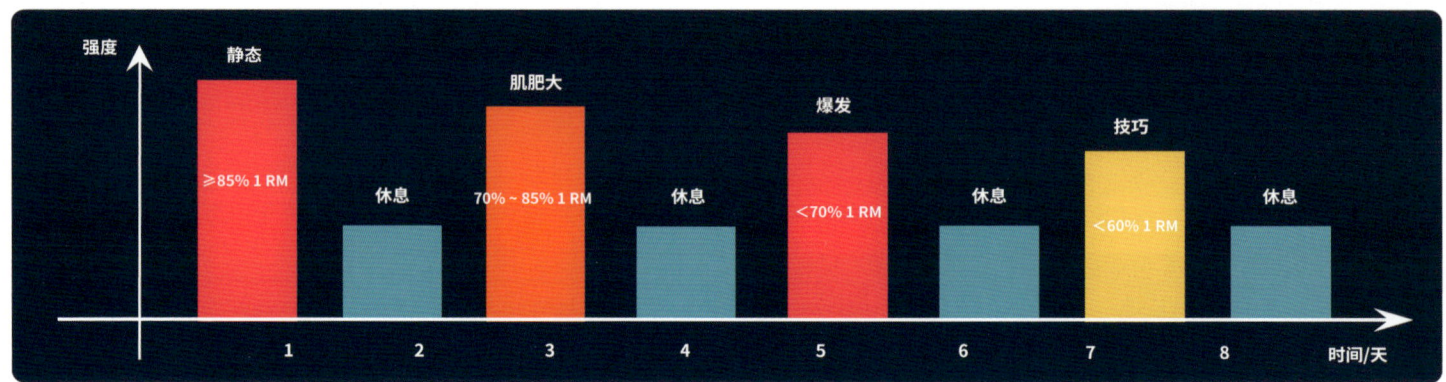

图 8.23 共轭计划示例 2。绝对力量（如俄挺前水平）与爆发力、技巧（双立臂、花式）共同发展。其中爆发力也可以换成其他力量元素，例如力量耐力，以适应需要参加力量耐力赛事（如引体体测、比赛）的训练者。

宏观计划

我们用宏观的角度来看待整个大周期（见图 8.24）。一个大周期（大目标）由若干个中周期组成，一个中周期由若干个小周期组成，这个中周期可以理解为一个相对较大的力量进步阶段（中目标），而要达到这个相对较大的力量进步，我们就需要先从一个小周期（小目标）开始，慢慢去提高。

我们一般以一年为一个大周期。对于街健来说大周期的主要目的是提高力量、突破动作。所以初期采用线性周期提升主要肌群力量，中期采用波形周期突破动作。

线性计划适用于绝大部分有非常高上升空间的人群，很多动作都能用线性周期突破。面对难度系数更高的动作，我们可以采取波形计划继续突破，在解锁绝大多数动作以后，再利用共轭周期计划，提高比赛当中自己所"欠缺"的力量元素。

如果我们把街健系列难度动作做一个整合，就会发现这种训练思路对任何水平的人群都适用，只是在专项动作与动作准备阶段的侧重点上略有不同。

这里没有特别介绍双立臂、单引与人旗类街健动作，因为底层塔基建立好了，这些动作的解锁非常容易。像单臂引体这种动作，用线性计划把负重引体的负荷提升到 85% 以上体重，在专项这个阶段用弹力带熟悉一下动作，做一下动态离心很快就能解锁。大部分动作的逻辑离不开底层的力量提升，只不过在高难度动作中，塔基动作会根据专项稍有调整，这可以参考技能树的详细等级和进阶划分（见图 8.25）。

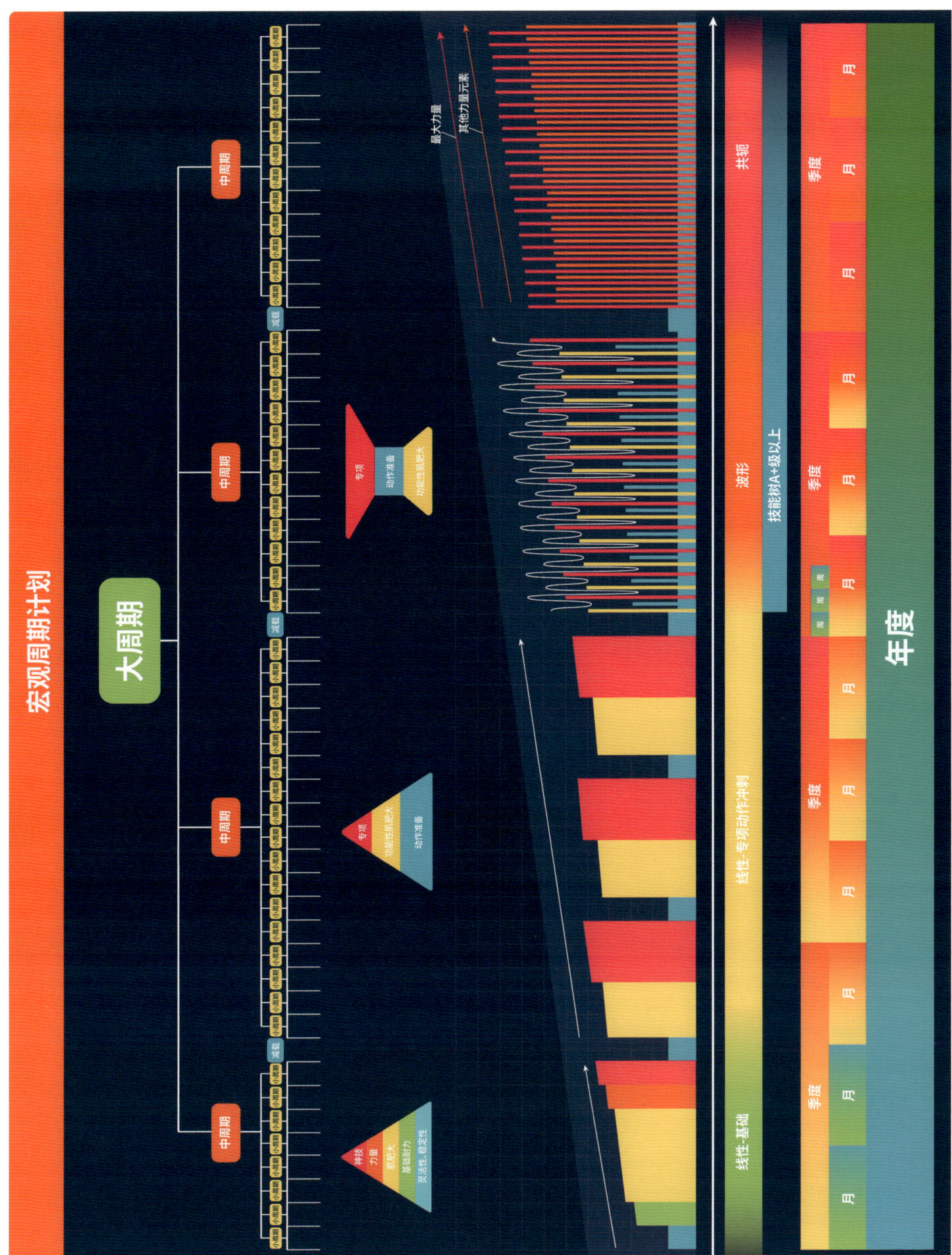

图 8.24 宏观周期规划。

从图8.25中我们可以发现，力量贯穿整个金字塔，是最重要的元素，塔基就是贯穿这一系列的基础力量。前面介绍过无论到了什么水平，塔基动作都建议保留负重引体、实力推／倒立撑，那剩下的塔基动作该怎么安排呢？

很简单，从A级难度往上，如果想尽快解锁动作，塔基动作会做出一定的升级，这个时候我们就可以从原本的两个推力塔基动作、两个拉力塔基动作中只选取一个，而另外一个塔基动作则是下一级的塔基动作。如何理解呢？

以A+级难度的L单臂引体为例，它的塔基动作一个是负重引体，另外一个就是A级的单臂引体。同理，如果你的目标是前水平引体，塔基动作可以选择潘德雷划船与上一级的前水平（前水平上摆／上压）。

这个金字塔直观地反映了各种动作所需的不同元素，力量虽然是最大的底层支撑，但是其他元素也不可忽视。例如后背双立臂等动作，除了肌肉力量，肩关节强大的灵活性也是一个关键性因素。这个金字塔把神技所需的元素都进行了汇总，我们要做的就是根据自己的当前能力以及目标，在不同时期灵活安排不同元素。

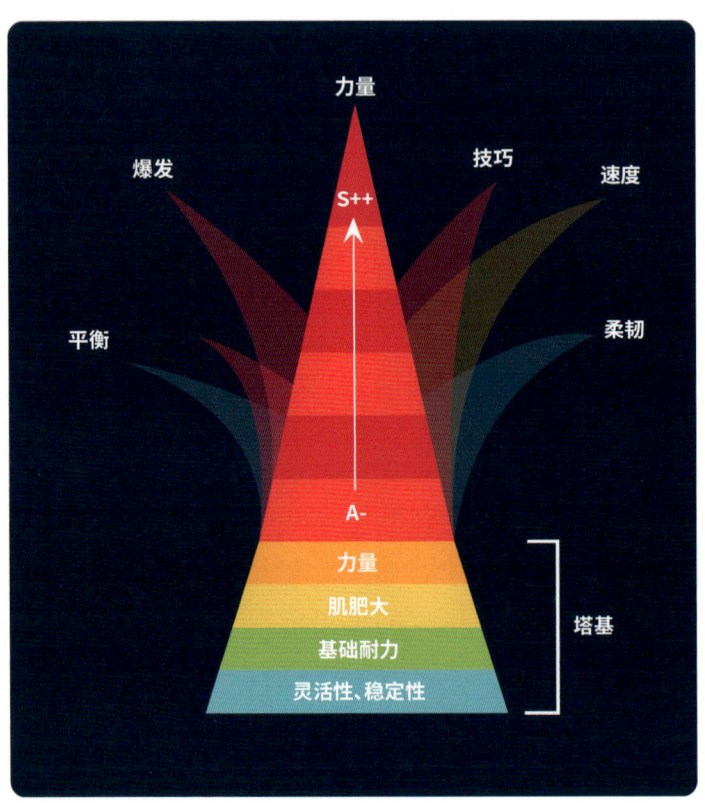

图8.25　对于街健而言，力量始终是最重要的元素，会贯穿整个金字塔的发展过程。

爆发与速度类元素可以安排在共轭周期里；灵活性、稳定性以及技巧、平衡类元素，除了放在热身环节，也需要单独安排在准备阶段。

动作难度的层级突破都可以通过线性计划以及波形计划来完成，这个可视化金字塔就是把各种神技的塔基环环相扣，把动作所需的元素按照周期来合理安排。

训练关注点

过度关注肌肉会掉进"健美怪圈"以及"缝合怪"训练陷阱。例如做双立臂背部发力不明显，做前水平背部"泵感"不是很强等。

并不是说感受肌肉发力没用，只是在街健这个领域不合适，就像你看体操运动员做一系列动作，结果你的反应是"这个动作练哪里"。我们刚开始健身时往往会先入为主，而大部分人健身最开始接触的知识就是"充血""目标肌肉发力"等，这种思想会对以后运动项目形成认知障碍，这些都属于脑袋里的"漩涡"，是需要被清除的。并不是说解剖没有用，而是"健美训练思维＋解剖"会把人带入与街健基本无关的漩涡中。

解剖学是一门大学问，除了肌肉层面，还需要关注筋膜组织以及深层的内脏筋膜、神经支配等等。如果真的对解剖学感兴趣，可以阅读《肌动学》以及《解剖列车》等书籍，这里就不做过多介绍。

总结

· 第一个金字塔的主要目的是针对街健动作特点建立上肢与躯干的肌肉量，适应直臂动作，提升关节灵活性与稳定性。

· 具备直臂能力基础的情况下（能完成弹力带辅助神技本身），可以进阶到动作冲刺模块。

· 在动作冲刺模块中，可以根据自身能力与动作难度选择线性计划或者波形计划。

· 熟练掌握难度动作之后便可调整塔基动作。

比赛 - 运动员周期

前面我们介绍了各种周期的特点。如果你各方面都很强，并且准备参加比赛，那该怎么安排周期以保证自己在比赛时能有更好的发挥呢？接下来就是周期的最后一篇——比赛。

周期是对训练进行干预、排序整合，以使峰值运动表现出现在适当时间点的过程，具有逻辑性和系统性。前面介绍了周期的准备期、第一过渡期、比赛期以及第二过渡期四个板块，接下来介绍运动员对于这些板块的运用。

比赛训练周期可以理解为，动作都在已充分掌握的情况下，为比赛设计的冲刺周期（见图 8.26）。

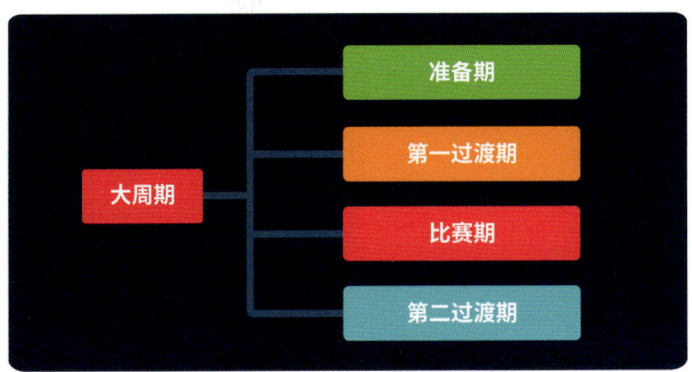

图 8.26 运动员比赛周期概览。

生物节律与大周期

我们需要先了解对于街健而言，生物节律对力量的影响。可以思考一个问题，我们大多数的突破是不是在"穿短袖"的季节发生的？

影响力量的一个重要因素就是温度，温度越低，对力量的负面影响越大。试想一下，在北方冬天没有开暖气的情况下，你还有训练激情吗？本人很羡慕四季如春的城市，因为本人所在的地方基本只有"冬天与夏天"两个季节，但春季与夏季才是力量突破的"温床"。我们要利用环境去进步，这也是力量训练的重要思路。需要注意的是，人高的温度也不适宜。训练温度在 16～37℃是比较适宜的，超过 37℃或低于 16℃都会对运动表现造成一定负面影响，而 20～30℃是最佳温度。所以不要在大夏天冒着炎炎烈日去训练，温度过高不仅仅会降低运动表现，影响训练效果，甚至还有中暑等风险。

比赛周期

前面提到的准备期、第一过渡期、比赛期与第二过渡期是什么意思呢？怎样利用生物规律去安排周期使运动表现最大化呢？

· 准备期。准备期是周期的起点，主要目的是发展与比赛相关的基础能力以及改变身体成分——增加瘦体重比重。对于街健而言，准备期发展的还是力量，其中就包括了肌肥大。在准备期可以进行技巧、力量耐力与肌肥大的训练，强度由低到中。一般情况下这个阶段适合放在春季天气逐步回暖并且力量慢慢提高的时候，动作选择可根据比赛项目来设定，其中包含增加瘦体重和打牢力量基础。

· 第一过渡期。第一过渡期是准备期与比赛期之间的衔接期。准备期的训练强度是由低到中，第一过渡期的强度就是由低到非常高，金字塔的项目就是"耐力→肌肥大→力量与爆发"。随着夏季的到来，训练负荷也在直线提升，按照"肌肥大→最大力量→爆发"的方式进行，训练组数与次数相对于准备期要减少。负荷在增大，训练量要相应减少。

· 比赛期。在训练的动作以及不同侧重的力量主题上，比赛期与第一过渡期基本一致，只是在训练负荷上需要更高，在训练量上需要继续减少。整个过程既需要足够的训练强度来维持比赛所需的竞技状态，又需要减少训练量来保证自己处于非疲劳的状态。整个过程是一个非常微妙的平衡关系。

在这个阶段需要融入模拟赛的方式进行训练，如果是单杠组合项目，整体疲劳度会较大，在临近比赛的一个月我们可以把训练调整为每周三次，分别是专项力量、技巧、模拟赛。

· 第二过渡期。可以简单理解为"划水" 个月。如果在比赛时出现了意外伤病，则第二过渡期的时间还需要延长。这个阶段的结束一般意味着整个周期计划已经结束。这个阶段不安排任何系统训练，可以进行低强度有氧训练、技巧性练习，总结起来就是两个字——"划水"，目的是让运动员恢复。

接下来看看如何结合赛季来制定整体的大周期，有序提高专项体能（见图 8.27）。

对于比赛阶段的规划训练包括非赛季、赛季前、赛季中、赛季后。

非赛季的训练可以理解为前面介绍的准备阶段，它通常在赛季后结束到下一个赛季开始前，这个阶段为后续的训练打下一系列基础（见图 8.28）。

赛季前的训练就是引入第一过渡期的训练，这个阶段的训练与非赛季不同，非赛季是在打基础，赛季前的训练则是利用非赛季打下的基础开始冲刺，在赛季到来前接近最好状态。力量与爆发是这个阶段抗阻力训练的重点，地面以及单杠上的技巧性元素也要融入，多种要素并行以便提高在赛季中的成绩（见图 8.29）。

赛季中的训练就是比赛期的训练。此阶段的重点是维持体能水平，同时降低运动员比赛前的疲劳程度，可以围绕这一原则在比赛前的中周期根据自身情况设计内容，在临近比赛前的最后一个小周期减少训练强度（见图 8.30）。

赛季后的训练对应第二过渡期，在休息恢复期可以进行低强度耐力练习，也可以进行娱乐性体育活动。

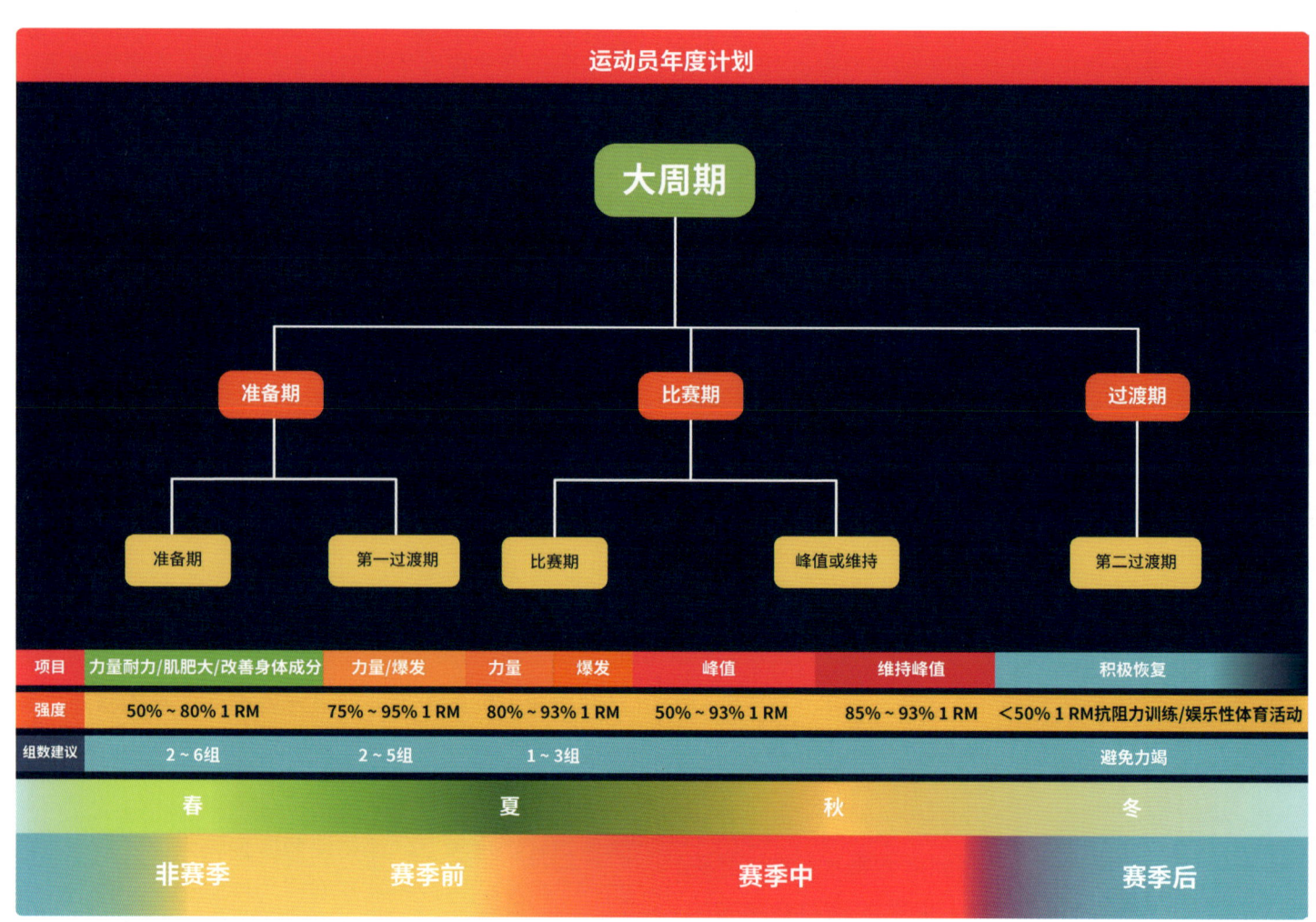

图 8.27 运动员比赛周期宏观视角以及各阶段训练内容安排。合理的周期规划能使运动员在赛季达到最佳运动表现并且在整个赛季维持最高水平。

准备期 力量耐力/肌肥大

50%~80% 1 RM 总组数:2~6组 自由组合

			耐力组(RM)	肌肥大组(RM)
推力	倒立撑	2组	12~15	6~12
	弱项专项推力补强(如:弹力带俄挺俯卧撑)	2组	-	6~12
	动态90°倒立撑	2组	-	6~12
	(负重)臂屈伸	2组	-	6~12
拉力	负重引体	2组	12~15	6~12
	前水平引体	2组	-	6~12
	动态(如:后倾转双杠维多)	2组	-	6~12
	反手前水平引体	2组	-	6~12
直臂	俄挺(变式)→动态 如:(辅助)俄挺压倒立	2组	12~15	-
	前水平(变式)→动态 如:前水平上摆	2组	12~15	-

图 8.28 准备期训练计划模板。

第一过渡期

75%~95% 1 RM 总组数:2~5组 自由组合

	力量			爆发		
推力	负重俄挺/飞机	2组	5-10 s	爆发倒立撑	2~6组	≤5
	负重臂屈伸	2组	3~5	爆发俄挺俯卧撑	2~6组	≤5
	(负重)俄挺压倒立	2组	3~5	地面(推力)技巧	2~6组	≤5
推力	负重前水平引体	2组	3~5	前水平引体击掌/正反手/变距	2~6组	≤5
	负重引体	2组	3~5	爆发引体/双立臂	2~6组	≤5
	负重前水平维持	2组	5~10 s	单/双杠技巧(花式)	2~6组	≤5

图 8.29 第一过渡期训练计划模板。

比赛期

抗阻力训练内容与第一过渡期相同 但总组数减少
75%~95% 1 RM 总组数:1~3组 自由组合

推力			
推力			
加入模拟赛	肌肥大(推拉交替)	1~3组	70%~85% 1 RM
	等长/技巧	1~3组	50% 1 RM
	模拟赛		

图 8.30 比赛期训练计划模板。该阶段需要加入模拟赛来适应比赛强度和节奏,制定比赛策略并且在模拟赛中实施。

训练激进派

推力专项冲刺使用

前面的周期计划是相对稳妥和保守的。跟着计划练习肯定会有不错的进步，但这不一定是最快的。因为计划兼顾了安全性，整体训练会相对宽松一点。

相对于拉力，推力训练需要更高的训练频率才能保持可观的进步速度。例如俄挺训练与前水平的适应曲线并不一致，同样低频率的训练，可能前水平能取得稳定进步，但俄挺却停滞不前。这本质上是肌群特质决定的，大肌群依赖神经募集能力，而小肌群则更依赖神经募集频率。另外，有一些训练者相对来说恢复能力更强，或者有更多的精力来研究训练和进行更严格的疲劳管理，下面就给这类训练者提供两套相对"激进"的方案，用于专项冲刺模块的高速冲刺突破。

在介绍这两个计划前，先做一个说明：每个人的恢复能力都不一样，即使是相同的训练量，有的人可能会过度训练，而有的人甚至连晨脉都没变化。所以还是要根据自身能力来进行调整。

以下几类人群不建议成为"激进派"。

· 睡眠不足、不规律的训练者，熬夜党、焦虑党。

· 30 岁以上且压力较大的训练者。

· 营养不足、饮食不规律的训练者。

高收益高风险

越是激进的训练越是要进行严格的疲劳管理（有关疲劳管理的原理会在后面章节中详细说明）。这里只需要记得坚守三个底线。

第一，不能连续一个月的训练都超过 RPE 8。

第二，不能连续高强度训练超过两天。第三天一定要休息或者低强度恢复 [高强度定义：功能性肌肥大及高于此强度（6 ~ 8 RM）的增力或专项训练]。

第三，不要连续三次训练后晨脉过高。

这个训练计划的收益会比之前的"保守"计划更好，但过度训练后受伤风险也同样会变高。所以要把做好疲劳管理放在首要位置，一定要把控好晨脉和 RPE。要激进更要理智。

激进计划执行不要超过两个月，执行两个月后回到增肌模块重新循环。

推力激进方案 1

方案 1（见图 8.31）。

· 采用练两天休一天的频率。

· 分成 2 个模块训练，分别是专项（直臂）的训练和专项肌群的功能性肌肥大训练（复合性塔基动作）。

· 直臂训练主要练习俄挺维持、上摆、离心训练以及相应的开链动作（仰卧前平举等）。训练组数和强度与前面专项突破的计划一致。

· 功能性肌肥大训练主要以塔基和弱项强化为主，可以选择实力推、倒立撑、负重臂屈伸等，也可配合二头弯举或者自重弯举来强化肘屈力量。功能性肌肥大的训练强度和代谢压力都非常大（前提是严格遵守功能性肌肥大训练框架），进步效率也会很高，同时疲劳积累也会增多，所以一定要监测好疲劳状况，在第三天主动休息。

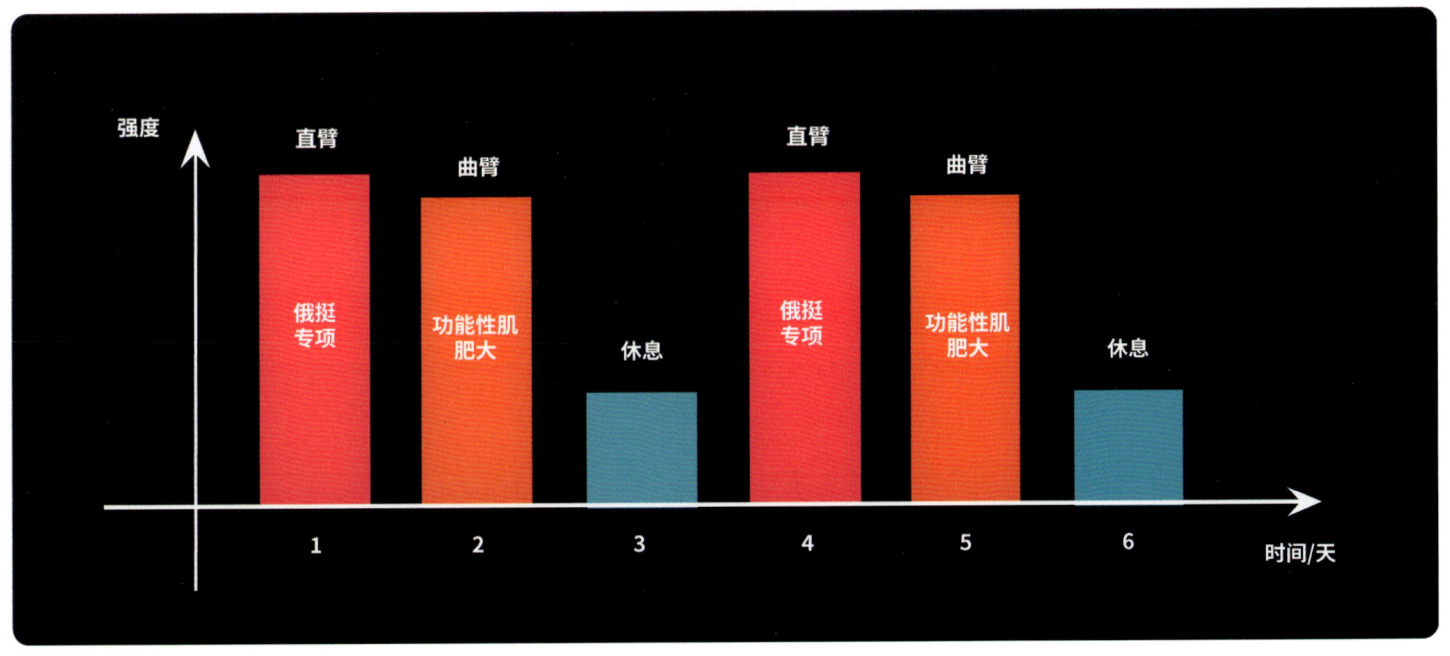

图 8.31 推力激进方案 1，在俄挺维持动作冲刺模块使用收益会更高。

推力激进方案 2

方案 2（见图 8.32）。

· 采用练二休一的频率。

· 只有一个模块的训练，就是俄挺的专项训练。

· 第一次就按标准的训练强度和训练量训练。

· 第二次和第一次训练内容一致，动作和强度都相同，但是组数减半。

如果想在俄挺专项冲刺阶段也保持拉力训练，可以在每次训练中加入 3 组拉力训练。

相对而言，拉力类动作肌群更大，关节压力相对较小，用线性计划也可以取得持续进步。相反，俄挺更需要提升训练频率来获得进步，所以只针对俄挺做了激进方案。

当然，高阶的拉力训练者也可以采取这个思路，但是不太建议，因为背部肌群总体来说更大，恢复速度也相对较慢，用线性或者波形计划就已经能取得很可观的进步了。

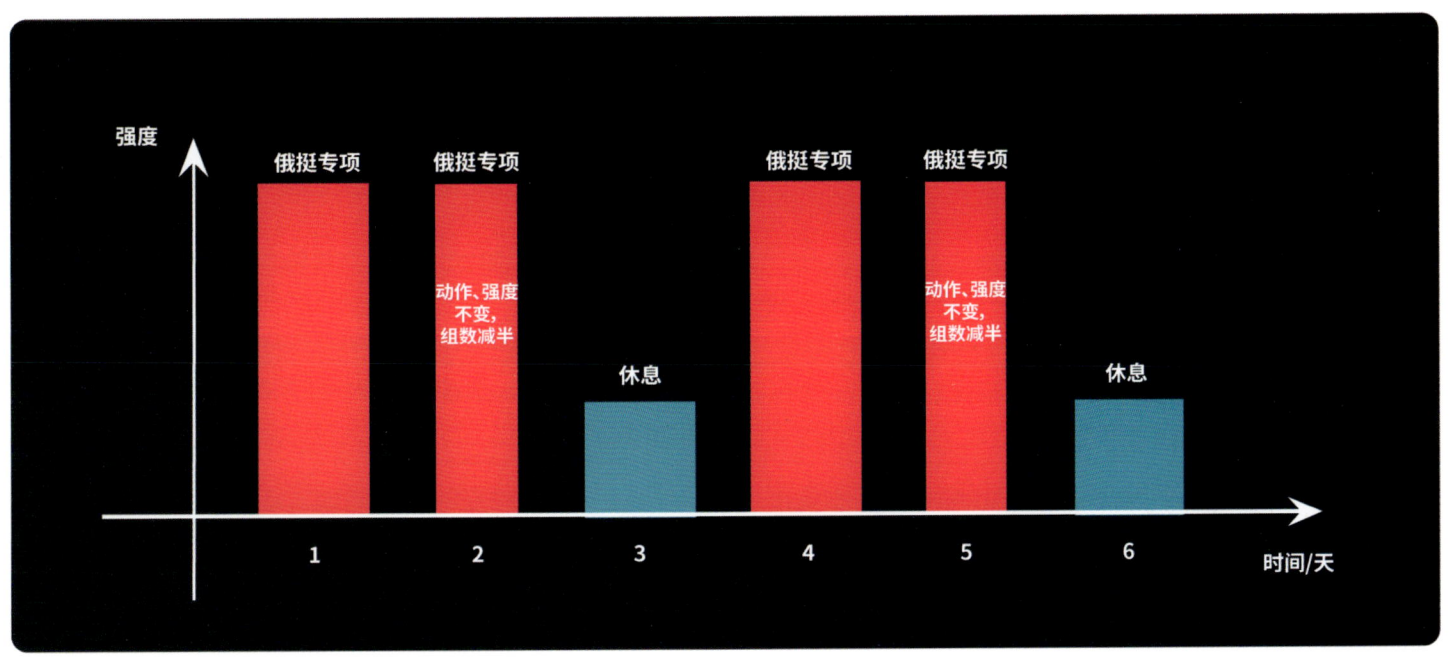

图 8.32 推力激进方案 2，适合于各种俄挺技能的突破。

推力激进方案 3

方案 3（见图 8.33）。

· 波形计划的变式，适合恢复速度快、基础体能储备扎实的训练者练习。

· 训练强度安排逻辑与前面计划类似。由于训练频率更高，我们可以进行更多不同变式的训练。包括直臂训练、动态俄挺训练以及功能性肌肥大训练。我们可以按照目标灵活安排。

· 压力大、工作繁忙、饮食和作息不规律的训练者禁用。

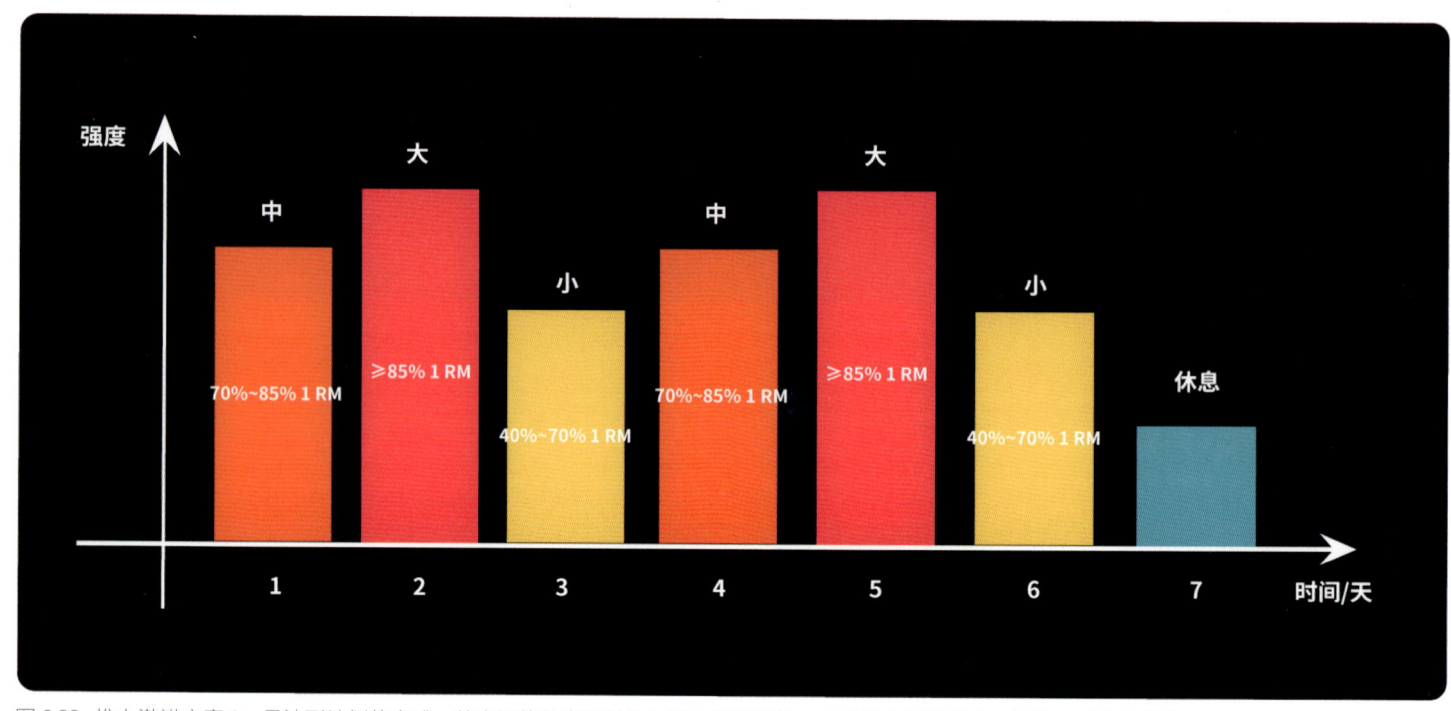

图 8.33 推力激进方案 3，是波形计划的变式，将中间的休息日替换为了小强度训练。末尾休息日根据个人情况可适当调整为 2 天。

结语

我们可能会产生一个疑问：如果只练力量和专项这个环节，对力量提升不是更快吗？

理论上讲没有错，但是对于初学者而言并不适合。我们在第一章就介绍了街健与传统健力训练的特点，如果是针对下肢这种可以"合理"承受大负荷的肌肉和关节群来说是没有多大问题的，但是针对肩关节的特点，思维就需要更严谨，因为俄挺训练相当于对"辅助肌群"进行最大力量开发，不仅仅需要肌肉的力量，对于其他很多方面的素质要求也会很高，所以训练元素的多样性就会使这些练习更安全。

如果你的身体能力不错，有比较强的灵活性与稳定性，则可以适当缩短动作准备阶段的时间。

在身体恢复能力允许的情况下，也可以适当延长力量与专项这个阶段的训练时间。

但是对于初学者以及直臂力量薄弱的人，底层的动作准备与基础耐力这两项是不能完全不练的。正如前面所介绍的，俄挺推力需要的是三种力量的"平衡"，而直臂出现问题代表肘屈力量已经开始"拖后腿"了，这个时候不解决问题，以后呈现的动作就会不标准。

这两个阶段往往就是很多人没有意识到的"薄弱环节"，尤其是初学者常常忽视基础耐力这个阶段，这个阶段每组训练动作的 TUT 较长，对肌腱强度的提升会有帮助，这也是针对街健特点规避受伤风险的一种方式。

对于刚接触街健的人而言，每个阶段的训练都是必要的，它们都是突破神技的基础。虽然有研究表明，大量耐力训练会对最大力量有一定影响，但是我们不能抛开剂量谈毒性，对于训练的认识更不要非黑即白，因为街健训练的风险系数会略高，所以安全有效的方式会比最大化力量提升的方式更"聪明"。

在这里需要特别说明的就是俄挺这个动作。在动作准备阶段与耐力阶段一定要受到重视。因为俄挺这个动作除了对力量要求极高，也需要有非常好的腕关节灵活性以及肘关节直臂适应能力。动作准备除了减载让身体得到恢复，我们也需要利用这个阶段去强化特定动作所需要的基本能力。俄挺与前水平是难度跨级很大的动作，一般拉力够强，负重引体能达到比较好成绩（负重80%体重）的训练者，基本上能"秒会"前水平。而俄挺需要力量的同时还需要关节的强度能够对抗得了压力，如果只练塔基动作不练俄挺的专项性动作就会出现一个问题：就算肌肉力量可以达到要求，关节也会因适应不了压力而产生疼痛。相比于前水平，俄挺对肘关节压力更大，对腕关节灵活性和强度要求都很高，前水平在肌肉力量达到要求时基本就可以解锁，而俄挺仅力量达到要求还不够，还需要特别强化肘关节相关肌肉与直臂前倾力量的适应。所以如果你的目标是俄挺，在做好塔基动作的同时，做专项动作一定不能"划水"。

简单打个比方，俄挺就像是一辆汽车跑赛道。塔基动作就相当于增加这个汽车的马力，但是在比赛中单单马力大还不够，还需要很强的车身结构、合适的轮胎、避振器等等（可以把腕关节灵活性理解为轮胎，车身强度理解为肘关节适应压力的能力），以保持汽车高速转弯时的稳定性，这样才能跑完一圈赛道。而前水平可以理解为让汽车跑直道，它只需要马力（力量）够大，对综合能力的需求是远远低于俄挺的。

正因为俄挺需要的不止是肌肉力量，所以动作准备更需要受到重视。这些补强"短板"训练，既不容易造成严重的神经疲劳，也不容易造成严重的肌肉疲劳，所以放在准备阶段是最合适的。除了在准备阶段需要练这些"短板"，在推力的热身阶段也需要加入相关训练。因为就算一时解锁了俄挺，也不代表你可以一直能做这个动作。你会发现状态稍微差一点的时候，这个动作的质量就会直线降低，退步也会非常明显。这一点练过俄挺的人应该都深有体会，这是一个基础要稳固、能力很综合、训练心态要平稳、目光要放长远的动作。你可以慢，但是一定不要受伤。大多数人在日常训练中都没有专业的仪器来全方位监测身体的神经疲劳，所以晨脉与自己的主观感受（RPE）就是调整训练强度的主要参考依据。

经过大量观察，我们发现了一个严重问题，那就是大量训练者对动作准备阶段的训练不重视，甚至直接跳过。这个问题非常严重！我们前面介绍了汽车原理，汽车能跑多远并不是看它最好的零件有多好，而是看它最差的零件有多差。而通常人最差的零件恰好就是动作准备这个阶段的训练元素——想一想为什么会出现这么多腕关节与肩关节慢性疼痛的街健爱好者？大部分人的肩关节与腕关节基本灵活性都不够，又怎能受得住训练负荷的直接上升？金字塔的最下端塔基都没有搭建好，强行往上走又怎么会有好结果？这个阶段的训练就是确保所有阶段不出现损伤的关键。

再次强调，如果在做好营养以及睡眠管理的情况下，在力量模块仍出现瓶颈，请毫不犹豫退回增肌模块。

此外，在一个模块停留的时间过长也是常见问题，除了增肌模块，每一个模块的持续时间建议不超过三个月。（虽然可以根据自身能力做调整，但是大部分人实行起来还是比较极端）。

很多人会一直只练自己喜欢的动作，从来不换训练元素，且忽略了减载的重要性。在神技动作的训练中，每个训练元素的重要性都是不可替代的，有一个环节出现问题，整体都会受到影响。如果将这些动作比作是食材，周期中每个阶段的训练元素就是调味料，要做出最好的料理（神技），这些东西都不可缺少（见图8.34）。

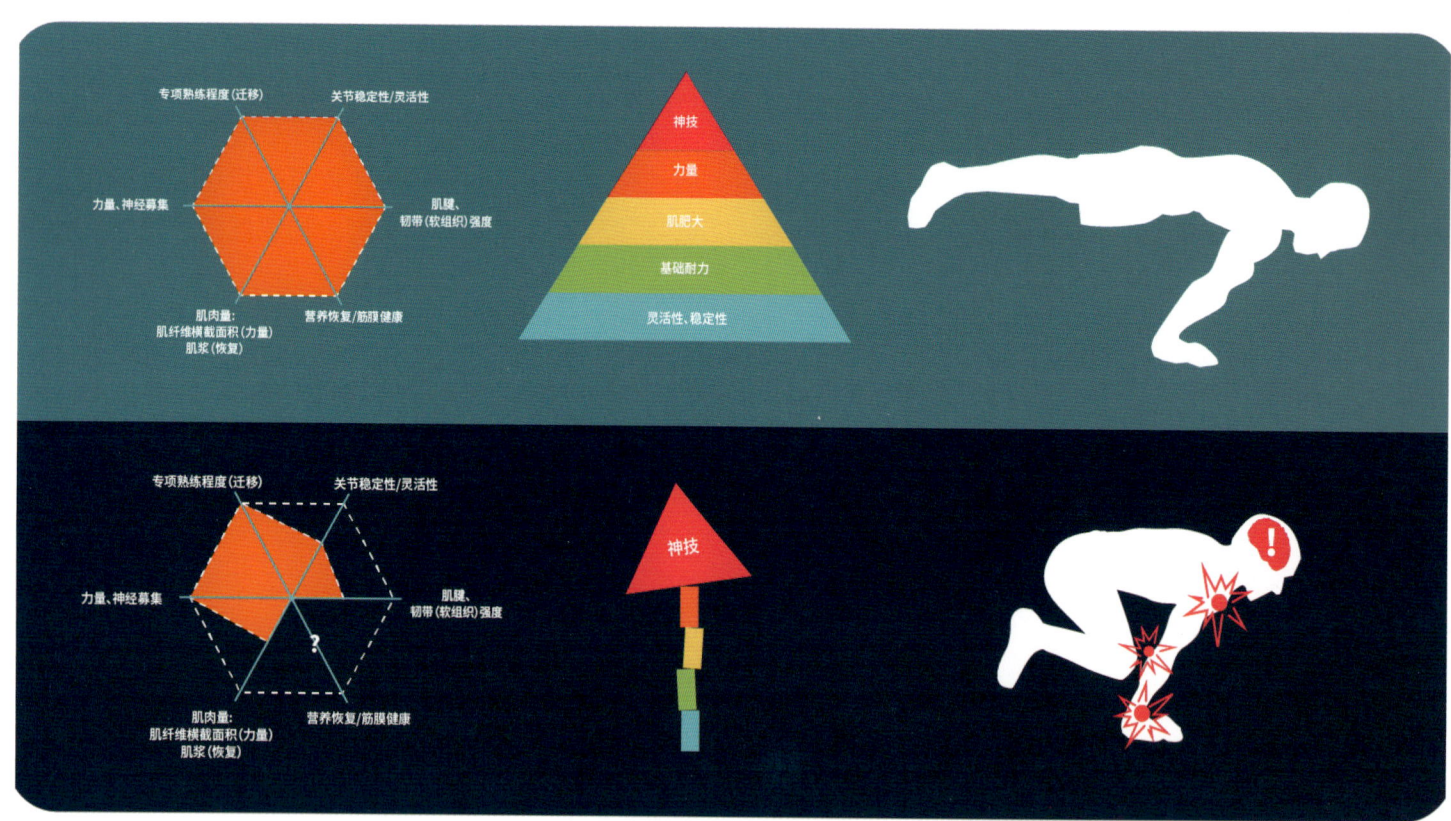

图 8.34 练成神技就是要成为"六边形战士",除了力量还有很多其他身体素质需要加强到位,如果缺乏基础素质,登上"塔尖"的过程就会充满障碍,即使看似抄近道登上了"塔尖",但也是缺乏稳定性和可持续性的。

GTG

神经肌肉非疲劳训练法（Greasing the Groove，GTG）是目前街健领域很多人使用的方法。《徒手战士》的作者就是这种训练法的推荐者。此方法是短期提升力量的方法，实行起来很简单，也就是不定时训练。

作者举的直观案例就是在地下室安装一根单杠，每次经过地下室时都会拉上一组引体向上，结果短期内引体向上的数量提升非常明显。这种方式的训练被大部分训练者应用，本人也非常推荐这种方法。

简单来说，我们可以在日常生活中的不特定时间安排一组训练，与生活的常态行为联系起来。

例如我们可以利用"看手机"时间来安排训练，低头看完手机时就可以做一组，下次有事再看手机时又可以做一组，这样算下来，利用非疲劳的方法和碎片时间可以增加很多的训练量。当然，安排的动作要具备一定难度。

这种训练方法不利于增肌，所以不适合作为主项训练安排。但是这种训练能够使神经对动作的熟悉程度更高，因此我们可以选择具备一定挑战性并且风险系数低的动作，例如引体向上、面墙倒立撑。因为这类动作的短期数量提升并不算太大，而 GTG 则可以为这些塔基训练打下更好的基础。

我们可以在能力允许的情况下利用 GTG 提升塔基动作的数量，为后续训练打下根基。

如果想把 GTG 训练融入到周期训练当中，就需要减少正式训练日的强度，并且保持合理的营养摄入及睡眠。值得注意的是，如果严格按照训练周期去递增负荷，同时又在休息日融入 GTG 训练，恢复难度可能会因此加大。了解这种训练方法之后可以通过测晨脉来监测周期强度和疲劳，并在周期训练中适当加入 GTG 训练。

GTG、等长爆发、俄挺

前文有提到过等长爆发力的概念，这是一种相对安全且对于直臂力量适应非常好的方法。

大家在练（辅助）俄挺或者俄挺上摆、下放的时候，会不会出现能以标准角度顶一会，然后就开始塌腰往下掉的情况，虽然能保持一会儿，但动作已经变形。

这个时候等长爆发力训练就可以派上用场了（见图 8.35）。

· 记住自己俄挺前倾能保持动作标准的角度。

· 站姿状态下面墙，双臂用最大力量推墙并维持 5～10 s（采用反手或者侧手姿态，或者用支架也可以）。

· 保持俄挺发力模式：双臂伸直、肩胛前引、核心绷紧。

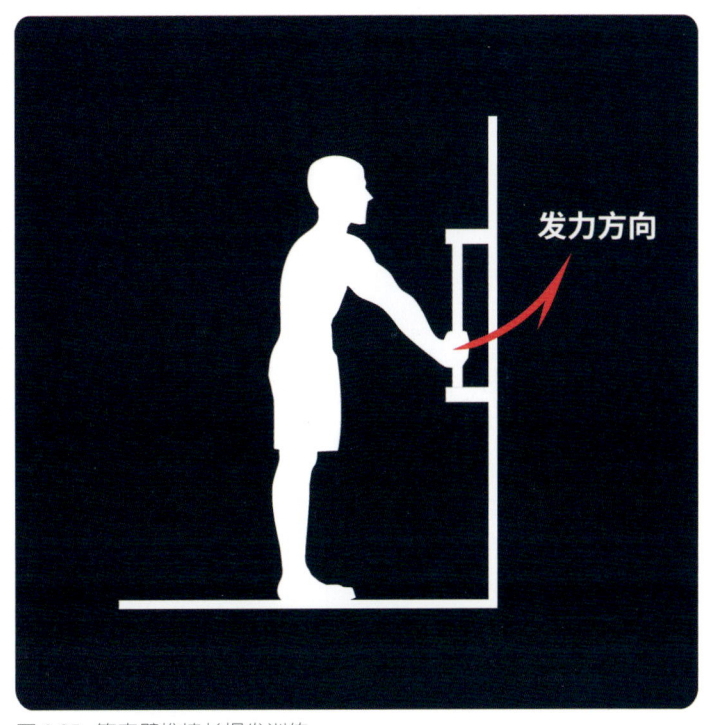

图 8.35 等直臂推墙长爆发训练。

这种训练方式不论是对于直臂力量的适应亦或是维持角度的适应都有非常大的帮助。

由于是等长训练，负荷相对容易调整，且产生的疲劳也不算大，所以可以采用 GTG 的方式来进行练习。

自重类动作的负重思路

大家有没有注意到一点，我们安排杠铃塔基动作时都有一个自重类动作的备选——没错，自重类动作也是可以线性增加负重的。实在没有杠铃时也可以实行这套方案，只是对负重有一定局限性。这里我最推荐的自重局限性动作（例如俯卧撑、倒立撑，这些动作很难用杠铃片负重）的负重工具就是负重腰环。

负重腰环里面一般有很多小钢条作为负载体，而这些钢条一片有 0.2 kg，可以根据能力选择自己合适的重量范围来进行渐进超负荷训练（见图 8.36）。

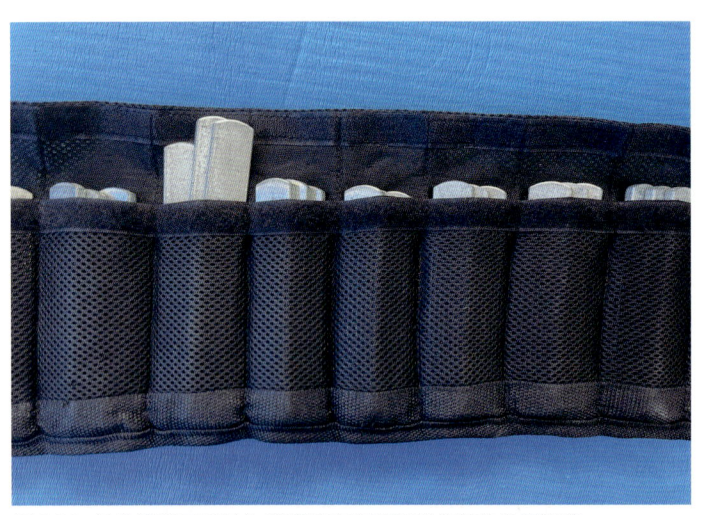

图 8.36 负重腰环可以较为精确地实现渐进超负荷的负重训练。

自重训练常见的渐进超负荷方案除了增加负载重量，还可以采取以下方式。

- 增加动作幅度（如支架深度倒立撑）。
- 增加动作速度（爆发力）。
- 增加总训练时间和减少组间休息（提升训练容量）。

在有限的负重条件下，一个比较好的进阶思路可以是这样的。

优先增加负重，再增加速度，如果前两者都没办法实现，那最后才是提高容量。

这种方式会使整个进步过程可视化程度提高。

负载提升建议

周期性计划训练中，如果保持良好的作息与充足的睡眠，每一个周期的训练结束后，下一个周期的力量都是可以直接提升的（超量适应）。但是每一个人的提升重量都不同。还有很多训练者对于该加多少负荷也觉得迷茫，因为他们比较"猛"，喜欢直接 5 kg 甚至 10 kg 地往上冲重量，结果往往就是神经疲劳。

一个比较合理的进阶梯度不会这么大，可以用 1 kg 或者 1.25 kg 的杠铃配重片来线性加重，根据自己的能力和当前训练模块需要的强度来选择合适的重量。

没有条件使用杠铃的人，可以用负重腰带与负重腰环来进行，如果腰环重量有限，下一步的思路是增加动作的幅度范围（如用支架增加动作幅度），然后是增加动作的速度（快速的爆发力动作下，肌肉会产生更大的力量，募集的肌纤维会比均速更多），而提升容量是第三选择。

如果有条件尽量不要先考虑提升容量，因为提升容量对于力量的直接提升没前两者有效。推荐一些杠铃的训练是为了让力量的进步可视化，没有杠铃才去考虑后面的思路，不是因为后者动作不好，只是动作跨度与力量进步不好量化，跨度很容易过大，或者过于保守。所以最好根据自己当前的条件自行安排。

弹力带辅助训练的建议

弹力带是专项辅助工具，几乎可以说是必备的工具，本身价格也不高，也方便携带。

弹力带辅助神技静态维持时会出现一个问题，就是腰部被弹力带拉住，导致弹力带负重过大时会把人往上拉，所以不建议在力量基础还很差时就进行弹力带辅助训练，因为很可能你只能用巨大磅数的弹力带把自己吊起来，结果就是动作失控和变形。建议在力量非常接近目标专项力量需求时再使用弹力带，实际辅助磅数最好不要超过 25% 自重。

实际应用中，弹力带之间的磅数跨度没有那么线性，导致弹力带拉到底的重量与实际标注的重量之间有较大的差距（见图 8.37），我们很难找到适合自己的范围，针对这个问题有什么解决办法呢？

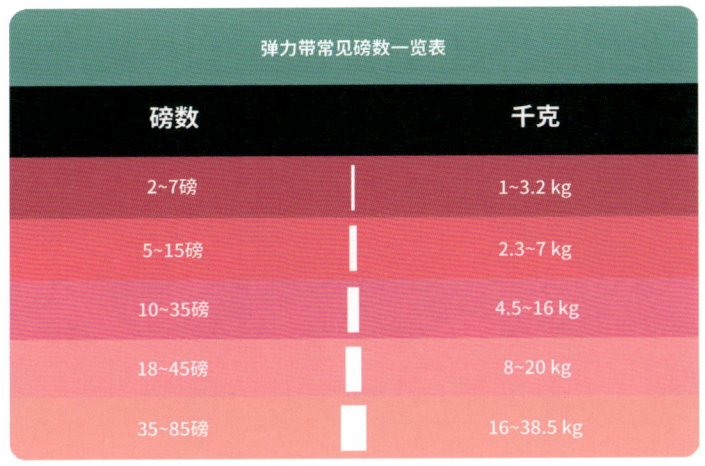

弹力带常见磅数一览表	
磅数	**千克**
2~7磅	1~3.2 kg
5~15磅	2.3~7 kg
10~35磅	4.5~16 kg
18~45磅	8~20 kg
35~85磅	16~38.5 kg

图 8.37　常见弹力带磅数。需要注意的是，弹力带磅数范围并不一定是实际使用磅数。实际磅数与弹力带的伸长量有关。建议入手一个拉力计测量弹力带实际使用时的磅数。

首先弹力带尽量不要一下子买太重的，因为大重量的弹力带对大部分人来说会使动作难度变得过于轻松（或者干脆直接把动作拉变形），跟专项对应的 10 s（5 RM）这个范围差距太远。可以多买几根小磅数的弹力带，这样组合会更多。训练时尝试一根一根地递减，逐渐找到合适的重量范围。

还有一种方法就是穿上负重腰环与弹力带一起使用，这样可以更好地实现渐进超负荷，因为弹力带拉长之后的阻力并不是一个恒定值，而且弹力带之间的磅数跨度也并不线性（如果你能买到跨度是 0.5 kg 的弹力带也可以），所以可以加入适量的钢片来实现弹力带之间磅数的线性递增。

如果当前弹力带辅助俄挺能做 15 s，那么可以加上少许钢片（具体多少需要自己测）把重量压到只能持续 10 s，能力足够之后再去减少弹力带磅数。当弹力带磅数能维持更长时间时，继续加钢片，把范围继续拉回到 10 s，再进阶到磅数更小的弹力带，直至解锁动作。在这个过程中，弹力带的作用就是提供主要的辅助力量；而钢片起到精确配重的作用。当然，这里也只是提供众多思路中的一种，只要能满足渐进超负荷原则以及专项动作模式即可。

虽然网上一直有"弹力带无用论"，但本质上，如果一直用同一个磅数的弹力带，而不去渐进超负荷，进步就有可能因此停滞。所以错不在弹力带，而是不懂得如何用弹力带实现渐进超负荷；就像卧推一样，一直推一个重量，没有进步是怪杠铃还是怪自己没有"渐进超负荷"呢？

如果觉得这种训练方式还不够精准，我们还有更细化的操作，只是需要的工具稍微多一点。

滑轮组合

前面介绍了弹力带，弹力带的负荷不是恒定的，长度越长弹力越大。所以在动态动作中（例如俄挺俯卧撑，下到最底端受到的弹力会远大于顶端的力量），受到的弹力并不均衡，对发力习惯可能会有一定影响。

可以通过这样的一组滑轮组来获得一个较为恒定的辅助力量。实际安装也很简单，就是需要两个滑轮以及附送的一根钢线，配合负重腰带系在腰上就行了（见图 8.38）。

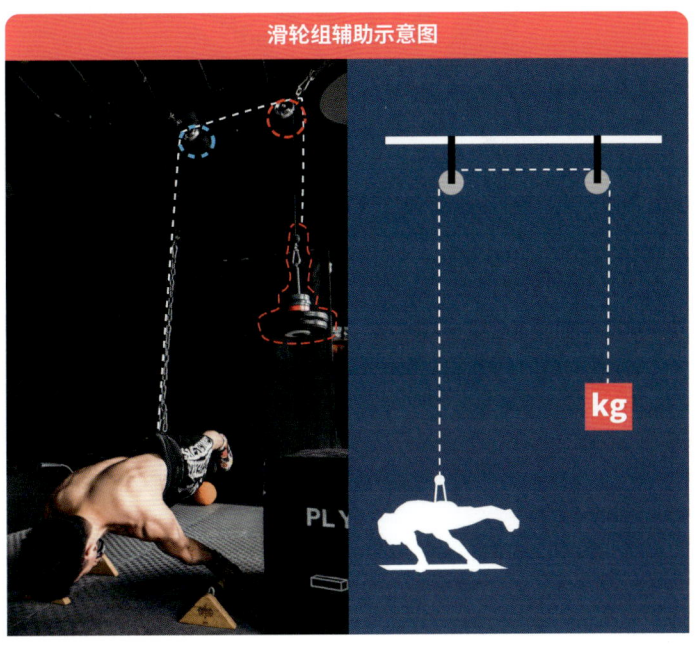

图 8.38　使用一套滑轮组合，可以比弹力带更精确和直观地调整辅助的负荷。缺点就是安装比弹力带繁琐（在此特别感谢好友陈瑞鼎提供的绝妙思路）。

街健常用装备

■ 护腕

街健护具中最有必要的就是护腕，尤其是初学者在训练推力动作时必不可少。在训练俄挺类支撑动作时有两个部位容易发生损伤，一个是腕部，一个是肩部。腕关节是一个复杂关节，手与腕部一共有 27 块骨头。

三角纤维软骨复合体（TFCC）损伤也是俄挺训练时常见的损伤，因为随着身体的逐渐前倾，腕关节的压力也在逐渐加大。对于腕关节灵活性和刚性没有那么强的训练者而言，护腕是必要的（见图 8.39、图 8.40）。

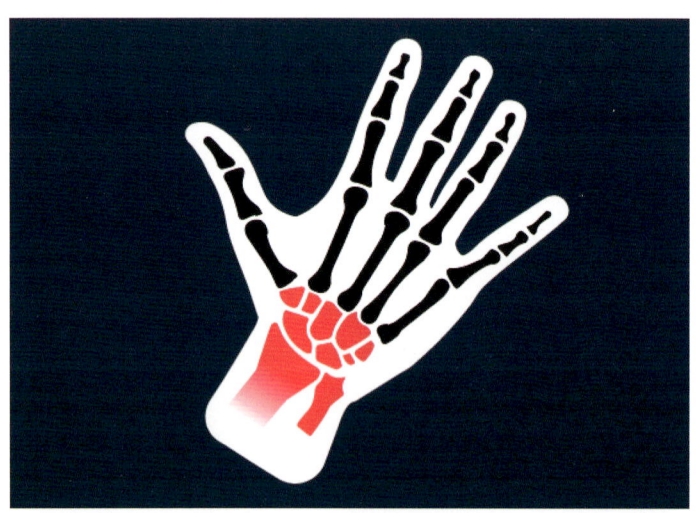

图 8.39　手腕活动度大、自由度高而且结构复杂，加上人们常常会忽视腕关节的保护以及强化训练，导致腕关节成为了伤病的高发区。

图 8.40　一个好的护腕既能提供足够的强度以支持高难度动作的大负荷，也能为复杂动作提供足够的活动度。

护腕就像是一条"额外增长"的伸肌支持带，为腕关节的压力带来了极大的缓冲。我们常见到的护腕类型比较多，硬护腕对关节支撑性最大，但是不太适合做俄挺类动作，因为硬护腕的边缘很硬，巨大的前倾角度会导致护腕的边缘对手掌外侧的组织产生较大的挤压，皮肤会感觉不适。整体支撑性强并且边缘柔软的护腕是合适的选择（见图 8.41）。

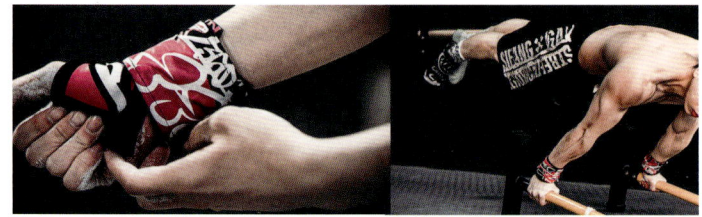

图 8.41　舒适的护腕能让训练更高效。

■ 支架

支架是俄挺初学者练习时必要的装备。地面俄挺对于腕关节的灵活性有较高的要求，使用从支架开始练习的方式几乎是每一位街健者的选择（见图 8.42）。

图 8.42　支架可以一定程度上降低手腕的压力，并且让人充分利用握力来使发力更舒畅。

支架的类型比较多，常见的种类如下。

- 长支架。
- 短支架。
- 金属高支架。

每一种支架都有各自的优势和缺点：短支架易携带，但是由于支点之间距离较短，有不稳固的风险；长支架相对稳固，但是两头力矩较大，容易产生松动，且便携性较差；金属高支架粗细没有统一标准，纯金属在握感上不太舒适。

建议挑选直径在 4 cm 左右的支架，这是大多数人认为握感最舒适的尺寸。当然每个人的手掌大小都不一样，选择合适自己的就行。长度建议选取适中的，40～50 cm 的支架可以兼顾稳定性和便携性。

另外，常见支架的材质有松木、榉木、橡木和水曲柳，其中橡木、水曲柳属于耐用的材质，价格相对较高。松木是公认的使用寿命最短的材质（承重较差，易断裂），价格也相对便宜很多。榉木处于中间位置，价格适中，木质也比较坚硬，但是握感较差，纹理也不够美观（但不影响使用）。可以根据自己的经济状况选择，有条件的最好还是选择中等长度的水曲柳材质的支架，稳定是第一选择，舒适是第二选择。

护肘

护肘与护腕原理类似，只不过护肘保护的位置是肘关节（见图 8.43）。

图 8.43 护肘可以像"外骨骼"一样为肘关节提供一定的支持。

强烈建议在训练直臂动作时佩戴护肘，因为在练习直臂动作时，肘关节的压力非常大，护肘能为其"分担"压力，尤其是在俄挺高阶动作马耳他与吊环十字支撑这两个动作中最为明显。

在一开始接触动作时，做好安全防护准备是必要的。随着我们身体能力的逐步提高，慢慢地我们可以舍弃护具，但是身体能力的提高是一个长期的过程，尤其是肌腱、韧带等软组织不能在短时间内有巨大改变，因此在这个过程中保护好自己，把受伤风险尽可能降低才是聪明的选择。

镁粉

镁粉可以增加手掌与单杠之间的摩擦力。一般在训练单杠爆发项目时使用。

很多户外单杠使用的年限较长，单杠表面较为光滑，并且训练爆发力项目时，随着汗液的包裹，脱手的意外风险会增加。

镁粉的作用也是为了最大化避免潜在风险，所以

在面对一些特殊环境时，镁粉必不可少（见图 8.44）。

图 8.44 滑溜溜的接触面是充满风险的，镁粉可以为手提供稳定的接触面。

另外，固态镁粉比较容易扬尘而被吸入呼吸道中，而且在手上的附着性也不太好。建议选择液态镁粉，不容易扬尘，在手上的附着性也比较好，训练中也不需要频繁补粉或者担心粉会脱落，训练会更踏实。

弹力带

弹力带是专项辅助的必备工具，在前面所介绍的专项训练阶段中，基本上就是弹力带配合动作本身进行的。除了专项阶段，弹力带在热身阶段也非常重要，因为阻力方向可以随着悬挂位进行调节，在"激活"肩袖肌群上最为方便；同时也可用于小肌群的耐力训练，这是与街健训练密切性最高的工具（见图 8.45）。

图 8.45 弹力带可以说是最简单、便携的专项渐进超负荷工具。

弹力带的规格基本都是由粗到细，建议初学者每个重量买一条。弹力带每次使用完要擦干上面的汗液，同时也要避免长时间暴晒，如果出现裂纹建议直接丢弃重新购买。

九　恢复再生

每次训练之后，身体的运动能力以及免疫力会暂时性降低，这个时候身体属于"虚弱"状态，恢复的重点在于饮食与睡眠。我们可以把训练比作盖房子，训练就代表启动了这个项目，而营养就相当于是房子的材料，睡眠就相当于是工人的施工时间，三项缺少任何一项都会对训练效果有明显影响，所以我们的重心不能都放在训练上，训练做得再好，另外两项不被重视，进步速度同样不会快。正常情况下，训练者如果想保持进步，每天的睡眠最好不要低于 8 小时，有条件的话 9 ~ 10 小时最好。

规律的生活是长期进步的必要条件，其中深度睡眠是睡眠的重要部分，约占睡眠时间的 20% ~ 30%。在深度睡眠阶段，身体会修复损伤细胞与组织，并激活免疫功能，这对身体的恢复至关重要。因此，促进深度睡眠的方法也值得重视。

·营造安静且舒适的睡眠环境，没有条件也要尽力创造条件。适当偏低一点的温度更能促进睡眠。

·限制咖啡因与尼古丁的摄入，睡前 7 小时应避免摄入，这些物质能够抑制睡眠尤其是影响深度睡眠。

·可以在睡前进行冥想等放松活动。

·运动时间尽量不要选择在晚上，特别是睡眠前 2 ~ 3 小时，尤其是大强度运动——因为运动会使交感神经兴奋状态提升，从而影响睡眠质量。

目前常见的问题就是休息与训练处在一个严重不平衡的状态。受各种"毒鸡汤"以及经验主义教学的影响，有些人每天训练时间甚至达到了 4 小时，就好比一辆车你天天油门踩到底去跑各种越野各种赛道，却从来没有好好保养过这辆车。训练与恢复就像太极的两边，对等起来才是持续进步的关键（见图 9.1）。

图 9.1　训练和恢复平衡。训练是一种"破坏"，只是进步的启动项。但是进步变强的过程发生在休息恢复的过程中。所以训练和恢复需要达到一个平衡。越大的训练量背后也需要越强的恢复能力来支撑。

压力也是影响进步的普遍因素。我们的生活充满了压力，除了来自训练的压力，更多的是来自生活的压力。畸形的作息带来了环境的压力，永动机似的训练带来了神经系统与肌肉系统的压力，工作的环境带来了精神的压力，这些压力是可以累积的，会给体内的稳态平衡造成严重不良影响。

过度训练

过度训练是街健训练者常见的问题。避免过度训练就是疲劳管理的主要目的。什么是过度训练？过度训练就是身体长期处在压力环境中，来不及恢复就又迎来新的压力，使身体产生过大负担。过度训练的恢复时间可长可短，关键是看你"折腾"身体的程度。而过度训练后，不仅进步受到严重影响，软组织损伤的几率也会大大增加。不管是力量训练还是耐力训练，若没有合理的规划，仅用"感动自己"的训练方式则很容易造成过度训练。

过度训练是怎么被"过度使用"了呢？主要是三个部分——神经系统、内分泌系统与免疫系统的过度使用。神经系统的"过度训练"首先表现为交感神经"过度使用"，如果没有得到改善就继续施压，就会出现内分泌紊乱以及免疫系统的抑制。

警觉→抵抗→疲劳

当我们开始训练时，身体就有可能处于以下几种阶段，分别是警觉阶段、抵抗阶段和疲劳阶段。

如图9.2所示，点1阶段为恢复 > 训练，所以可

以持续超量恢复产生进步；点2阶段则是恢复 < 训练，导致恢复不足出现退步甚至过度训练综合征。

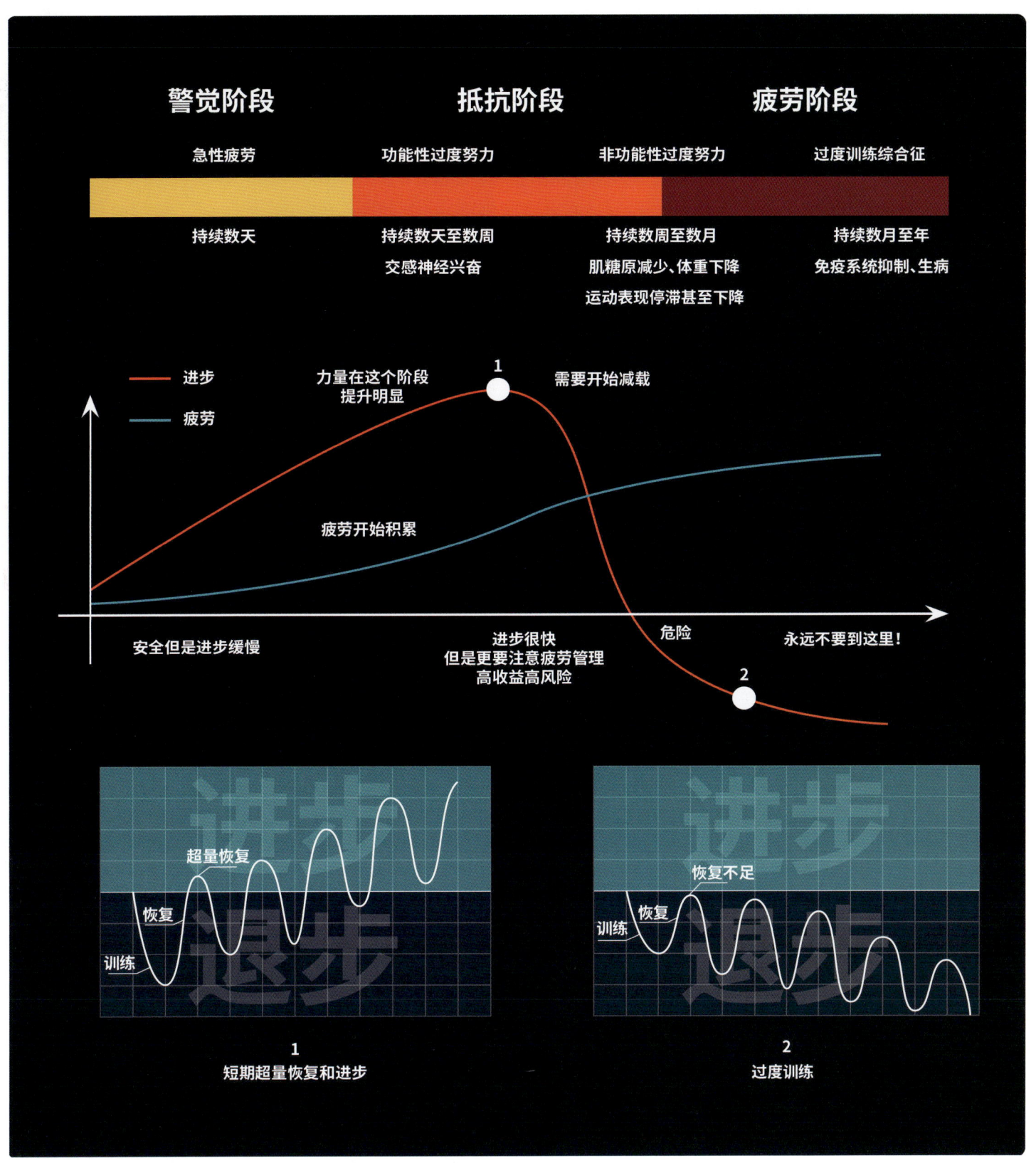

图9.2 警觉 - 抵抗 - 疲劳。

警觉阶段 (Alarm Phase)：可以理解为身体对外界刺激产生了反应，身体开始知道有新的压力来了。因为新的运动刺激是身体未曾经历过的，这会导致肌肉疼痛、肌肉疲劳和其他初级的反应（例如延迟性肌肉酸痛等）。

抵抗阶段 (Resistance Phase)：随着训练的持续进行，身体开始逐步适应刺激的输入和变化，训练的负荷开始变大，我们进入了抵抗阶段。"适应抵抗"是在抵抗阶段中的一种反应，是身体对应激源的适应过程。身体经过一段时间的调整后，会对同样的刺激产生较小的反应，或者需要更大的刺激才能产生相同的反应。我们进步最快的时候也是在这个阶段，在此阶段，如果训练容量、强度和频率合适，并且恢复到位，那么身体会持续进步。但是相应的疲劳也会积累得很快，需要更严格的疲劳管理。这个阶段也是高风险高收益阶段，即疲劳管理做得好就是进步，做得不好就很容易陷入疲劳。

疲劳阶段 (Exhaustion Phase)：如果运动或力量训练的压力过大，且没有足够的恢复时间，身体会进入疲劳阶段。这可能导致过度训练综合征，包括持续的疲劳、力量和性能下降、免疫系统功能下降、失眠、情绪低落等症状。在此阶段，需要及时识别这些症状并及时设置减载模块，增加恢复时间，以防止过度训练损害健康。

如果只是处于警觉阶段，我们可能会有进步，但是进步比较轻微，因为输入的刺激不足。而到了抵抗阶段，我们输入刺激越大、越接近疲劳，收益也会越大，但是积累的疲劳也会更多。我们目标就是使自己逐渐稳定在抵抗阶段并且尽可能地获得最大进步。所以如果想进步更快，我们就要在"作死边缘"疯狂试探。

我们可以回顾一下，金字塔第一阶段就是逐渐从警觉到抵抗到接近疲劳的过程（肌耐力→专项），然后稍作减载恢复疲劳，继而进行肌肥大和专项训练，维持在抵抗阶段，然后继续减载恢复进入新的周期循环。后面的波形计划，也是为了使我们身体一直保持在抵抗阶段，使进步最大化。

过度训练

过度训练是我们不希望出现的状况。

过度训练是一种非常严重的状态，它不仅仅会影响运动表现，长期下去还会对身心健康产生严重的不良影响。不同训练阶段的心理和生理反应见图 9.3。

生理/心理指标	反应	抵抗	过度训练	过度训练综合征
静息心率和最大心率	↘		○	○
非最大心率及非最大摄氧量	↗	○		○
最大摄氧量	↘			○
无氧代谢	↘		○	
基础代谢率	↗			○
非最大/最大呼吸交换率	↘		○	
神经兴奋性	↗			○
交感神经反应	↗			○
情绪	改变	○		
感染疾病风险	↗	○		
血浆睾酮	↘	○		
皮质醇、生长激素	↘			○
肌酸激酶	↗			○

图 9.3 不同阶段的心理和生理反应。

过度训练的后果如下。

持续性的身体和心理疲劳：过度训练会导致身体和精神疲劳累积，使训练者长时间感到疲惫无力，影响日常生活和工作学习。

运动能力下降：长期的过度训练会导致身体处于过度疲劳的状态，即使我们强行进行更多的训练，运动表现也会下降，无法达到预期的训练效果，甚至产生挫败和厌恶感。

伤病风险增加：当身体长期过度疲劳，免疫系统会降低，更容易受伤和生病。此外也会增加一些慢性伤病（骨折、肌肉损伤、风湿性疾病等）的风险。

心理问题：过度训练不只是体力上的问题，还会产生大量精神压力，可能出现焦虑、抑郁的症状，甚至可能导致其他心理障碍。我曾经认识的很多前辈就是因为长期过度训练导致对运动产生了厌恶情绪。

激素失调：过度训练会导致体内激素失调，如肾上腺素、皮质醇水平升高等，这会影响身体的正常运作。

影响赛季甚至运动生涯：如果运动员长时间过度训练，则可能需要非常长的时间才能恢复到最佳状态。更严重的话，可能已经不可逆转、造成运动生涯的提前结束，这是我们绝对不希望看到的。

过度训练综合症是一种病，我们永远不希望陷入这个阶段。但如果不小心陷入过度训练，我们也要及时察觉并且止损。可以以图9.3作为参考，判断自己是处在抵抗阶段还是疲劳阶段。

我们还可以利用其他方法（RPE和晨脉监测）来实时监测自身的疲劳，这在后文有详细介绍。

破除"训练迷信"，做好疲劳管理

我们必须清除一种存在已久的"思想毒瘤"，这种思想一旦存在，任何计划都是浮云。这个"思想毒瘤"就是"增肌毒药"（见图9.4），具体如下。

·太多的训练者的训练组成方案是：力量训练之后还要增加大量容量训练，一次训练里高强度到低强度动作全部练一遍，直到榨干精力为止。因为在他们的潜意识里，一次训练如果没有增肌元素、肌肉没有"泵感"就总感觉缺了什么。我带过一个训练者（当然这也是当前很多人的状况），在练完俄挺专项之后，还要增加大量的倒立撑，完事之后还要加腰间俯卧撑，之后退阶到俯卧撑再退阶到冲肩，最后还要加上有氧……结果就是长期没有进步，情绪出现低落从而慢慢对训练失去兴趣，直到后来经过周期的规划与调整才开始稳定进步。

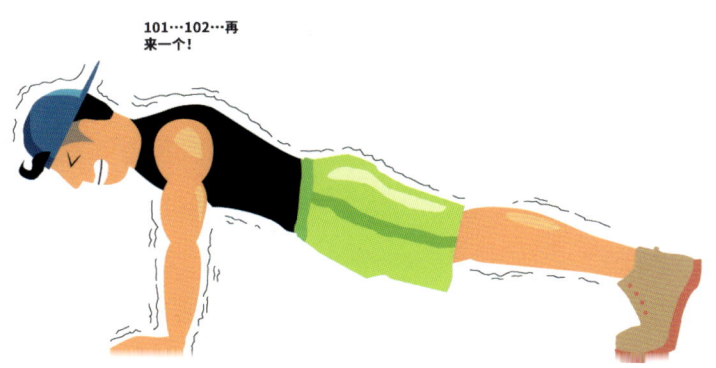

图9.4 "增肌毒药"思想。

为什么会出现这种情况？

底层原因有两个。

第一，"干就完了"这种思想深入骨髓，觉得训练不让自己横纹肌溶解就不算努力，不练到肌肉酸痛就觉得对不起自己。

第二，对于训练的底层原理缺乏了解。努力不等于胡干蛮干，在正确的方向上努力才是真正的努力。周期存在的意义就是让大部分人明白一个原理，让大家知道什么时候该练什么、该练多少。

很多时候胡干蛮干还不如休息，虽然好身材是很多人进步的驱动力，但是需要明白，如果你的目标是提升力量，就需要把阶段划分明确，因为每个人的恢复能力是有限的，如果在一次训练里融入过多的元素，就有可能每种元素的提高都不大。例如你的目标是提升成绩，在数学课的时间里你就应该好好学数学，而不是在一节课里又学数学又学语文还学物理，那样的结果就是数学、语文、物理都没学好，最后人还很累。

训练也是同理。那么我们一次训练的量该如何把控？这里我们需要知道一个概念：合理训练容量区间。

合理的训练容量区间

合理的训练容量区间包括最低的有效下限和最高的训练上限（见图9.5）。低于最低下限，身体得不到有效的刺激，无法产生足够的适应。如果超过了最高的上限，身体恢复匹配不上训练产生的"破坏"，就会导致退步。

这个概念非常棒，简单来说就是让自己了解自己可以承受的最大训练量。这个概念结合RPE与晨脉监测就能够发挥最大化价值，这对于街健运动者同样合适。

最低下限可以联系前面的概念——身体能察觉出外界的压力，而最高上限就是让自己达到抵抗的最深阶段。

明白这个概念之后，我们就能在训练中做出取舍：把最有效的恢复量留给提升目标最快的元素。增肌虽然重要，但它却是一个长期的过程，把增肌的时

有效下限　　　　　　　　　　　　　　　　**训练上限**

理想情况

有效下限　　　　　　　**训练上限**

睡眠不佳/饮食不到位/压力过大 等因素

图 9.5　合理的训练容量。在营养、恢复不到位的情况下，身体能承受的合理训练容量会减少。

间单独划到一起，形成一个阶段才是聪明的做法，而不是在每一次训练里都增加只能感动自己的"垃圾容量"，使进步受阻，影响整体恢复时间，结果增肌还不能最大化发展。

我们的身体有定向适应能力。在一种模式中，身体要对这种模式产生适应才能最大化发展。

我们明白了解锁神技就是力量提高加上神经适应这样一个过程，因此我们需要把力量发展的最大板块单独留出一个阶段。

影响进步的另外一个因素就是日常的作息，通过上图可以看到，训练上限是会受到其他因素影响，如果你的睡眠不足、摄入的热量过低或受其他压力因素的影响，你的最大可恢复容量就会降低。

举个例子，如果一个训练量你以前是可以恢复的，而你却因为熬夜打游戏、生活不规律，导致你以前能恢复的训练量现在却不能恢复。我们身体的进步主要就体现在恢复之后的身体变强，而长期做超出身体恢复能力的训练就会造成过度训练，导致无法进步。

周期性的特点就是合理地避开疲劳的累积（疲劳管理）以及为目标设立阶段性内容，使训练有一个合理的规划，最终避免损伤，顺利达到目标。

值得注意的是，每个人的恢复能力都不相同，这里面有内分泌激素水平的影响，也有生活环境的影响。

每个人的合理训练容量区间可以用晨脉与 RPE 来监测。因为受到生活环境的影响，你的训练强度和容量并不是一个长期固定值，而是会随时波动的。所以可以通过监测晨脉与 RPE 去了解自己能承受多大的训练量。随着经验的不断积累，我们会对训练以及疲劳管理有更深刻的认知。

疲劳管理

疲劳管理是拉开"大佬"与"小白"差距的关键因素。很多时候，一个人能不能持续安全地进步，就看他的疲劳管理做得如何。在我们之前的思维模式里，会把训练放在一个最高的位置上，但是我们却忽略了越努力的训练往往会带来更多的疲劳，意味着更严格的恢复才能带来超量恢复。而一旦疲劳积累超过自身恢复能力，那过度努力的训练反而会成为了累赘。了解疲劳管理可以更系统地监控疲劳，让我们的努力恰到好处。

RPE

RPE(Rate of Perceived Exertion, 主观用力程度）是由瑞典心理学家古纳尔·博格（Gunnar Borg）在 20 世纪 60 年代提出的对感知努力程度进行评级的概念。博格最初使用 6 ~ 20 的评级范围，后来修改并简化为现在的 0 ~ 10 等级。经过 50 多年的完善，它已成为运动训练中非常重要的标准（见图 9.6）。当然在专业运动领域还有更细化的 CR100 量表等。

我们一般会针对以下三种人群用 RPE 来测量运动强度。第一，有基础疾病与特殊身体情况的训练者（例如孕妇）；第二，心肺耐力训练者；第三，力量训练者。

RPE 是用自己的主观感受来衡量相对强度的主观标准，对于特殊人士 RPE 的评分会更细化，对于力量训练者而言，RPE 就是衡量训练强度的一种方式。此方法适合有一定经验的训练者作为训练强度与当日状态的参考，因为新手缺乏训练经验，所以新手的 RPE 评分偏差会较大，难以实际应用。但可以逐渐尝试，随着训练经验的积累，RPE 的判断会越来越准。大家有没有发现自己每次训练状态其实都会不太一样，短期内总是会起起伏伏，尤其是某一次尝试了新的动作、重量，下一次反而变得很困难甚至起不来？如果这个时候强行尝试这个重量会造成什么结果呢？

我们再举一个详细的例子，例如你正在进行增力模块训练（目标强度 5 RM），当前力量水平是负重 30 kg 引体 5 RM。但是下次训练前一天没睡好，导致

图 9.6 博格 CR10 主观用力程度。

博格 CR10 主观用力程度		
0	毫无感觉	
0.5	极其轻松	刚刚能察觉
1	非常轻松	
1.5		
2	轻松	轻
2.5		
3	中等	
4		
5	吃力	吃力
6		
7	非常费力	
8		
9		
10	极其吃力	"最大用力"
·	绝对最大值	最高的可能性

状态不佳，25 kg 只能做 5 下（所以其实这次训练你就应该以 25 kg 为训练重量）。你想到上次明明能拉 5 下 30 kg 的重量，心有不甘，但如果今天强行试 30 kg，很可能 1 RM 都起不来。在状态不佳略有疲劳的情况下还强行上最大强度，结果就是积累更多疲劳，恢复更慢，影响整体训练进度，长期下来还会有过度训练的风险。

所以有一个可以相对量化的标准来衡量当前的状态就相当重要。由于状态起伏是时常发生的，所以不能只以绝对重量为标准，还要结合当前状态来判断训练的负荷。

尤其对街健而言，很多情况下负荷更模糊，不像杠铃一样有标注明确的数字。例如俄挺维持，很多时候我们并不知道确切的负荷，所以要有一个标准来衡量自己的用力（努力）程度。注意实际使用中数字并不一定取整数，还可以取小数，例如 7.5、7.8 等，但这需要建立在一定的训练经验基础上。

RPE 可以在每组结束时进行评估，最后在训练结束时再进行一次整体评估。

每组监测 RPE 作用如下。

- 监控实际强度是否符合目标强度。
- 监测训练者是否存在疲劳。
- 调整后续组数或负荷。
- 可以比较不同训练方法的强度响应。

训练后整体评估的价值在于以下几点。

- 监测训练负荷是否匹配目标强度。
- 评估不同类型训练的总体强度。
- 作为疲劳状态的一个指标。

对于训练强度，其实 7 ~ 8 是比较推荐的范围，不建议训练完 RPE 评估高于 8。

RPE 7 代表你已经非常努力了，RPE 8 基本上接近过度训练的阶段，即处于"抵抗阶段"接近"疲劳"。长期处于 RPE 8 以上很有可能就已经有过度训练的风险了。接下来我们详细看看 RPE 的特征。

RPE 7

RPE 7 代表"非常困难"的程度，具体来说，RPE 7 的特征如下。

- 呼吸明显加快，说话会轻微中断。
- 出现全身乏力，心率进入高强度训练区，但尚未达到最大心率。
- 需要精神集中来维持节奏。
- 整体感觉吃力，但可以坚持。
- 额外重复次数需要加大努力。
- 出现疲劳感，但不会明显酸痛。

当 RPE 为 7 分时，表示你正在进行高强度的训练，身体机能已充分调节，但尚未达到极限。

简言之，RPE 7 代表高强度的可控训练区间，需要靠努力来维持，但尚未完全锻炼体力。

RPE 8

RPE 8 代表"非常艰难"的感知努力程度，其具体表现如下。

- 呼吸显著加快，说话会中断。
- 肌肉产生明显疲劳感。
- 需要聚精会神来保持节奏。
- 感觉已经接近极限，但还可以再坚持一会儿。
- 额外的重复次数变得艰难。
- 出现轻微的不适感。

当感知到 RPE 达到 8 分时，表示你正在承受高强度的训练负荷，身体机能接近极限状态。这时候的运动强度非常高，但仍处于可控状态，需要靠努力坚持。它代表着高强度区间训练的一个典型点，但还未完全达到力竭的状态。这个强度代表你已经足够努力，保持在这个范围可以收获非常可观的效果，但是也要注意疲劳的管理。

RPE 9

RPE 9 代表"非常非常困难"的努力程度，表示你正在进行极限强度的训练，身体各系统接近力竭状态。具体来说，RPE 9 的特征如下。

- 呼吸非常吃力，说话困难。
- 需要极其集中精力来维持。
- 整体感觉非常吃力，开始接近极限。
- 出现明显的发力不均匀感。
- 全身不适，但通过极力咬牙还能坚持。
- 无法再进行多余的重复动作。

RPE 9 代表你已经十分接近极限训练的强度区间，身体已经处于相当吃力的状态，需要极大毅力才能维持。这种强度只适用于特定阶段的训练，不宜频繁使用。

当 RPE 评定为 10 分时，表示身体已经达到极限。其具体表现如下。

· 呼吸极为困难，无法说出完整的话。

· 努力程度接近极限。

· 肌肉极度酸痛和疲劳。

· 无法再进行额外的重复次数。

· 身体各部位出现明显的不适感。

RPE 10 代表你正在以极大的努力进行训练，而高强度运动带来的不适感也达到极限。如果达到 RPE 10，代表你可能需要降低训练强度来确保不过度训练。

晨脉监测：预防过度训练的一大利器

当交感神经出现过度兴奋的征兆，我们的血压跟静态心率就会升高，这就是晨脉监测的依据。

晨脉监测可以提前避免过度训练，因为在运动过度出现最初反应时，晨脉警报会出现。出现了警报就要避免接下来的疲劳累积，这就是持续进步的关键。

如果这个时候还不进行疲劳管理，任由压力继续累积，接下来内分泌系统也会出现异常，我们体内的睾酮与甲状腺素会呈下降趋势，皮质醇水平也会升高。

所以激素检查也可以作为判断是否训练过度状态的参考，如果激素检查中出现睾酮指标低于正常指标范围且皮质醇指标高于正常指标范围，基本可以认定为训练过度。

如果处于训练过度状态还不减载休息，让身体充分恢复，而是继续累积"压力"，则会出现免疫系统被抑制的情况，变得更容易生病，甚至陷入过度训练综合征。"我们是怎么样作践身体的，它都会让你怎么样还回来。"

晨脉（也称为清晨静息心率，Resting Heart Rate，RHR）是指清晨刚醒时的心率，可以反映一个人的身体恢复和整体健康状态。

依据晨脉判断疲劳的方法如下。

· 首先，获得一个基准数据。我们需要知道自己的正常晨脉是多少。一开始连续几天在相同的条件下（如同样的睡眠时间，相同的睡眠环境等）测量并记录自己的晨脉，然后计算平均值作为基准数据。

· 每天早上在相同的时间，在完全放松的状态下测量晨脉。最好使用心率监测器或专业的脉搏测量设备，现在很多运动手表或者手环也有自动监测晨脉的功能。如果是手动测量，要确保我们在测量时处于完全放松的状态，并且在测量前没有进行任何剧烈的身体活动。

· 如果我们的晨脉比基准值高出 10 ~ 15 次 / 分钟或更多，可能就代表着我们的身体处于尚未完全恢复或者有轻微疲劳的状态，需要注意训练强度和容量的控制。如果连续几天晨脉都高于基准值，这可能意味着我们的身体正在经历过度训练或其他身体压力，这个时候就一定要注意休息。用晨脉来判断训练只适合线性计划，如果当前已经在实行波形计划，当晨脉高于基准值，我们不需要停训，只需要把高强度训练换成中强度训练即可。

当然影响晨脉的因素可能还有很多，当晨脉过高时，身体还会有其他的感受。为了更方便地观测身体是否在疲劳状态，我们还整理出了以下几点身体可能会产生的反应，看看你有没有"中枪"。

· 失眠，睡眠质量很差。

· 力量与运动能力明显降低（越练越退步这一类人该警醒）。

· 持续难以恢复的疲劳感。

· 食欲降低以及训练激情减退。

这几点是最容易观测到的，至于运动时的心率、血压等因素也是参考，但并不实用（以上结论出自《运动生理学》第四版以及 NSCA-CSCS 教材中过度运动章节）。除了晨脉还有心率变异性（HRV）可以配合着一起监测，心率变异性是衡量心脏健康和自主神经系统活动的 个重要指标，现在市面上大多数运动于表或者手环配合相应 APP 都能方便进行监测以及提供建议。

值得注意的是，不一定只有大强度的运动才会造成过度训练，平时的状态也是主要因素之一。睡眠的匮乏、低能量的饮食以及状态不佳时的持续运动等都是造成过量运动的原因。

氮泵

我认为在运动补剂当中，氮泵是最不该存在的，它存在的逻辑本身就很奇怪：在身体状态已经不佳的时候强行训练。身体发出不适信号时最直接的方法就是休息，而不是让它强制工作。

记住，如果你本身状态不佳，需要氮泵来获取动力，那或许你今天本来就该休息，而不是硬着头皮训练，结果造成过度训练，得不偿失。

而如果本身状态较好，也不需要氮泵，热爱本身已经是最大的动力。

我们绝大部分人不是职业健美运动员，也不是职业体操运动员，我们的第一理念始终是健康。一旦运动上升到竞技与过度追求成绩，健康就会受到影响。我们结合前面系统化街健的思路对照一下自己身上的问题，就会发现很多疑问已经找到了答案。

呼吸

造成疲劳还有一个非常重要的因素，那就是不良呼吸模式造成的机体缺氧。机体缺氧一样会造成神经疲劳，这是营养与睡眠之外的一个重要因素。

提到呼吸就需要了解波尔效应与过度换气综合症。

波尔效应由丹麦生理学家克里斯蒂安·波尔（Christian Bohr）在 1904 年发现并命名。血红蛋白运输氧气到机体的过程中，会释放氧气被机体利用，这一过程需要一定浓度的二氧化碳，氧气才可以被机体充分利用。如果体内二氧化碳的浓度过低，那么机体对氧的"利用率"会出现一定障碍。而机体对氧的摄取出现障碍，则会导致中枢出现慢性疲劳累积，影响恢复速度。

过度换气综合症简单来说就是：呼吸中枢对于体内的二氧化碳浓度出现过度敏感，导致二氧化碳被大量排出体外，从而出现机体"缺氧"导致的疲劳，换句话说就是呼吸中枢的"失调"。最新资料指出，过度换气综合症的原因虽然尚未完全明确，但与呼吸中枢调节失调、肺功能异常、情绪及心理因素有关。解决方案除了药物治疗，还有一种很简单的方法就是练习瑜伽，尤其是冥想这个环节，具体的操作方法后续有介绍。

如果对于呼吸与训练非常感兴趣，想更详细更深入地了解，本人比较推荐心淳健康管理有限公司推出的 ACE-FBT 呼吸与应用线下培训课程。

一点题外话

不知道大家有没有发现一个现象，进步很快的人一般满足以下三个条件。

- 年轻，身体恢复速度很快，"抗造"（东北话）。

- 生活环境安逸，基本没有任何外在压力。

- 生活作息很规律。

说句很直白且扎心的话，有些人就算不经过系统训练，用身体扛住了各种压力取得进步，哪怕是获得了成就，也是一身伤病挺过来的。大部分人在这个过程当中就已经被淘汰了，留下了一些"幸存者"，这些"幸存者"用他们的经验培养下一批"幸存者"。

如果你够年轻，生活够安逸，身体恢复能力够强，那么你也许能成功。但是反过来想想，选择自重健身的人，是不是大部分都是工作繁忙、碎片时间很少的人呢？这些人往往背负着学业、家庭、房贷与职场压力，如果还不采用系统性训练，而是去无脑死怼动作，后果很可能是直接影响生活。这是不是一件很可怕的事？我认为这种现象的出现对于街健训练来说是灾难性的。确实，站高了是不愿意摔下来的，能正视问题才是将这个领域壮大的关键。

大家可以反思一下，为什么即使是高水平街健训练者，伤病也会那么多？难道练街健就一定会一身伤病么？我们作为普通人请不要对比运动员多么努力，我们看不到一个运动员背后的营养和康复团队，看不到体能教练详尽的周期规划，更看不到运动员完整的训练计划。我们看到的只是他们想给我们看到的努力的一面。更何况运动员的团队已经在最大程度上帮运动员避免伤病了。所以为了追求极限成绩而发生意外伤病根本不是普通人所追求的目标，病理性的疼痛是身体发出的警告，如果此时你还继续糟蹋身体，这难道不仅仅是为了感动自己吗？

以练伤练废为荣的那些人就更不用评价了，这也成了影响绝大部分人的"毒鸡汤"。也不要谈运动表现这几个字，这几个字可能超出了绝大部分街健爱好者的认知。对运动表现感兴趣的可以了解一下 EXOS 这个组织，你就会对运动的复杂性有一个更深刻的认知。

训练频率这个问题一直是一个争议性很大的问题，"练 1 休 1"与"1 周 6 练"的争议一直都存在。其实关于进步这个问题，往简单说就是刺激与恢复的过程，涉及恢复问题的因素是多方面的，主要因素包括年龄与生活环境等。生活压力不大的年轻人的恢复速度会相对较快，而对于步入工作并且成家的人来说，这类人的恢复条件是不如前者的，当然这里也有个体差异。恢复较快的人可以适当增加训练频率，恢复条件较差的人训练频率应趋于保守。我们给出的训练频率与相应的组数建议一般都是偏"保守"的，如果在进步速度与损伤之间做一个选择，那我肯定选择前者。但如果本身想比较激进地进行训练，则更要做好风险的预防，越是"莽"的训练，就越需要聪明的头脑来把控风险，将努力效果最大化。

加速恢复的方法

除了训练后的放松，我们还可以在休息日做主动的拉伸与筋膜放松，尤其是在大强度训练周至少要安排两个休息日来进行主动恢复。

筋膜放松

许多训练者只在乎训练过程，却没有关注筋膜对力量以及关节的影响。筋膜放松也是训练的一部分。筋膜系统对于力量的帮助主要体现在以下几个方面。

· 传导力量。筋膜系统的影响不仅体现在单块肌肉功能上，因为筋膜可以有效地传导肌肉产生的力量形成肌肉链，增强整体的力量（见图 9.7）。筋膜张力过高会导致筋膜的粘连，直接影响力量的传导，从而导致整体动作出现问题。街健训练有非常多的等长收缩训练，会更容易导致筋膜粘连，所以筋膜保养要做得更到位才行。

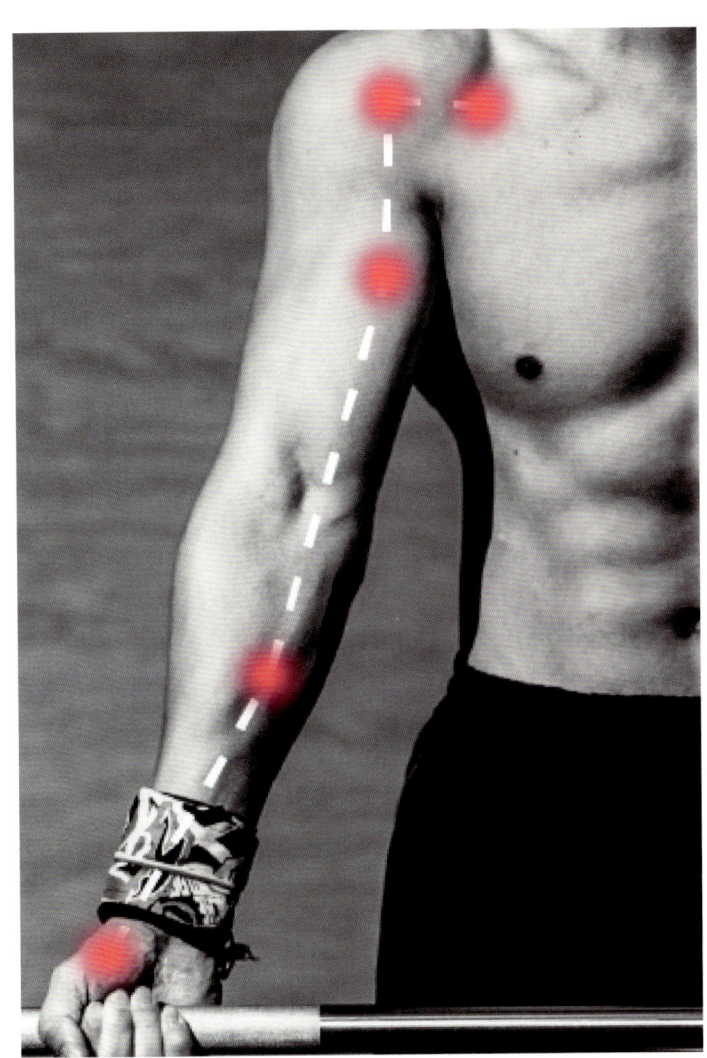

图 9.7 肌肉链。

· 保护关节。一条筋膜往往会连带一系列的肌肉及关节，而筋膜也起到"固定"肌肉及肌腱的作用，为肌肉收缩产生的力量提供牢固的"固定点"，直接影响力量效率。

有经验的康复师可以通过触诊的方式排查筋膜的粘连点。个人建议在专项这个阶段的直臂动作训练中，每隔一个星期用筋膜球松解覆盖肘关节与肩关节筋膜链的两端，使整体筋膜的张力变小来最大化避免筋膜粘连的问题。

图 9.8(a)

- 进行 10～15 cm 来回滚动。
- 持续 15～30 s 或 10～15 个来回。
- 注意不要滚到腰部，见图 9.8 (a)。

图 9.8(b)

- 进行 10～15 cm 来回滚动。
- 持续 15～30 s 或 10～15 个来回。
- 手臂可以配合进行上下摆动，见图 9.8(b)。

图 9.8(c)

- 找到痛点进行按摩。
- 持续 15～30 s 或 10～15 个来回。
- 深度按压持续 60～120 s，但需要一定时间恢复（2～5 d），可以安排在减载／动作准备模块，见图 9.8 (c)。

俄挺训练对于肌腱和筋膜的压力非常大，产生疼痛以及出现伤病的风险更大。对于筋膜放松我们也需要有整体的"链"式思维，整一条链都要进行处理（见图9.9）。下面是我们为大家挑选整合的点位，供大家进行放松和伤病疼痛预防。如果已经出现伤病，最好及时找运动康复师进行治疗。

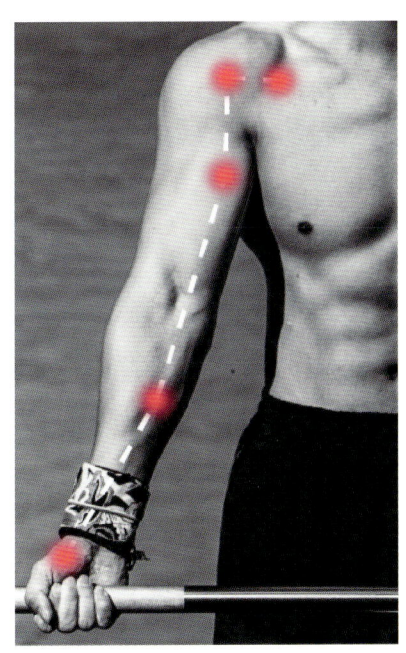

图 9.9 手臂肌肉链。

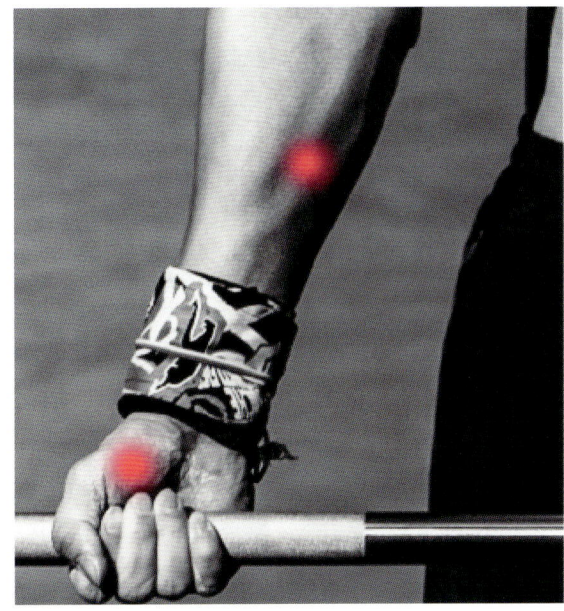

- 找到痛点进行按摩。
- 持续 15 ~ 30 s 或 10 ~ 15 个来回。
- 小臂点位可以直接用手指的食指关节或者手肘进行按压。
- 进行深度按压可以持续 60 ~ 120 s，但需要一定时间恢复（2 ~ 5 d），可以安排在减载 / 动作准备模块（见图 9.10）。

图 9.10 痛点。

下肢筋膜放松

下肢筋膜放松的详细动作如图 9.11 ~ 图 9.19 所示。

图 9.11

- 小腿前后滚动按摩。
- 持续 15 ~ 30 s 或 10 ~ 15 个来回。

图 9.12

- 小腿左右滚动按摩。
- 持续 15 ~ 30 s 或 10 ~ 15 个来回。

图 9.13

- 大腿侧面按摩，膝关节来回屈伸。
- 持续 15 ~ 30 s 或 10 ~ 15 个来回。

图 9.14

- 大腿前侧前后滚动按摩。
- 持续 15 ~ 30 s 或 10 ~ 15 个来回。

图 9.15

- 大腿前侧左右滚动按摩。
- 持续 15 ~ 30 s 或 10 ~ 15 个来回。

图 9.16

- 大腿侧面滚动按摩。
- 持续 15 ~ 30 s 或 10 ~ 15 个来回。

图 9.17

- 大腿后侧前后滚动按摩，注意勾脚尖。
- 持续 15 ~ 30 s 或 10 ~ 15 个来回。

图 9.18

- 大腿后侧左右滚动按摩，注意勾脚尖。
- 持续 15 ~ 30 s 或 10 ~ 15 个来回。

图 9.19

- 臀部滚动按摩。
- 持续 15 ~ 30 s 或 10 ~ 15 个来回。

动态及静态伸展

动态伸展可以加速血液的流动,可促进营养物质的运输和加速代谢废物的清除,同时也可以减轻肌肉的疲劳,减少筋膜粘黏的风险,协助肌肉恢复到正常的长度,对于力量的恢复与损伤的预防都非常关键。所以筋膜放松与动态伸展就是主动恢复的主要手段。

这里推荐的方式是"最伟大伸展",这是运动员常见的动态伸展方式,它起到了高效率松解肌肉的作用,因为在"最伟大伸展"的过程中,基本上全身的肌肉以及关节都会被覆盖到。这个动作也可以作为训练前的热身动作(静态伸展不适合作为运动前的准备,但是可以把它放到主动恢复这个环节里,因为长时间的静态伸展会暂时性降低肌肉输出能力),做完几次之后会感觉全身都已经被激活,兴奋度提升。

最伟大伸展

最伟大伸展的详细动作如图9.20～图9.21所示。

图9.20

- **S1**
  - ·俯卧支撑姿态。
  - ·肩髋膝踝在一条直线上。
  - ·核心收紧。

- **S2**
  - ·一侧腿向前迈步。
  - ·后侧腿尽量保持伸直。

- **S3**
  - ·髋关节整体下压。
  - ·后侧腿尽量保持伸直。

- **S4**
  - ·同侧肘触地。

图9.21

- **S5**
  - ·手臂伸展,胸椎旋转,手指指向天花板。
  - ·视线随着手一起旋转看向天花板。

- **S6**
  - ·手归位,双手撑地。
  - ·髋整体后移。
  - ·前侧腿尽量伸直,脚尖勾起。
  - ·后侧腿伸直,脚后跟尽可能去碰地。

- **S7**
  - ·向前弓步伸展。
  - ·双手举天,视线随着手一起看向天花板。

  换边再重复对称动作为一轮。重复3～5轮。

冥想

我们前面介绍了压力。

除了训练带来的压力，环境的压力也是重点。

对于生活中环境压力的调节，有一种方式是非常棒的，那就是冥想。现在大部分人生活压力过大，而冥想能够迅速让人静下心来，停止无意义的精神内耗。

实操

· 在安静的环境中点上香薰，可以放一些柔和的音乐，采取莲花坐或者金刚坐的方式（当然也可以采取自己觉得舒服的姿势，例如坐姿或站立等）。

· 脊柱稳固挺直，从盆底到喉咙彻底放松。

· 这个时候思想放空，把脑袋里的房贷、工作中的情绪、生活中的琐事全部都丢到脑后。

· 感受有一滴水滴在自己额头上，这滴水顺着额头经过脸颊流向下巴。

· 采取腹式呼吸把注意力放在呼吸上，如果思维被烦心事扰乱专注力，那就要迅速调整。每一次吸气把小肚皮顶出去，每一次呼气把肚皮拉向脊柱。缓缓地呼吸，使全身都放松下来。

刚开始冥想时，很多人的思绪都无法达到"放空"的状态，因为现在的生活压力会使很多人长期处于压抑、焦虑的状态。保持冥想只需要短短的 5 min，生活中的垃圾情绪就会得到很大调整。同时冥想对于过度换气综合症的帮助非常大。感兴趣的可以线下找瑜伽教练学习，长期的冥想会使人的生活态度发生转变。

我认识很多瑜伽老师对于生活的态度都是向上与乐观的。任何体系，只要对我们有帮助就应该借鉴过来，从而最大化服务于训练。

十 动作讲解

在介绍动作之前，我们需要更清晰地认识塔基动作与专项动作之间的关系。这里介绍的塔基动作尤其是实力推（俄挺改良版）与健力中的实力推相比，更适合街健。

下面我需要介绍塔基动作、专项动作（屈臂/直臂）之间的细化关系，以方便更多人在动作安排上能够看清背后的底层逻辑，不再为动作选择与编排而烦恼。

在介绍动作前，再强调一下塔基动作的作用。

· 塔基动作能够强化动作关节的主要驱动肌肉。

· 为专项动作做好"无痛"预防。

再回顾一下力量这个主题，产生力量的主要因素有以下四个（见图 10.1）。

· 肌肉的大小。

· 肌纤维的类型。

· 神经募集能力。

· 动作熟练程度。

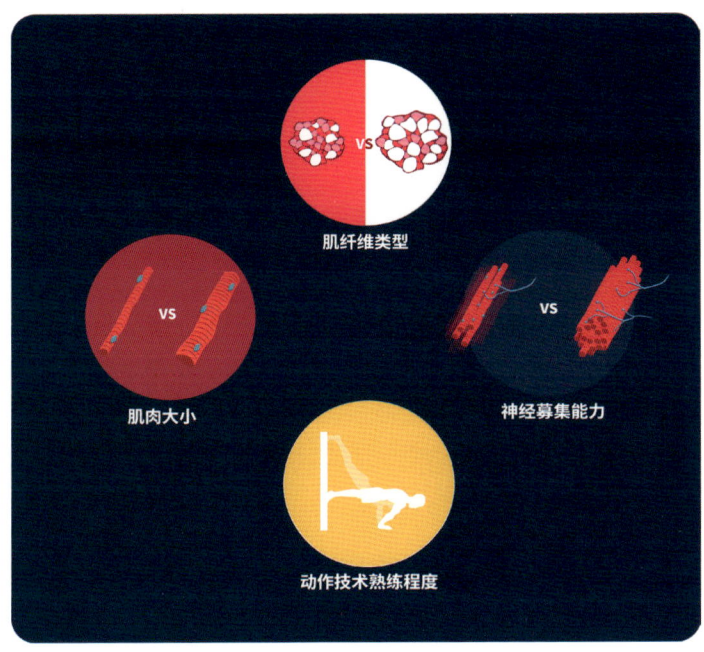

图 10.1 影响力量大小的主要因素。

其中第一个因素与第二个因素与肌肉相关，第三个因素与第四个因素与神经相关。关于肌肉与神经前面已经有大量介绍。

肌肉除了对动作有帮助外，还有一个重要作用——预防损伤。因为街健（尤其是推力动作俄挺）的受伤概率会大于常见的健美式推力训练，所以塔基动作主要是为了强化相关部位的肌肉（肌肉是保护关节最主要的组织，肌肉通过产生力量和协调身体运动来保护关节，并主要体现在稳定关节与支撑关节上）。

· 肌肉可以收缩固定关节，同时控制关节活动范围和方向。

· 肌肉可以产生张力，为关节提供架构上的支撑，减少关节的负荷和压力。

塔基动作的问题主要是相关动作缺乏迁移性，专项动作在对于目标动作的神经熟悉上更有优势，但专项动作存在的问题是动作进阶之间的跨度大，负荷增加不线性且增肌相对低效。其中，动作跨度这个问题更多体现在专项动作中的直臂固定动作中。原则上来说，对于维持类动作帮助最直接的就是直接辅助动作本身以及与之相对应的直臂动态动作（见图 10.2）。

例如与俄挺相对应的有俄挺弹力带维持以及俄挺相关的直臂动态动作（俄挺上压，倒立接俄挺离心下放）。

与前水平维持相对应的有前水平弹力带维持以及与前水平相关的直臂动态动作（前水平上摆与前水平离心下放）。

有经验的训练者会发现，对静态维持类进步帮助最大的就是维持、上摆、离心这类动作，它们对目标动作本身的提升更为直接。这类动作对于肌肉的提升有限，但是对于神经募集的帮助巨大。缺点是如果主要关节上的肌肉量太少，受伤风险会略大以至于根本都无法完成维持，所以需要一定肌肉量作为基础。

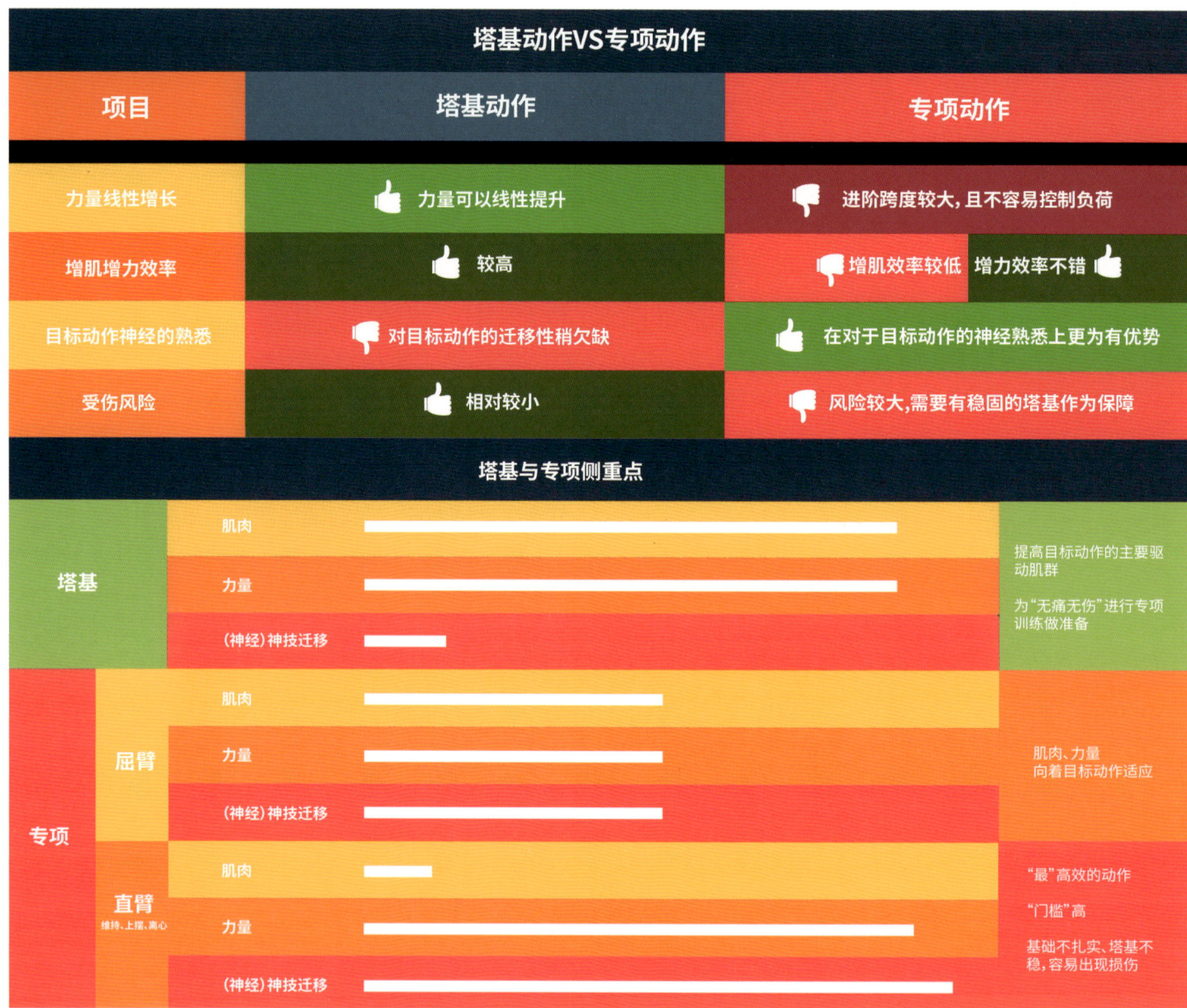

图 10.2 塔基与专项动作特点。结合塔基动作和专项动作的特点，在不同模块根据自身需求选择合适的动作来使训练效果最大化。

专项屈臂动态动作（例如腰间俯卧撑）更适合作为塔基与直臂维持之间的桥梁式动作，因为在增肌与神经募集方面没有塔基与直臂维持类动作收益大。可以理解为塔基动作与专项屈臂动态动作更适合作为直臂动作的基础。

· 训练塔基动作的目的是提高肌肉量与做好"无痛"预防。

· 训练屈臂动态动作是在强化肌肉的基础上，让神经系统更"熟悉"目标动作。

开链与闭链

开链运动与闭链运动动作的简单区分方法如下（见图 10.3）。

开链：身体近端固定。

闭链：身体远端固定。

经常有人会问，坐姿实力推好还是倒立撑好，这个问题就是典型的关于开链与闭链谁好的问题。

我们常见的杠铃卧推（固定器械类动作）一般属于开链动作。

而街健动作与自重动作基本都属于闭链动作。

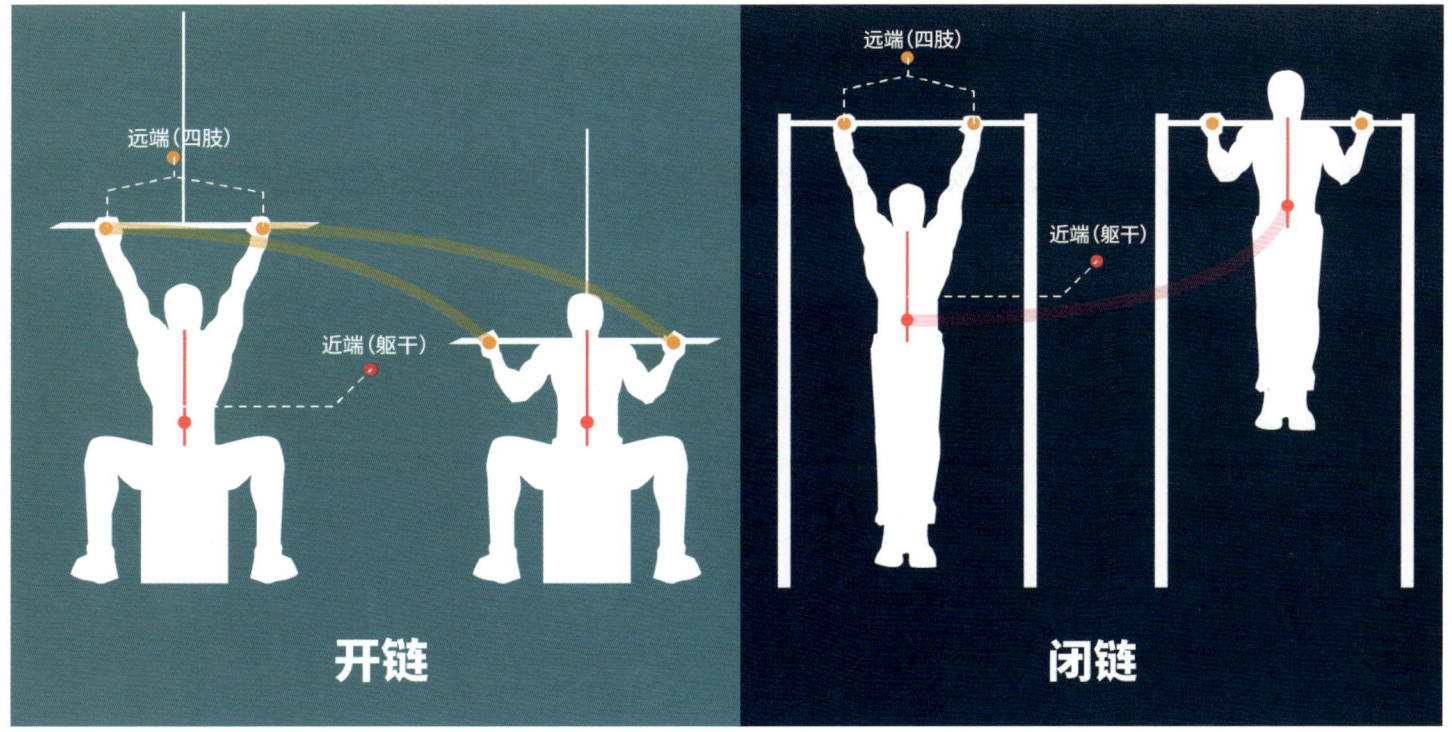

图10.3 开链与闭链动作。以引体向上和高位下拉为例，它们是一对开闭链动作。引体向上远端(手)是固定的，身体重心上下移动；高位下拉则是近端(躯干)固定，远端移动。

这两者对于力量训练都有着各自的价值。由于开链动作的机制是身体近端固定，所以可以自由移动关节，并且在安全范围类线性递增负荷，对单一肌肉群的训练以及负荷下的安全性都有优势。

我们生活中的肢体动作(如行走、跑步等)，都属于闭链动作。由于动作机制是远端固定(例如走路迈步时，脚在地上不动，把身子往前移动)，所以需要更多的肌群协同工作才能完成运动，对于"肌间协调"能力的提高帮助巨大，可以通过改善肌肉神经协调和稳定性来增强运动能力。

开链动作与闭链动作的区别如下。

• 开链动作的安全性更高，所以更适合增加负荷。

• 闭链动作更注重功能性力量与运动技能的提高，这更切合街健实际需求，并且街健动作基本都是闭链动作。

了解各自的优势后我们就会发现，它们没有单纯的好坏，只是看什么情况下适合什么动作。对于一些强化"小肌群"的动作，开链动作更合适，但街健训练的动作本身是闭链动作，所以具备一定能力后还是需要回到本质上来。理想的状态是两者结合，实现力量与动作技能的全面提高，从而达到更好的训练效果。

关节超伸

"街健直臂支撑动作中关节是否该超伸"这个问题也是很多人讨论的重点。那怎么定义超伸呢？

超伸是指关节活动幅度超出正常范围。

关节的活动受到软骨、韧带及肌腱等组织的影响。关节活动度如果超出正常范围，会导致覆盖关节的组织受到过大的压力而造成损伤。

而围绕街健争议非常大的问题是俄挺中肘关节是否该"超伸"，注意这里的超伸我打了引号(见图10.4)。

图 10.4 支撑动作中的肘超伸。直臂支撑类动作（如俄挺和"飞机"）会为了结构的稳定而发生肘关节的超伸，这种超伸在一定程度上来说是必要的，但是需要建立在足够强大的基础之上。

肘关节在完全伸直的情况下都是"超伸"的。这个"超伸"其实对于肘关节来说是正常的活动范围，因为没有人在手臂完全伸直的情况下肘关节能是一个绝对的直线，几乎所有人都有"超伸"的功能，这个"超伸"从原则上来说是适当的。

但这个现象在俄挺上该不该存在呢？NASM 的教材已经给出了解释。具体如下。

· 相对的力量与柔韧性的平衡才是避免超伸问题损伤的答案。

· 如果结缔物质的韧性很差，同时肌肉体积很小，力量也很小，那引起损伤的风险是存在的。

也就是说，所谓的"超伸"在正常肘关节范围并且力量与肌肉体积都不差的情况下是没有问题的，因为肘关节的完全伸直"锁死"就是有超伸的，这是肘关节本身就存在的功能。我们可以观察一下举重运动员在完成动作后肘关节有无超伸，答案当然是肯定的，因为锁死的肘关节能带来更强的稳定性。

而长期柔韧性与力量失衡者需要注意肘关节超伸这个问题。什么是长期柔韧性与力量失衡？我曾经带过一个从小学习舞蹈的学员，其肘关节的活动幅度极度夸张，当她支撑在地面的时候，其肘关节几乎反拧过去，但力量极差，这一类人练习俄挺等于是"自断双臂"。

关于超伸这个问题，它涉及到关节活动度、肌肉力量等一系列因素及其影响，不能单纯定义为"对不对"。用一句话解释：如果没有过度超伸并且肌肉体积不小、力量足以支持的话就没有问题；如果存在过度超伸并且肌肉基础很差，那就会出现问题（见图10.5）。

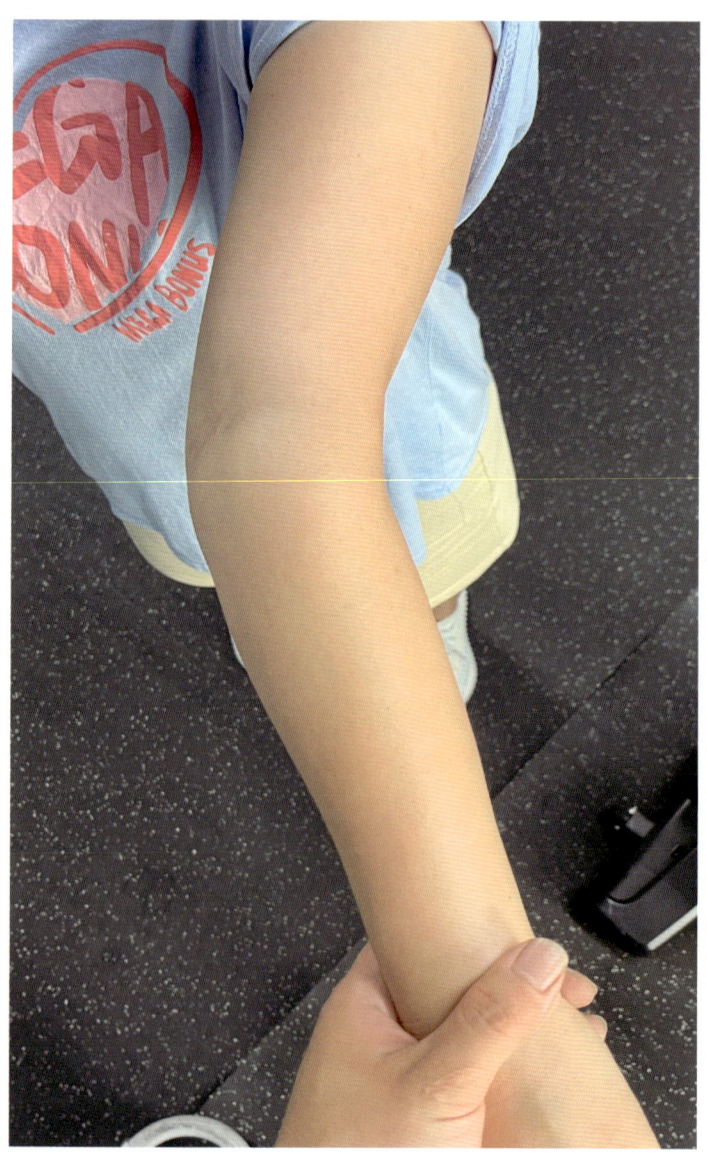

图 10.5 肘过度超伸。如果出现图中肘关节过度超伸的情况，在没有基础的情况下练习俄挺等动作是十分危险的。

动作准备

动作准备模块是一个补齐自身短板的机会，里面的动作不一定需要全部练习，可综合分析自己的短板，选择自己欠缺的部分进行针对性补强即可。

热身

热身顺序思路：先进行筋膜放松，再进行基础的稳定性和灵活性训练，第三步进行专项的热身激活。

第一步

筋膜放松：使用筋膜球、泡沫轴等工具放松紧张部位，尤其是当日训练的肌群。

第二步

肩袖激活、绕肩。

手腕热身系列。

死虫式。

最伟大伸展。

第三步

专项热身。

俄挺：肩胛前引、小重量直臂前平举等。

前水平：肩胛后缩、直臂下压等。

Hollow 姿态是一个非常重要的基础姿态，很多动作中身体应该保持该姿态，例如俯卧撑、俄挺、引体向上。练习 Hollow 可以建立基本的核心稳定性。动作要点：注意保持下背部贴地，用侧腹把双肋压下去，不要外翻（见图 10.6）。

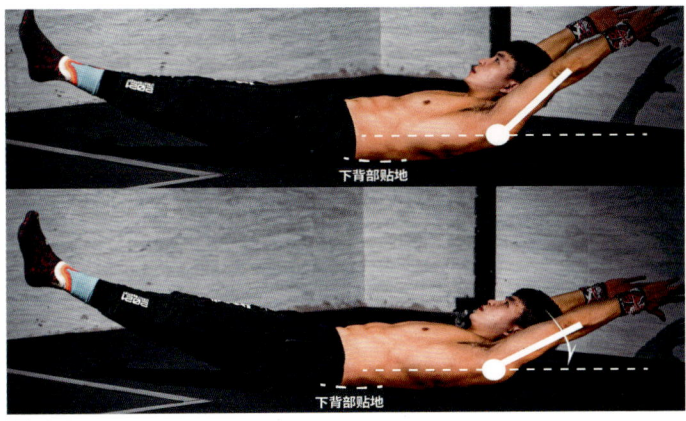

图 10.6

死虫式　第二步

死虫式可以增强核心稳定性，对优化身体控制和协调模式有一定帮助。动作要点：需要保持腰背部紧贴地面，在动态过程中不断稳定核心肌肉协同收缩，增强肌肉协调性（见图 10.7）。简单来说，如果你的动作很抖，那么这个练习可以让你的动作变得更稳定一些。

图 10.7

肩胛前引　　　　　　　　第三步

　　肩胛前引是俄挺训练者重点必练项目，前期放在动作准备阶段进行一段时间的练习，后期可以放在训练的热身阶段。动作要点：可以在向心阶段吐气，想象一下把脊柱往天花板推，侧腹也要发力使核心绷紧（见图 10.8）。

图 10.8

单手肩胛前引　　　　　　　第三步

　　双手肩胛前引可轻松完成后，可以尝试单手肩胛前引的练习。动作要点：双肩尽可能保持相同高度，不要侧偏（见图 10.9）。

图 10.9

肩袖　　　　　　　　　　第二步

　　大多数人肩关节的内旋和外旋是处于不平衡状态的。背阔肌、胸大肌等大肌群都是内旋肌，所以很多时候都处于外旋受限的状态。而外旋受限也会影响到肩关节的其他一系列功能，这里暂时不展开说。

　　恢复肩关节第一步是进行过紧肌群的牵拉，如图 10.10(a)，用一根木棍就可以完成。

　　第二步是建立正常的外旋功能，如图 10.10(b)。要点是保持脊柱直立，不要让脊柱旋转或者侧屈来代偿。

图 10.10(a)

图 10.10(b)

绕肩　　　　　　　　　　第二步

改善肩部活动功能之后，就可以进一步进行更大幅度的活动度练习。握距不需要过窄，绕肩过程中注意感受手臂和肩胛骨的联动（见图 10.11）。

图 10.11

小臂与手腕

手腕关节强度　　　　　　第二步

手臂伸直，手指抓地，用手指把身体推起。

这个动作可以很好地强化小臂、手腕、手指这一条"链"的强度。在进行倒立和俄挺尤其是地面俄挺训练前一定要进行该动作的练习（见图 10.12）。

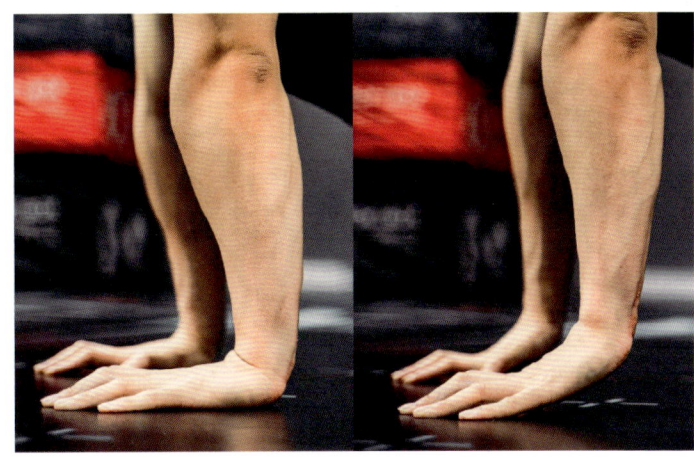

图 10.12

腕环转　　　　　　　　　第二步

腕环转练习可以提升腕部的灵活性。注意绕腕的时候要充分环转，找到"绕大圈"的感觉（见图 10.13）。

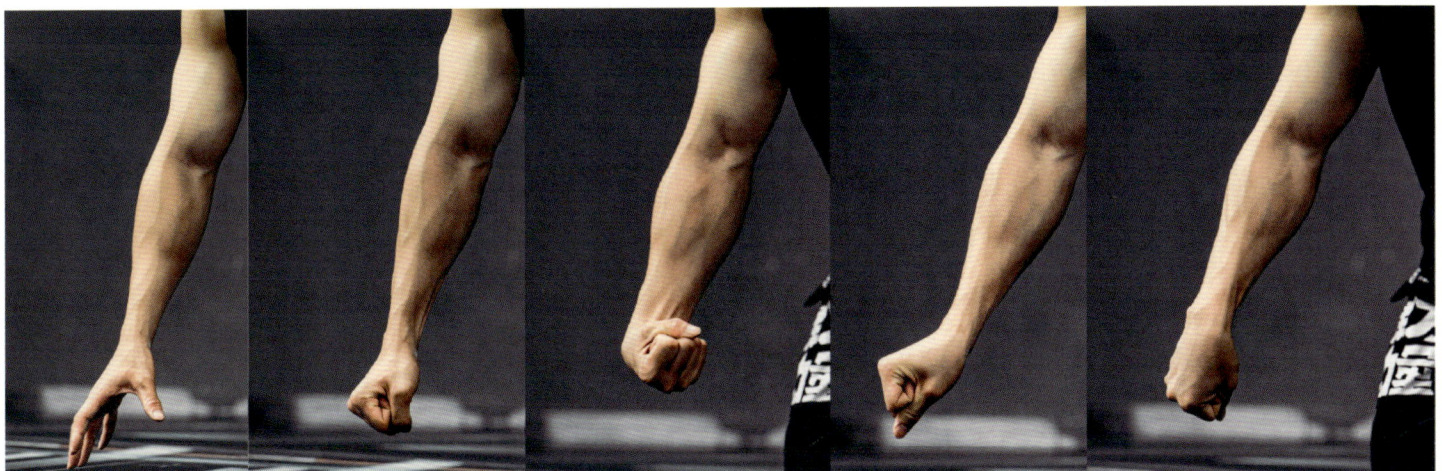

图 10.13

L-sit 支撑　　　　第三步

L-sit 支撑可以帮助建立基础核心力量、直臂力量、手腕支撑的适应性以及肩胛稳定性（见图 10.14）。

图 10.14

腕伸肌激活　　　　第二步

关于热身以及薄弱环节的训练有一个重点：腕伸、指伸肌的训练。因为大多数训练者的腕屈与腕伸力量处于严重的失衡状态，这是上肢推力训练（尤其是俄式挺身）中不得不提及的话题，也是大部分人腕关节损伤的主要成因。

我们经过训练可以抓握非常大的重量，但是我们可以测试一下对应伸肌的力量（这里我推荐各位训练者准备一个五指弹力带，它是一种专练指伸力量的工具，它的地位不比俄挺支架低），仅仅 5 kg 负荷的五指弹力带，就可能有 90% 的人张不开。

通过大量实践和观察发现，手腕损伤者的伸肌力量普遍较低，而腕伸力量训练会使腕关节疼痛增强的概率明显降低。这是由于通过交互抑制机制，腕伸肌得到激活，使腕屈肌得到放松，让手腕屈伸力量达到平衡。

压腕角度变小时，手背主动向地面对抗施加力量，这样能在提升腕部活动度的基础上激活腕屈的能力。尤其对于后背双扣腕锁不住或者感觉手背被扯住的训练者，这个动作是练前必备动作（见图 10.15）。

图 10.15

肩胛引体　　　　第二步

肩胛引体是垂直拉力的启动阶段。从肌电图能看出，肩胛肌群的募集要稍优先于其他肌群，这是保证垂直拉力动作模式正确的关键之一（见图 10.16）。

图 10.16

用弹力带练习腕伸肌相比压腕更容易控制负荷。初期练习的磅数不要太大，确保手腕是绕着大圆来进行旋转。在进行大量需要腕屈肌的训练后，我们需要加 3～5 组腕伸肌的训练来平衡手腕力量，避免紧张和疼痛（见图 10.17）。

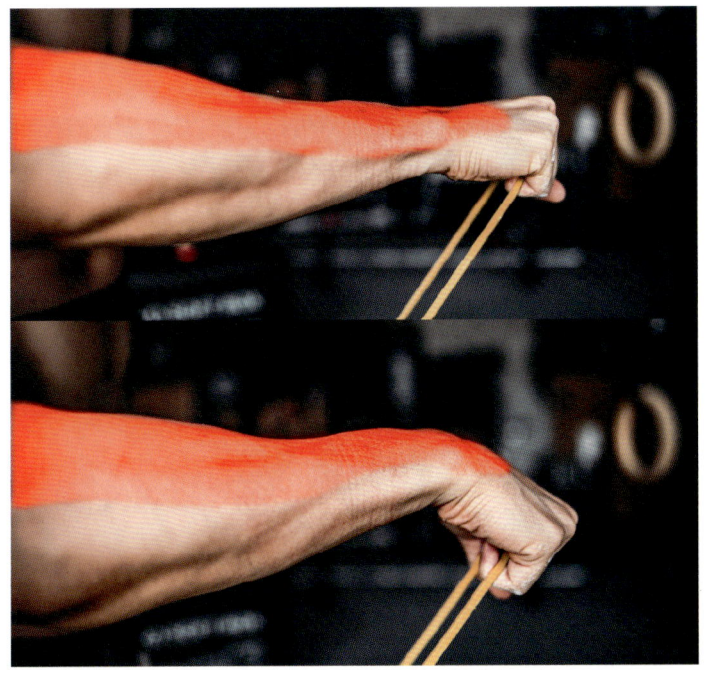

图 10.17

德式悬挂　　　第三步

德式悬挂对于肩关节活动度有一定训练帮助，由于是肩屈的发力方向，所以需要一定的肩部基础力量。它可以很好地锻炼肩部的软组织，也可以作为推力的热身动作之一。如果后期想练习后背双立臂，反手（掌心朝下）的德式悬挂也是必不可少的动作准备动作，因为需要学习肩屈和肘屈肌群在被拉伸情况下的发力模式（见图 10.18）。

图 10.18

扣腕　　　第三步

扣腕对很多拉力神技而言非常关键。前面的肌电测试也说明了扣腕能更好地激活拉力肌群。其次，对于双立臂等动作，扣腕能让翻腕变得更流畅。

对于前水平贴腹，扣腕练习更是必不可少。尤其是扣腕困难户，更应该在动作准备阶段做好练习，并将其应用到增肌和增力模块训练动作中。普通扣腕多用于快速双立臂和前水平引体、单手引体这类快速爆发的拉力动作。

深度扣腕多应用于慢速或者静态的拉力动作，例如慢速双立臂和扣腕贴腹。由于扣腕更深，对于腕屈的活动度要求更大，需要一定的手腕软组织和骨骼强度。深度扣腕需要恢复的时间更长，要长时间的练习和适应恢复才能达到比较高的强度，所以提前在动作准备模块就进行循序渐进的练习和适应是更聪明的方式（见图 10.19）。

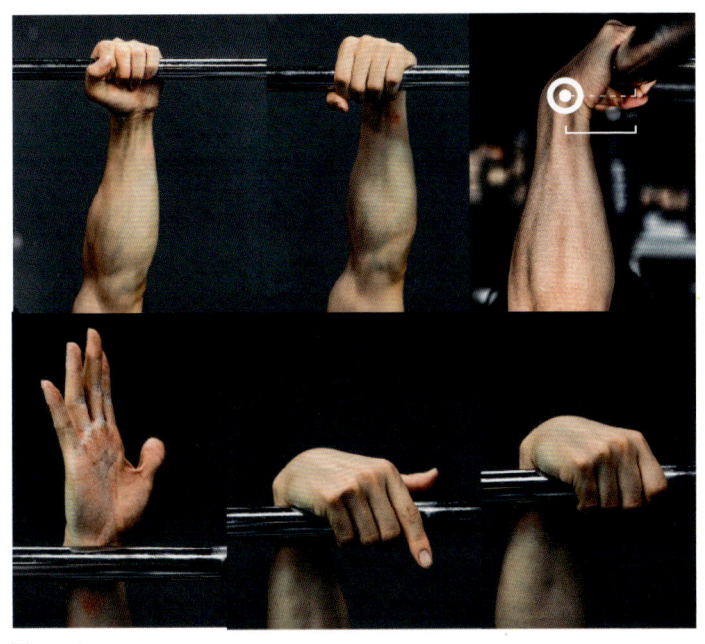

图 10.19

团身俄挺　　　第三步

练团身俄挺有没有意义？这要看把团身俄挺放在什么阶段以及训练的目的是什么。

通过肌电测试以及实践，我们非常推荐把团身俄挺放在动作准备阶段。团身俄挺可以对肩胛前引以及直臂支撑的能力进行初步的适应，后期也可以作为训练前的激活动作（见图 10.20）。

图 10.20

吊环支撑 / 俯卧撑

吊环支撑 / 俯卧撑是一个相当值得推荐的进阶稳定性练习动作，能兼顾稳定性和直臂力量的适应。

初期可以练习支撑以提升稳定性，等控制力提升后，能稳定支撑 30 s 以上，就可以开始尝试做动态的俯卧撑练习（见图 10.21）。

图 10.21

瑜伽球折体

与吊环不同，这个动作的不稳定点来自于下肢，需要通过核心进行稳定的传导。这两个动作是非常好的、相辅相成的动作，建议在倒立以及俄挺训练前进行 3 ~ 5 组的练习，以提升动作的控制力（见图 10.22）。

图 10.22

塔基动作

改良实力推

实力推是强化肩部肌肉的王牌动作之一，在卧推这个动作还未出现的时候，实力推一直是检验上肢力量的标准，对街健而言，实力推这个动作也同样重要。

这里介绍的实力推其实是针对俄挺的改良实力推（因为俄挺比较热门，所以特地说明一下，其实也可以练习传统实力推，这个要结合个人当下的训练需求），更偏向于面墙倒立撑这个动作，手的握距要与俄挺的手间距一致，同时对肩关节灵活性与胸椎灵活性都有较高要求。实力推建议从训练架上出杠，不要从地面翻起。而针对实力推的肩关节灵活性练习，对街健倒立等动作可带来姿态上的帮助。改良实力推带来的力量提高，能够很好地服务于街健屈臂推力动作（见图 10.23）。

图 10.23

面墙倒立撑

图 10.24

相对于改良实力推，能力足够者可以选择面墙倒立撑。面墙倒立撑对前锯肌的刺激更高，这可能跟身体与墙的距离有关（身体稍有倾斜）。

面墙倒立撑更有利于其他屈臂推力的发展，因为肌间协调程度更为接近。

与改良实力推相比，并没有谁好谁坏，只是各自的特点不同。改良实力推适合作为面墙倒立撑还无法进行时的过渡，同样面墙倒立撑已经非常轻松之后，大重量的实力推也能继续提高面墙倒立撑的能力和肩部力量，两者可以交替进行，相辅相成。如果实在没有杠铃，选择面墙倒立撑来进行练习，也是相当不错的方式（见图 10.24）。

臂屈伸

臂屈伸是强化上肢推力的黄金动作。臂屈伸与改良实力推几乎涵盖了肩关节矢状面推力的180°，而臂屈伸对于增加上半身肌肉量（尤其是躯干正面）来说，也是一个绝佳动作，能够为建立基础力量打下非常好的基础。同时，折体臂屈伸对于直臂、肩胛前引力量的帮助也非常大，可根据自身弱项来安排不同变式（见图10.25）。

特别注意：肘关节不要朝外打开，应保持小臂垂直于地面。

图 10.25

折体臂屈伸

图 10.26

折体臂屈伸对肩胛前引和直臂支撑动作模式的强化效果更好，但是负重会相对困难。塔基变式和塔基动作的选择需要根据自身弱项做出权衡（见图10.26）。

需要注意，推起时优先进行肩胛前引，然后才是前屈和推直手臂。

潘德雷划船

潘德雷划船是杠铃水平拉力动作，特点与实力推一样，重量可以线形提升，同时涵盖了水平拉力神技所覆盖的全部肌群，对于肩胛回缩功能的提升巨大。

如果没有杠铃负重条件，也可以通过团身 / 折体的前水平引体来进行相应的闭链动作训练，只是负荷调整相对困难一点。

动作进行时需要保持核心的刚性，下背部绷紧。拉起时小臂垂直地面，肘往天花板拉，身体其他部位保持相对静态，重心不要上下移动。

向心尽可能快速拉起，不需要刻意进行离心控制（见图 10.27）。

图 10.27

水平引体

水平引体越接近水平难度越高，上拉位置越靠近腹部难度越高。

后期前水平解锁后，可以通过弹力带辅助来进行进阶的渐进超负荷训练（见图 10.28）。

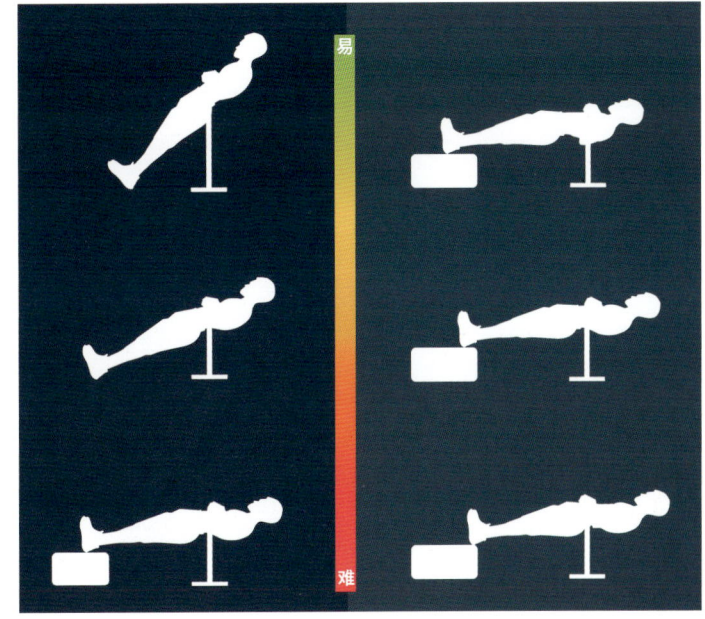

图 10.28 水平拉力难度进阶示意。

（负重）引体 / 爆发引体

（负重）引体是街健王牌拉力动作，基本上是所有街健拉力神技的基础，是对背部肌肉量的提升最顶级的动作之一，与水平拉力动作完美互补。我们需要注意把轨迹放在偏向矢状面上，核心全程保持Hollow姿态。

没有负重条件的训练者，也可以选择爆发引体。

同时强烈建议在负重训练完成后，加入几组爆发引体的训练，尤其是目标为竞速引体或者双立臂的训练者。

同样，在拉力爆发力训练前，也可以通过几组大重量来激活上层肌纤维的募集（PAP），使爆发力训练表现更佳（见图10.29）。

图 10.29

图 10.30

（负重）单手引体

如果单手引体已经解锁甚至能轻松（8 RM 以上）完成，想要达到更高表现水平，可以把（负重）单手引体作为塔基动作。

对于单手前水平而言，（负重）单手引体还能兼具一定的迁移性，但是肩关节压力也会更大，受伤风险相对更高（见图10.30）。

专项动作

推力屈臂类（俄挺俯卧撑）

冲肩俯卧撑

　　冲肩俯卧撑对于俄挺尤其是俄挺俯卧撑的迁移性很高。动作要点在于：推起至顶端时手臂完全伸直锁死，肩胛充分前引，把脊柱推向天花板，身体绷直，肩、髋、膝、踝成一条直线，达到稳定的姿态。可以采取脚抵住墙的方式来全程保持前倾度。冲肩俯卧撑适合初期进行动作模式的训练（见图10.31）。

图 10.31

　　可以通过调整前倾度来调整负荷与难度。实际上，前倾度较大的冲肩俯卧撑难度是非常高的。

　　如果支撑时感觉手腕压力很大，可以采取"侧手"的方式，中指指向两端，拇指朝前，按照自己的喜好来调整张开的角度（绿色范围内都是比较舒服的角度）（见图10.32）。

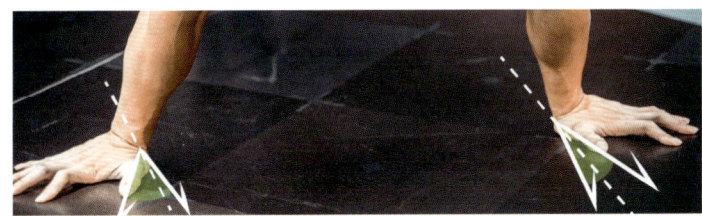

图 10.32

腰间卧推　　　　　　第三步

　　腰间卧推是与俄挺俯卧撑相对应的开链动作，优点是可以相对精确地控制负荷，能更清楚地知道自己力量的增长情况。

　　除了身体朝向不同，其余动作模式都应该与俄挺一致（见图10.33）。

图 10.33

弯举　　　　　　第三步

　　对于俄挺而言，肘屈的训练一样必不可少，强大的肘屈肌群可以保证你在俄挺直臂前倾时更加稳定。

　　建议用哑铃或者弹力带进行弯举的练习，在顶端逐渐外旋，这样可以全面地训练到肘屈肌群（见图10.34）。

图 10.34

腰间辅助俄挺俯卧撑

腰间辅助俄挺俯卧撑是最接近俄挺俯卧撑本身的动作了，注意推起时要保持标准俄挺姿态。有条件的可以选用滑轮组，其辅助力量更均匀。

这个动作难度比较大，建议有一定力量基础后（腰间卧推重量在80%体重以上）再进行该动作的训练，不然过大的辅助磅数很有可能会把动作拉变形，影响发力模式（见图10.35）。

图 10.35

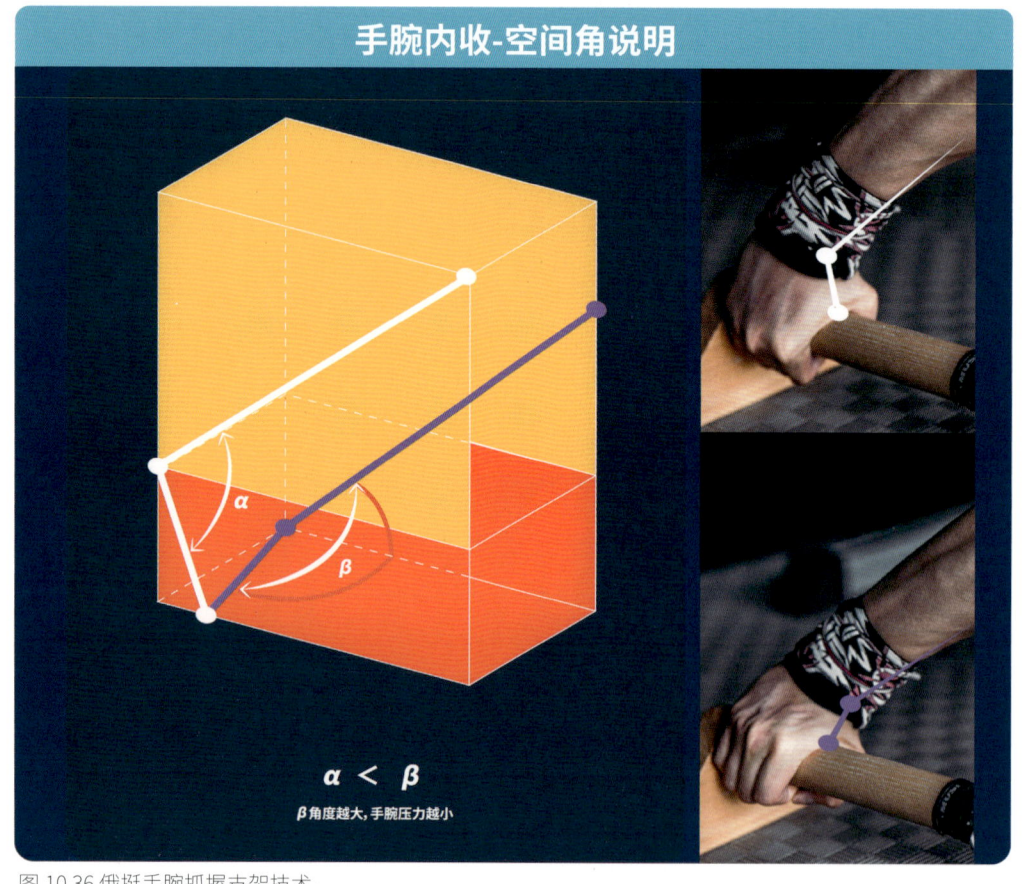

手腕内收-空间角说明

α < β

β角度越大，手腕压力越小

支架的握法也有讲究。

很多训练者反映，用支架时大拇指根会很痛，或者感觉活动度受限。

其实通过调整握法就可以很好地降低手腕压力，这就是手腕内收的技术。

相同前倾度的情况下，手腕内收可使手腕的夹角大很多，所受到的压力也会更小。但是需要注意的是，支架摆放的距离也要适当变宽一点（见图10.36）。

图 10.36 俄挺手腕抓握支架技术。

推力直臂类

仰卧前平举　　第三步

手的握距与俄挺的一致，抛开肱二头肌的针对性训练，此动作是俄挺专项推力中对肱二头等肌群侧重最大的动作，也是直臂力量价值性最高的动作之一。

此动作不要盲目选择大重量，应该保持标准动作，循序渐进，可以配合二头弯举同时进行（见图10.37）。

图 10.37

如果目标是超宽距俄挺，那么练习的握距也要与目标动作的握距保持一致（见图10.38）。

图 10.38

动态冲肩　　第三步

动态冲肩往后压的向心过程对推力的帮助非常大，可以想象自己在做一个俄挺压倒立，训练时成就感会更高（见图10.39）。

图 10.39

也可以把脚抬高，这样身体的感知会更接近于俄挺（见图10.40）。

图 10.40

（辅助）俄挺压倒立

当俄挺解锁后，想突破俄挺压倒立，就可以通过弹力带辅助的方式来练习。

如果是为了增力，可用弹力带进行半程幅度的上压摆动。如果是要练习俄挺压倒立，那么可以进行全幅度的练习（见图10.41）。

图 10.41

俄挺压倒立之所以难，是因为它相当于在俄挺能维持的基础上再进一步对抗重力做功，你所需要的力量得大于俄挺维持所需的力量。而且向心时还需要克服肌筋膜之间的粘性（这也是为什么要充分热身的原因），所以这也是向心更难的原因之一（见图10.42）。

图 10.42

这里有一点需要注意，在上压的初段是需要保持"顶肩"的，如果一开始就已经塌肩，就会出现身体无法上摆（前锯肌不足以拉着身体上摆）的情况，只能通过摆腰的方式来"借力"（见图10.43）。俄挺压倒立的动作出现该情况的训练者，也可以通过弹力带辅助来改善动作模式。

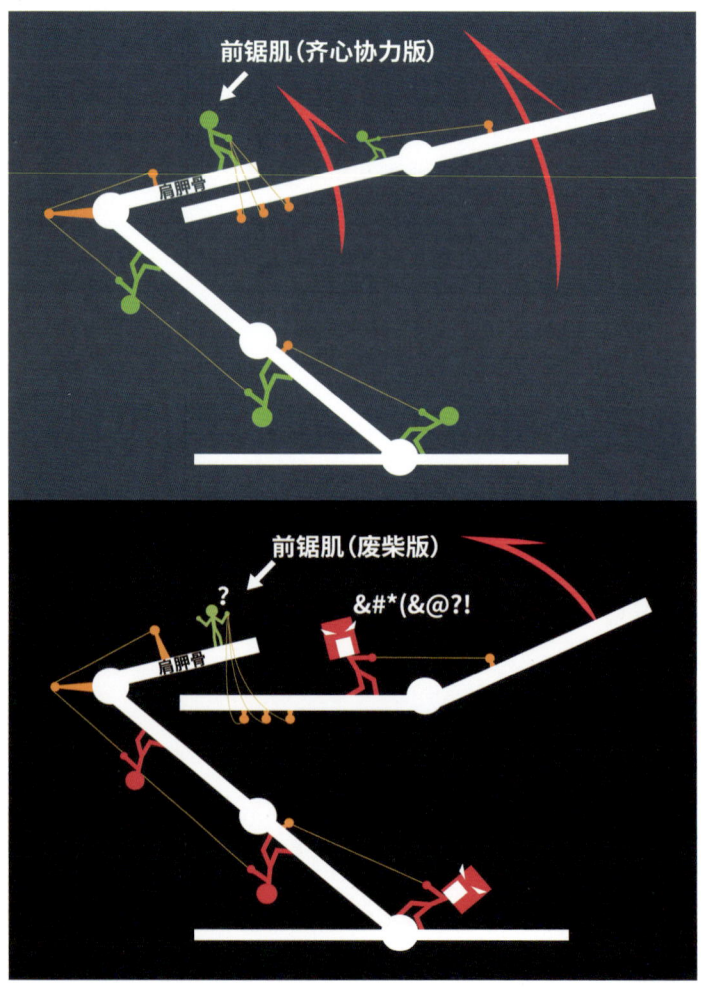

图 10.43　俄挺压倒立错误动作模式——摆腰。

俄挺滑墙

俄挺的辅助离心练习，重点是控制下滑的速度。离心训练能非常好地训练我们的力量，但要注意不要在底端忘记了"顶肩"。

这个动作其实难度非常大，特别适合力量已经接近俄挺动作要求的训练者，尤其是想练习倒立接俄挺的训练者。因为很多训练者会找不到倒立压俄挺前倾的程度，所以可以用这个动作来模拟前倾的感觉。

另外，可以通过调整离墙距离来控制难度，但目标要和俄挺前倾度基本一致（见图10.44、图10.45）。

图 10.44

图 10.45

图 10.46

L-sit 转俄挺（俄挺上摆）

具备弹力带俄挺维持基础之后想突破无辅助俄挺，控制上摆后的前倾度（适应压力并尝试维持）与下落速度是此项练习的重点（见图10.46）。

冲肩起俄挺

　　冲肩起俄挺最能保持俄挺姿态，但是难度也相对较大（但是比起动作变形带来的副作用来说，这点难度反而是好的）（见图10.47）。

图 10.47

　　因为团身出腿或者吊腿出腿时髋关节会伸展，本身腰部紧张、核心不稳定的训练者很可能就会运用错误的动作模式：脊柱一起伸展。这样就会导致核心失去对位，肩胛骨就会"起飞"（见图10.48）。所以冲肩起俄挺是最能保持正确发力模式的起式。可以采用来回冲肩起进行动态的专项力量强化。

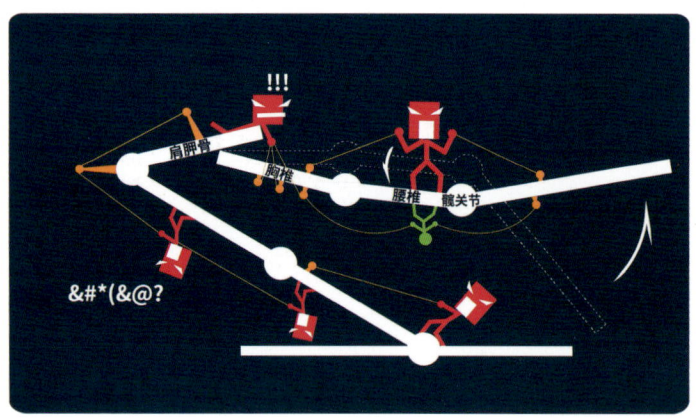

图 10.48　团身出腿导致"塌腰"示意图。核心不稳定时出腿伸髋会连带脊柱一起伸展，导致肩胛不能正常贴合胸廓，前锯肌未能正确发挥功能。

吊环直臂飞鸟

　　这个动作针对超宽距俄挺（飞机／马耳他十字）的动态直臂力量练习。比起仰卧前平举，该动作在动作模式上更接近于专项动作，但是负荷的控制也更难，建议有一定仰卧前平举力量基础（70%体重）再进行练习（见图10.49）。

图 10.49

　　调整难度的方式主要有三点。

- 前倾度。

- 下降的深度（宽度）。

- 吊环高度（环越低越难），初期也可以用跪姿来熟悉发力。

　　优先级为环高＞深度＞前倾度，也就是先保证前倾度和深度在一开始就做到位并保持不变（因为这两点和动作模式最相关），只调整倾斜度。

拉力专项

直臂后伸　第三步

这个动作与俄挺专项中的仰卧前平举类似，是对于前水平提高最直接的杠铃动作。直臂后伸是前水平上摆的基础，对于肱三头肌长头与三角肌后束的激活程度极高，配合负重引体很快可以适应前水平上摆的力量（见图10.50）。

图 10.50

前水平上摆 / 下放 / 引体摆

这个动作是对于前水平提高最直接的专项动作。前水平上摆尤其需要注意运动的轨迹，肩应该往斜后方压，在水平时尽可能尝试维持。

前水平上摆可以根据目标强度和当前力量进行辅助或者负重练习（见图10.51）。

图 10.51

前水平冲肩　第三步

模拟前水平下压的直臂力量，配合直臂后伸打下前水平上摆 / 离心下放的基础（见图10.52）。

图 10.52

前水平上压

该动作是前水平能稳定后想往前水平引体进阶的必练动作之一，与俄挺压倒立原理相似，都是需要比前水平本身更大的力量，对前水平引体的启动力量帮助非常大（见图10.53）。

图 10.53

龙压

龙压难度介于前水平和前水平贴腹之间。只有上背部和双手与地面接触（见图10.54）。

图 10.54

前水平引体爆发力练习

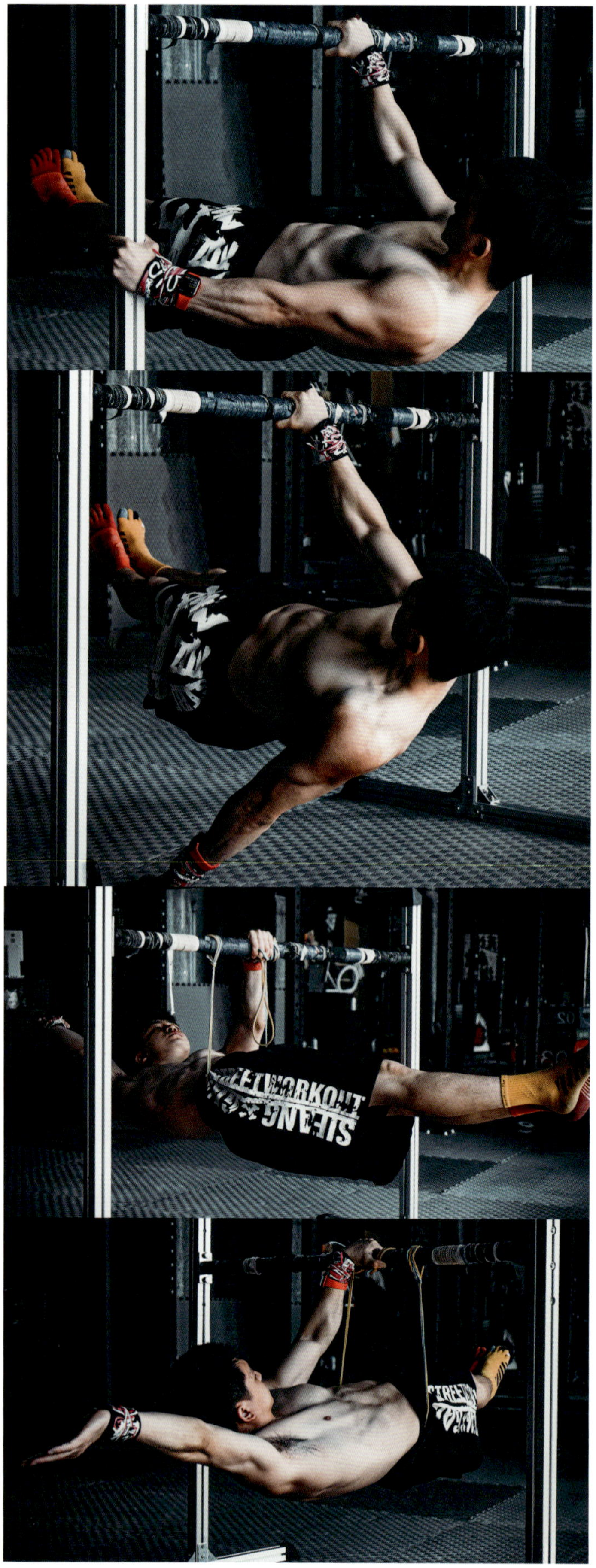

解锁前水平引体并且能较为轻松（5 RM 以上）完成的，可以采用弹力带作为阻力，练习上拉的爆发力（见图 10.56）。

图 10.56

图 10.55

▲ 单手前水平需要建立在强大力量基础之上再进行尝试。建议前水平脚踝能负重 15% 体重，上摆 5 RM 以上时，再开始练习单手前水平。

单手前水平动作标准应该与前水平一致，要保证身体水平，尤其是保持肩胛后缩，不能塌腰（见图10.55）。

其他动作专项

这里列举了一些常见的街健动作和变式，挑选了比较高效的专项训练动作，大家可以按照自己的喜好和训练需求把动作融入到周期训练中去。

肋木架支撑

人旗从力量层面而言，与其他神技相比相对简单一些（参考技能树），但是非常"拉风"。

训练时需要适应一手推一手拉的不对称发力模式，先从正面支撑开始，见图 10.57（a），适应后逐渐过渡到侧面的支撑，见图 10.57（b）。

图 10.57(a)　　　　　图 10.57(b)

团身后水平引体

团身后水平引体是后背双立臂和后水平引体的基础训练动作，需要适应直臂从后往前拉的奇怪发力模式。一旦适应后，后面的神技会很快上手（见图10.58）。

图 10.58

后背双立臂

后背双立臂的难度在于在肩屈和肘屈肌群极端拉长（横桥数少，力量小）的情况下发力拉起体重，需要极强的肩和二头的力量；从功能上分析，主要是肘屈上拉。虽然肩角度基本没变，但是也要有向前"推"的发力来保持这个角度。另外该动作还需要很强的小臂力量，尤其是翻腕那一下，需要强大的腕伸肌的力量，这也需要在动作准备阶段做好充分地准备（见图10.59）。

图 10.59

注意：刚开始练习，手腕还没有无比强大之前，先全程保持扣腕，即使下到最低点也要保持好扣腕（搭腕）的姿势，这样能更好地发力上拉，手腕也不会在翻腕时被卡住（见图 10.60）。

图 10.60

宽距后水平

宽距后水平可以作为超宽距俄挺的过渡性动作（见图 10.61）。

图 10.61

后水平双立臂

后水平双立臂（见图 10.62）与普通后背双立臂相比，难点如下。

· 后水平双立臂在整个上拉过程中是完整的直体后水平，力臂更长。普通后背双立臂相当于"团身"。

· 标准后水平双立臂需要如升降机一般拉至水平贴背才翻腕，需要更长的标准上拉做功过程。

建议有俄挺以及普通后背双立臂基础之后再开始尝试进行后水平双立臂的练习。

图 10.62

后倾臂屈伸

图 10.63

单手后水平

单手后水平是比赛中的常见得分动作，这个动作需要适应单手直臂前倾悬挂时肘关节的剪切以及单侧发力时侧链的受力。若有俄挺力量基础，这个动作可以很快解锁，主要难点就是适应上述的发力模式，注意身体是往悬挂手那一侧偏转（见图 10.64）。

图 10.64

◀后倾臂屈伸几乎是用肱三头肌推起全身的重量，动作重点在于大臂要垂直，肩缝在肘关节正上方或者后面，不能往前，总体是后倾的，这也是这个动作名称的由来（见图 10.63）。

这个动作在比赛中也非常常见，经常用于双杠静态动作之间的衔接，例如维多→俄挺。

十一　营养篇

前面已经详细介绍了训练和恢复的要点，接下来就到营养这个大话题了。

据我们多年来的观察，绝大多数训练者都会对训练非常上心，但是在饮食、营养和恢复环节却往往草草了事。这就造成了很多人训练上限不高，很快就遇到了瓶颈。

训练→营养→恢复，这三个齿轮环环相扣。如果我们好好重视饮食，训练水平就会更上一层楼。

碳水化合物

当我们了解了碳水化合物（以下简称"碳水"）在运动当中扮演的角色后，就会对它有更加深入的认知。

碳水又称糖族，对应的食物主要如下。

· 主食类：米饭、面食、杂粮、红薯、玉米等。

· 蔬菜类（淀粉含量较多的品种）：土豆、山药、藕等。

· 水果类：香蕉、西瓜、葡萄等（绝大多数水果的主要成分都是碳水）。

· 饮料类：果汁、蜂蜜等。

碳水的种类

碳水的种类比较多，这里我们只需要了解碳水当中的单糖与双糖即可。

· 单糖有三种，分别是葡萄糖、果糖、半乳糖。

· 双糖也有三种，分别是蔗糖、乳糖与麦芽糖。

它们之间是一种怎样的关系呢？举个例子，双糖是两个单糖的脱水缩合，是由糖苷键形成的组合物。葡萄糖与果糖组成蔗糖，葡萄糖与半乳糖组成乳糖，两分子葡萄糖组成麦芽糖。我们了解它们的最小单位

就足够了，因为结构复杂的糖也是它们的组合物。如多糖就是至少十个单糖的组合物，而单糖的种类就这三种，所以我们只需要了解最简单的两种结构就可以了（见图 11.1）。

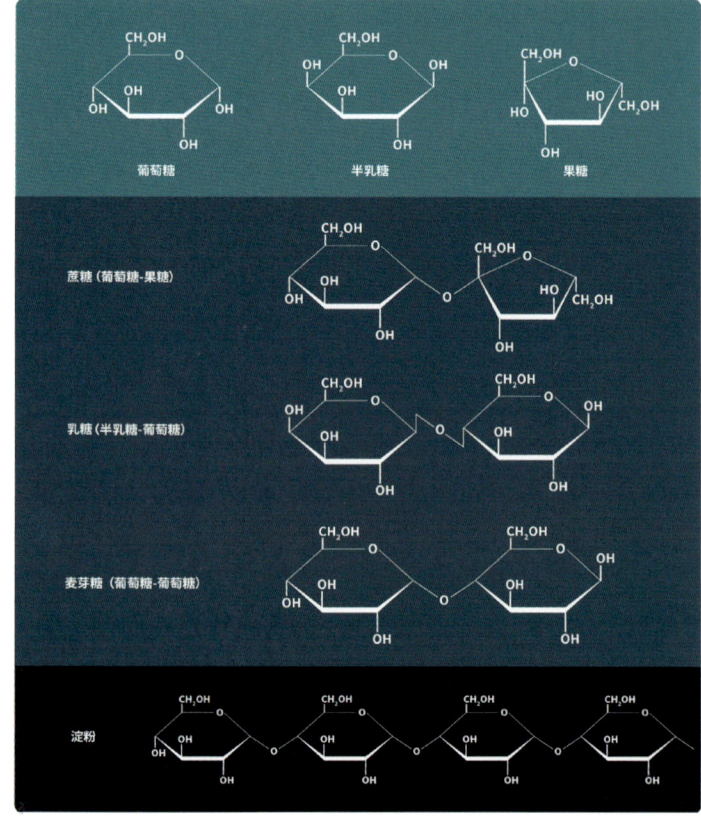

图 11.1 常见的单糖、双糖、多糖结构图。

那么碳水对于运动而言，主要的作用是什么呢？简单来说它就是人体的主要"燃料"。

碳水化合物是在运动时给我们提供能量的最关键的营养素（网上大量言论都在"妖魔化"碳水，导致很多人每天碳水摄入量极低），极低的碳水摄入量会对力量训练带来严重影响，就好比你想让一辆汽车快速跑长途却不给它加油。抗阻力训练的能量底物就是碳水。

一个成年人每天至少需要 120 ~ 130 g 碳水来给大脑以及神经系统提供能量（虽然就算不摄入任何碳水，身体也可以糖异生来满足碳水的需求量，甚至脑细胞也可以通过酮体来供能）。当体内碳水不足时身体会糖异生（糖异生指身体会把不是糖的物质变成糖），糖异生的基础物质就是蛋白质、乳酸、甘油，而肌肉中的蛋白质（氨基酸）是糖异生的主力军，所以糖异生对于保持肌肉的影响比较大。保证碳水最低摄入量也就是为了避免糖异生的发生。

GI 值

日常膳食是碳水摄入的重要来源。碳水会储存在人体的三个地方，分别是血液、肌肉以及肝脏。当我们摄入碳水时，唾液中的酶会先把复杂碳水进行分解，之后被小肠吸收并且入血。

在这里提到一个概念就是食物的 GI 值（食物血糖生成指数）。人体对碳水的吸收一般是以单糖的形式吸收，所以入血快的碳水也被称为快碳。碳水的吸收速度与糖的复杂性有关，单糖吸收速度快，复杂糖就需要"拆解"为单糖后再吸收。

这里有个例外——淀粉。淀粉虽然从结构上来说是复杂糖，但它是葡萄糖单元通过糖苷键组成的长链聚合物，可以被胰淀粉酶等酶快速水解为葡萄糖，最终被小肠吸收进入血液。另外还有部分氨基酸也会导致血糖升高，虽然对此说法还存在一定争议。

根据入血吸收的速度可以把碳水分为以下三种。

· 高 GI（入血快，造成血糖波动比较大）。

· 中 GI（入血速度中等）。

· 低 GI（入血速度慢）。

如果是日常膳食中的正常饮食则不能用单纯的 GI 值来判断入血速度，因为食物的多样性会对碳水的吸收造成影响，所以与 GI 值相比，GL（Glycemic Load，升糖负荷）值会更加准确。但是多样性饮食的 GL 值也很难具体量化，所以作为训练后碳水的补充依据，以单纯的碳水来判断 GI 会简单得多，后面会详细介绍。

碳水入血之后会成为我们所说的血糖，此时血液中的碳水会大量升高（血糖升高）。随着血糖的升高，我们的胰岛素也会升高，将我们血液当中的糖带入肌肉与肝脏当中。简单来说血液只是碳水的"中转站"，它只会少量的存在于血液中，而肌肉与肝脏才是糖的主要去处。

肌肉当中的糖原是给肌细胞在运动时提供能量的，肝脏中的糖原主要是用来维持血糖水平的相对恒定。

知识扩展：糖异生

糖异生作用，指的是非碳水化合物 [乳酸、丙酮酸、甘油、生糖氨基酸（丙氨酸、苯丙胺酸、甘氨酸、丝氨酸、苏氨酸、半胱氨酸、谷氨酸、谷氨酰胺、精氨酸、组氨酸、脯氨酸、异亮氨酸、甲硫氨酸、缬氨酸、天门冬氨酸）等] 转变为葡萄糖的过程。糖异生是我们机体内非常重要的生化反应，保证了机体的血糖水平处于正常水平。

糖异生的主要器官是肝。肾在正常情况下糖异生能力只有肝的 1/10，但长期饥饿与酸中毒时肾糖异生能力可大为增强（见图 11.2）。

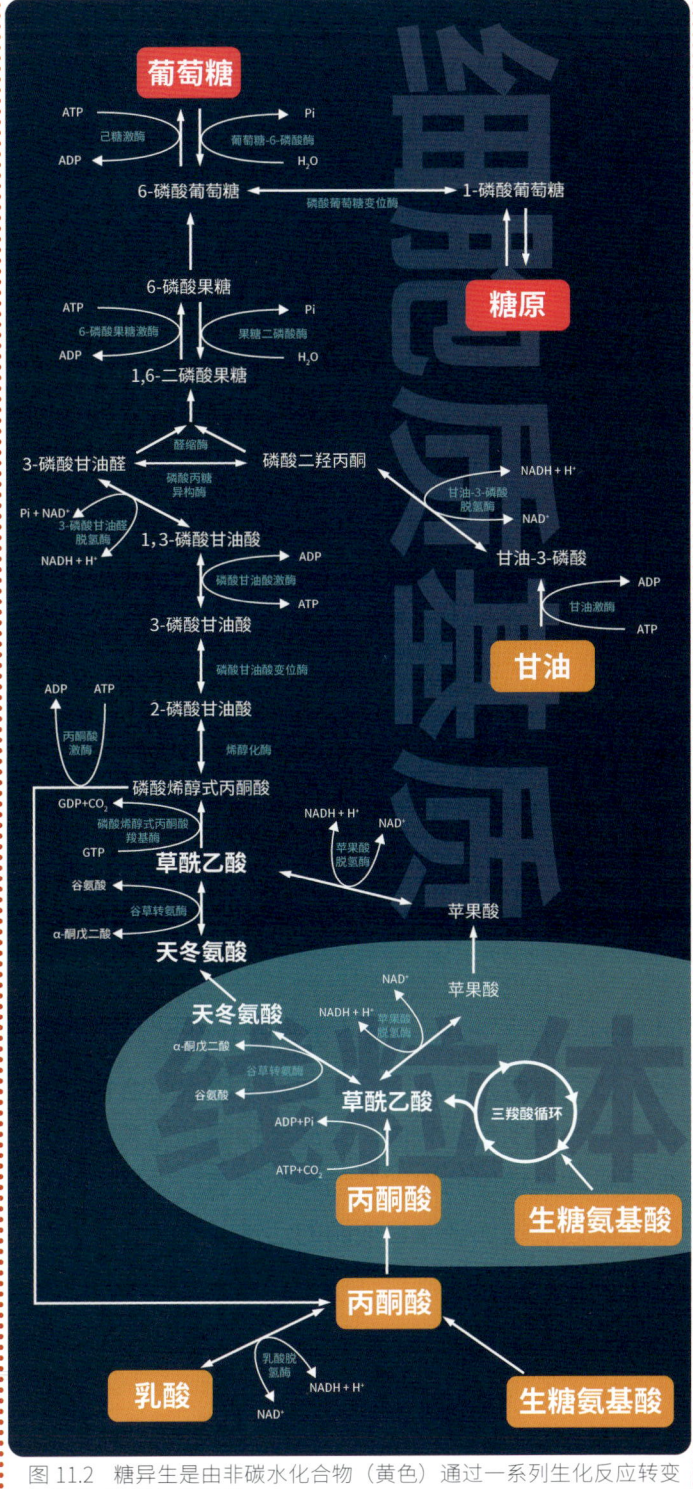

图 11.2 糖异生是由非碳水化合物（黄色）通过一系列生化反应转变为糖类（红色）的过程。

训练与碳水

根据力量训练的碳水摄入量需求，每千克体重摄入 5～8 g 碳水比较合理。

换算成食物大概是多少呢？以本人为例，目前体重是 68 kg，那么每天需要的碳水量在 340～544 g。但是该怎么去安排这个量的食物呢？

首先以米饭为例，一般米饭的碳水含量在 20%～25%，也就是 100 g 米饭只有 20～25 g 的碳水。把一天的碳水量全部按米饭来算大部分人会觉得太多，但是完全不用担心，因为我们的餐桌上最不缺少的就是碳水，除了米饭还有碳水含量更高的主食，如馒头、花卷、面包等（馒头的碳水含量为 45%～50%，也就是说 100 g 馒头当中有将近一半是碳水）。其次是豆类、牛奶，一般纯牛奶除水以外的主要成分就是碳水。另外，日常膳食中一般还会包含水果以及根茎类植物，可能还会喝运动饮料。所以，在我们的餐桌上不会缺少此类营养素。

值得注意的是，每个人需要按照这个量自己做尝试，可以下载一些健康类 APP 来简单了解一下各类食物中的碳水含量。虽然这些 APP 的准确率可能不是很高，但是可以作为参考。

平时可以给自己制订一下饮食计划，养成一个良好的习惯，这样你就会对自己每天所需要的碳水在大脑中形成量化指标。况且，研究食物的营养成分也是一件十分有趣的事情。

对于训练后的碳水摄入有以下几个关键点。

· 运动后的半小时内需要补充碳水，这个时候我们需要补充高 GI 碳水配合蛋白质来使营养补充最大化。研究表明，当运动后立即摄入碳水化合物时，糖原储存会得到超量补偿。运动会增强胰岛素敏感性，加强机体对糖原的摄取从而刺激葡萄糖进入细胞；另外运动也会增加糖原合成酶的活性，促进运动后葡萄糖的快速摄取，从而使糖原能够以更快的速度得到补充。

· 一般训练后建议补充的碳水量为每千克体重摄入 0.5 g。

· 蛋白质摄入量为 30～40 g，大约一勺蛋白粉（食物的 GI 值主要作为训练后的补充参考，正常一日三餐可以不用太关注）。

在这里需要特别说明的是奶类。虽然奶类中除水分外占比最大的是碳水，但是奶类中的蛋白质生物价值较高。奶类中的碳水主要是乳糖，乳糖需要被乳糖酶分解为葡萄糖跟半乳糖后才能被人体吸收。部分人缺乏乳糖酶或者乳糖酶的活性较低，容易产生腹泻等症状，这就是常见的"乳糖不耐受"。

乳糖对于钙的吸收帮助很大，也可以促进益生菌的生长，还对肠道健康有益。

牛奶中的蛋白质主要是酪蛋白与乳清蛋白。乳清蛋白一般被推荐为运动完后直接补充的蛋白质，因为乳清蛋白吸收快、生物利用率高。而酪蛋白吸收较慢，是适合减脂期人群保留轻体重的蛋白质。奶类中还有乳铁蛋白，乳铁蛋白是铁载体蛋白，通过与铁离子结合，能溶于水并被吸收利用。

乳铁蛋白还可以通过肠壁细胞直接将铁运转至血液中，增强铁的生物利用率。乳铁蛋白还有另一个重要作用：它可以给呼吸道形成黏膜抵御病毒，主要作用是乳铁蛋白"抢夺"病毒与细菌中的铁，使其凋亡，从而降低体内病毒的载量。

综合来看，虽然奶类成分中占比最多的营养素是碳水，但是奶类中其他营养素的作用也很大，相对于主要成分是碳水并且成分单一的食物来说，它更像是一个组合物，其中乳糖与乳脂都能促进钙的吸收，这对于补钙来说帮助很大。牛奶含有的蛋白质生物价值也不低。牛奶的适量摄入对于身体的健康和运动恢复都是十分有益的。

蛋白质

到了健身人群最关心的物质——蛋白质了。

蛋白质是生命的基石，人体当中的每一个细胞与重要组成部分都有蛋白质。如果把人比作是房子，那么蛋白质就是砖块与水泥。

蛋白质的重要性不仅仅体现在肌肉当中。蛋白质的缺乏会导致肌肉松弛、大量脱发、免疫力低下等一系列问题。

蛋白质含量高的食物主要有以下几类。

· 肉类。

· 豆类。

· 奶类。

蛋白质是什么

蛋白质是什么呢？蛋白质的最小单位是氨基酸，但是人体中有些氨基酸是自己合成的，有些氨基酸是从食物当中摄入的，我们把身体可以自身合成的氨基酸称为非必需氨基酸，把人体合成缓慢，需要从食物当中摄入的氨基酸称为必需氨基酸。

我们关注的一般是蛋白质中的必需氨基酸。必需氨基酸分为八种，分别是赖氨酸、色氨酸、苯丙氨酸、甲硫氨酸、苏氨酸、亮氨酸、异亮氨酸、缬氨酸（从严谨的角度来说，组氨酸其实也算是一种，在婴儿阶段无法自身合成）。所以必需氨基酸含量丰富的食物也称为优质蛋白。动物蛋白与植物蛋白的区别就是这八种必需氨基酸的比重不一样。

针对蛋白质中的氨基酸种类（见图 11.3）与数量，我们可以将食物的蛋白质分为以下三类。

· 完全蛋白质。

· 半完全蛋白质。

· 不完全蛋白质。

完全蛋白质：含有人体所需的八种必需氨基酸。食物主要来源是肉类、鱼类、奶类等。优质蛋白质（如酪蛋白、鸡蛋白、白蛋白等）不但能维持健康，还能促进生长发育，同时对于增肌者也能起到很大帮助。

半完全蛋白质：必需氨基酸缺乏或者不平衡，起不到很好的补充效果，可以维持生命，但不能促进生长发育，生物价值低，主要食物来源是主食（如小麦中的麦胶蛋白等）。

不完全蛋白质：缺乏或不含必需氨基酸。

生物价（BV）低于 50 的不宜作为蛋白质主要来源。其中代表性食物可能会颠覆很多人的认知，那就是动物皮肉与结缔组织中的胶原蛋白，它富含脯氨酸和羟脯氨酸，但某些必需氨基酸（如色氨酸和异亮氨酸）含量较低，既不能维持生命也不能促进生长发育。日常饮食中建议摄入多种类蛋白质，这样生物价也能大大提升。例如 55% 大豆和 45% 大米，生物价就能达到 111。

值得注意的是，评定蛋白质质量的方法有很多（见图 11.4）。BV 是其中一种常见的方法，但由于其评估方法有一定缺陷，所以现在更多用可消化必需氨基酸评分（DIAAS）来评价蛋白质的质量。但总体而言，高 BV 的蛋白质来源（例如鸡蛋）总是比低 BV 的蛋白质来源更推荐食用。每种方法都不是十全十美的，大家可以多方面参考。

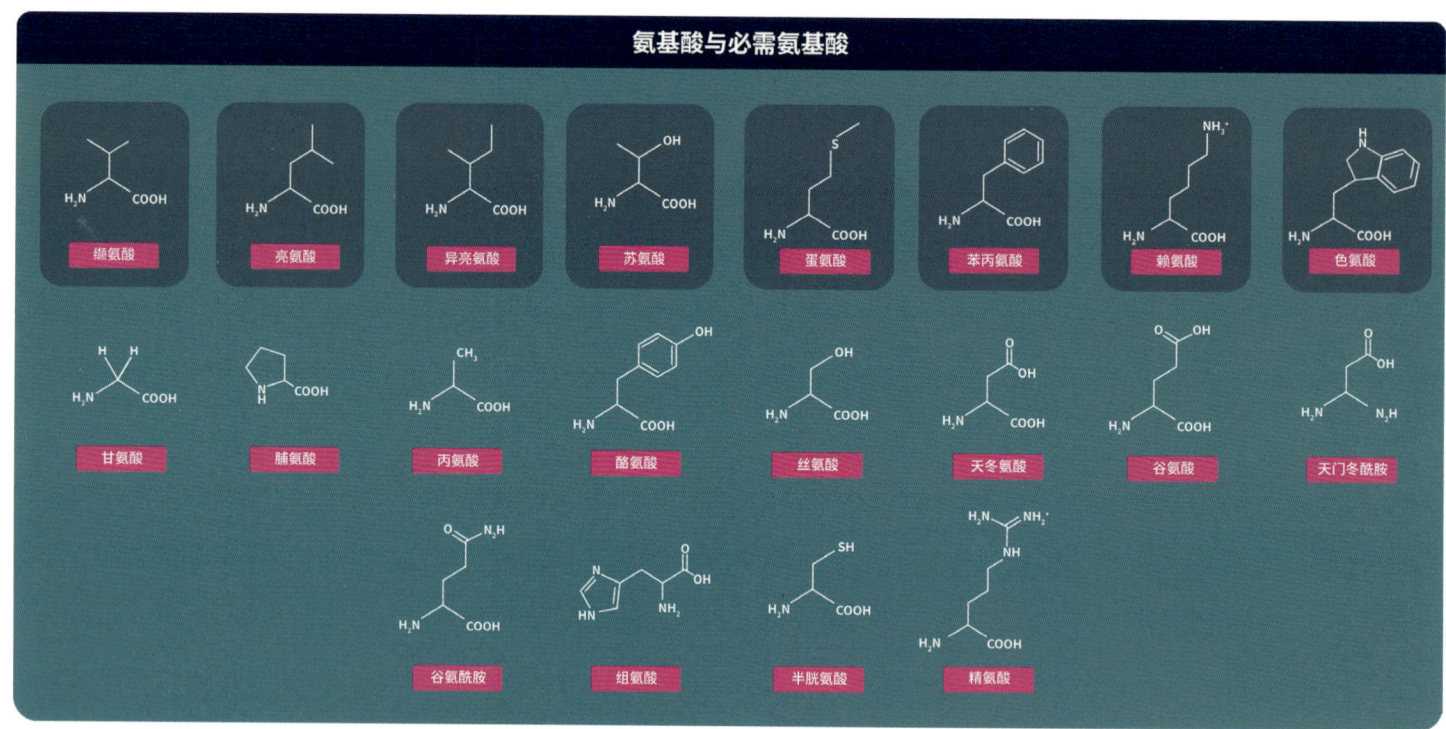

图 11.3　人体内氨基酸种类。其中深蓝色底的是必需氨基酸。

食物	生物价 (BV)	蛋白质消化率校正氨基酸评分（PDCAAS）	可消化必需氨基酸评分（DIAAS）
分离乳清蛋白	104	1.00	1.09
全蛋	100	1.00	1.13
牛奶	91	1.00	1.14
牛肉	80	1.00	1.116
大豆	74	1.00	0.91
鸡胸肉	83	1.00	1.08
米饭	59	0.616	0.595

图 11.4　常见蛋白质质量评定。

可消化必需氨基酸评分（DIAAS）是联合国粮食及农业组织提出的一种蛋白质质量评定方法。蛋白质消化率校正氨基酸评分（PDCAAS）。DIAAS 考虑了小肠末端的氨基酸消化率，可以更准确地测量人体吸收的氨基酸量以及蛋白质对人体氨基酸和氮需求的贡献。这与 PDCAAS 形成鲜明对比，PDCAAS 是基于对整个消化道消化率的估计，使用这种方法测定的值通常会高估吸收的氨基酸量。

蛋白质摄入建议

· 正常成年人的蛋白质摄入量建议为 0.8 ~ 1.2 g/(kg·d)。

· 健身增肌人群的蛋白质摄入量建议为 1.5 ~ 2.0 g/(kg·d)[基本上任何营养教材与权威书籍对于增肌的建议都是 1.5 ~ 2.0 g/(kg·d)]。

以本人当前 68 kg 的体重为例，如果想增加肌肉，每天需要摄入 102 ~ 136 g 蛋白质，而 100 g 牛肉大概有 20 g 的蛋白质，那么按照纯吃肉的思路，一天大概需要吃一斤牛肉。这样吃很多人可能无法接受，所以其他品类的高蛋白食物（如豆制品、奶制品）的摄入也很关键。动物蛋白与植物蛋白一起摄入，必需氨基酸的完整度会更高。

在这里需要说一下，牛奶当中蛋白质（占营养成分 25% 左右）主要是乳清蛋白跟酪蛋白，必需氨基酸含量比较高。

乳制品很多就是从牛奶中提炼的，作为一种摄入蛋白的途径还是不错的。唯一的问题就是大部分乳制品虽然蛋白质类型比较全，但是脂肪比例也不低，总体热量还是比较高，所以应当适量摄入。

如果不想这么麻烦还可以用蛋白粉，因为大部分增肌的人对于蛋白质的需求比较高，蛋白粉就是为饮食中蛋白质不足的人准备的。

常见的蛋白粉一般是乳清蛋白。与酪蛋白相比，乳清蛋白的特点就是吸收速度快，生物利用率高，一般放在训练结束之后配合高 GI 碳水的补充效果最佳。常见的搭配方法是在冲泡蛋白粉的水中（水的温度对蛋白质基本没有影响）加入葡萄糖粉。值得注意的是，蛋白粉只是一个补充剂，不是药物，不要妖魔化蛋白粉。合理安排营养是我们最大化服务于健身目标的方法。

脂肪

脂类是油脂及类脂的总称，类脂包括磷脂、鞘脂类、糖脂、脂蛋白、类固醇五类。

一般食物中常温状态下为液体的油性物质称为油，而常温状态下为固体的称为脂肪。因为脂肪的热量比较高，所以大部分人会对脂肪的摄入有恐惧心理，其实完全不必。只要不是大量摄入脂肪与"糖油混合物"，一般正常的膳食摄入脂肪是必需的。

脂肪对于人体非常重要，除了保温与保护身体、减缓冲击外，脂肪也是维生素 A、维生素 D、维生素 E、维生素 K 的溶剂，是构成细胞膜的主要成分（见图 11.5）。

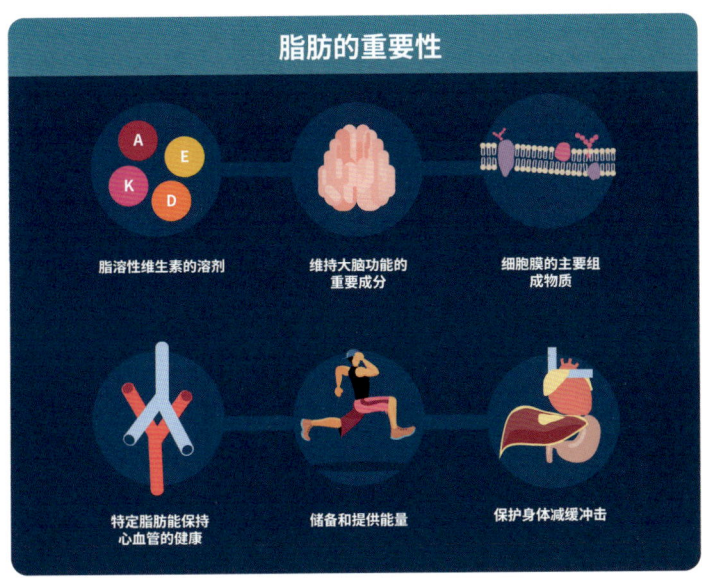

图 11.5 脂肪对人体健康的重要作用。

如果我们把碳水比作是人体的"汽油"，那么脂肪就是人体能量的"备用油箱"，是人体的能量"存款"。长期极低的体脂虽然在外观上符合大部分人审美，但是对于健康而言却并不推荐，因为脂肪是人体的重要组织，长期极低体脂的状态会使人变得非常不耐寒，没有脂肪缓冲保护，内脏极易受到震动和机械损伤，健身后的恢复也会变慢，力量水平也会下降。脂肪过高过低都不好，在正常水平最合适，也可以在正常水平这个范围中保持偏低的状态，那么什么是正常水平呢？

- 男性体脂的正常水平在 14%～18%。

- 女性体脂的正常水平在 21%～26%。

在腹部肌肉有一定厚度的时候，男性的体脂一般在 14%～15% 就能看见腹肌，女性的体脂在 21% 左右的时候就能看见马甲线。如果对线条的要求更高，我们也可以比推荐值稍微低一点点，但是男性的体脂不建议低于 10%，女性的体脂不建议低于 18%，低于这个范围则可能引起功能失调。

如果男性的重要脂肪量在 6% 以下，女性的重要脂肪量在 8%～12%，越接近这个范围就会越危险，因为这些是属于"最低下限"——用来维持人体正常激素水平及保护内脏器官。一般来讲，随着年龄的增长，大部分人的体脂都会有些许升高，但大都会在一个正常水平。

但如果体脂过低，靠近重要脂肪量的最低下限，往往会引起生理上的各种疾病，这样与健身的目的就背道而驰了。

我们常看到的健美运动员只是在上台的时候处于极低体脂的状态，但这个状态不是他们常年的状态。

脂肪种类

脂肪由甘油和脂肪酸组成，脂肪酸分为饱和脂肪酸、不饱和脂肪酸（包括单不饱和脂肪酸、多不饱和脂肪酸与必需脂肪酸）。脂肪酸的结构基本就是一条碳氢链，根据碳氢链的长度又分为长链脂肪酸、中链脂肪酸与短链脂肪酸。

· 长链脂肪酸：碳氢链上的碳原子有 12 个以上。

· 中链脂肪酸：碳氢链上的碳原子有 6 ~ 12 个。

· 短链脂肪酸：碳氢链上的碳原子在 6 个以下。

饱和脂肪酸与不饱和脂肪酸

· 饱和脂肪酸：碳氢链上的碳原子已经塞满了。

· 不饱和脂肪酸：碳氢链上还有空位。单不饱和脂肪就是有一个空位；多不饱和脂肪酸有多个空位（见图 11.6）。

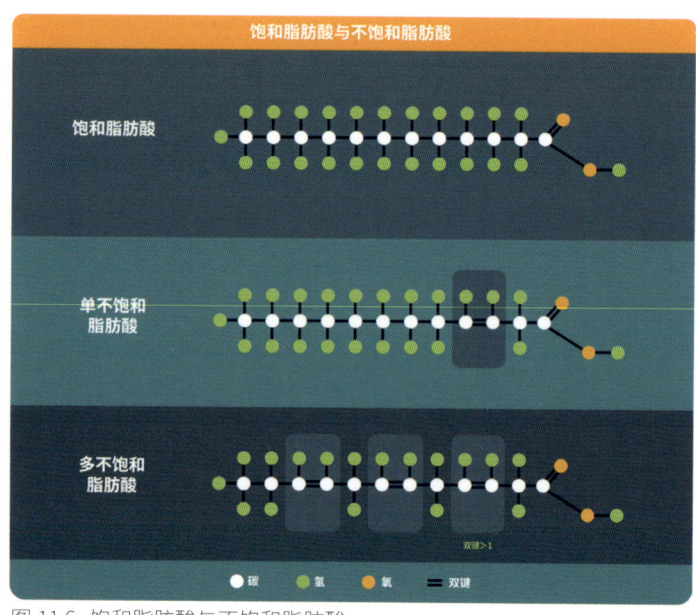

图 11.6 饱和脂肪酸与不饱和脂肪酸。

不饱和脂肪酸当中的必需脂肪酸是只能从食物中获取的脂肪酸，就像蛋白质当中的必需氨基酸一样。必须脂肪酸主要有以下两种。

· Omega-6 中的亚油酸。

· Omega-3 中的 α- 亚麻酸（ALA），是细胞膜的组成部分，也是合成其他 Omega-3 脂肪酸的前体。

我们日常食用的大豆油、玉米油、花生油、亚麻籽油、深海鱼油及坚果可以提供充足的必需脂肪酸。必需脂肪酸对于人体来说是非常重要的营养素，而很多人的日常饮食中会缺乏，在后面力量捷径这一节我们会详细介绍。

必需脂肪酸是人体组织细胞的重要成分，对于胆固醇的代谢有着重要作用。胆固醇必须与脂肪酸结合才能正常代谢，所以当脂肪酸缺乏时，胆固醇的代谢也会发生异常，并在体内堆积。所以适当地摄入必需脂肪酸也是降低体内胆固醇的关键（见图 11.7）。

脂肪酸对血脂的影响			
脂肪酸种类		总胆固醇	高密度脂蛋白（HDL）	低密度脂蛋白（LDL）
饱和脂肪酸		上升 ▲	下降 ▼	上升 ▲
单不饱和脂肪酸		下降 ▼	上升 ▲	下降 ▼
多不饱和脂肪酸	ω-6	下降 ▼	下降 ▼	下降 ▼
	ω-3	下降 ▼	上升 ▲	下降 ▼
反式脂肪酸		上升 ▲	下降 ▼	上升 ▲

图 11.7 脂肪酸对血脂的影响。其中低密度脂蛋白（LDL）一般被称作"坏胆固醇"，会沉积在血管壁形成硬块而堵塞血管，使血管变窄，而高密度脂蛋白（HDL）会帮助运送低密度脂蛋白回肝脏，经循环变成其他脂肪或分解，又称"血管清道夫"。

脂肪摄入建议

那么每天该摄入多少脂肪呢？

· 一般建议是每日总热量的 25% ~ 30%，饱和脂肪酸与单不饱和脂肪酸及多不饱和脂肪酸的比例是 1：1：1。

· 饱和脂肪酸的来源一般是动物油脂，如猪油。

· 不饱和脂肪酸的食物来源一般是坚果类。

· Omega-3 的食物来源一般推荐海鱼类、亚麻籽与亚麻籽油。（关于 Omega-3 与 Omega-6 需要说明的是，现代人的饮食一般不缺乏 Omega-6，因为大部分食用油中都是 Omega-6 占比高，而 Omega-3 的占比低。）

午餐与晚餐的食用油尽量少放，因为含蛋白质高的肉类一般也含有部分脂肪，在这基础上再加 1/4 巴掌大小的坚果就足够了。

脂肪虽然不适合过多摄入（生酮饮食除外），但是也不适合过低摄入，在正常的肉类摄入基础上再加上少许坚果就差不多了。

水分

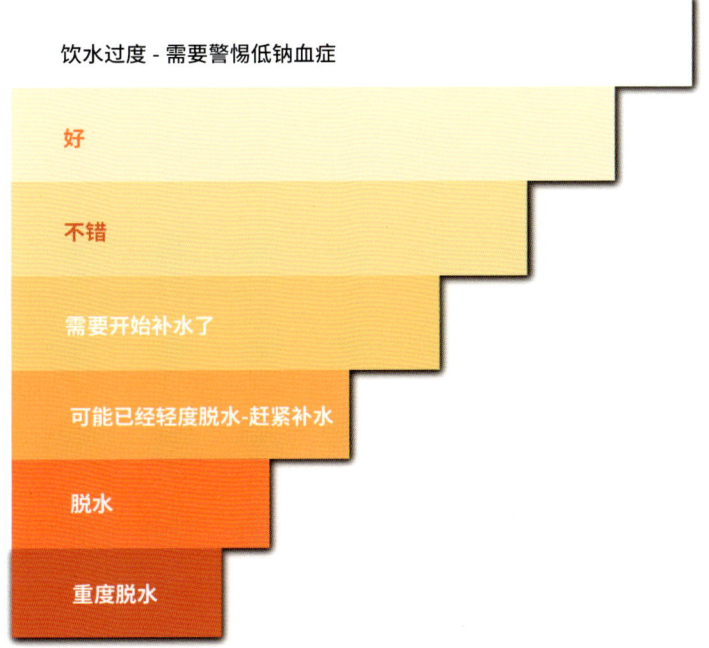

饮水过度 - 需要警惕低钠血症

好

不错

需要开始补水了

可能已经轻度脱水 - 赶紧补水

脱水

重度脱水

图 11.8 根据尿液颜色来判断身体是否需要补水。

水分的补充是保证我们健康以及运动状态的根本。很多人只要不口渴就不会主动补水，其实这种做法是错误的。口渴一般代表身体出现了 1% ~ 2% 的脱水现象。

一个良好的补水方法能让我们身体在训练时达到良好的水合状态，利于提高训练质量与运动表现。

美国饮食协会、美国国家医学会指出一个成年运动男性每天需要补充水分约 3900 ml，女性为 2800 ml。

《中国居民膳食指南》指出一个成年人每天需要饮水 2500 ml 左右（包括食物中的液体），但是这本书并没有针对运动人群提出建议。结合《中国居民膳食指南》跟美国国家医学会的建议，本人认为一个成年人每天饮水 3000 ml 比较合适。

每个人可以依照温度环境与运动中的排汗量自行调整，使身体达到水合状态。

那怎样判断自己饮水是否足够呢？

· 根据尿液的颜色判断是最直观的，尿液越黄越需要补水。

· 一般补充到尿液清亮，没有呈明显的黄色最合适（见图 11.8）。

水分补充建议

· 把饮水量平摊在一天中的不同时间段。

· 每次运动的前 2 个小时补充 500 ~ 600 ml 水。

· 运动过程中每二十分钟补充一次水分，每次补充 150 ~ 300 ml，温度比较高的时候可以适当增加。

如果每天的饮水量很少，那你的运动状态一定会受到影响。但每天补充太多的水分对人体也是有危害的，如引发低钠血症（当机体所摄入的水量大大超过了排水量，以致于水分在体内潴留，引起血浆渗透压下降，血液中钠离子浓度低于正常范围而出现的反应，可能的症状包括：乏力、头痛、恶心、呕吐、肌肉抽搐或抽筋，严重者甚至昏迷）。所以任何东西都有一个合适的范围，补水也是同样的道理。

维生素

维生素是保持健康与运动能力的重要营养素。虽然它的提及频率没有碳水、蛋白质、脂肪这几类高，但是它的重要性却不比它们低。

维生素对人体的重要性是不可替代的，如果长期缺乏某种维生素就会引起生理机能障碍而引发某种疾病，关于维生素我们做一个简单的介绍，维生素分为水溶性维生素与脂溶性维生素。

· 水溶性维生素包括维生素 B_1、维生素 B_2、维生素 B_3、维生素 B_6、维生素 B_{12}、维生素 C、泛酸、生物素、叶酸。

· 脂溶性维生素包括维生素 A、维生素 D、维生素 E、维生素 K。

维生素种类及作用

我们在这里对各种维生素的作用以及食物来源做一个简单介绍，因为每一种维生素对身体发生的作用都是一个复杂的过程。

脂溶性维生素

· 维生素 A（包含维生素 A_1、维生素 A_2）对视力以及免疫力至关重要，主要的食物来源是鱼类、鸡蛋、黄油、胡萝卜以及南瓜等。

· 维生素 D 的主要功能是协助骨的形成、钙的代谢，对免疫力的提升也至关重要，主要食物来源是鱼类、菌类。

· 维生素 E 的主要作用是抗氧化、抑制自由基的生成、保护细胞免受氧化损伤，主要食物来源是坚果、鳄梨、鱼类等食物。

· 维生素 K 的主要功能是促进凝血骨骼的形成与重塑，食物来源主要是绿叶蔬菜莴苣、生菜等。

脂溶性维生素虽然不是构成机体结构的成分，也不提供能量，但是参与代谢与细胞调节。

水溶性维生素

· 维生素 B_1 的主要作用是参与碳水代谢及维持神经系统功能，如果缺乏会导致心脏疾病、精神不振等。食物来源主要是谷物、豆类以及猪肉。

· 维生素 B_2 的主要作用是参与能量代谢、蛋白质代谢等，食物来源主要是乳制品、奶类、鸡蛋以及绿色蔬菜。

· 维生素 B_3 的主要作用是参与能量代谢以及脂肪合成，食物来源主要是鱼类、瘦肉以及谷物。

· 维生素 B_6 的主要作用是参与碳水、蛋白质以及脂肪的代谢，食物来源主要是肉类、鸡蛋以及谷物。

· 维生素 B_{12} 的主要作用是参与碳水、蛋白质以及脂肪的代谢，食物来源主要是肉类、鱼类、鸡蛋和奶类。

· 维生素 C 的主要作用是合成胶原蛋白、生成肾上腺素，食物来源主要是水果与蔬菜。

· 生物素的主要作用是参与葡萄糖与脂肪酸合成，食物来源主要是豆类与绿叶蔬菜。

· 泛酸的主要作用是参与能量代谢、糖异生及乙酰胆碱合成，食物来源主要是天然类食物。

·叶酸的主要作用是参与甲硫氨酸代谢、DNA 合成以及胎儿的正常发育，食物来源主要是绿叶蔬菜、豆类以及谷物。

维生素既不能缺乏，也不能过量补充。维生素补充的优先级是膳食来源，如果膳食摄入不足，再考虑维生素片。

那么怎样确保维生素的摄入呢？首先维生素的食物来源主要集中在肉类、鱼类、奶类以及谷物类，这跟大部分高蛋白食物是重叠的。因此，只需要按照正常要求摄入蛋白质，确保蛋白质来源的多样性，配合合适的碳水摄入，基本就可以满足大部分维生素的摄入需求。

同时要丰富餐盘的"颜色"。不同颜色蔬菜的维生素含量有区别，有条件的建议吃三种以上颜色的蔬菜；同时在碳水摄入的比例中，最少 10% 的碳水来源于不同颜色的水果，这样我们基本可以避免维生素缺乏对身体带来的影响（见图 11.9）。

图 11.9 让自己餐盘的"颜色"丰富起来。

肌酸

肌酸不属于营养素，但是可以归纳为营养物质。作为磷酸原供能系统的主要底物，肌酸的补充是非常关键的。"肌酸是明确有用的"这个结论在多本权威教材中有一致性。正常情况下，我们肌肉当中的肌酸含量都处于一个还可以额外增加的"不饱和"的状态，而肌酸的额外补充可以使肌肉内肌酸含量继续提高，达到"饱和"状态（见图 11.10）。

肌酸的补充

肌酸的补充可以分为快速补充和慢速补充。

·快速补充：每天 18~23 g，分 4 次左右摄入，连续补充 4~5 d，肌酸就会达到"饱和"状态。

·慢速补充：每天 5 g 左右，持续 1 个月可以达到"饱和"状态。

当肌肉中的肌酸达到"饱和"状态，进行大重量训练时状态也会非常好，因为能量底物是充足的。

因此在金字塔上端的力量训练周、神技训练周，将肌酸补充到"饱和"的状态是一个聪明的选择。如果这个训练阶段的力量状态是在一个更佳的状态，那么训练的效益也会更高。

肌酸的作用

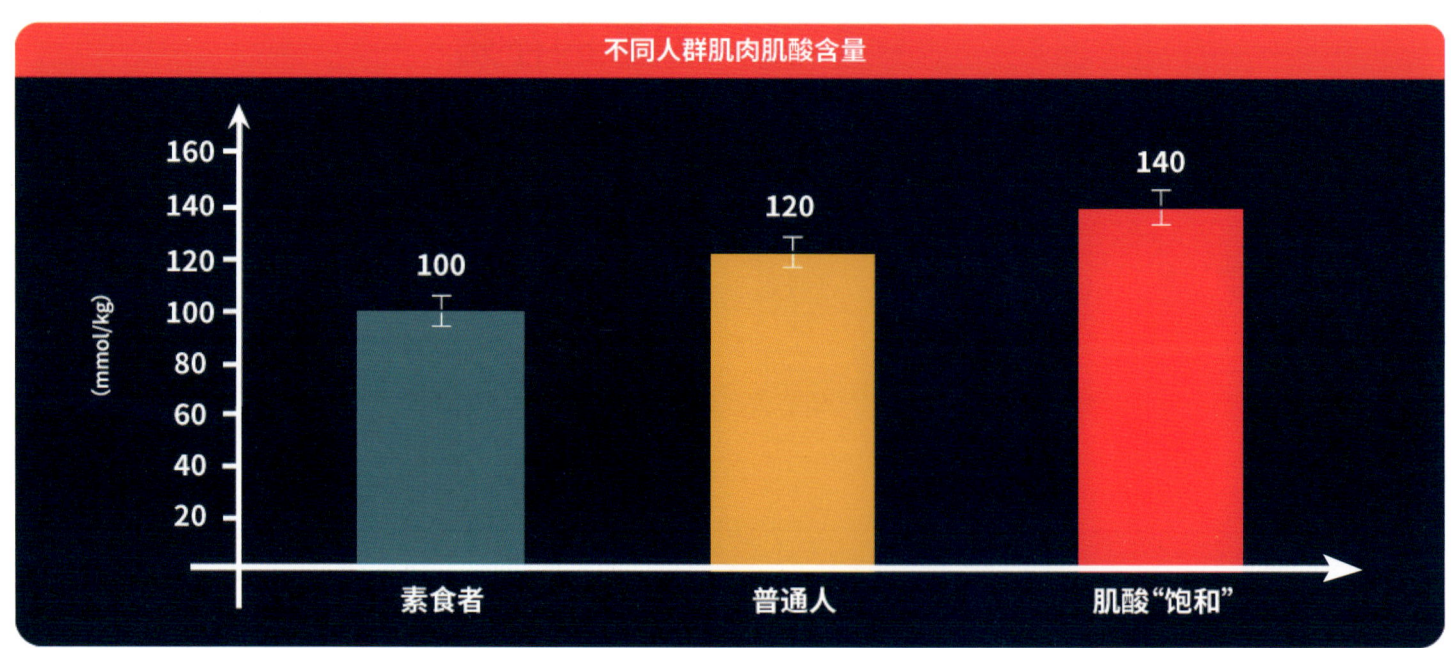

肌酸
$C_4H_9N_3O_2$

线粒体

ATP

ADP

C

磷酸肌酸

C

C P
磷酸肌酸

磷酸激酶

ATP

ADP

能量

肌原纤维

图 11.10 肌酸的作用。肌酸在细胞内可以迅速转化为肌酸磷酸（CP），这是一种高能磷酸化合物。CP 可以用于重新合成 ATP，通过这个机制，肌酸可以帮助肌肉维持高强度、大功率、短持续时间的运动，因为肌酸可以为细胞迅速提供额外的 ATP。

不同人群的肌酸含量不同，自己可以根据实际情况来选择肌酸的补充方式，保证在大强度的训练下有良好的力量状态。停止使用肌酸一星期后，肌肉当中的肌酸含量会降低（见图 11.11）。

目前还没有证据表明肌酸不能长期使用。但是由于训练的周期是非常长的，在训练阶段长期保持肌酸的"饱和"状态也不太现实。因此可以在动作准备阶段停用，只要保证肌酸在神技训练这个阶段处于"饱和"状态即可。需要提醒的是，有肾脏疾病与肾功能障碍者不要使用肌酸。

如果补充肌酸后没有感觉到力量状态的任何提升，可以考虑和高 GI 碳水一起使用，并配以充足的睡眠与良好的营养补充。

不同人群肌肉肌酸含量

160
140
120
100
80
60
40
20

(mmol/kg)

100
素食者

120
普通人

140
肌酸"饱和"

图 11.11 不同人群肌肉肌酸含量。

减脂与增肌

前面我们介绍了各种营养素在人体内所扮演的角色，也推荐了一些摄入量，那么接下来我们需要了解的就是如何利用这些营养素在训练中来增加瘦体重（我们所指的增肌其实更多的就是增加瘦体重，瘦体重就是人体重量减去脂肪重量之后剩下的重量，主要指肌肉、骨骼与内脏的重量）与减脂。

增加瘦体重与适当地减少脂肪重量对于街健运动者来说至关重要。

因为力量的输出主要来自肌肉，而对于街健来说，影响力量输出的一个重点就是自身的重量。这里并不是推荐各位把体重降到很低去完成动作，相反，应增加相关部位的肌肉量并减去对于街健来说有一定影响的"多余体重"（这里指的多余体重更多的是超量的脂肪），让主动肌群有更大的力量去移动自身的重量。

关于体脂的推荐值我们在介绍脂肪的这个章节中有过介绍，那么接下来我们需要详细了解一下体脂率以及 BMI。

· 体脂率：人体的脂肪重量占自身总体重的占比。

· BMI: 体重（kg) 除以身高的平方（m²）。

我们可以看一下正常的体脂率范围（见图11.12）。

我们可以根据自身的体脂率算出自身大概的瘦体重。

例如：体重 68 kg、体脂率 15%，那么推算出的结果是，皮下脂肪重 10.2 kg，瘦体重为 57.8 kg。

关于体脂率的测量，建议购买皮脂钳测量，不推荐使用体脂秤。

关于 BMI，在这里我想说，健身人群尤其是健美人群不适合用这种标准，因为这部分人经过长年的训练，瘦体重与水分的增长相对较高，单纯用身高和体重这两个要素来衡量其超重与肥胖并不合适。

这里推荐两种人关注 BMI 这个指标。

· 第一种，刚接触健身的人群。

· 第二种，BMI 低于 20 的人群，因为 BMI 过低背后反映的问题一般是营养不良。

BMI 的正常范围就像是每个人的出场设定，过低与过高基本都属于一种病态。

健身人群关注体脂会比较合适。我所了解到的大

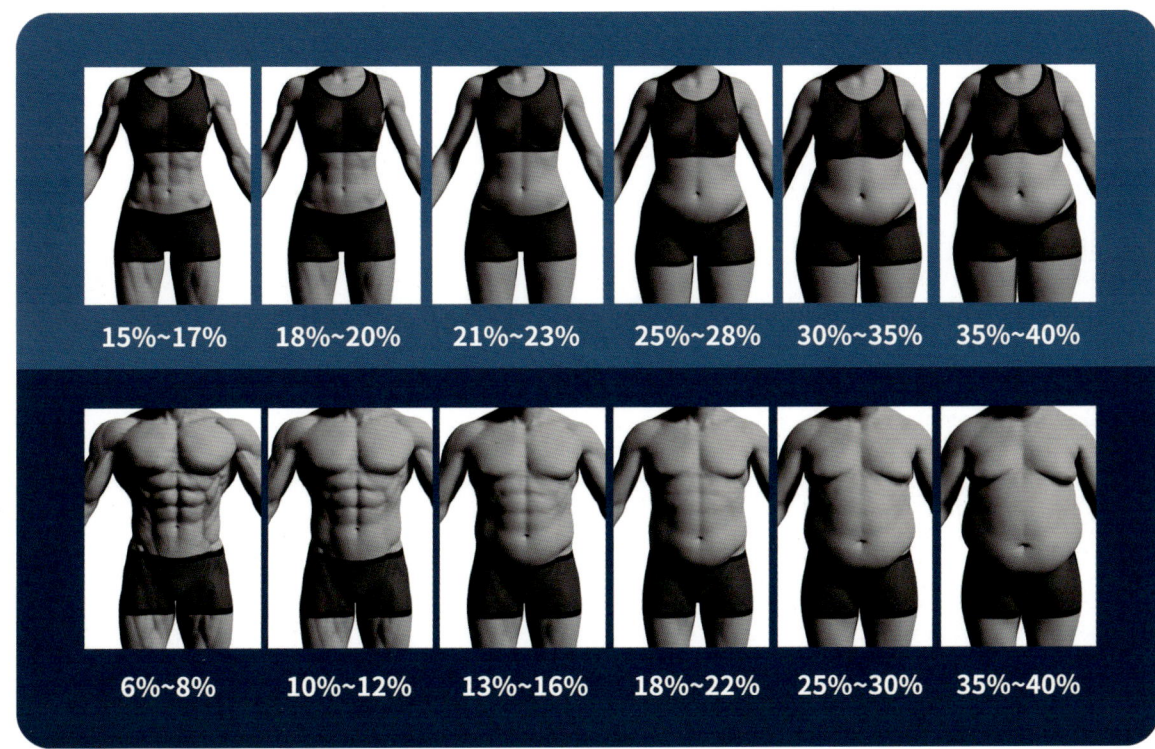

| 15%~17% | 18%~20% | 21%~23% | 25%~28% | 30%~35% | 35%~40% |

| 6%~8% | 10%~12% | 13%~16% | 18%~22% | 25%~30% | 35%~40% |

图 11.12 体脂率对照图。

健康体脂率：

男性在 14% ~ 18%，
女性在 21% ~ 26%。

男性最低不建议低于 10%，
女性最低不建议低于 18%。

部分街健爱好者其实对于营养与体重并没有兴趣，但是营养这个问题是直接影响训练的关键问题。很多人对营养的认知往往只停留在减脂增肌这个问题上，其实营养与我们的生活息息相关，甚至疾病与情绪也属于营养的范畴。情绪问题更多是由人体内在稳态被打破而引起，如抑郁症。体内激素的稳态破坏会导致情绪的不稳定。

接下来我们会讲到体脂的控制、常见的减脂方案、增肌推荐的营养摄入以及对于不同类型的训练该怎样去搭配食物。

很多人在训练上想找捷径，其实训练最大的捷径就是掌握营养的摄入方法。

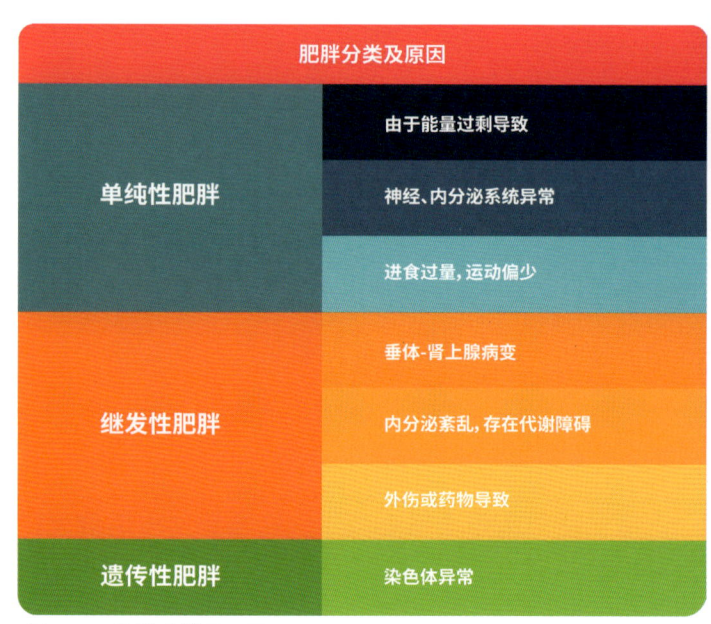

图 11.13 肥胖分类及原因。

减脂与增肌

前面介绍了 BMI 与体脂率的基本概念，那么接下来回到减脂这个问题。

· 对于 BMI 低于 19 的人都建议增加瘦体重。

· 对于体脂率超过 18% 的训练者，推荐适当地减少体脂。

关于肥胖，ASNA（亚洲运动营养协会）给出以下三种类型。

· 第一，单纯性肥胖。

· 第二，继发性肥胖。

· 第三，遗传性肥胖。

三种肥胖背后对应的是不同的原因（见图 11.13）。对于体脂率严重超标的人，第一步就是先让自己的指标达到正常状态。可能有人会说练街健的人还会体脂高？这个还真的有。很多体脂高的人对街健非常感兴趣，他们会关注街健的各类比赛，也会关注各种大神的日常动态，只是看到自己的样子觉得街健离自己非常远，很多动作是一个遥不可及的目标，内心的自卑会抹杀掉一位新的街健运动者。

这一章的目的就是解决这一类人的问题，以及为体内激素水平的稳态平衡提供更好的方法。

能量平衡

其实肥胖问题的成因主要有三个。

· 第一，能量过剩、进食过量导致，对应单纯性肥胖。

· 第二，由垂体 - 肾上腺病变、内分泌紊乱、代谢障碍或药物问题引起，对应继发性肥胖。

· 第三，染色体异常导致，对应遗传性肥胖。

我们要减去这些脂肪，首先需要明白大量的脂肪堆积是怎么来的。

我们每个人维持生命体征都需要一样东西，那就是能量，也就是我们常说的热量。我们常用斤、公斤、吨等单位来量化重量，而用卡路里、千卡与焦耳、千焦来量化热量。简单来说：1 cal 的热量就是将 1 g 水提升 1°C 所需的能量，1 kcal 就是将 1 kg 水提升 1°C 所需的能量。1 cal 约等于 4.18 J，1 kcal 约等于 4.18 kJ。

我们每个人每天都会消耗热量，同时也在摄入热量。我们每天的体力活动、身体代谢都在消耗热量，同时我们的饮食就是在摄入热量。

如果每天摄入的热量大大超出了身体所需要的热量，那么这些多余的热量，大部分会以脂肪的形式储存起来。

我们可以把身体理解为厨房的洗碗池。打开水龙头把水放入洗碗池就等于是在摄入热量，洗碗池底下的排水口可以理解为在消耗热量。正常情况下，如果水龙头注入的水量跟下端排水口流出去的水量一致，进出会达到平衡，水不会溢出。

但是如果我们把水龙头的水打到最大（狂吃）并且堵塞一点点排水口（不运动），那么水池的水很快就会接满并且溢出（囤脂肪）。脂肪的增长就是这样一个过程，洗碗池能接多少水就相当于身体所需热量的上限，如果每天摄入的热量过多，而消耗不高，就会慢慢囤积脂肪形成肥胖。单纯性肥胖往往就是这样形成的（见图 11.14 ~ 图 11.16）。

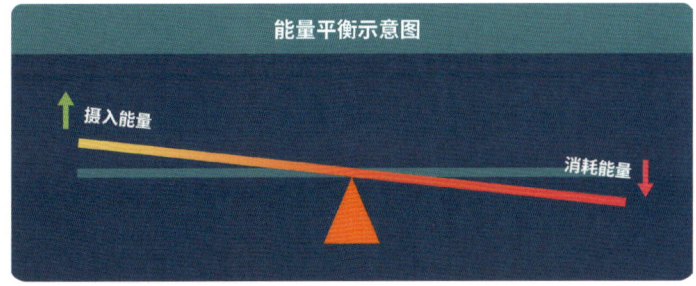

图 11.14 能量平衡示意图。

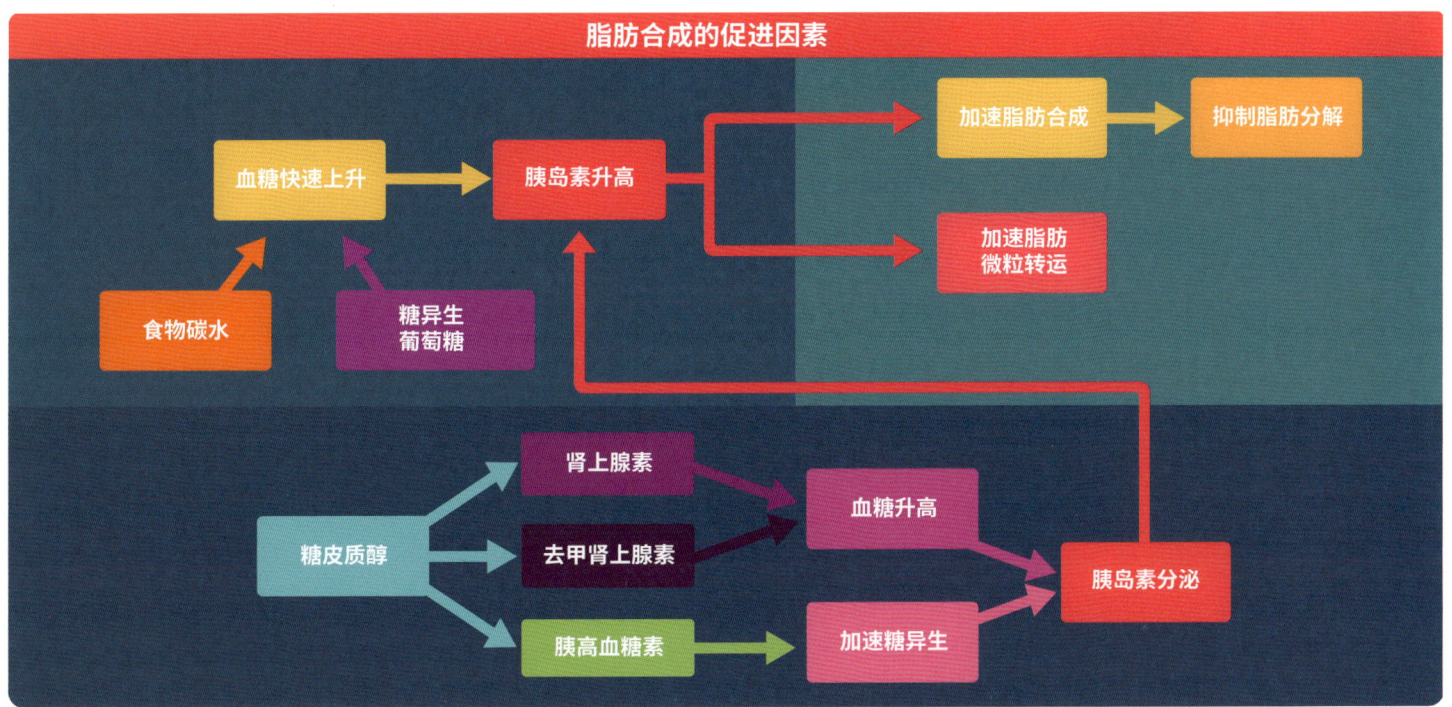

图 11.15 脂肪合成促进因素。

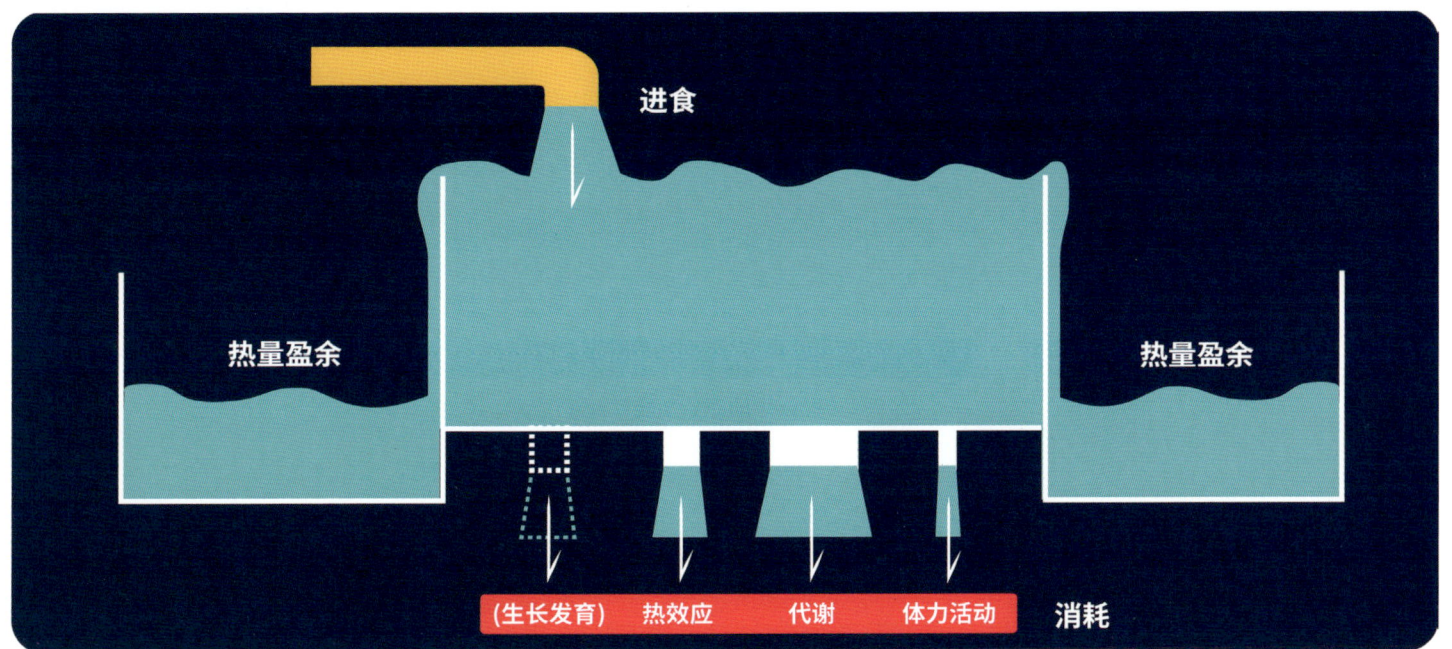

图 11.16 热量平衡与热量盈余。身体是倾向于囤积热量的，如果摄入热量过高或者热量消耗不足，导致热量摄入大于热量消耗，那么这部分"溢出"的热量就会有很大一部分被身体以脂肪的形式储存起来。

每天要摄入多少热量

我们可以通过公式大概算一下一个人每天所需的热量（见图 11.17～图 11.19）。男性与女性在热量吸收和代谢上都有差异，在公式中主要体现在基础代谢跟活动系数上。

具体计算很方便，以体重 68 kg，身高 172 cm 的 30 岁男性为例（本人）。

基础代谢 $=9.99×68 + 6.25×172 - 4.92×30 + 5=1612(\text{kcal})$。这个 1612 kcal 就是当前基础代谢所需的热量，然后乘以后面对应的活动系数，就大约是我们一天的总热量消耗。

如果基础代谢是 1612 kcal，而体力活动处在休息娱乐的状态，那么就用这个结果乘以对应活动系数 1.2，得到的总结果是 1934 kcal。

1934 kcal 就是当前状态每天所消耗的总热量，如果有运动，再加上额外运动消耗就可以。

如果一段时间摄入的热量高于这个范围，那么体脂就会发生增长；同理，一段时间摄入热量低于这个范围，体脂就会下降。

基础代谢值的计算		
公式	Mifflin-St Jeor Equations (MSJE)	简易公式推算
男性	BM(kcal)=9.99W+6.25H−4.92A+5	BM(kcal)=24W
女性	BM(kcal)=9.99W+6.25H−4.92A−161	BM(kcal)=24W×0.9
W−体重(kg)　H−身高(cm)　A−年龄(周岁)		

图 11.17　基础代谢值计算公式。

体力活动水平（PAL）的代表值				
性别	男性		女性	
	平均值	范围	平均值	范围
卧床休息	1.2	1.1~1.3	1.2	1.1~1.3
非常不爱活动	1.3	1.2~1.4	1.3	1.2~1.4
不爱活动/维持	1.4	1.3~1.5	1.4	1.3~1.5
轻	1.5	1.4~1.6	1.5	1.4~1.6
中等偏轻	1.7	1.6~1.8	1.6	1.5~1.7
中等	1.8	1.7~1.9	1.7	1.6~1.8
重	2.1	1.9~2.3	1.8	1.7~1.9
非常重	2.3	2.0~2.6	2.0	1.9~2.2

（活动水平）

图 11.18　体力活动水平代表值。

额外运动能量消耗		
公式	静息消耗能量值/min × 3× 运动时间	
中等强度	较静息消耗增3倍	运动5 min以上
剧烈运动	较静息消耗增10~20倍	维持大约10 s
示例	训练一小时，引起的增加消耗为：1.46 × 3× 60 =262.8 (kcal) 注：实验数据得到，5 min静息能量消耗约7.3 kcal，即平均每分钟1.46 kcal	

图 11.19　额外运动能量消耗计算。

热量缺口与盈余

当摄入的热量低于当日所需的热量，就是创造热量缺口。如果摄入热量高于当日所需，就会有热量盈余。

热量的缺口可以产生累积，举个例子，某人每日需要 2200 kcal 热量，而如果某人只摄入了 1800 kcal，那么就存在着一个 400 kcal 的差值，这个差值就是当日的热量缺口，这个缺口是可以持续累积的。我们继续做一个计算。

例如我们目标是减去 1 kg 脂肪组织，而它们的热量是 7700 kcal。

一天的热量缺口是 400 kcal，两天就是 800 kcal。理论上来说，19 ～ 20 d 我们就可以把缺口累积到 7700 kcal——成功减去 1 kg 脂肪。

增肌的概念就是进行抗阻力训练的同时创造热量盈余，与减脂的热量缺口概念刚好相反，减脂需要低于每日的消耗，而增肌需要超出每日的消耗。

如果我每天需要 2200 kcal 的热量，在增肌这个过程中就需要摄入的热量超过 2200 kcal。如果摄入了 2500 kcal 的热量，那么多的这 300 kcal 的热量就是热量的盈余。跟热量缺口的概念一样，热量的盈余也可以叠加。理论上来说，增长一磅瘦体重需要 3500 kcal 左右的热量，以 1 d 300 kcal 的盈余为例，增长一磅的瘦体重需要 12 d 左右。

值得注意的是前面提到的都属于基本概念，实践到每个人身上差异巨大，但是我们可以以此为基础调整修改。这些概念一旦实施起来并且用心去留意与观察，我们很快就会对食物的热量以及自身的体脂管理有自己的心得。

以本人经验来看，虽然前期计算食物的热量是一件很麻烦的事情，但是经过一个月的热量管理之后，后期只需要看一眼心里就会有一个大概的范围，最起码每个人都会对自身的体脂管理有一个更直观的认知。正如我能相对清晰地知道我吃多少会减、吃多少会涨体脂一样，每个人对自己的细化了解都需要这样一个过程。

营养配比

下一个问题就是关于增肌与减脂营养素的配比问题。前面对于碳水、蛋白质以及脂肪做了一个简单的介绍，我们摄入的热量基本就是这三大营养素带来的，它们进入人体后产生的热量大致如下。

- 1 g 碳水大约产生 4 kcal 热量。
- 1 g 蛋白质大约产生 4 kcal 热量。
- 1 g 脂肪大约产生 9 kcal 热量。

有很多人认为脂肪使人发胖的原因就是脂肪的热量最高。其实能产生热量的还有一种物质——酒精，1 g 酒精产生的热量大约是 7 kcal（见图 11.20）。所以造成肥胖的因素其实是多方面的，热量只不过是一个主要因素。

常见酒类酒精含量	
种类	酒精含量
白葡萄酒、红葡萄酒	12%~14%
啤酒	3.8%
日本清酒	16.1%
威士忌	36%
伏特加、白兰地	33%
白酒42度	42%

图 11.20 常见酒类酒精含量。

减脂配比

主流的减脂搭配是 5：3：2，也就是在产生热量缺口的情况下，一天的热量配比如下。

- 碳水化合物占总热量 50%。
- 蛋白质占总热量 30%。
- 脂肪占总热量 20%。

以一天消耗量 2400 kcal 并且创造 400 kcal 热量缺口为例，一天摄入热量为 2400 － 400=2000 kcal，其中碳水化合物占比 50%，也就是 1000 kcal 的热量来自碳水化合物，需要摄入约 250 g 碳水。600 kcal 的热量来自蛋白，需要摄入 150 g 蛋白质。400 kcal 的热量来自脂肪，所需的脂肪为 45 g。

增肌配比

关于增肌的营养配比，主流的建议是 6：2：2（总热量要加上热量盈余）。

· 碳水热量占比 60%。

· 蛋白质热量占比 20%。

· 脂肪热量占比 20%。

关于增肌，我目前没有看到任何一个机构或者文献有具体到肌肉的热量建议，目前看到的基本上是以瘦体重为基础来给出大概建议量。因为人体的复杂性跟个体差异会导致具体增肌的试验很难进行，所以前面提到的都是属于概念性问题，剩下的需要根据长期自身实践的经验来针对个人的营养进行调配。

关于食物的热量我们可以参考《中国食物成分表》。如果你还不会计算自身热量，也可以在微信上关注公众号"ASNA 运动营养课程"，上面有小程序可以进行热量估算。

虽然我们可以根据调整热量来控制体脂，但是这里面还涉及一个重要问题，那就是我们前面提到的继发性肥胖与遗传性肥胖问题，这两类人群在实施能量平衡时会遇到困难。

因为继发性肥胖人群与遗传性肥胖人群不解决体内激素环境问题的话，基本实施不了能量平衡的方法。尤其是导致继发性肥胖的原因主要是胰岛素抵抗以及长期的高皮质醇水平异常，这类人群需要先解决的是身体内平衡问题。解决方法在后续的"力量捷径"章节里会介绍，而前面所介绍的减脂只适合单纯性肥胖人群。

热量实操

前面提到了关于增肌减脂的能量平衡概念以及营养素最基本的搭配，接下来就是实用的减脂饮食方法介绍。很多街健爱好者非常在意如何在增肌的同时尽量减少脂肪的增长，以及减脂的同时尽量减少瘦体重的流失。

做到这些其实并不难，但是有一个前提，就是你认真实践过前面的能量平衡基础，并对自身所需要的食物量有一个大概的认知。

简单来说那就是要做好热量缺口的把控。并不建议任何减脂人群制造特别大的热量缺口，也不建议任何增肌人群每天有大量的热量盈余，因为这种操作难免会带来减脂的同时瘦体重大量流失或者增肌时体脂率大幅上涨的情况。

短期的效果并不能叫效果，你能无负担地融入日常生活中并且长期执行的才能叫效果。

NSCA（美国国家体能协会）对于减脂的合理性建议是每周减少 1%～2% 的体重。

其实这个建议就是为了避免热量缺口过大而带来的瘦体重减少过大。我们建议以下几点。

· BMI 过大的肥胖人群可以让热量缺口超过 500 kcal。

· 正常人群的减脂建议热量缺口在 300 kcal 左右。

· 增肌人群的热量盈余建议也是 300 kcal 左右，可以低于 300 kcal 但是不要超过 300 kcal。

这样虽然在短期效果上可能不明显，但是能避免减脂的同时瘦体重大幅度流失，以及增肌时脂肪大幅度增长的问题。

不大的热量缺口与热量盈余，更能保证体内激素水平的长期稳态。

体重与体成分

了解这个问题之前，我们需要了解营养素与肌肉之间的关系、体重的构成、人体的"节能性"以及我们常说的"掉肌肉"等问题。

首先我们要了解体重的构成以及关于体重快速增减背后的原因。

水分与肌肉

构成体重的一个重要的元素就是水分。

水分占人体重量的 45% ~ 68%（主要取决于体脂率），性别、年龄不同水分占比也有差异，所以没有一个绝对的精准值能对应到每个人。

我们人体各个组织都含有水分，ASNA 给出的参考如下。

- 血液中的水分占比 90%。

- 肌肉组织中的水分占比 76%。

- 心脏中的水分占比 79%。

- 骨骼中的水分占比 22%。

- 脂肪组织中的水分占比 10%。

短期体重的起伏其实主要就是身体中水分的变化。讲到水分就不得不提及一个营养素——碳水，以及我们最关注的肌肉。

在营养篇的开篇我们对碳水、蛋白质以及脂肪做了简单的介绍。

接下来我们需要介绍一个组织，那就是肌肉（这里的肌肉指的是骨骼肌）。在我们的固有概念里，提及肌肉很多人第一反应就是蛋白质，但肌肉组织中占比最大的东西其实是水分。

其中肌肉中糖原的储备尤为关键，因为 1 g 糖的储存需要 3 g 水参与。说直白点，当肌肉中碳水含量增加时，肌肉中相应的水分也在大幅增加，而水分的增加是碳水的 3 倍。

而随着训练的结束，糖原会有超量恢复的反应。什么是超量恢复，这里就要提及人体的"智能化"。我们了解到糖（碳水）在人体营养素中起到的作用类似于汽车中的汽油，因为它是我们人体运动的主要直接"燃料"，而骨骼肌中的碳水就相当于给肌肉供能的"汽油"，尤其体现在中高强度的运动中。

当我们进行一次较大强度的训练后，身体会预感到肌肉中储存的碳水不太够用，此时就会让肌肉储存更多的碳水，来应付长期的训练。这就是我们提及的人体"智能化"（见图 11.21）。

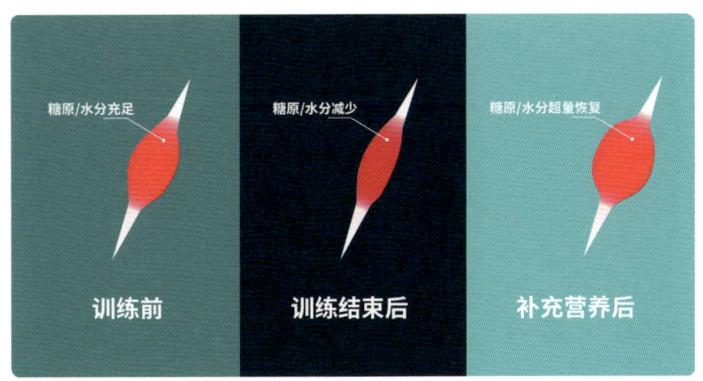

图 11.21　训练后身体会更倾向于储存能量以及合成肌肉，这也是所谓的"合成代谢窗口期"。

回到水分这个主题，糖的超量恢复本身就会带来人体对应水分的增加，水分的增加就会导致体重的增长。越是进行常年抗阻力训练的人，这个特征越明显，因为抗阻力训练人群的糖原储备可以达到正常人的两倍。

- 一般人体的肌糖原 + 肝糖原有 600 ~ 800 g。

- 常年抗阻力训练的健身人群最多可储存超过正常人一倍的糖原。

为什么现在低碳水饮食会受到欢迎？因为短期体重的幅度会有较大变化，用简单的话说就是"运动 + 低碳饮食"会导致肌肉中的糖原储备短时间下降，而肌肉中储存的糖原减少也意味着肌肉中的水分含量降低。

肌肉因为糖原大量减少从而使饱满程度降低，人体也因为水分的减少而导致体重降低，而这就是很多人以为的"效果"。

也正是因为大部分人认知不足，所以现在低碳饮食被各种短视频疯狂推荐，碳水与脂肪被塑造成妖魔鬼怪的形象。有许多文献已经证明，长期的低碳饮食是导致寿命降低的原因之一，那么低碳饮食可以进行吗？可以，但是只适合短期。

对于街健运动者不推荐碳水比例长期低于总热量50% 的饮食方法。

相对于体重这个因素的变化，更推荐的是观察身体成分的变化，也就是体脂率与瘦体重。

低碳之所以会流行就是因为大部分人对于减脂的观点全在体重上，认为体重的下降就完全等同于减脂。作为训练者一定需要改变观念——事实上在有热量缺口的情况下，高碳饮食与低碳饮食对于体脂率的改变并没有太大影响，只是在体重的体现上，低碳饮食大于高碳饮食。

至于为什么不推荐长期低碳，因为低碳饮食在对运动表现以及瘦体重的保持与增长上不如碳水合理摄入的效果，为了极低的体脂率去长期低碳完全就是舍本逐末，这在"力量捷径"这一章会有具体解释。

那么有没有一种减脂方法，不用长时间低碳饮食而且效果好，并且还可以融入"金字塔"当中呢？

有！那就是碳水循环。

碳水循环

关于碳水循环的实施方法与营养摄入建议有多种，没有一个特别固定的值。很多碳水循环的实施方法更像是轻断食。比起琳琅满目的方法，我们更需要了解背后的原理。在这里推荐一个与街健更切合并且能够融入金字塔的碳水循环法，那就是来自仰望尾迹云、杨昌林的《健身营养书》中的碳水循环实施方法。

前面介绍了肌糖原超量恢复这个概念，碳水循环其实主要就是利用肌肉中糖原的超量恢复来实施。

简单来说就是通过短时间限制碳水的摄入并把肌肉中的糖原大量消耗，再补充高碳水使肌肉中的糖原超量恢复，如此来反复循环。经过高碳日，肌肉因为超量储存糖原，所以视觉上会比较饱满。

所以这个方法很适合增肌者减脂时使用。并且由于街健训练的特点，动作基本上都是全身肌肉参与的复合动作，这类动作在糖原的消耗上普遍强于固定器械动作，非常适合在金字塔中的基础耐力这个阶段实施。

碳水循环实操

碳水循环的低碳日与高碳日怎么划分？所谓低碳日与前面介绍的限制碳水摄入并且消耗糖原的原理一样，高碳日就是多补充碳水使糖原超量恢复这样一个过程。

· 低碳日碳水摄入建议不超过 50 g，并且在低碳日制造 300 kcal 左右的热量缺口。

· 高碳日碳水不限量。

· 无论低碳日还是高碳日都需要降低脂肪的摄入量。

· 低碳日：低碳水、高蛋白、低脂。

· 高碳日：高碳水、高蛋白、低脂。

这里指的碳水更多的是"干净"碳水，而非"糖油混合物"。

高碳日并不适合练单关节孤立动作，而是更适合练参与肌肉更多的复合力量耐力动作。

我们在基础耐力这个阶段推荐的训练方法正好是力量耐力训练的超级组，这样参与的肌肉更多，并且在糖原消耗与超量恢复上更有优势，更适合用碳水循环的方式。这个阶段可以改善身体成分、提升有效瘦体重比例、降低体脂率，也能为后续训练打下基础。一般建议如下。

· 低碳日不超过 3 d。

· 高碳日建议 2 d。

也可以按照金字塔中的基础耐力阶段的训练内容做调整。

· 休息日低碳。

· 训练日高碳。

力量捷径

前面介绍的内容属于减脂的基本概念，接下来我们将深入了解营养素与身体激素的稳态。

2019 年，我了解到一个特别的案例。这个案例研究了各类重大犯罪人群体内的激素状态，结果发现，这其中杀人犯与强奸犯体内的激素水平普遍处在严重的失衡状态。

激素与稳态这两个词让我对营养有了新的认识。本人以前对于营养的认知仅仅体现在能量平衡概念、营养素功能以及搭配与占比上，陈教授的话让我持续打开了学习之门。无论是健美还是健力，无论是街健还是 CrossFit，人们往往热衷于快速找到训练的捷径，街健爱好者想在动作中找到快速解锁俄挺的捷径，健美爱好者想找到快速变大的捷径，那么真的存在捷径吗？

本人想说存在，并且这个捷径并不完全在于刻苦训练，而是在于最关键的两个字——营养。

我们人体的一切几乎都与体内的激素稳态有关。影响我们的情绪、身体恢复、增肌效率、减脂效率的并非训练本身，更多的是激素稳态。

虽然进步离不开训练，但是身体的"内平衡"才是我们能取得持续进步的加速器，例如长期的焦虑与睡眠不足会导致皮质醇水平的长期升高，皮质醇的升高虽然属于正常生理反应，但是长期升高或过高的皮质醇水平则会抑制免疫系统，也会抑制肌肉合成，造成力量下降、增肌受到阻碍。我们常说的内分泌紊乱也是典型的激素问题，而营养对于激素的影响至关重要。前面对于营养素有一个简单的基本介绍，接下来就是推荐摄入量的介绍及原因。

1. 激素

激素这个话题非常大，人体内有数十种激素，种类繁多并且会相互作用。激素的作用简单来说就是调节身体的"内平衡"。

激素可以分为肽类激素、类固醇激素、神经传递激素、甾类激素、水溶与脂溶类激素，这里简单介绍几类常见激素的稳态以及对于训练的影响。

我们所谓的"内平衡"也就是体内激素的稳态，若体内的稳态被打破就会导致身体出现一系列连锁反应。跟营养一样，激素也没有绝对的"好激素"和"坏激素"之分。我们常说的合成代谢与分解代谢就像太极的黑白两极一样，虽然大部分训练者只想保留合成代谢，删除分解代谢，但其实处于稳态与均衡才是人体这台"机器"的程序设定。

激素是营养这个话题的"深层"，保持激素稳态的关键是营养与生活习惯。透过营养与激素的影响看清背后训练的本质是这一篇的关键。无数训练者的重心全部都在训练这件事情上，而认识不到合理的营养摄入以及激素的稳态才是训练真正的"捷径"。

以下激素是健美者经常挂在嘴边的激素，那么它们的作用是什么？真的是越多越好吗？

· 胰岛素。

· 胰岛素生长因子（IGF-1）。

· 睾酮。

· 生长激素（HGH）。

· 肾上腺素。

· 肾上腺皮质激素。

胰岛素（合成信号枪）

胰岛素是胰脏内分泌的蛋白质类激素，是体内唯一降低血糖的激素。

胰岛素就像是一把发出合成指令的信号枪。所谓合成代谢，就是将小分子合成大分子，分解代谢就是将大分子拆解为小分子。合成代谢与分解代谢一般会处于稳态的平衡，而胰岛素可以理解为"合成"类激素。

单独的激素如果没有受体就无法发挥调节作用，同样，胰岛素也需要与受体结合才能发挥作用。

胰岛素与众多激素之间存在一定的影响及相互作用，基本上睾酮跟生长激素是不进入细胞核的，而胰岛素通过与细胞表面受体结合，使葡萄糖转运体（GLUT4）将葡萄糖运入细胞，为细胞提供所需的能量供应，因此可以理解为胰岛素就是打开细胞大门的钥匙。

胰岛素对于增肌者而言起到的重要作用就是合成糖原以及蛋白质。

前面介绍了胰岛素是体内唯一降低血糖的激素，而影响血糖的一个重要因素就是碳水。

"高糖食品使人发胖"这样的通俗说法，其实主要是指胰岛素的影响。因为胰岛素升高时脂肪分解被抑制，所以很多人认为胰岛素升高就是在"长膘"。这样的说法只看到了胰岛素作用的一个方面，而忽视了它还有合成蛋白质与糖原的作用。

GI 与 GL

前面简单介绍了碳水可以使血糖升高这个概念，也介绍了快碳与慢碳的基本概念，现在我们需要进一步细化讲解。我们之前说过正餐当中的 GI 值与 GL 值不好判断，因为摄入的食物种类多，所以 GI 之间也在相互影响（见图 11.22）。

图 11.22 食物 GI 值的影响因素。

- GI 值高于 70 的为高 GI 食物。
- GI 值 55 ~ 70 的为中 GI 食物。
- GI 值低于 55 的则为低 GI 食物。

高 GI 食物的典型代表为"简单糖"，这些食物在进入小肠入血吸收时的速度很快，大部分进入血液当中，作为唯一降低血糖的激素——胰岛素这个时候的分泌就会升高，把血糖降下去。由于食物中水分的占比等因素会影响 GI，所以单纯的食物更要观察 GL 值。血糖负荷（GL 值）的计算如图 11.23 所示。

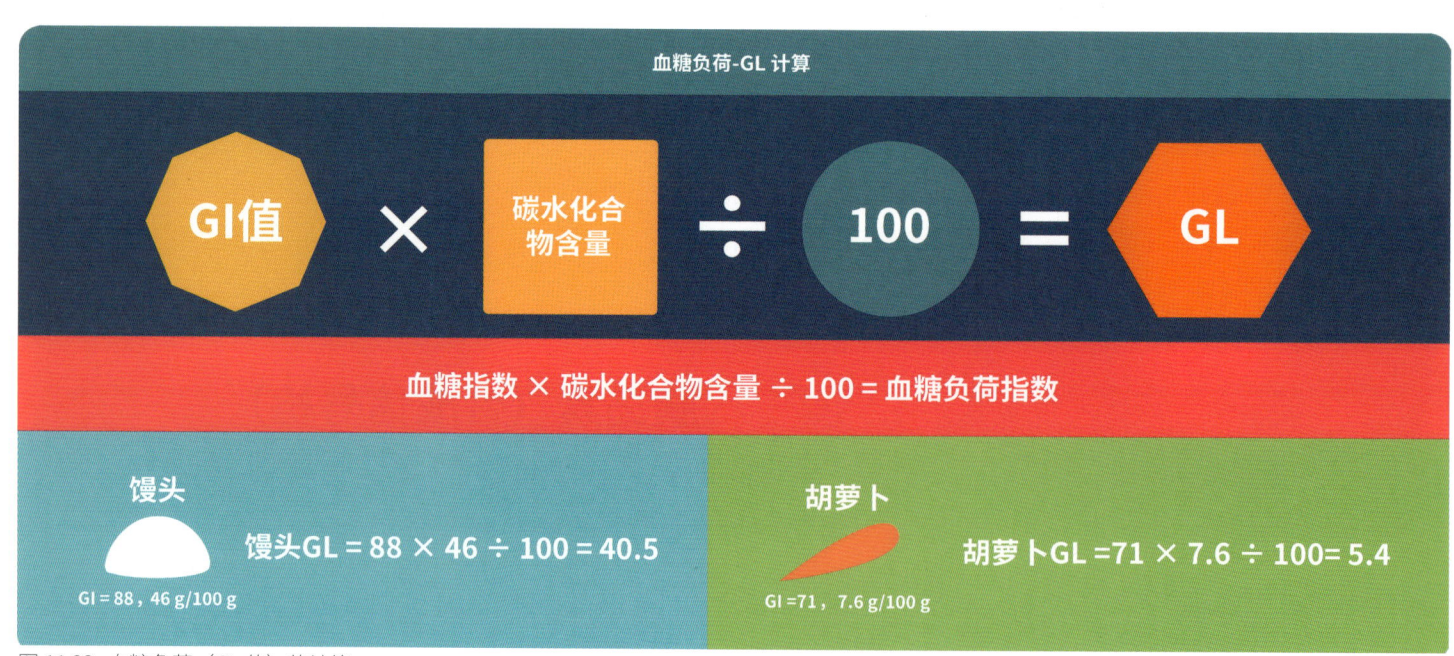

图 11.23 血糖负荷（GL 值）的计算。

常见食物 GI 值见图 11.24。

常见食物GI值									
谷类及制品		**乳制品类**		**蔬菜和薯类**		**水果类**		**点心零食**	
100 g	GI	100 g	GI	100 g	GI	100 g	GI	100 g	GI
吐司	91	冰淇淋	65	马铃薯	90	西瓜	72	白面包	106
馒头	88.1	老年奶粉	40.8	南瓜	75	菠萝	66	巧克力	91
糯米饭	87	奶酪	35	胡萝卜	71	葡萄干	64	甜甜圈	86
年糕	85	脱脂牛奶	32	甜菜	64	杧果	55	爆米花	85
奶油面包	85	牛奶	28	地瓜	55	香蕉	52	炸薯条	85
大米饭	83	全脂牛奶	27	芋头	48	葡萄	43	华夫饼	76
烙饼	80	降糖奶粉	26	扁豆	38	苹果	36	苏打饼干	72
油条	75	原味酸奶	25	藕粉	33	梨	36	薯片	60.3
玉米片	75	低脂奶粉	11.9	豆腐	31.9	奇异果	35	披萨饼	60
蛋糕	75	**调味料**		番茄	30	杏干	31	黑巧克力	22
小米饭	71	100 g	GI	绿豆	27.2	橙	31	果仁	15~30
意大利面	65	黑糖	93	四季豆	27	香蕉(生)	30	**饮料**	
玉米	55	胡椒	73	黄豆	18	草莓	29	100 g	GI
燕麦麸	55	奶油	30	菠菜	15	桃	28	可乐	47
发芽糙米	54	**肉类**		香菇	0~15	柚	25	鲜橙汁	42
荞麦	54	100 g	GI	芹菜	0~15	木瓜	25	无糖咖啡	16
全麦面包	50	猪、牛、鸡等	45~49	黄瓜	0~15	樱桃	22	无糖红茶	10
面条	49	鱼	40	花椰菜	0~15				
黑米粥	42.3			青椒	0~15	**GI值 > 60 为高GI食物**			
粉丝	32			白萝卜	0~15				

注:不同地区、不同种植方式以及烹饪方式下,食物GI值会略有差异

图 11.24 常见食物 GI 值。

降血糖的这个过程就是打开细胞大门的过程,前面介绍蛋白质在训练之后配合葡萄糖一起摄入的原因就在这里(这样蛋白质就会有非常好的合成环境),肌酸的推荐摄入法也是同样道理。那么它会对我们的运动状态有什么影响呢?对于肥胖又有什么影响呢?首先我们需要了解 GI 与血糖上升时间的关系(见图 11.25)。

从图 11.25 中我们可以得出以下几点。

· 血糖处于正常水平范围内(80～120),精神状态处于最佳的时候,也是适合运动的状态,此时 GI 造成的血糖波动低(正常范围起伏)。

· 中高 GI 食物的摄入,会让血糖在 1 h 内出现高于正常水平的现象。

· 适合运动的状态是血糖从正常水平开始逐步偏

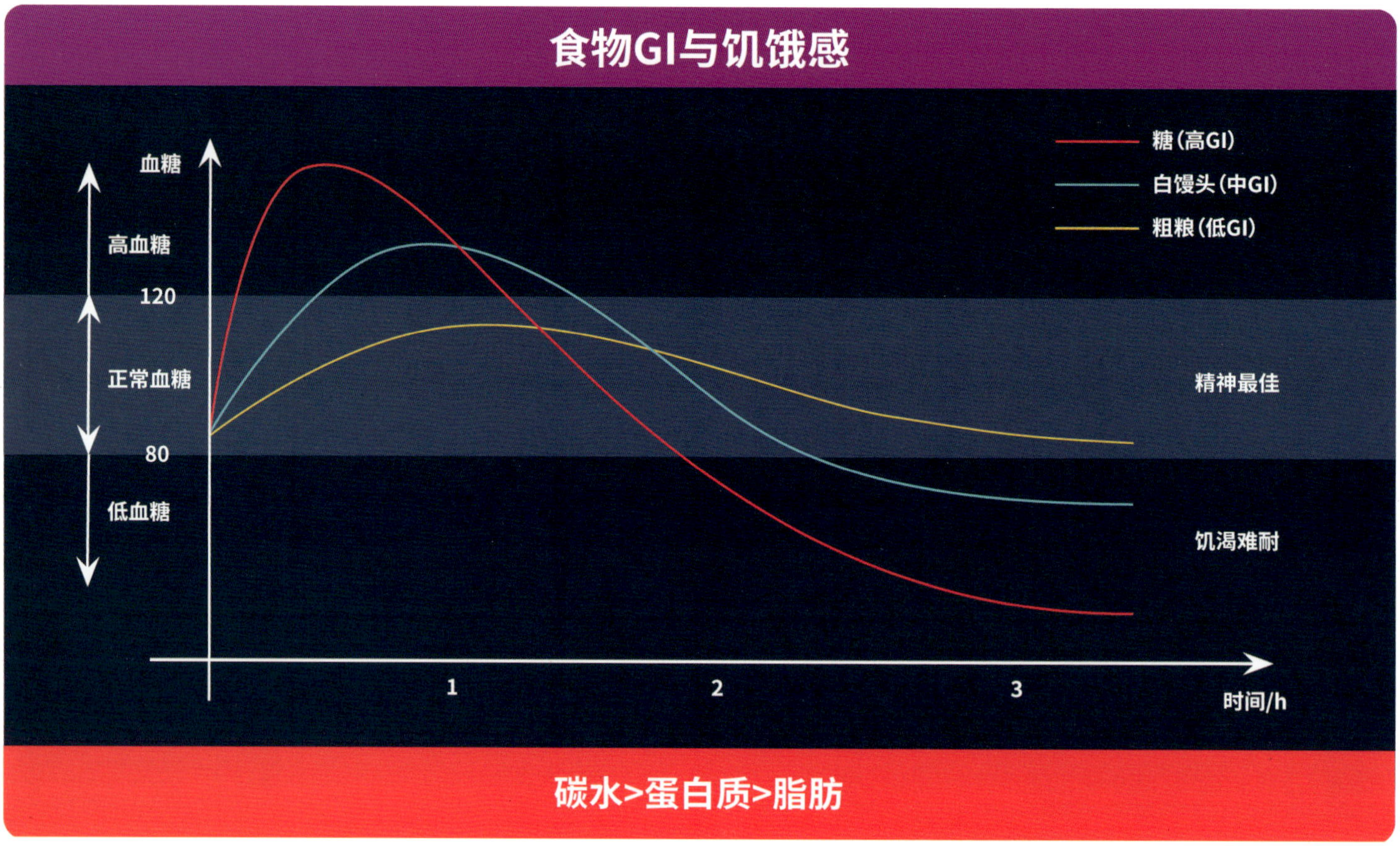

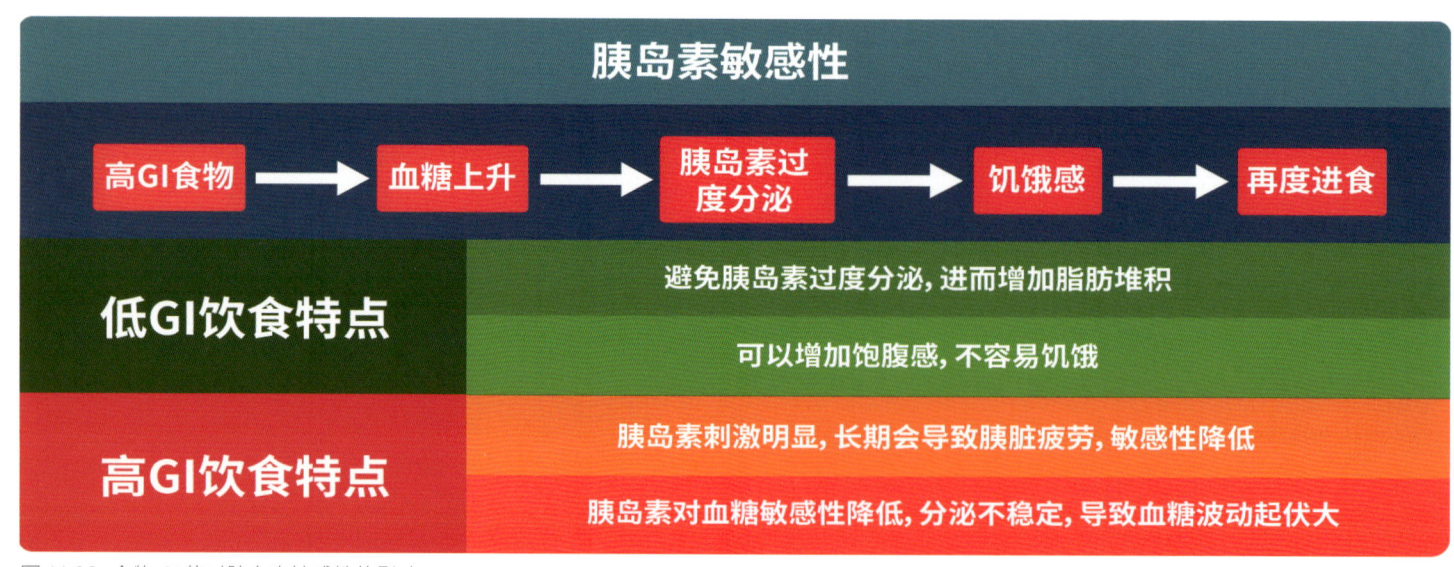

食物GI与饥饿感

血糖

高血糖

120

正常血糖

80

低血糖

糖（高GI）
白馒头（中GI）
粗粮（低GI）

精神最佳

饥渴难耐

1　　　　2　　　　3　　时间/h

碳水>蛋白质>脂肪

图 11.25 食物 GI 值与饥饿感。

低的时候。即低 GI 食物摄入后 2.5 h 左右，或中 GI 摄入后 1.7 h 左右。

· 高血糖需要另外分析，因为血糖上升得过高，胰岛素反应也会较大，往往会导致把血糖"降过头"了（见图 11.25），高 GI 食物会在摄入后 2 h 左右降低，1.5 h 是适合运动的时候。

影响胰岛素分泌的因素有很多，值得注意的是，一旦出现胰岛素敏感性降低就意味着体内的激素稳态已经被打破，会连带出现一系列问题。胰岛素敏感性降低主要是胰岛素与受体的结合出现问题，也就是胰岛素在正常分泌但是血糖不降，这就会导致生长激素（HGH）与胰岛素生长因子（IGF-1）的分泌出现问题，引起一系列不良反应。

本人之前了解到的信息是，频繁摄入高 GI 是导致胰岛素敏感性出现问题的原因（见图 11.26）。然而，查阅许多文献后发现造成胰岛素抵抗的原因是多方面

胰岛素敏感性

高GI食物 → 血糖上升 → 胰岛素过度分泌 → 饥饿感 → 再度进食

低GI饮食特点

避免胰岛素过度分泌，进而增加脂肪堆积

可以增加饱腹感，不容易饥饿

高GI饮食特点

胰岛素刺激明显，长期会导致胰脏疲劳，敏感性降低

胰岛素对血糖敏感性降低，分泌不稳定，导致血糖波动起伏大

图 11.26 食物 GI 值对胰岛素敏感性的影响。

的，具体如下。

- 首先是先天性遗传因素。

- 其次就是肥胖导致雌激素升高，从而打破稳态。

- 与睡眠不足、熬夜产生的激素影响也有关系。

- 频繁摄入高 GI 食物只是原因之一。

改善胰岛素敏感性的方法推荐以下两种。

- 第一，规律生活，养成良好的作息习惯。大部分街健者是年轻群体，报复性熬夜与饮食的不规律是常态，解决好作息问题永远是健身的第一步。

- 第二，进行力量耐力的循环训练与保持较长时间的空腹状态。使全身糖原超量恢复的训练方式是公认的提高胰岛素敏感性的方法之一；另外较长时间的空腹能有效减少血糖浓度，适当低血糖可以增强胰岛素的信号转导功能，提高细胞对胰岛素的响应性，从而增加胰岛素敏感性。

肥胖本身就是一种稳态的打破，过高与过低的体脂都属于不健康的状态。体脂保持在合理健康范围内能避免很多代谢疾病。

皮质醇

这个世界有光明就有黑暗，太极有阴就有阳。

下面介绍的激素与胰岛素功能基本相反，它们与胰岛素共同维持着体内的稳定。如果说胰岛素是合成信号枪，那么皮质醇就是分解激素的代表，肾上腺素就像是皮质醇的"信号枪"。

皮质醇是肾上腺皮质分泌的激素，这里主要介绍的是糖皮质激素。

前面介绍了胰岛素是"合成"类激素，主要作用是降血糖，促进蛋白质与脂肪的合成、储存，抑制蛋白质与脂肪的分解。皮质醇的作用基本与胰岛素相反，皮质醇与胰高血糖素等激素是使血糖升高的激素。

皮质醇等激素负责在低血糖时把肌肉"拆解"成血糖，使血糖水平上升。因为肌肉属于蛋白质，前面介绍碳水时有介绍糖异生的概念，就是把非糖的物质变成糖，而能够进行糖异生的物质分别是蛋白质、甘油及乳酸。其中蛋白质就是糖异生的主力军。

皮质醇就是负责糖异生的激素，同时还有抑制炎症的作用。胰岛素升高时脂肪分解被抑制，同时促进蛋白质合成，皮质醇升高时蛋白质合成被抑制，同时促进脂肪分解（见图 11.27）。

如果皮质醇长时间处于过高水平，会导致增肌效果受到影响，对胰岛素抵抗的风险也同样会增加。

人处在压力与紧张的状态时也会分泌皮质醇——这会导致紧张焦虑的情绪，长期高皮质醇会引起抑郁症等精神疾病。衡量高皮质醇的方法与过度训练的评判基本类似，因为过度训练的状态一般就是高皮质醇状态，缓解过度训练的方法一般也是降低皮质醇的方法。缓解皮质醇过高的方法，除了保持充足的睡眠，还有一个就是前面介绍的冥想。

高皮质醇水平建议不要制造热量缺口，可以进行

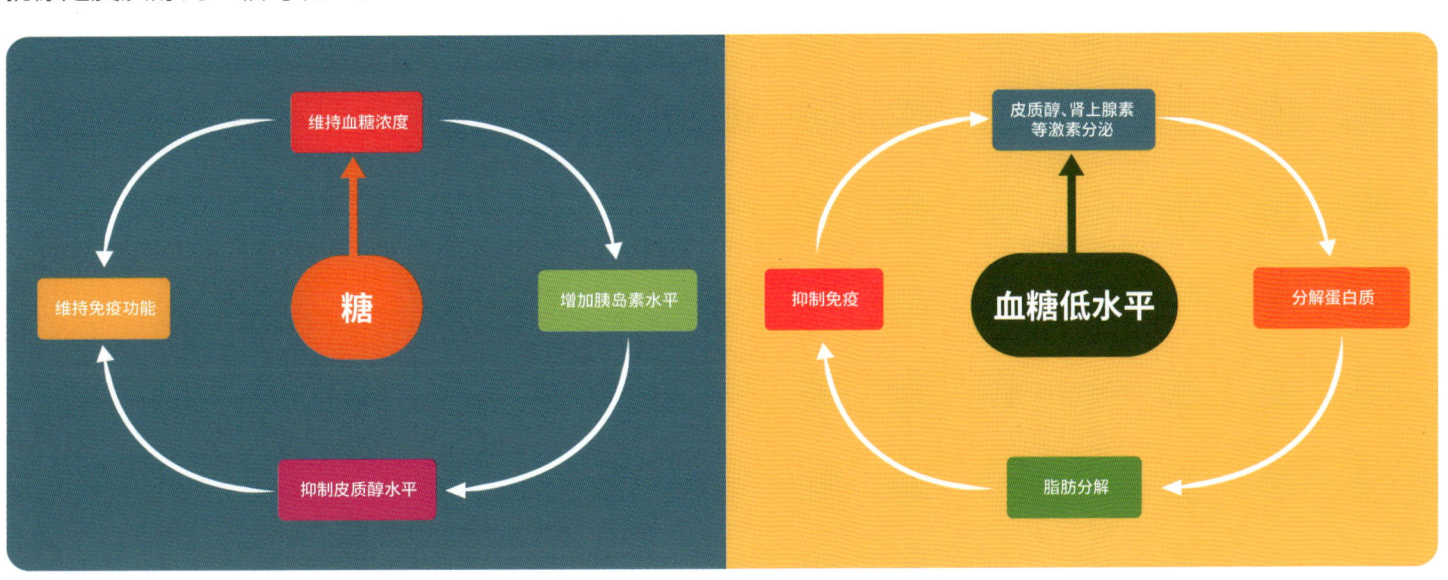

图 11.27 血糖与皮质醇的互相影响。

适当的低强度减载训练。任何一种激素都是为了维持人体的稳态，皮质醇与胰岛素等激素共同维持着血糖的稳定。

皮质醇往往在早上时水平最高，随着时间的推移会逐渐变低。除了一天的皮质醇水平波动，还会有长周期性的波动，在一个月的时间内往往都有皮质醇升高的那么几天。就像一位朋友说的，男人每个月也有那么几天心情与状态很差，不过这个规律并没有找到一个很好的解释。

皮质醇并不可怕

这样说很可能让大家对皮质醇这个激素很抵触，因为它影响到增肌与情绪，但是长期的高胰岛素水平对人体一样是有负面影响的，高胰岛素虽然是增肌与力量提升的激素，但是我们不能只看到好的一面。

长期高胰岛素水平会导致胰岛素抵抗，损伤肾小球过滤膜，引起肾脏问题以及增加心血管疾病风险等。

而皮质醇的好处包含了抗炎，改善哮喘以及慢性阻塞性肺病等，它们两者都是为了实现身体的"内平衡"，也就是激素的稳态，只是很多人只在意它们对增肌的帮助与影响，但生活中并不只有增肌。

举个例子，有一位街健爱好者，为了低体脂与增肌，每天低碳饮食加长时间的高强度训练，不久之后就出现了失眠、精神状态不佳等。可怕的是在这种情况下，他还认为是自己训练不够努力，从而继续增加训练量，这就是典型的"干就完了"的思维，这种思维在没有知识的情况下是毒药。我们了解了前面的知识再看待这个问题会发现什么？长时间低碳饮食加高强度训练会导致血糖水平下降，那么皮质醇这个时候就会升高。

如果在训练后合理补充糖原，皮质醇也不会长时间升高。长时间的高皮质醇信号之一是失眠与精神状态不佳，这个时候不考虑解决问题本身而还在加强度，请问怎么增肌与增力？类似的案例多不胜数，其中也不缺乏健美爱好者知道了胰岛素对增肌的好处之后刻意长时间让胰岛素处在高浓度水平，而后出现代谢类疾病。力量提升的捷径不是"干就完了"，而是了解营养素的作用，并合理控制自己的训练状态，以加速恢复与补充营养。

增肌与力量提升需要两者适当平衡才能更好地发挥作用，血糖水平影响着胰岛素、肾上腺素、皮质醇、血清素与胰高血糖素等的水平，而影响增肌与力量提升的是更复杂的系统，例如胰岛素生长因子（IGF-1）与生长激素（HGH），短时间偏低的血糖对于增肌者而言并不是一件坏事（因为短期偏高的皮质醇会促进HGH与IGF-1的分泌）。

那么什么是HGH和IGF-1呢？

HGH 与 IGF-1

· HGH是垂体分泌的激素，它对于增肌的帮助同样很大，HGH本身可以直接作用于肌肉，增加蛋白质的合成。

· IGF-1是由肝脏分泌的肽类激素，有着极强的合成代谢能力，对于增肌而言，它主要是促进肌肉增长的激素，可以直接刺激肌肉细胞内蛋白合成。IGF-1的提高可以最大限度地增加肌肉。

同时HGH与IGF-1之间也存在着相互刺激与相互制约的关系，因为IGF-1的分泌量受到HGH的影响，可以理解为IGF-1分泌多少主要由HGH控制（能够影响IGF-1的因素还有多种，其中包括营养素与其他激素），而IGF-1可以通过反馈机制来抑制HGH的分泌，两者处在一个动态平衡的关系中。随着年龄的增长，IGF-1与HGH的分泌都会逐步降低，年龄越大两者分泌越少，在未成年阶段HGH分泌旺盛，从而IGF-1的水平也会增加（见图11.28）。

HGH与IGF-1还有修复软组织的作用，这就是很多年轻人训练强度很大也能较快恢复的原因，也说明了为什么年龄越大的人进步越难，恢复越慢——主要原因是HGH与IGF-1的分泌降低。

有一项研究表明：奶类食物中有丰富的IGF-1并能被人体直接利用，但不包括发酵类乳制品。

HGH与IGF-1虽然能给增肌带来巨大的好处，但是任何事情都具有两面性，过量的HGH与IGF-1对于人体而言同样具有危害性。IGF-1对人的危害如下。

· 降低血管弹性。

· 增加高血压、心血管疾病风险，同时加速衰老。

· 最重要的是 IGF-1 可促进许多肿瘤细胞的增殖。

高胰岛素水平会限制 HGH 的分泌，适当的胰岛素水平也会促进 HGH 与 IGF-1 的分泌。而肥胖导致的雌激素过高也会抑制这类激素的分泌（见图11.29），所以谜题终于解开了——开篇的减脂也是为了更好地服务于力量提升。

改善这类激素分泌的方法，除了血糖的调控，更重要的是良好的睡眠状态与适当的运动。竞技健美运动员基本都会使用外源性激素，而这类激素如果长期过量，风险也会升高。这里并不是在"阴阳"健美，相反本人更尊重健美精神，因为这是引领大多数人健身的风向。但是客观的事实就是这样，一旦上升到成绩与竞技，这类风险不可避免。

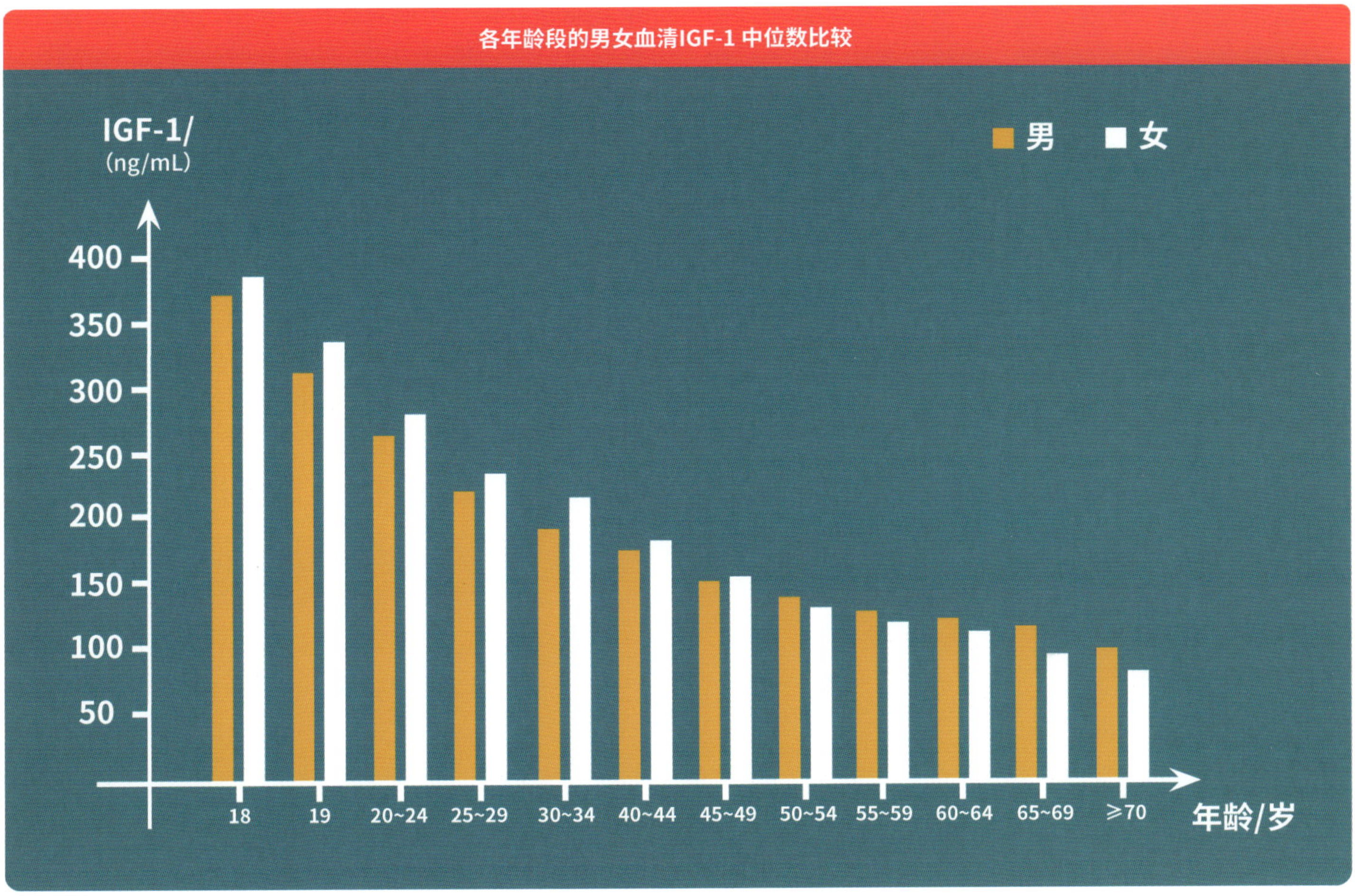

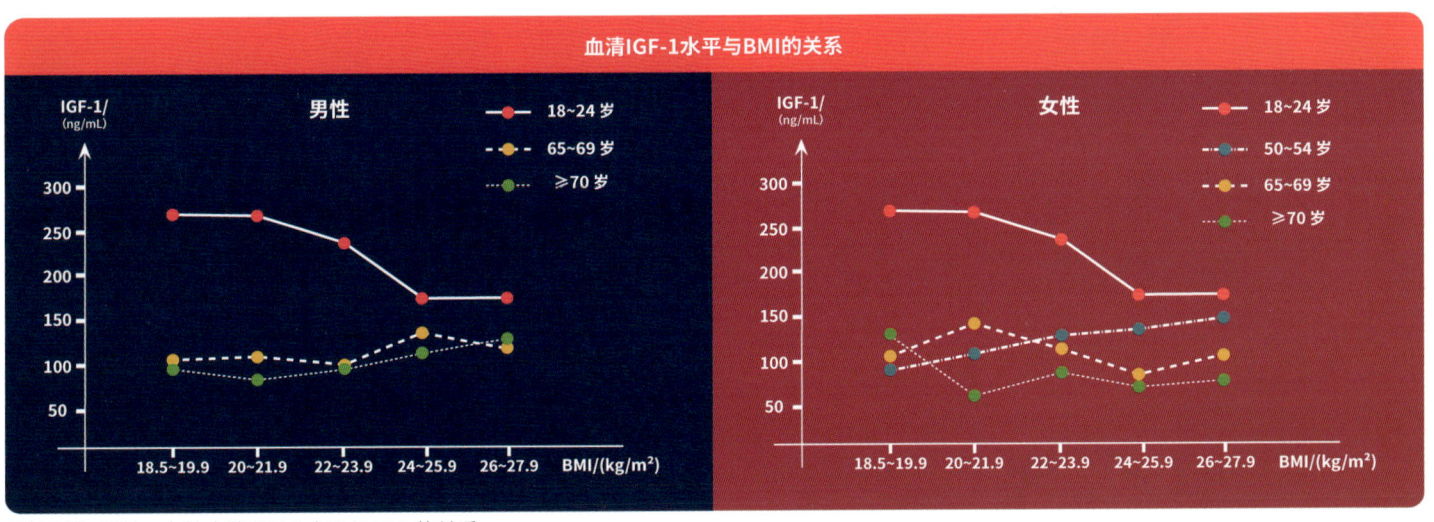

图 11.28 年龄与 IGF-1 水平关系。

图 11.29 男性、女性血清 IGF-1 水平与 BMI 的关系。

睾酮

增肌的激素中还有两个重要的角色：睾酮与甲状腺素。

睾酮是由睾丸、卵巢分泌的雄性激素，属于类固醇激素。睾酮主要有三种形式：睾酮、二氢睾酮、雄烯二酮。睾酮是主要的男性性激素，主要由睾丸分泌；二氢睾酮是睾酮在体内的主要活跃代谢产物，由 5a-还原酶将睾酮转化而来；雄烯二酮是睾酮的前体，可在体内转化为睾酮与雌激素。睾酮可作用于肌肉，增加蛋白质合成，抑制蛋白质分解，参与 HGH、IGF-1 协同作用。睾酮分为游离睾酮与总睾酮，一般认为总睾酮的活性较低，而直接作用于人体的更多是游离睾酮，因为游离睾酮的活性更高。

睾酮的分泌是具有周期性与脉冲性的：一天之中，夜间分泌最多，日间减少，睡眠期大量分泌。

血糖水平与血清素一样与睾酮有一定关系。胰岛素抵抗产生的高血糖同样会抑制睾酮的分泌，而睾酮也可以轻度地降低血糖。

低睾酮水平除了与增肌相关，还能引起一系列问题，例如肌肉量下降、骨密度下降、胰岛素敏感性受到影响等问题。这类问题一般出现在 40 岁以后，因为睾酮与生长激素等类似，它的分泌同样受到年龄的影响。男性雄激素在 20～30 岁是分泌的最顶峰，30 岁以后水平会逐步降低，一般到 40 岁睾酮会降低到一定程度，通常这个时候很多人会出现"低睾酮"带来的一系列问题。值得注意的是，每个人在正常状态下睾酮都会有一个相对固定的水平，每个人的固定睾酮水平一般由基因决定；随着年龄的增加，睾酮会呈逐步下降趋势。很多东西我们或许无法避免，但是却可以尽最大努力去"保持"（见图 11.30）。

甲状腺素

甲状腺素的主要功能是调控蛋白质合成与分解，调节血糖，对机体代谢与免疫系统功能也有着重要的影响。这个激素的重要性不言而喻，而关键在于甲状腺素可以影响生长激素的分泌与作用。

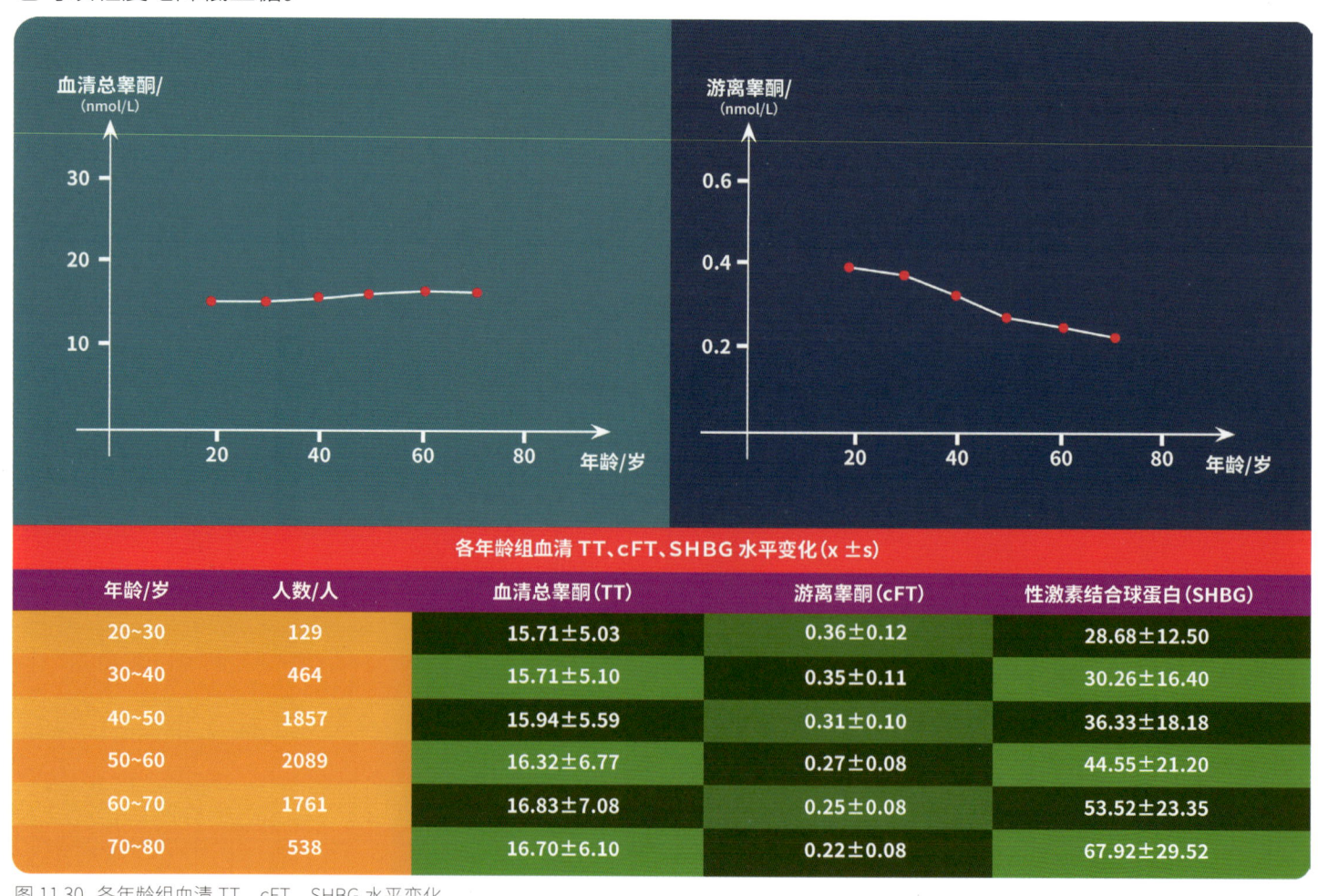

年龄/岁	人数/人	各年龄组血清 TT、cFT、SHBG 水平变化(x̄±s)		
		血清总睾酮(TT)	游离睾酮(cFT)	性激素结合球蛋白(SHBG)
20~30	129	15.71±5.03	0.36±0.12	28.68±12.50
30~40	464	15.71±5.10	0.35±0.11	30.26±16.40
40~50	1857	15.94±5.59	0.31±0.10	36.33±18.18
50~60	2089	16.32±6.77	0.27±0.08	44.55±21.20
60~70	1761	16.83±7.08	0.25±0.08	53.52±23.35
70~80	538	16.70±6.10	0.22±0.08	67.92±29.52

图 11.30 各年龄组血清 TT、cFT、SHBG 水平变化。

甲状腺素过多或过少都会影响生长激素的分泌，最直接的影响就是甲状腺功能减退导致甲状腺素的水平低下，从而抑制生长激素分泌。而影响甲状腺素水平的其中一个重要因素就是皮质醇。

长期高皮质醇会抑制甲状腺素的分泌，主要原因是皮质醇通过抑制甲状腺素合成酶的活性，同时抑制垂体对促甲状腺激素的释放，从而降低甲状腺素水平。保证 HGH 的正常分泌就需要确保身体内平衡处于稳态，而某种水平长期过高都会引起一系列连锁反应。

我们很多人都希望一种激素水平能更高，那就是睾酮。然而，许多研究证明过高的睾酮与高血压、冠心病等疾病的发生率升高有关（虽然正常情况下一般不会出现，但是"外源性"的影响就充满了不确定因素）。很多训练者都想提升睾酮水平，但我们每个人在正常情况下睾酮水平都有一个特定的范围，而这个范围主要取决于基因。

我们常说的"促睾"并不是决定睾酮水平高低的主要条件，有人说深蹲促睾，但这只是短时间使它升高，还没有直接证据表明力量训练等因素能够永久提升睾酮水平。而这个短暂提高就是机体的正常应激反应，主要是因为训练刺激了神经系统，通过内分泌调节机制影响了睾酮的分泌。训练中的负荷与强度可以激活下丘脑、垂体、肾上腺轴从而刺激睾酮分泌，但是这种刺激的影响很小，还不如多睡会儿觉来得多。

相反，如果长期大强度训练而身体恢复不佳，睾酮水平一样会降低。本人做过 3 次激素六项的检查，睾酮激素检查结果均在 20 ~ 24 nmol/L。本人也连续做过一个月深蹲测试，采取一周三练并保证睡眠的充足与营养摄入的均衡，在一个月之后分别在同一时间测试了血液中的睾酮与唾液中的睾酮水平（因为两者存在争议）。可以看到在激素六项的测试中（见图 11.31、图 11.32)，本人的睾酮水平还是在 20 ~ 24 nmol/L 之间，并没有"爆表"。但黄体生成素与卵泡刺激素又在偏低的水平，这其中比较复杂。任何大强度的运动都是双刃剑，如果身体可以恢复，进步水平会升高，但是如果恢复不足可能会有损内体稳态，这也是很多人说的大强度训练伤荷尔蒙的原因——在身体能恢复的情况下大强度训练是加速器，但在身体恢复较慢的情况下大强度训练反而是阻碍。

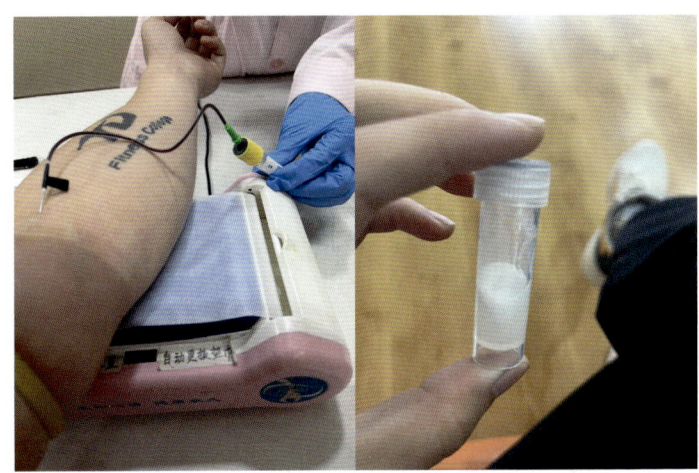

图 11.31　体检中心的激素六项检查与生物公司的唾液检测游离睾酮。

姓名：刘家亨	门诊/住院号：	科室：检验	送检医生：	客户条码：
性别：男	患者电话：／	床号：／	医生电话：	样本类型：血清
年龄：31岁	临床诊断：／			标本性状：未见异常

检验项目	检验方法	结果	提示	参考区间	单位
性激素六项					
孕酮	电化学发光	1.060		<0.159-0.5	nmol/L
雌二醇	电化学发光	129		94.8-223	pmol/L
卵泡刺激素	电化学发光	5.87		1.5-12.4	mIU/ml
黄体生成素	电化学发光	3.52		1.7-8.6	mIU/mL
泌乳素	电化学发光	188		86-324	uIU/mL
睾酮	电化学发光	22.080		6.680-29.0	nmol/L

姓名：刘家亨	性别：男		年龄：	身高：　cm　体重：　kg
运动方式：	样品类型：唾液			体脂率：
采集时间：2023年05月09日	样本状态：☑运动前30分钟　□运动后30分钟			送检日期：2023年05月12日

序号	项目名称	结果		单位	参考值范围
		运动前	运动后		(10-30岁)
1	游离睾酮 Free Testosterone	0.352↑		ng/mL	0.05~0.25（女性） 0.075~0.35（男性）

图 11.32　测试结果（以上测试结果仅供参考）。

肌内脂（IMTG）

关于力量与增肌还有一样东西非常重要，那就是脂肪。

前面简单介绍了脂肪酸，那么接下来我们介绍大部分人没有关注到的肌肉内的脂肪。肌内脂一般储存在靠近线粒体的脂滴中，在线粒体中作为能量储存，可在运动过程中使用。

肌内脂对于力量耐力的提升同样有帮助，可以理解为延伸的肌糖原。

· 肌内脂含量为每千克肌肉 8 ~ 13 g。

· 肌内脂水平会影响甘油三酯、胆固醇及酮体的浓度。

· 肌内脂提供的能量有助于延迟乳酸蓄积，对提高力量耐力有一定帮助。

· 肌内脂的主要来源是胆固醇、甘油三酯等。

· 脂肪的摄入热量至少占每日总热量的 20%。

必需脂肪酸

与必需氨基酸同理，必需脂肪酸需要通过食物摄入才能获得。

Omega-3 与 Omega-6 这两者对于增肌来说都是必不可少的（见图 11.33）。

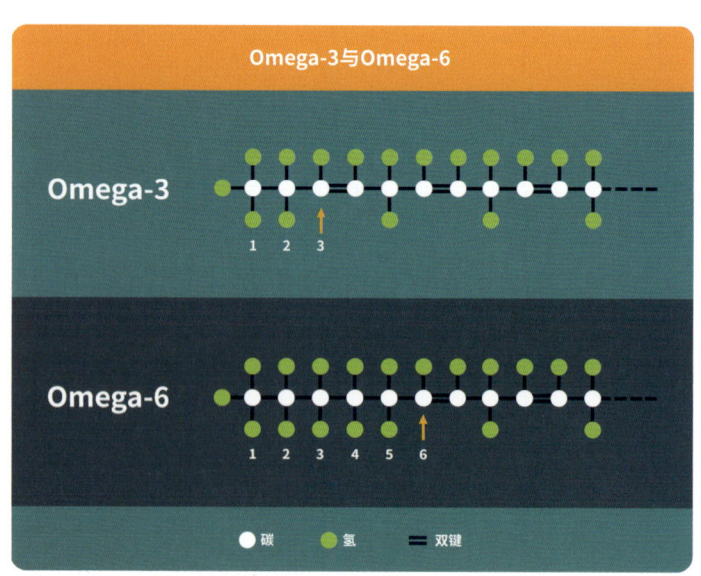

图 11.33 Omega-3 与 Omega-6 结构示意图。

Omega-3

Omega-3 脂肪酸是一种对人体健康非常重要的多不饱和脂肪酸，在鱼油、鱼类、坚果、种子、深绿色蔬菜等食物中含量较为丰富。

Omega-3 主要有 EPA（二十碳五烯酸）、DHA（二十二碳六烯酸）和 ALA（α- 亚麻酸）三种（见图 11.34）。

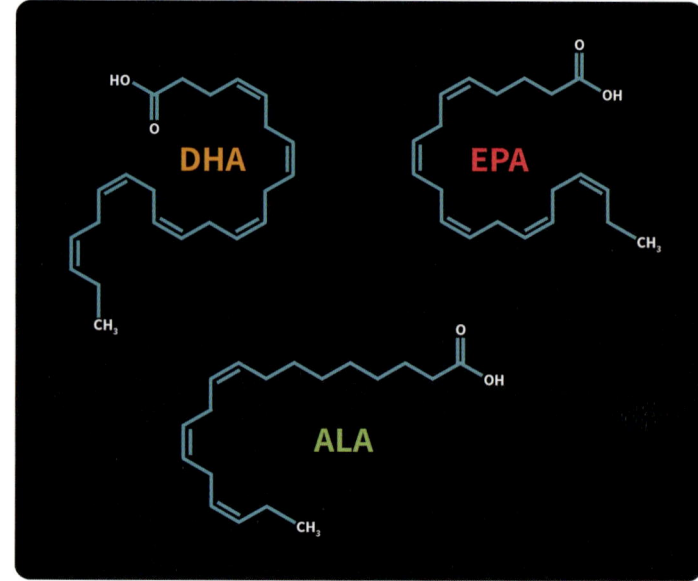

图 11.34 三种 Omega-3 结构示意图。

其中 DHA 和 EPA 主要存在于鱼油中；ALA 常见于植物油中，是 DHA 和 EPA 的前体，经转化后方能起作用。虽然 ALA 可以在人体内转化为 DHA 和 EPA，但是转化率很低，一般只有 5% ~ 10%。

如果单纯依靠 ALA 的转化是很难满足人体对 DHA 和 EPA 的需求量。建议通过食用鱼类等富含 DHA 和 EPA 的食物直接获得这两种脂肪酸。

· Omega-3 能抵抗炎症，加速肌肉修复。

· 可调节由过度训练引起的免疫功能下降，降低感染发生率。

· 可以促进睾酮合成与分泌。

· 对血管健康有较大帮助，因为它可以起到扩张血管降低血液黏稠度的作用，有助于降低运动员的血压、血脂，改善血管弹性，从而保护心血管系统。可促进脂质氧化，为运动提供更多能量基质。

· 可增加胰岛素敏感性，有利于运动后血糖恢复和肌糖原再生。

Omega-6

Omega-6 主要包括 LA（亚麻酸）和 AA(花生四烯酸)（见图 11.35）。

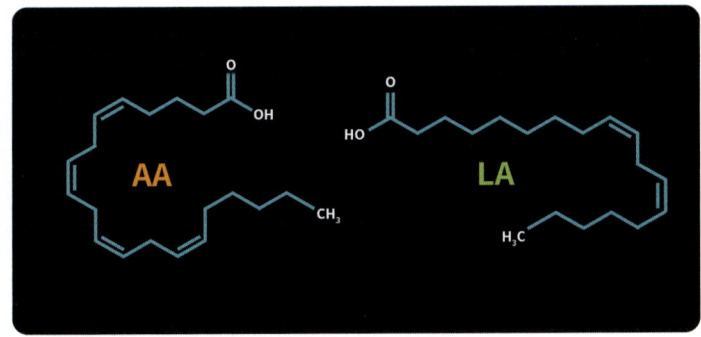

图 11.35 两种 Omega-6 结构示意图。

- Omega-6 能促进生长激素的分泌。
- 增强神经传导，强化肌肉功能。

实际上，它们能给我们带来的帮助远远不止以上提及的这些，只是从增肌与增力的角度来说，它们能给我们带来这些帮助。

均衡

大部分人并不缺乏 Omega-6，而是缺乏 Omega-3，因为现在我们食用的油类中基本上都是 Omega-6 占比高。

常见的建议是 Omega-3 与 Omega-6 的食用比例为 1：3。

实施起来其实并不难，可以采取以下途径。

- 适当减少烹饪的食用油，因为常见的烹饪油一般都是花生油、玉米油、大豆油，而这些油类中 Omega-3 的占比较低。
- 摄入一定量的芝麻（100 g 芝麻约含 10 g Omega-3）。
- 在鱼类选择上可以选择海鱼 (例如鳕鱼与三文鱼)，这些鱼类的脂肪中 Omega-3 的含量较高。
- 可以选择深海鱼油以及亚麻籽油。

Omega-3 与 Omega-6 都有利于增肌，二者摄入应均衡。

2. 激素稳态的调整方法

我们对激素大致了解后会发现，激素是力量进步与增肌的关键，进步速度与恢复速度基本都取决于激素。

在年轻阶段我们的恢复速度很快、进步很大原因是睾酮、生长激素、IGF-1 等激素处在一个较高水平。随着年龄的增长，这类激素的分泌开始逐步降低。不同的人体内激素水平都有差异，别人可以实现身体恢复的训练量，并不一定适合自己。很多"经验主义训练量"并不能套用在所有人身上，所以我们要根据晨脉与 RPE 监控来摸索出自己合理的训练容量。

除了营养的合理摄入，我们的生活状态与这些激素（如生长激素、睾酮等）也有很大关系。体脂超过 25% 以上的男性都应该注意这个问题，添加减脂板块的初衷更多的也是为了服务于训练。

除了适当的体脂范围与合理的营养摄入，另外还有两样对于激素的稳态影响较大。

- 早睡早起的习惯。睡眠是大部分人都可以做好但是没有做好的一项重点，生长激素、睾酮的"最大化"分泌都离不开充足的睡眠。熬夜与睡眠时间不足，不仅影响这类激素的分泌，还会导致皮质醇水平持续升高，身体处于高应激状态，这些都会导致身体组织不能够进行正常的"修复"，使训练进步出现迟滞、使受伤风险增加。

关于睡眠还有一个问题，就是保证睡眠时间的情况下能否熬夜，能否晚睡晚起，这种情况非常常见。目前大多数试验与文献都不支持此做法，试验监测显示：相对于早睡早起，晚睡晚起的生长激素与睾酮等激素分泌都呈下降状态，并且当日的血清素水平明显低于早睡早起组，而血清素也是人类的"快乐源泉"。焦虑压抑以及抑郁症都与血清素有关。个人支持早睡早起，因为工作原因，本人都经历过晚睡晚起以及不规律睡眠，这两种方式给我的直观感觉就是精神状态与负面情绪的抑制都不太好，在晚睡晚起这个情况中的体现更为明显。长期处于恢复慢与焦虑压抑的心情状态下，你觉得进步的空间会被压缩多少呢？所以改掉这些不好的习惯，再好好观察自己的进步，会发现什么才是"捷径"。

· 训练。训练会"最大化维持"睾酮水平。力量训练导致乳酸堆积，"诱导"生长激素分泌，刺激脑垂体前叶产生 HGH。除了力量训练，心肺耐力训练一样对生长激素的分泌有帮助，但有一个前提，那就是营养摄入的合理化。如果是在低碳饮食状态下，长时间大容量训练会导致血糖波动较大，皮质醇水平也将上升。

本人认为即使在营养摄入合理的情况下，也不建议长期进行 RPE8～9（非常吃力与接近极限努力）的水平训练，如果在这种状态下没有减载，一样会对这些激素的分泌有负面影响。

· 呼吸。呼吸与冥想也是重点，不良的呼吸模式会导致慢性过度换气综合症，造成机体缺氧，带来疲劳。在日常生活中（尤其是久坐人群）需要适当提升腹式呼吸频率。在睡前进行冥想可以降低交感神经兴奋性，从而减少皮质醇等应激激素的分泌，降低焦虑与压抑感，为训练带来良好的体内环境。

最大"死角"

前面提到了常见的宏量营养素，但是没有详细介绍维生素及矿物质，因为把它们的内容放在这里更合适。说它们是营养的"死角"，是因为很多训练者都或多或少会缺乏几种元素，而这些元素往往会影响到训练与恢复。

下面列举几样对于增肌与力量有帮助并且是容易缺乏的元素（见图 11.36）。

· 钙与维生素 D：钙是肌肉收缩与保持骨骼健康的关键物质，维生素 D 参与钙的吸收，摄入不足会影响力量的产生与力量增长。运动人群摄入建议：钙 1000～1300 mg/d；维生素 D 600～800 IU。

· 锌：参与多种酶的结构与功能作用，对于蛋白质合成、细胞分裂、免疫功能等非常重要，锌缺乏会影响生长发育。运动人群摄入建议：15～30 mg/d。

· 维生素 C：抑制炎症，是结缔组织合成必不可少的元素，吸烟与感冒发热人群更容易缺乏。运动人群摄入建议：100 mg/d。

· 铁：女性训练者因为生理期与怀孕期最容易缺铁。铁也是红细胞生成和氧运输的重要微量元素，缺乏会导致贫血以及体能受到影响。运动人群摄入建议：10～15 mg/d。

· 镁：参与肌肉收缩，在糖类转为能量的过程中发挥着重要作用，镁的摄入不足会引起神经系统紊乱。运动人群摄入建议：400～1000 mg/d。

· 维生素 B 族：帮助营造素代谢，同时也是能量代谢重要酶，能促进食物吸收等。运动人群摄入建议：维生素 B 族的补充应达到 RDA 的上限。

图 11.36 常见微量元素与常量元素。

常见食物营养成分表

常见食物营养成分表

食物名称	可食部分/%	水/g	能量/kcal	能量/kJ	蛋白质/g	脂肪/g	碳水化合物/g	膳食纤维/g	灰分/g	维生素A/μg	硫胺素/mg	核黄素/mg	烟酸/mg	V_C/mg	V_E/mg	α-V_E/mg	钙/mg	磷/mg	钾/mg	钠/mg	镁/mg	铁/mg	锌/mg	硒/μg	铜/mg	锰/mg
粳米	100	43.9	221	925	7	1.1	47	1.3	1		0.04	0.05			0.65	0.35	38	107	138	165.1	30	1.8	0.71	8.45	0.1	0.78
面条	100	28.5	284	1188	8.3	0.7	61.9	0.8	0.6		0.22	0.07	1.4		0.59	0.2	11	162	135	28	39	3.6	1.43	11.74	0.17	0.86
粉丝	100	15	335	1402	0.8	0.2	83.7	1.1	0.3		0.03	0.03	0.4				31	16	18	9.3	11	6.4	0.27	3.39	0.05	0.15
挂面	100	14.3	337	1410	0.5	0.1	84.2	0.6	0.9		0.01						35	23	18	9.6	11	5.2	0.83	2.18	0.18	0.16
米饭	100	70.9	116	485	2.6	0.3	25.9	0.3	0.3		0.02	0.03	0.1		0.46		7	62	30	2.5	15	1.3	0.92	0.4	0.06	0.59
玉米	46	71.3	106	444	4	1.2	22.8	2.9	0.7		0.16	0.18	1.9	16	4.4	0.36	0	117	238	1.1	32	1.1	0.9	1.63	0.09	0.22
荞麦	100	13	324	1356	9.3	2.3	73	6.5	2.4	3	0.28	0.16	1.8		0.34	0.08	47	297	401	4.7	258	6.2	3.62	2.45	0.56	2.04
马铃薯	94	79.3	76	318	2	0.2	17.2	0.7	0.8	5	0.08	0.04	1.1	27	0.24	0.24	8	40	342	2.7	23	0.8	0.37	0.78	0.12	0.14
山药	83	84.8	56	234	1.9	0.2	12.4	0.8	0.7	3	0.05	0.02	0.3	5	0.45	0.45	16	34	213	18.6	20	0.3	0.27	0.55	0.24	0.12
芋头	84	78.6	79	331	2.2	0.2	18.1	1	0.9	27	0.06	0.05	0.7	6			36	55	378	33.1	23	1	0.49	1.45	0.37	0.3
凉粉	100	90.5	37	155	0.2	0.3	8.9	0.6	0.1		0.02	0.01	0.2				9	1	5	2.8	3	1.3	0.24	0.73	0.06	0.01
年糕	100	60.9	154	644	3.3	0.6	34.7	0.8	0.5		0.05	0.03			1.15		31	52	81	56.4	43	1.6	1.36	2.3	0.14	0.38
花生	100	6	524	2192	8.3	31.5	53.4	1.5	0.8			0.01	1.9		21.6	3.73	26	136	213	99.2	67		3.06	7.2	0.23	1.01
燕麦片	100	9.2	367	1536	15	6.7	66.9	5.3	2.2		0.03	0.13	1.2		3.07	2.54	186	291	214	3.7	177	7	2.59	4.31	0.45	3.36

食物名称	可食部分/%	水/g	能量/kcal	能量/kJ	蛋白质/g	脂肪/g	碳水化合物/g	膳食纤维/g	灰分/g	维生素A/μg	硫胺素/mg	核黄素/mg	烟酸/mg	V_C/mg	V_E/mg	α-V_E/mg	钙/mg	磷/mg	钾/mg	钠/mg	镁/mg	铁/mg	锌/mg	硒/μg	铜/mg	锰/mg
绿豆芽	100	94.6	18	75	2.1	0.1	2.9	0.8	0.3	3	0.05	0.06	0.5	6	0.19	1.13	9	37	68	4.4	18	0.6	0.35	0.5	0.1	0.1
黄豆芽	100	88.8	44	184	4.5	1.6	4.5	1.5	0.6	5	0.04	0.07	0.6	8	0.8	0.18	21	74	160	7.2	21	0.9	0.54	0.36	0.14	0.34
豆腐	100	82.8	81	339	8.1	3.7	4.2	0.4	1.2		0.04	0.03	0.2		2.71	0.08	164	119	125	7.2	27	1.9	1.11	2.3	0.27	0.47
黄豆	100	10.2	359	1502	35	16	34.2	15.5	4.6	37	0.41	0.2	2.1		18.9	0.61	191	465	1503	2.2	199	8.2	3.34	6.16	1.35	2.26
绿豆	100	12.3	316	1322	21.6	0.8	62	6.4	3.3	22	0.25	0.11	2		10.95	0.29	81	337	787	3.2	125	6.5	2.18	4.28	1.08	1.11
赤小豆	100	12.6	309	1293	20.2	0.6	63.4	7.7	3.2	13	0.16	0.11	2		14.36	0.36	74	305	860	2.2	138	7.4	2.2	3.8	0.64	1.33
茄子	93	93.4	21	88	1.1	0.2	4.9	1.3	0.4	8	0.02	0.04	0.6	5	1.13		24	23	142	5.4	13	0.5	0.23	0.48	0.1	0.13
辣椒	97	94.4	19	79	0.9	0.2	4	0.5	0.5	92	0.03	0.03	0.6	19	0.57	0.18	10	23	163	5	9	0.4	0.13	0.15	0.06	0.08
黄瓜	92	95.5	15	63	0.8	0.2	2.9	0.5	0.3	15	0.02	0.03	0.2	9	0.49	0.08	24	24	102	4.9	15	0.5	0.18	0.38	0.05	0.06
苦瓜	81	93.4	19	79	1	0.1	4.9	1.4	0.6	17	0.03	0.03	0.4	56	0.85	0.61	14	35	256	2.5	18	0.7	0.36	0.36	0.06	0.16
南瓜	85	93.5	22	92	0.7	0.1	5.3	0.8	0.4	148	0.03	0.04	0.4	8	0.36	0.29	16	24	145	0.8	8	0.4	0.14	0.46	0.03	0.08
胡萝卜	96	89.2	37	155	1	0.2	8.8	1.1	0.8	688	0.04	0.03	0.6	13	0.41	0.36	32	27	190	71.4	14	1	0.23	0.63	0.08	0.24
大白菜	87	94.6	17	71	1.5	0.1	3.2	0.8	0.6	20	0.04	0.05	0.6	31	0.76	0.36	50	31		57.5	11	0.7	0.38	0.49	0.05	0.15
菠菜	89	91.2	24	100	2.6	0.3	4.5	1.7	1.4	487	0.04	0.11	0.6	32	1.74	1.46	66	47	311	85.2	58	2.9	0.85	0.97	0.1	0.66
西兰花	83	90.3	33	138	4.1	0.6	4.3	1.6	0.7	1202	0.09	0.13	0.9	51	0.91	0.31	67	72	17	18.8	17	1	0.78	0.7	0.03	0.24
生菜	83	95.7	15	63	1.4	0.4	2.1	0.6	0.4	60	0.03	0.06	0.4	20	0.19	1.27	70	31	100	80	29	1.2	0.43	1.55	0.08	0.15
芹菜	66	94.2	14	59	0.8	0.1	3.9	1.4	1	10	0.01	0.08	0.4	12	2.21	0.21	48	50	154	73.8	10	0.8	0.46	0.47	0.09	0.17
藕	88	80.5	70	293	1.9	0.2	16.4	1.2	1	3	0.09	0.03	0.3	44	0.73	0.08	39	58	243	44.2	19	1.4	0.23	0.39	0.11	1.3
莴笋	62	95.5	14	59	1	0.1	2.8	0.6	0.6	25	0.02	0.02	0.5	4	0.19		23	48	212	36.5	19	0.9	0.33	0.54	0.07	0.19
香菜	81	90.5	31	130	1.8	0.4	6.2	1.2	1.1	193	0.04	0.14	2.2	48	0.68	0.68	101	49	272	48.5	33	2.9	0.45	0.53	0.21	0.28
口蘑	100	9.2	242	1013	38.7	3.3	31.6	17.2	17.2		0.07		44.3		8.57	3.2	169	1655	3106	5.2	167	19.4	9.04	5.88	5.88	5.96

食物名称	可食部位/%	水/g	能量/kcal	能量/kJ	蛋白质/g	脂肪/g	碳水化合物/g	膳食纤维/g	胆固醇/mg	灰分/g	维生素A/μg	硫胺素/mg	核黄素/mg	尼克酸/mg	V.C/mg	V.E/mg	α-V.E/mg	钙/mg	磷/mg	钾/mg	钠/mg	镁/mg	铁/mg	锌/mg	硒/μg	铜/mg	锰/mg
苹果	76	85.9	52	218	0.2	0.2	13.5	1.2		0.2	3	0.06	0.02	0.2	4	2.12	1.53	4	12	119	1.6	4	0.6	0.19	0.12	0.06	0.03
梨	82	85.8	44	184	0.4	0.2	13.3	3.1		0.3	6	0.03	0.06	0.3	6	1.34	0.44	9	14	92	2.1	8	0.5	0.46	1.14	0.62	0.07
桃	86	86.4	48	201	0.9	0.1	12.2	1.3		0.4	3	0.01	0.03	0.7	7	1.54		6	20	166	5.7	7	0.8	0.34	0.24	0.05	0.07
杏	92	89.9	35	146	1	0.1	8.6	1.1		0.4	13	0.03	0.01	0.5	16	0.01	0.01	3	11	103	1.5	33	0.2	0.23	0.09		
沙棘	87	71	119	498	0.9	1.8	25.5	0.8		0.8	640	0.05	0.21	0.4	204	1.12	1.03	104	54	359	28	19	8.8	1.16	2.8	0.56	0.66
柿子	87	80.6	71	297	0.4	0.1	18.5	1.4		0.4	20	0.02	0.02	0.3	30	0.7	0.15	9	23	151	0.8	8	0.2	0.08	0.24	0.06	0.5
葡萄	86	83.7	43	180	0.5	0.2	10.3	0.4		0.3	8	0.04	0.02	0.2	25			5	13	104	1.3	45	0.4	0.18	0.2	0.09	0.06
葡萄干	100	11.6	341	1427	2.5	0.4	83.4	1.6		2.1		0.09		0.6	5	2.22	0.26	52	90	995	19.1	12	9.1	0.18	2.74	0.48	0.39
樱桃	80	88	46	192	1.1	0.2	10.2	0.3		0.5	35	0.02	0.04	0.3	10	0.56		11	27	232	8	14	0.4	0.23	0.21	0.1	0.07
橙	74	87.4	47	197	0.8	0.2	11.1	0.6		0.5	27	0.05	0.04	1.1	33			20	22	159	1.2	12	0.4	0.14	0.31	0.03	0.05
西梅	73	81.9	70	293	0.9	0.2	16.6	0.5		0.4	41	0.01	0.04	0.7	41	0.24	0.24	2	24	151	1.7	43	0.4	0.17	0.14	0.16	0.09
香蕉	59	75.8	91	381	1.4	0.2	22	1.2		0.6	8	0.02	0.04	0.3	8	0.71	0.54	7	28	256	0.8	12	0.4	0.18	0.87	0.14	0.65
草莓	97	91.3	30	126	1	0.2	7.1	1.1		0.4	5	0.02	0.03	0.2	47	0.1	0.06	18	27	131	4.2	8	1.8	0.14	0.7	0.04	0.49
西瓜	56	93.3	25	105	0.6	0.1	5.8	0.3		0.2	75	0.02	0.03		6			8	9	87	3.2	19	0.3	0.1	0.17	0.05	0.05
枇杷	71	91	34	142	1	0.1	7.9	0.5		0.5	153	0.01	0.01	0.5	12			4	19	190	26.7	65	1.8	0.13	1.1	0.01	0.01
椰子	33	51.8	231	967	4	12.1	31.3			0.8	2	0.01	0.01	0.7		0.52		2	90	475	55.6	24	0.5	0.92	4.17	0.19	0.06
菠萝蜜	43	73.2	103	431	0.2	0.3	25.7	0.8		0.6	5	0.06	0.05	0.9	9			9	18	330	11.4	18	2.7	0.12	4.62	0.12	0.18
核桃	43	5.2	627	2623	14.9	58.8	19.1	9.5		2		0.15	0.14	4.8	1	43.21	0.82	56	294	385	6.4	131	6.1	2.17	2	1.17	3.44
葵花子	52	2	616	2577	22.6	52.8	17.3	4.8		5.3		0.43	0.26	5.3		26.46	25.04	72	564	491	1322	267	6.5	5.91	27.03	1.95	1.98
南瓜子	68	4.1	574	2402	36	46.1	7.9	4.1		5.9		0.08	0.16	3.3		27.28	1.1	37		672	15.8	376	7	7.12	23.44	1.44	3.85
西瓜子	43	4.3	573	2397	32.7	44.8	14.2	4.5		4		0.04	0.08	3.4		1.23	1.23	28	765	612	187.7	448	8.2	6.76		1.82	1.82
柚子	69	89	41	172	0.8	0.2	9.5	0.4		0.5	23	0.04	0.03	0.3	23			4	24	119	3	24	0.4	0.4	0.7	0.18	0.08
猪肉	100	46.8	395	1653	13.2	37	2.4		80	0.6	18	0.22	0.16	3.5		0.35	0.35	6	162	204	59.4	16	1.6	2.06	11.97	0.06	0.03
猪心	60	58.2	260	1088	22.6	18.8	0		192	0.4	3	0.05	0.1	1.5		0.01	0.01	33	33	54	101	5	1.1	1.14	5.85	0.09	0.01
肥肠	100	73.6	196	820	6.9	18.7	0		137	0.8	7	0.06	0.11	1.9		0.5	0.42	10	56	44	116.3	8	1	0.98	16.95	0.06	0.07
猪肝	99	70.7	129	540	19.3	3.5	5		288	1.5	4972	0.21	2.82	15		0.86	0.86	6	310	235	68.6	24	22.6	5.78	19.21	0.65	0.26
猪脑	100	78	131	548	10.8	9.8	0		2571	1.6	41	0.11	0.19	2.8		0.96	0.96	30	294	259	130.7	10	1.9	0.99	12.65	0.32	0.03
猪肾	93	78.8	96	402	15.4	3.2	1.4		354	1.2	7	0.31	1.14	8		0.34	0.34	12	215	217	134.2	22	6.1	2.56	111.77	0.58	0.16
牛肉	99	72.8	125	523	19.9	4.2	1.3		84	1.1	48	0.04	0.14	5.6		0.65	0.49	23	168	216	84.2	20	3.3	4.73	6.45	0.18	0.04
狗肉	66	69	167	699	19.3	9.4	0		106	1	22	0.05	0.09	5.6		0.67	0.57	9	156	251	63.3	19	1.4	1.09	11.75	0.07	0.03
羊肉	90	65.7	203	849	19	14.1	0.2		92	1.2	52	0.05	0.14	4.5		0.26	0.05	6	146	232	80.6	20	2.3	3.22	32.2	0.75	0.02
鸭	68	63.9	240	1004	15.5	19.7	1.7		94	0.7	53	0.08	0.22	4.2		0.27	0.17	6	122	191	69	14	2.2	1.33	12.25	0.21	0.06
兔	42	66.6	201	841	16.5	14.2	0		99	1	42	0.06	0.2	6.9		0.99	0.7	30	136	334	63.6	27	3.8	0.82	11.08	0.24	0.05
鹅	63	61.4	251	1050	17.9	19.9	0.9		74	0.8	42	0.07	0.23	4.9		0.22	0.22	4	144	232	58.8	18	3.8	1.36	17.68	0.43	0.04
奶酪	100	43.5	328	1372	25.7	23.5	3.5		11	3.8	152	0.06	0.91	0.6		0.6	0.6	799	326	75	584.6	57	2.4	6.97	1.5	0.13	0.16
牛乳	100	89.8	54	226	3	3.2	3.4		15	0.6	24	0.03	0.14	0.1		0.21	0.1	104	73	100	37.2	11	0.3	0.42	1.04	0.02	0.03
人乳	100	87.6	65	272	1.3	3.4	7.4		11	0.3	11	0.01	0.05	0.2				30	13			32	0.1	0.28		0.03	0.03
酸奶	100	84.7	72	301	2.5	2.7	9.3		15	0.8	26	0.03	0.15	0.2		0.12	0.12	118	85	150	39.8	12	0.4	0.53	1.71	0.03	0.02
奶油	100	0.7	879	3678	0.7	97	0.9		209	1.2	297	0.06	0.01	1.4		1.99	1.17	14	11	226	268	2	1	0.09	0.7	0.42	0.02
巧克力	100	1	586	2452	4.3	40.1	53.4	1.5		1.2		0.06	0.08			1.62		111	114	254	111.8	56	1.7	1.02	1.2	0.23	0.61

营养成分表（每100g可食部分含量）

食物名称	可食部分/%	水/g	能量/kcal	能量/kJ	蛋白质/g	脂肪/g	碳水化合物/g	胆固醇/mg	灰分/g	维生素A/μg	硫胺素/mg	核黄素/mg	烟酸/mg	V_C/mg	V_E/mg	α-V_E/mg	钙/mg	磷/mg	钾/mg	钠/mg	镁/mg	铁/mg	锌/mg	硒/μg	铜/mg	盐/mg
鲈鱼	88	74.1	144	602	13.3	8.8	2.8	585	1	234	0.11	0.27	0.2		1.84	1.14	56	130	154	131.5	10	2	1.1	14.34	0.15	0.04
鲢鱼	59	77.3	113	473	16.6	5.2	0	86	1.1	11	0.04	0.11	2.8		2.03	2.03	38	203	312	56	31	0.8	0.87	6.66	0.05	0.05
泥鳅	60	76.6	96	402	17.9	2	1.7	136	1.8	14	0.1	0.33	6.2		0.79	0.25	299	302	282	74.8	28	2.9	2.76	35.3	0.09	0.47
青鱼	67	78	89	372	18	1.4	1.2	126	1.4	50	0.06	0.58	3.7		1.34	1.34	42	206	263	70.2	18	2.5	1.97	34.56	0.05	2.22
带鱼	76	73.3	127	531	17.7	4.9	3.1	76	1	29	0.02	0.06	2.8		0.82	0.82	28	191	280	150.1	43	1.2	0.7	36.57	0.08	0.17
鲳鱼	67	78	89	372	19.8	1.1	0	158	1.3	19	0.01	0.03	2		0.26	0.26	184	183	136	91.5	30	1.4	0.16	48.95	0.02	0.07
鲤鱼	59	76.5	105	439	18.6	3.4	0	86	1.5	45	0.03	0.17	3.1		0.75	0.38	138	242	205	144.1	37	1.4	2.83	33.06	0.05	0.04
鲑鱼	72	74.1	139	582	17.2	7.8	0.9	68	0.9		0.07	0.18	4.4		0.78		13	154	361	63.3	36	2	1.11	29.47	0.03	0.02
鲥鱼	60	75.2	101	423	18.2	1.4	3.9	181	1.3		0.02	0.07	2.9		1.69	1.4	83	139	250	172	45	2	1.18	39.7	0.5	0.05
鱿鱼干	46	77.6	90	377	18.9	1.1	1	121	1.4			0.03	4.3		3.58	3.55	21	221	257	190	22	1.3	2.79	39.36	0.54	
龙虾	51	79.3	79	331	16.8	0.6	1.5	117	1.8		0.01	0.05	1.9		2.79	0.33	146	196	228	302.2	46	3	1.44	56.41	0.44	0.11
海虾	86	78.1	87	364	16.4	2.4		240	3.9	48	0.04	0.03	0.06		5.33	0.06	325	186	329	133.8	60	4	2.24	29.65	0.64	0.27
河虾	65	77.5	84	351	12.6	0.8	6.6	242	2.5	24	0.01	0.16	0.44		2.2	0.44	266	77	136	2011.7	59	22.6	1.75	21.38	0.72	0.4
蛤蜊	41	85.3	54	226	10.9	0.8	0.7	103	2.3	243	0.01	0.18	1.36		1.36	1.36	248	305	17	17.4	16	26.6	6.23	20.24	0.11	59.61
河蚌	100	87.1	57	238	10.9	1.5	0	94	0.5		0.04	0.13	1.5		0.13	0.13	35	100	375	270	10	35	7.2	41.4	11.5	0.3
牡蛎	55	77.1	95	397	13.8	2.3	4.7	125	2.1	30	0.01	0.1	2.5		2.99	0.96	208	142	232	260	47	1.6	71.2	82.65	1.67	0.18
河蟹	42	75.8	103	431	17.5	2.6	2.3	267	1.8	389	0.06	0.28	1.7		6.09	5.79	126	182	181	193.5	23	2.9	3.68	56.72	2.97	0.42
扇贝	35	84.2	60	251	11.1	0.6	2.6	140	1.5			0.1	0.2		11.85	3.79	142	132	122	339	39	7.2	11.69	20.22	0.48	0.7
墨鱼	69	79.2	83	347	15.2	0.9	3.4	226	1.3		0.02	0.04	0.8		1.49	1.49	15	165	400	165.5	39	1	1.34	37.52	0.69	0.1
蚬	78	65.4	135	565	18.9	0.4	14		1.3	54	0.04	0.06	5.4		1.34	1.34	21	63	447	65.4	50	0.6	0.68	27.3	0.24	
海参	98	81.4	75	314	17	0.8	0.8		0.8	16		0.03			0.94	0.94	43	60	16	134.7	61	0.5	1.36	13.65	0.2	0.06
鲍鱼	100	77.1	78	326	16.5	0.2	2.5	51	3.7		0.03	0.04	0.1		3.14	2.37	285	28	43	502.9	149	13.2	0.63	63.93	0.05	0.76
海蜇	71	73.6	100	418	15.7	1.2	6.6	94	6.9	26	0.03	0.4	1.8		7.58	3.7	722	118	167	153.3	143	7	4.6	37.94	1.05	0.72
色拉油	100	0.1	899	3761		99.9									54.6	38.35	2	4	1	2.8	4	1	0.11			0.02
豆油	100	0.1	899	3761		99.9			0.1						93.08		13	7	3	4.9	3	2	1.09		0.16	0.43
黄油	100	0.5	888	3715	1.4	98		296									35	8	39	40.3	7	0.8	0.11	1.6	0.01	0.05
奶油	100	6.2	835	3494		92	1.8	153									9	9	3	9.4	1	3	0.79		0.01	
椰子油	100		899	3696		99.9																				
橄榄油	100		899	3696		99.9											0.4									
酱油	100	67.3	63	264	5.6	0.1	10.1		16.9	18	0.05	0.13	1.7		15.24	12.62	66	204	337	5757	156	8.6	1.17	1.39	0.06	1.11
醋	100	90.6	31	130	2.1	0.3	4.9		2.1			0.03	1.4				17	96	351	262.1	13	1.25			0.04	2.97
芝麻油	100	0.1	898	3757		99.7	0.2								68.53	1.77	9	4	3	1.1	3	2.2	0.17		0.05	0.76
葵花籽油	100		900	3766		100									15.24											0.01
花生油	100	0.1	898	3761		99.9			0.1						42.06	17.45	12	15	1	3.5	2	2.9	0.48		0.15	0.33
菜籽油	100	0.1	898	3761		99.9			0.1						60.89	10.81	9	9	2	7	3	3.7	0.54		0.18	0.11
绿茶(干)	100	7.5	296	1238	34.2	2.3	50.3	15.6	5.7	967	0.02	0.35	8	19	9.57	5.41	325	191	1661	28.2	196	14.4	4.34	3.18	1.74	32.6
铁观音茶(干)	100	6.2	304	1272	22.8	1.3	65	14.7	4.7	432	0.19	0.17	18.5		16.59	13.81	416	251	1462	7.8	131	9.4	2.35	13.8	1.02	13.98
红茶(干)	100	7.3	294	1230	26.7	1.1	59.2	14.8	5.7	645		0.17	6.2	8	5.47	2.8	378	390	1934	13.6	183	28.1	3.97	56	2.56	49.8
白砂糖	100		400	1674			99.9		0.1		0.03						20	8	5	0.4	3	0.6	0.06	0.1	0.04	0.09
冰糖	100	0.6	397	1661			99.3		0.1								23		1	1.7	2	1.4	0.21		0.03	
红糖	100	1.9	389	1628	0.7		96.6		0.8		0.01		0.3				157	11	240	18.3	54	2.2	0.35	4.2	0.15	0.27
蜂蜜	100	22	321	1343	0.4	1.9	75.6										4		28		3					

十二　徒手健身

如果你不是街健爱好者，那你看完前面的篇章可能会有很多疑问，会觉得塔基动作的标准执行难度过大，或者暂时没有练神技的打算，只想把身体锻炼好一点。

如果说街健是从一到二的过程，那么接下来的篇章就是从零到一的过程，这个过程走完可以直接进行"神技""塔基"的训练。如果你对街健没有兴趣，只想身体变强一些，那接下来的内容也可以满足你的需求，甚至如果你的目标是健美，那也可以通过徒手力量训练去打下良好的基础。

我们的目的是最大化开发徒手健身的价值，让更多的人通过徒手训练也能获得强健的身体。关于徒手健身的各个方面，这本书都会涵盖。

我们都需要健康

随着时代的发展，健身俱乐部已经遍布了城市的各个角落，那么什么是健身呢？其实健身这两个字的涵盖范围非常广泛，如户外运动、瑜伽与普拉提，甚至广场舞等一些能使身体状态良性提高的项目，都可以定义为健身项目，而力量训练只是属于健身这个范围的一种。

力量训练可以提高骨密度、增加骨骼肌体积、同时还能降低二型糖尿病风险、提高胰岛素敏感性，对于久坐产生的下背部疼痛也有直接的影响效果。

有氧耐力训练可以增加人体最大摄氧量，同时增加心输出量。

柔韧性与灵活性的训练可以让我们在运动过程中最大化避免因灵活性不足带来的运动风险。

运动的益处是服务于生活的基本，适当养成良性的运动习惯是一种低成本的健康"投资"。要让运动的好处最大化体现出来，良好的生活作息规律也是必需的；充足的睡眠、健康干净的饮食以及适当的运动，是组成我们健康的"铁三角"。

接下来的徒手健身部分可以让我们每个人对于健康都处在触手可及的状态。动起来吧！我们只要一片空地、一根可调节高低的单杠就可以利用生活的碎片时间让自己变得更强壮（见图12.1）。

图 12.1　健康的身体是我们幸福生活的保障。希望更多的人利用碎片时间来安排合理的训练以强健我们的身体，为幸福的生活保驾护航。

徒手增肌

人是典型的视觉动物，身材的改变才是很多人能坚持运动的驱动力（见图12.2）。提到增肌大家可能最先想到的就是杠铃，杠铃确实是适合增肌的工具，因为重量可以线性增加，所以它也是肌肥大的首选训练工具。但是可以明确的是，自重一样可以增肌，因为肌肉会对阻力训练发生适应性改变，这个阻力来源是自身体重还是杠铃并不重要，杠铃只是一个可以调节阻力的工具而已。而自身的体重可以理解为一个随身携带的杠铃，只不过重量是固定的，不能像杠铃一样可以随意调节阻力，只能通过改变阻力臂的方式来调节负荷。

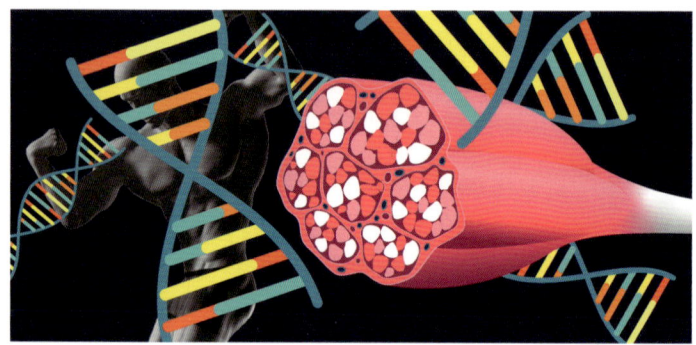

图12.2 对好身材的喜爱是刻在基因中的。

当然如果你的目标是练健美并且上台拿名次，那还是老老实实练健美去吧。其实用自身重量训练出来的身材已经可以满足大部分人的审美了，虽然在体型上没有健美运动员震撼，但已属于绝大部分人喜欢的穿衣显瘦脱衣有肉的类型（见图12.3）。

图12.3 图中这位是本人2015年健身学院的同学，之前是街健爱好者。这种是不是大部分人喜欢的身材呢？

当然有些人可能会说，为什么像街健元老汉尼拔这种肌肉又大又令人震撼呢？这里我想说的是每个人都是独立的个体，因为基因的关系人与人之间的差距很大，有些人生下来就是"灵缇犬"的类型，而有些人生下来就像"比特犬"（见图12.4）。

图12.4 灵缇犬与比特犬身材对比。

举一个例子，阿尔在《街头健身全书》中表示自己与丹尼的训练方式几乎一模一样。但是我有幸见过他们本人，发现丹尼明显比阿尔看上去震撼很多，这就是个体的差异。个体的差异能有多大，我们再看一张图（见图12.5）。

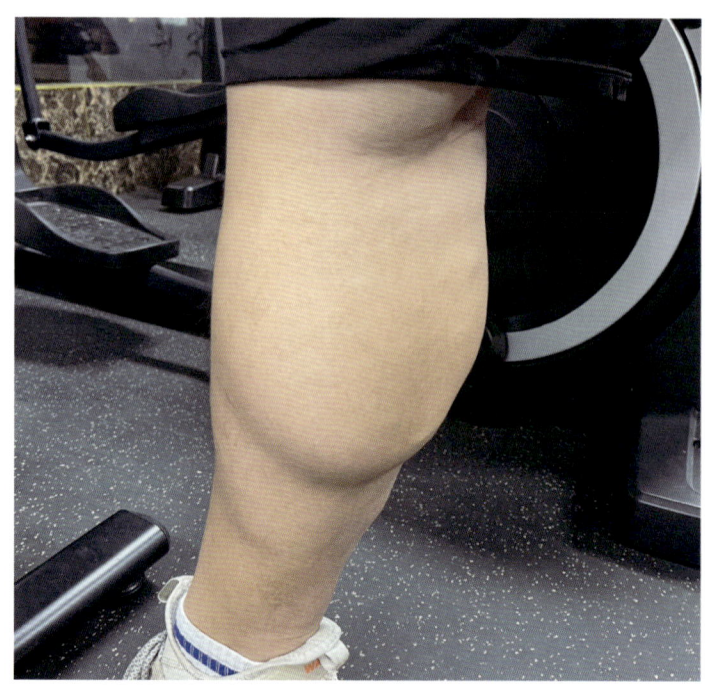

图12.5 个体基因差异也会导致肌肉形态、大小有巨大不同。

这是本人的一位私教学员，之前并未有过任何系统训练，也没有体育运动的爱好，但是他的腿比大多数系统练健美的人都粗，并且体脂率也没有太高。想象一下这样一个人如果练自重训练，身材是不是也一样很令人震撼？所以不能以点概面。汉尼拔与丹尼这种人如果配上杠铃的系统训练，他们的视觉效果可能远比现在的更加令人震撼。当然有一些书籍会把自重增肌的效果过度夸大，这也需要我们理智分辨。

1. 肌肉的生长

肌肉的生长是肌肉对阻力形式的一种适应性反应，目前关于增肌的主流观点是，它是机械张力、代谢压力与肌肉损伤三者共同引起的一系列反应（见图12.6）。

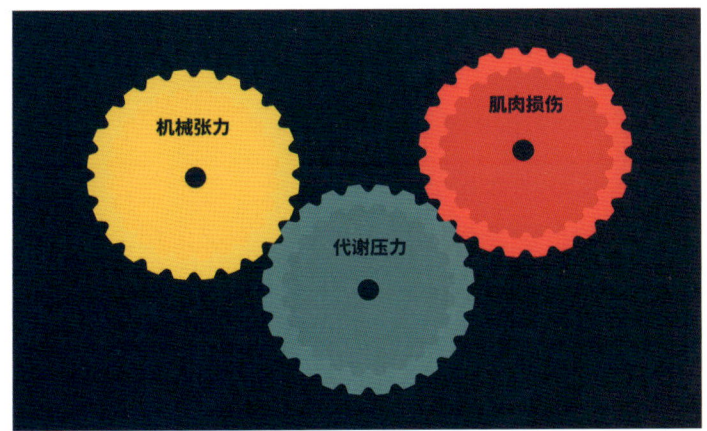

图12.6 增肌训练"三要素"。

初学者看到机械张力、代谢压力、肌肉损伤可能会一脸懵逼，我们这就用大白话来解释一下。

·机械张力就是举起重物时肌肉对抗重量的张力。

·代谢压力就是在持续练习时肌肉会产生一些代谢产物如乳酸、氢离子、一氧化氮等，这些代谢物的产生会驱动细胞、加强蛋白质合成。

·肌肉损伤更接近字面意思，很多人都听说过增肌就是"破坏"肌肉，让肌肉产生"微损伤"，身体修复完损伤之后就变得更强壮。

用更简单的方式来说，比如，我们做负重引体，负重的重量就代表机械张力的大小，杠铃片越重，机械张力越大；杠铃片越轻，机械张力越小。每一组训练的持续时间长短可以理解为代谢压力的大小，每一组训练的持续时间越长，代谢压力就越大；每一组训练持续时间越短，代谢压力就越小。

总结一下就是可以把重量（当然还有速度这一因素）理解为机械张力，把每一组的数量（持续时间）理解为代谢压力，那么这其中就会出现一个平衡问题（见图12.7）。

·机械张力越大，它的代谢压力就越小。

因为过大的负荷每一组的持续时间不会太长，而轻重量持续时间长但是机械张力可能不足。所以主流的6~12 RM这个范围就是机械张力与代谢压力刚好处在一个两边都兼顾的"平衡"状态。

·小重量多次数的训练就是侧重代谢压力这个元素。

·大重量少次数的训练就是侧重机械张力这个元素。

可以肯定的是，无论是机械张力还是代谢压力（大重量与多次数），它们对增肌都是有用的。关于哪个元素对增肌的"决定性"影响更大，我们可以看看提出这个观点的人是怎么解释的。

这个观点由健身界的科学家Brad Schoenfeld，于2010年在他的论文 *The Mechanisms of Muscle Hypertrophy and Their Application to Resistance Training* 中提出的，至今影响着健身圈，但事实上就连这三个因素的提出者都认为这个理论尚未完全被证实。

他对代谢压力这一块持相对保守的态度，而对肌肉损伤更是明确表明了还不确定是否具有因果关系，

	训练侧重点	效果侧重点	特点
机械张力	重量/负荷	肌节 —— 肌浆 ——	力量↑，神经疲劳较大↑
代谢压力	次数、TUT、容量	肌节 —— 肌浆 ——	力量↑但不如前者大，肌肉体积增加大于前者
肌肉损伤	以上两者均会导致一定的肌肉损伤，一定程度上会使肌肉体积增大		

图12.7 增肌训练"三要素"特点总结。

只有机械张力是确定有因果关系的机制。也就是说，提出这个观点的科学家对于机械张力这个增肌"启动项"是确定的。关于代谢压力中的决定性因素很多还是未确定状态，主要观点就是：代谢物的堆积有利于肌肉合成环境的形成。但是更多的代谢压力是否能为机械张力提供有效的增肌帮助，这一点还是不确定的。

《运动生理学》给出的解释是，较大的代谢压力也可能利于上层的肌纤维募集。

那么我们为什么要纠结这个问题？因为这个问题与徒手增肌的关系很大。有些影响力很大的徒手书籍表示，徒手增肌的方法就是每组多次数的大量重复训练，而这种方式就是机械张力不大但是代谢压力偏大的方式，本人对此的看法是未必。许多案例就在眼前，因为本人接触的训练体系相对较多，身边采取各种训练方式的人都有。

根据观察，肌肉围度最大的一部分人普遍采用的是 10 RM 左右的负荷。采用大负荷低次数的举重运动员肌肉围度普遍也不小，本人接触到的徒手健身这个领域中采用低负荷大量重复这种训练方式的人也不少，从围度上来看，相比前两者是属于最小的，从外形上看普遍都少了点"震撼"。

虽然这样比较有点不严谨，因为还有体脂率与饮食、生活状态等因素的影响，但最起码目前还没有见过用低负荷超多次数的训练方式的训练者在外形上能大于前两者的。更有研究表明，对于普通人而言，作为增加力量必要条件的阈值：训练刺激不应小于最大力量的三分之一。

当一个负荷能大量重复的时候，很明显它已经低于有效阈值，所以这就是恒定负荷的训练越往后进步越不明显的原因（例如每天 100 个俯卧撑，一开始效果很明显，过了一段时间就陷入瓶颈期，哪怕后期加大了数量，例如一天 500 个）。

但还是要说明一点，大量重复次数的训练并不是不能增肌，我们前面介绍了通过大量的代谢压力也可能募集上层肌纤维，而且代谢压力对肌肉中蛋白合成的环境也是有利的，但这的确不是最高效的方法。当一个动作能保持姿势并被大量重复的时候（例如一口气做几十个甚至上百个俯卧撑），它对增肌的效果就

不能算是高效率的，因为这种训练方法更多的是针对肌肉耐力。想要肌肥大这个阶段的效果更好，我们需要取力量训练与耐力训练的"中间值"。

接下来让我们一起看看力量训练、肌肥大训练与耐力训练的特点。

RM

RM（Repetition Maximum）就是最大重复次数，是衡量运动强度的重要单位。

在保证动作模式标准不变形的前提下，如果一个重量对于健身者能且只能完成 1 次，那么这个重量就是这个健身者的 1 RM，能且只能完成 2 次就是 2 RM，能且只能完成 15 次就是 15 RM，依此类推。

力量训练

·力量训练（负荷采用 1 RM 的 85% ~ 100%）对应训练次数为 1 ~ 5 RM。

这种大负荷、高机械张力的训练会让神经 - 肌肉募集"拉满"，而且持续时间很短，会对 II 型肌纤维增粗有效果，对应的能量系统是磷酸原供能系统。

肌酸浓度会在这个系统中适应性提高，用大白话表示，这个系统对于肌纤维肥大的训练效果很好，但也不是最好的，因为肌肉中不全是密密麻麻的肌纤维，还有水、糖原以及各种酶，这些东西共同组成了肌肉的体积。只针对力量训练的方式虽然可以增粗肌纤维，但是对于肌糖原等其他物质的提高却有限；同时这个阶段的神经疲劳也是最大的，需要更严格的疲劳管理。

所以力量训练也是非常有效的训练，但不是最适合整体肌肉体积增大的训练。我们要从根本上理解它对肌肥大带来的帮助，这样我们才能对计划的安排有自己的认知。

肌肥大训练

肌肥大的训练强度推荐 6 ~ 12 RM（6 RM 的负荷相当于 1 RM 的 85% 左右）。

很多研究发现，随着力量的进步，当你从 6 RM（85% 1 RM）逐步进步到 12 RM（68% 1 RM）时，在

这个过程中，肌肉体积变大是最明显的，也就是严格的肌肥大训练并不是在这个范围内随便取个重量做几组，而是从 6 RM 开始，进步到 12 RM 后重新增加重量到新的 6 RM。

因为这个过程中不仅肌纤维被大量募集，而且随着每组持续时间的增加，肌肉内其他物质的储存也会适应性增加，如肌糖原。

这个范围内的训练不仅募集了大量肌纤维，同时肌糖原的储备与肌肉内水分的含量也在提升，所以肌肉体积在这个范围内的增加相对于其他范围更明显。

耐力训练

· 耐力训练，一般指 15 RM 以上（1 RM 的 65% 及以下）的训练。

到了这个强度范围就开始慢慢针对肌肉耐力进行训练了，这个过程虽然对最大力量与肌肥大也都有帮助，但是绝对不是高效的选择：一个动作能重复很多次的时候，在恒定状态下肌肉不会募集更多的上层肌纤维，因为小部分肌纤维足以对抗这个阻力。

虽然有一定证据表明（《运动生理学》第四版）肌肉在疲劳以后也可能募集上层的肌纤维，但是募集比例肯定是没有以上两个阶段高，对于肌肥大的帮助也更多的是靠代谢压力。如果是以肌肥大与力量提升为目的，那么耐力训练这个阶段的效果是不如前者的。就像我们发明了轮船，为什么还要划独木舟去跨海到

达目的地呢？当然如果你的目标就是提高肌肉耐力，那得另当别论（见图 12.8、图 12.9）。

训练目标	重复次数	组数	最大重复次数百分比	组间休息	每周训练次数
力量	≤6	2~6	≥85%	2~5 min	4~6
爆发力	3~5	3~5	75%~85%	2~5 min	2~4
肌肥大	6~12	3~6	67%~85%	≥30~90 s	4~6
肌耐力	≥12	2~3	≤67%	≤30 s	2以上

图 12.8 不同力量素质训练对应不同内容及特点。

我们可以把前面的内容做一个总结，分析重量与次数（机械张力与代谢压力）对于肌肉体积的帮助（这其中包含了一些个人看法）。

肌肉的体积涉及到肌纤维的数量、横截面积、肌糖原储备以及各种非收缩性蛋白等，这些物质共同组成了肌肉的体积。那么重量、数量或者说机械张力与代谢压力对肌肉体积的影响具体是什么样呢？我们通过前面的内容了解到重量（机械张力）很大时，次数与每组的持续时间会减少（代谢压力）；重量适中时，次数与每组的持续时间都会相应地增加；重量很小时，每组的数量与每组的持续时间会变得更长。

机械张力与代谢压力并存，也在相互影响，机械张力的大小会对肌纤维的横截面积及神经募集能力产

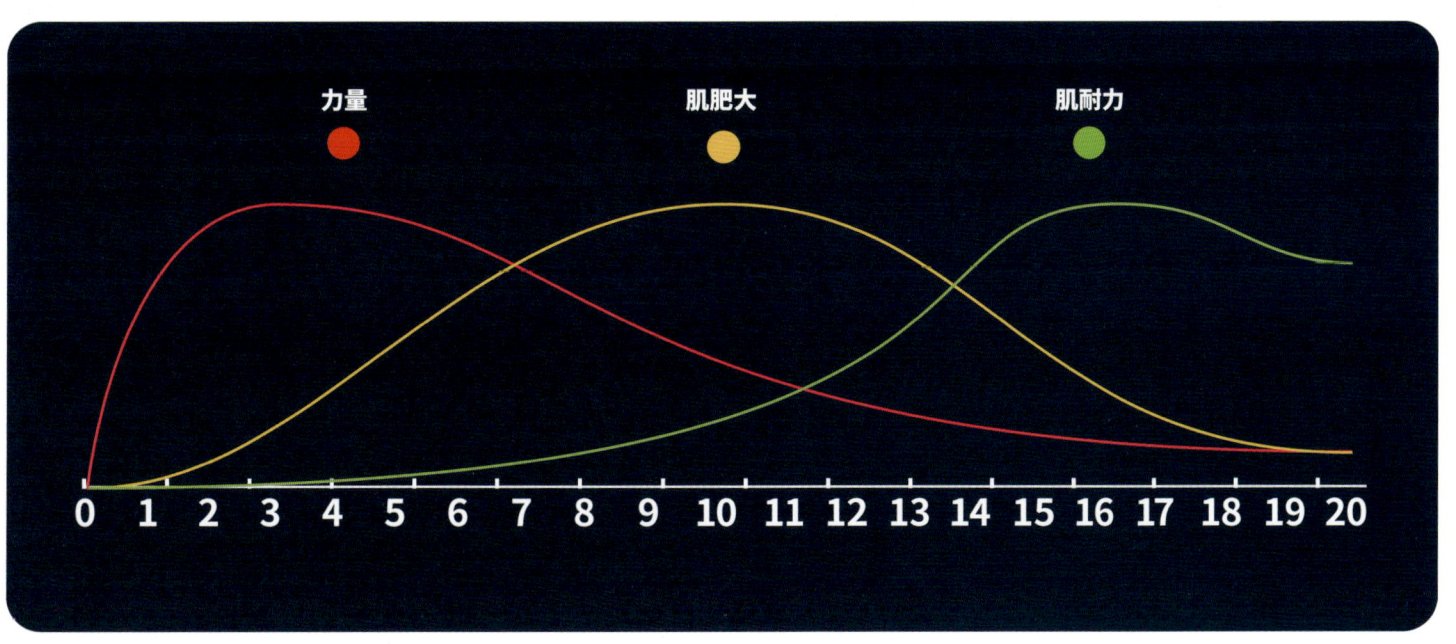

图 12.9 不同力量需求对应不同训练强度。

生影响，机械张力越大带来的提高就越大。相对的，代谢压力也会受到机械张力的影响，机械张力过大时，代谢压力的持续时间会相应减少。

机械张力对于增肌或者增力来说像是一个开关，而这个开关会引起一系列因素发生连锁反应，具体作用如下。

· 机械张力可以促进肌卫星细胞的增殖，这是肌肉生长与修复的主要因素。

· 可以促进肌肉蛋白合成。

· 对体内 IGF-1 等激素有一定刺激分泌的作用。

· 可以导致短期的血流动力学变化，扩张血管增加血流量，使更多的营养物质被运送到机械张力发生的部位，为增肌提供帮助。

代谢压力也一样会带来这些反应。当机械张力与代谢压力都"居中"的时候，肌肉内糖原储备会有增加。

在具备一定程度的机械张力情况下增加一定的代谢压力时间，会导致肌肉内 (除了肌纤维本身外) 其他物质的增加，我们常说的"肌节肥大""肌浆肥大"便是一种体现。

这些物质的增多对肌肉发展一样有帮助，例如"肌浆"内钾离子浓度的增加可以增强肌肉"兴奋性"，促进肌肉收缩，这有利于最大力量的产生。同时高代谢压力带来的调节激素的影响要大于"高机械张力低代谢压力"这种方式。

简单总结一下，机械压力越大，对于神经募集能力发展越强。

而机械张力与代谢压力会导致肌肉损伤，因为高强度的阻力训练可以在一定程度上损害肌肉细胞，这种损害可促进炎症反应的发生。相关的炎症反应及免疫功能的改变有助于肌肉组织的修复与重铸，实现肌肉体积的增加。

对于力量训练，机械张力、代谢压力、肌肉损伤这三者都是同时存在的，当然它们之间的关系其实非常复杂。

关于增肌的进步，还有一个重要原因就是这三个因素对于肌细胞核的发展，它们负责维持肌细胞中的代谢与合成活动。肌细胞由多个细长的单元组成，我们称之为称为肌纤维。肌纤维由多个肌原纤维构成（见图 2.6）。有研究发现，当受到大强度机械张力刺激时，肌细胞核（肌核）可"跨越"到新合成的肌纤维当中，这个过程就被称为增肌 [62]。增肌就是肌细胞受到刺激变大的过程，而细胞核的数量是限制肌肉细胞变大的一个重要因素。

训练初期肌核的数量会增加，而在肌肉生长到一定程度后肌核数量将趋与稳定，新生长的肌纤维会更多地生长于现有的肌核。目前的研究表明，机械张力与代谢压力都能在训练初期刺激肌核的发展。

关于肌肉具体发展到什么程度才会使肌核的数量趋于稳定，以及具体什么强度的刺激能够最大化发展肌肉，这些问题目前没有文献进行详细说明，本人认为肌核的发展应该与肌肉抑制基因有关。

我们从做第 1 个俯卧撑（虽然是第 1 个俯卧撑，但这是 1 RM 动作，代表着我们已经走过了金字塔前面的阶段）到能轻松做 20 个俯卧撑，这个过程就已经经过了增肌这个阶段了，再去持续增加这个动作的次数（一口气 30 个），就没有直接增加负荷（背上加个重量做负重俯卧撑）那样进步明显。

每个阶段的训练对于增肌都是有帮助的。力量训练可以让力量的进步更快，而随着总力量的提升，我们在肌肥大这个阶段的训练，每一组的总重量都会更高。而肌肥大与偏力量耐力的训练也是力量训练这个阶段安全与质量的保证，所以每个阶段的训练都是相互关联的，它们是共同帮助我们强身健体的基础。

我们需要了解一个重点，那就是耐力训练与力量训练侧重的肌纤维类型是不一样的。

· 低负荷长时间的训练一般发展的是 I 型肌纤维（红肌）能力（如长跑）。

· 大负荷短时间的训练一般发展的是 IIb 型肌纤维（白肌）的能力（如举重、街健神技、百米冲刺等）。

· 两种肌纤维之间还有"中间肌"IIa 型肌纤维（粉红肌）。IIa 型肌纤维对应的能力介于两者之间，更像是一个战士，能打能抗，但是输出的力量不是最大的，耐力也适中（如 400 m 跑、一口气做 100 个俯卧撑）。

这两种肌纤维的增粗潜力是不一样的，Ⅱ型肌纤维增粗潜力比Ⅰ型肌纤维要大很多（Ⅱa型肌纤维也属于Ⅱ型）。如果我们的目标是最大化发展肌肉体积，那么训练侧重点就要放在Ⅱ型肌纤维上。怎样侧重于Ⅱ型肌纤维的训练，我们就需要具体了解神经募集（见图12.10）。

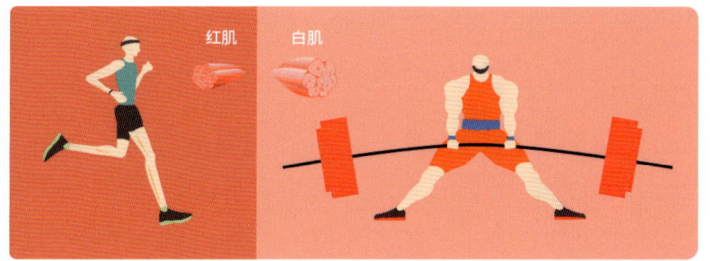

图12.10　不同专项所侧重的肌肉类型也会不同。例如长跑运动员红肌会更为发达，而力量举运动员会更侧重于白肌的发展。

大小法则

一个神经元所募集的肌纤维叫运动单位，不同运动单位所募集的肌纤维数量也是有多有少的，当运动单位被募集时才能锻炼到肌肉。

我们介绍了三种肌纤维的特点，红肌产生的力量小但是耐力强，粉红肌产生的力量与耐力适中，白肌产生的力量大但是耐力差。当阻力较小时（如走路），身体是不会募集白肌的，因为红肌产生的力量足以完成这个动作。

只有当阻力持续增加（如大重量的深蹲），红肌产生的力量无法满足负荷时，身体才会去募集Ⅱ型肌纤维。简而言之，阻力越小，参与的运动单位就会越小；阻力越大，参与的运动单位就会越大，这就是大小法则的简单概念。

自重训练的进步过程

我们以俯卧撑的进步为例。最开始（见图12.11）大部分没有运动基础的人很难做一个标准的俯卧撑动作。当这个动作对训练者来说负荷过大，没办法完成几个标准动作时，我们身体就会募集大量肌纤维来完成这个动作，所以这个阶段就正好对应前面介绍的力量训练阶段。

图12.11　俯卧撑动作很吃力阶段。

但由于动作的阻力是相对恒定的（即使肌肉有增长，但是肌肉增长带来的力量增长会远大于肌肉本身的重量），随着神经募集能力的加强与肌纤维横截面积的增大，力量很快会获得增长，我们就能把这个动作越做越多（见图12.12）。

图12.12　俯卧撑动作越做越多阶段。

随着力量的持续增长（见图12.13），身体已经开始适应这个恒定的负荷。当动作相对轻松时，我们身体对白肌募集的占比也开始逐步降低，粉红肌占比逐渐变高。这个过程就像是师傅带徒弟，当徒弟已经变强时，师傅就可以适当地偷懒了。

图12.13　俯卧撑动作相对轻松阶段。

当这个动作的负荷对身体来说已经很低的时候，我们的肌肉就已经很难再在这个过程中变强了，力量以及肌肉体积的发展侧重就开始变得不大，因为这个时候身体不需要募集太多肌纤维就可以完成这个动作，继续下去练得更多的是耐力。

我们可以把师傅比作是大型运动单位，把徒弟比作小型运动单位。当遇到一项很难的新任务徒弟无法独立完成时，就需要师傅来帮忙。如果这项任务超难，师傅也要拼尽全力与徒弟共同努力才能把任务完成。随着师傅和徒弟能力的加强，再执行同样的任务时，以徒弟的能力就基本可以完成，师傅就可以慢慢"偷懒"了。

能发展力量的更多的是高难度的新任务（需要师傅出手），能发展耐力的更多的是低难度重复性任务（徒弟出手即可），而白肌（师傅）的体积和力量比红肌（徒弟）要强，所以要完成高难度任务（肌肥大与力量）时，重心会在白肌（师傅）上。

力量发展、肌肥大与耐力这个过程就像是俯卧撑从最初做1个到能做20个以上这个过程，当动作困难时发展的就是力量与神经募集能力，当动作逐渐轻松时，神经募集的能力与最大力量的侧重就会相对降低，但是大型运动单位还在参与。但是随着一组动作持续的时间增长，肌肉当中各种物质的储备也会相应增加，所以在这个阶段对于肌肉体积的发展会更好。当动作越来越轻松，运动单位不需要募集太多也能完成动作时，就会侧重往耐力去发展，所以从能做1个

到能做20个这个过程都在增肌，只不过是肌纤维的侧重慢慢从白肌变为粉红肌再变成了红肌，而红肌的横截面积的发展比白肌与粉红肌要低很多（见图12.14）。

所以如果我们要发展肌肥大，当侧重的肌纤维类型发生转变时，就应该及时去调整负荷。

前面介绍了不同肌纤维的增粗潜力不一样，但是它们在增肌这个环节中的重要性都是不可替代的。

Ⅰ型肌纤维虽然增粗的潜力没有Ⅱ型肌纤维大，但它却是身体稳定的重点。每个人身上的肌肉不可能只有一种肌纤维，对于大多数人来说，在大肌群上两者的比例一般是差不多的。但是不同人的分布差异巨大，在同一块肌肉上有的人可能Ⅰ型肌纤维占比大，有的人可能Ⅱ型肌纤维占比大。很多人对某一类运动项目的天赋好，跟天生的肌纤维占比有很大关系。

我们的肌纤维占比可以随着运动项目的侧重而发生改变吗？《运动生理学》指出，长期做抗阻力训练的健美者进行3～6个月长跑训练后，再次检查肌纤维时发现，Ⅰ型肌纤维比例明显提高了。

虽然也有很多传统观点认为，肌纤维的类型是不

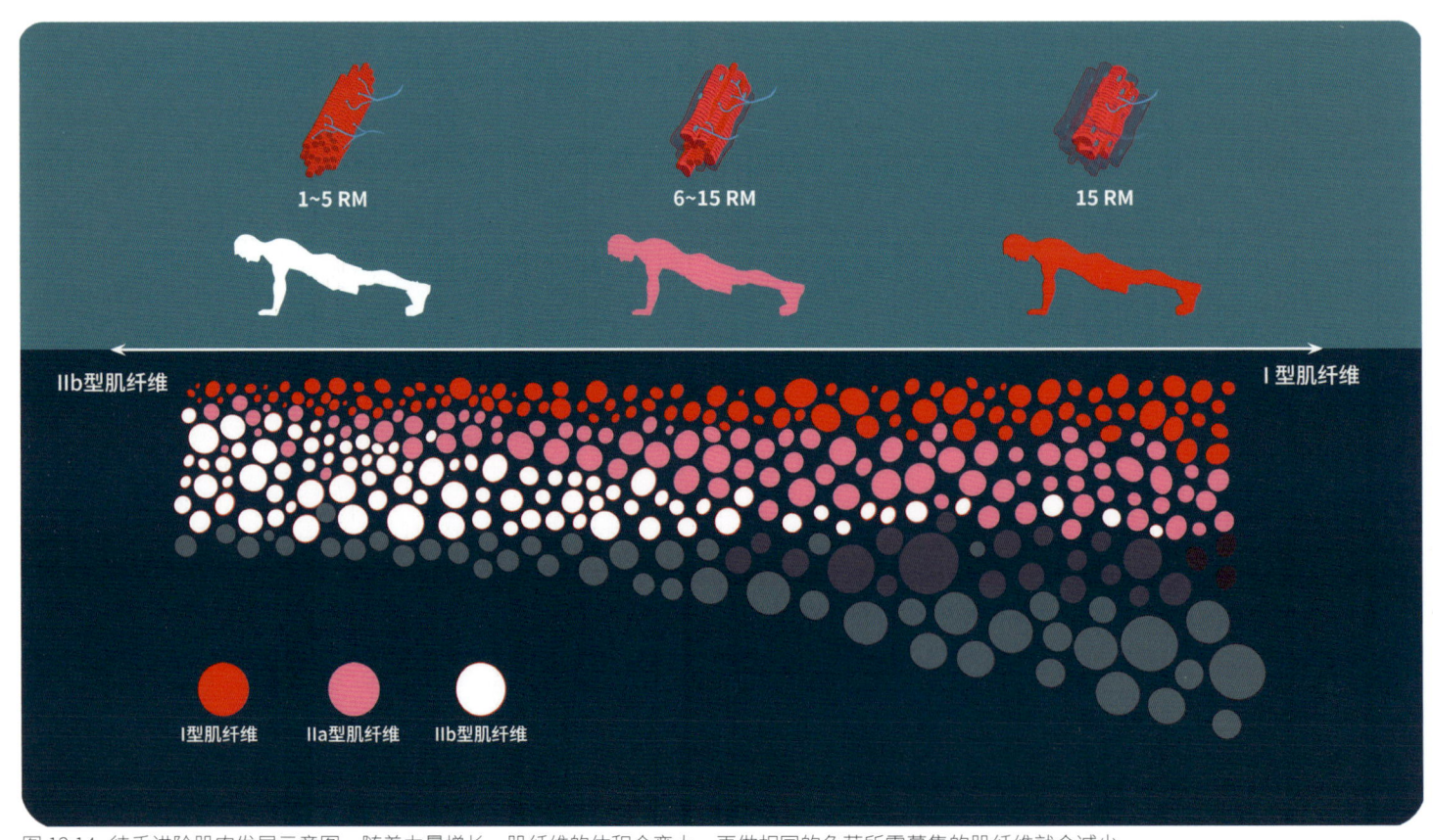

图 12.14 徒手进阶肌肉发展示意图。随着力量增长，肌纤维的体积会变大，再做相同的负荷所需募集的肌纤维就会减少。

能发生转变的，但是多版《运动生理学》对肌纤维类型的试验结论目前都是一致的，都认为肌纤维在特定条件下（训练、营养、内分泌）会发生转化，但是这种转变也是少量且稳定的。我个人认为这个所谓的肌纤维类型转变更多的是"粉红肌"的适应性发生了改变，这种肌纤维虽然属于红肌跟白肌的"中间型"，但是它会随着运动项目的特点而发生一些改变，如长期做耐力项目的人，他的粉红肌耐力也会变得更强，长期做力量训练的人，他的粉红肌的能力也会偏向于白肌能力的发展，所以这种肌纤维也叫"墙头草"型肌纤维。

这三种肌纤维的特点其实与我们前面介绍的能量系统特点能对应上。

· 磷酸原系统能爆发最大力量但持续时间很短，对应的正是白肌也就是 IIb 型肌纤维的特点。

· 糖酵解系统像一个战士，可攻可守，力量与耐力都在中等水平，没有哪一样特别突出，这个特点跟 IIa 型肌纤维很像，而糖酵解系统中的快速糖酵解跟慢速糖酵解也正好对应 IIa 型肌纤维的两种发展方向。

· 氧化系统就像是红肌，它的力量虽然不强但是耐力超强。

这样去理解肌纤维类型与供能系统，思路就会清晰很多，而事实上，我们的肌纤维类型与供能系统确实有密不可分的关系。

肌肥大

肌肥大的过程其实并不是肌纤维在一直增粗的过程，因为肌肉当中除了有肌纤维还有水分。我们的肌肉组织当中有 70% 左右的水分，所以肌肉体积变大的过程，是包括了肌纤维增粗与肌肉当中其他组织增多的一个过程，肌肥大包括肌纤维肥大（肌节肥大）与肌浆肥大（见图 12.15）。

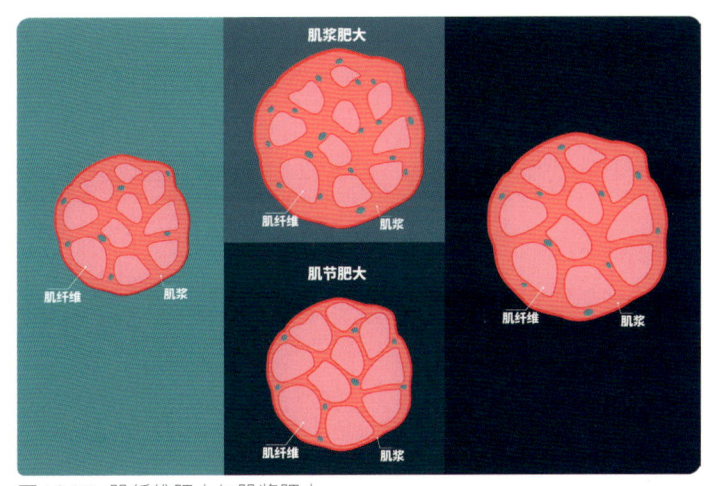

图 12.15 肌纤维肥大与肌浆肥大。

肌纤维肥大（肌节肥大）主要就是肌纤维横截面积增加，力量的增长跟肌纤维横截面积有关，所以很多人会把举重与健力这种力量训练项目称为肌纤维肥大训练。

而肌浆肥大就是肌肉当中非收缩组织增加，如水分、糖原、矿物质等一些物质的储存增加，很多人不把肌浆肥大当成肌肥大的一部分，因为他们觉得水分这种东西是虚的。其实这种认识是错误的，肌浆里可不只是水，还有各种营养物质，它们可以更多地提供训练时的能量，也能加速训练之后的恢复，它们也是增肌训练的基础，在共同影响着肌肉的整体体积以及力学结构（见图 12.16）。

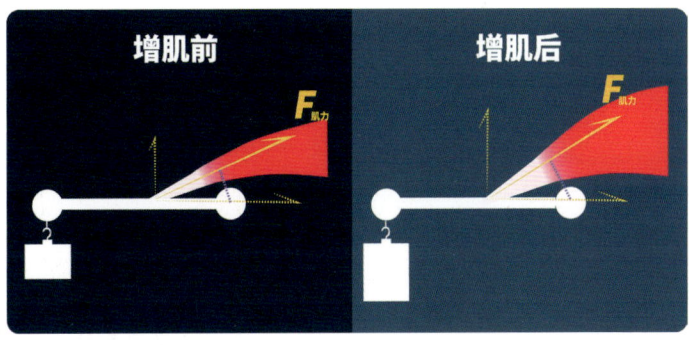

图 12.16 增肌也能对力学结构产生一定影响。

当然，肌浆肥大和肌纤维肥大这两者的发生是同时存在的，只是不同强度和次数的训练对它们的侧重点不一样而已。

我们还是以从 1 个俯卧撑到 20 个俯卧撑为例。当我们从做 1 个俯卧撑费劲到能做 5 个俯卧撑的时候（1 ~ 5 RM），神经的募集会增加，肌纤维也会在这个过程中增粗，见图 12.17(a)。

随着肌纤维的增粗，力量也会随之增长，次数的突破也变得更容易。我们在 6 ~ 12 RM 这个过程中除了肌纤维的体积在发展，每组的持续时间也在增长。随着时间的延长，肌糖原也会发生适应性变化。糖原的储存在这个阶段会比以前更多，简单解释就是这个过程当中肌纤维在增粗，同时"肌浆"也在变多，随着肌纤维横截面积与肌糖原的增长，往后的次数增加也很容易，见图 12.17(b)。

从 12 ~ 20 RM 这个过程中，肌纤维横截面积的增长开始减少，而代谢压力会开始持续增加，产生的代谢废物为乳酸氢离子、无机磷酸等。虽然这些代谢物本身可能不具备肌肉合成的能力，但能激活肌肉，以帮助机械张力造成更多的肌肉生长，见图 12.17(c)。

所以从 1 ~ 5 RM 再到 6 ~ 12 RM 最后到 12 ~ 20 RM，每一个阶段对增肌都是有帮助的，我们需要把它们的重要性做一个总结。1 ~ 5 RM 的训练是最侧重力量增长的（主要是肌纤维肥大），但是每组的持续时间短，导致代谢压力较低，肌肉当中其他物质的适应性增长不多。虽然肌酸浓度会增加，但是肌糖原以及水分等物质的增长会不足。6 ~ 12 RM 的训练中，肌纤维横截面积的增长与代谢压力都存在，同时"肌浆"肥大的占比也在升高，两者兼顾。所以它是肌肥大训练的主要推荐范围。12 ~ 20 RM 这个范围的训练产生的代谢压力高，但是没有足够的机械张力，对肌纤维发展与力量的提升有限（见图 12.18）。

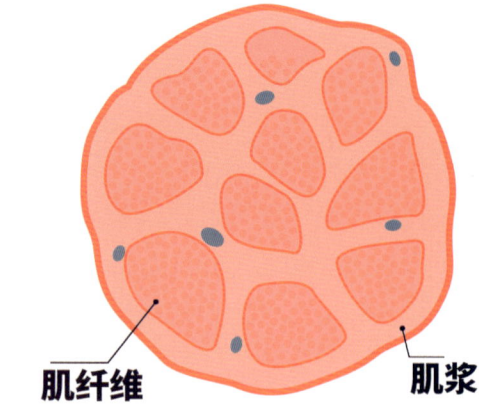

肌纤维　　　　　肌浆

图 12.17(a)

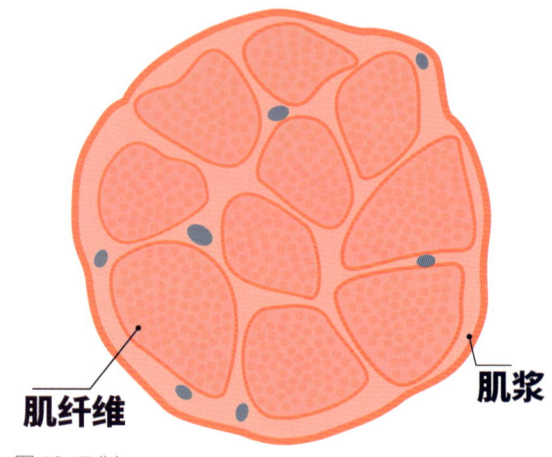

肌纤维　　　　　肌浆

图 12.17 (b)

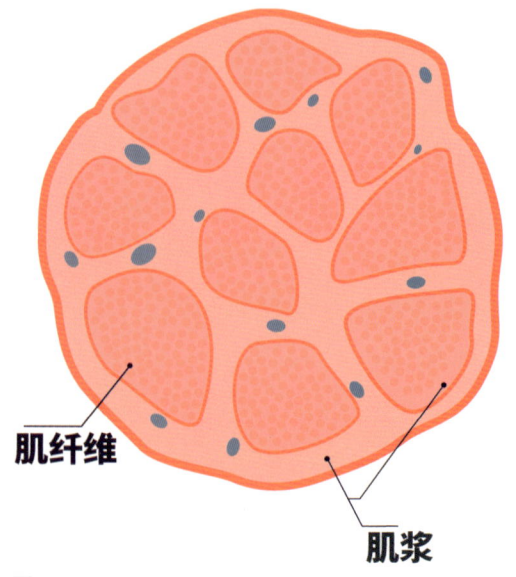

肌纤维

肌浆

图 12.17 (c)

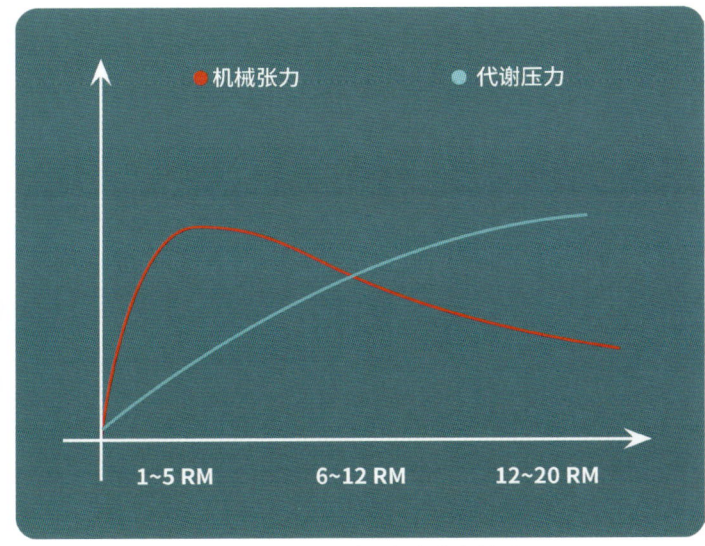

图 12.18 机械张力和代谢压力与最大重复次数的关系。

所以单纯去练某一个范围的训练效果持续性都不会太强。

在力量这个环节，肌肉体积不能得到"最大化"发展。

肌肥大这个环节虽然力量与体积都在发展，但是增肌效果不如力量训练，在特定训练重量上持续时间一长就很容易遇到瓶颈。力量没有大的提升，导致肌肥大这个环节也会受到影响（虽然很多人在这个范围的进步足够满足身材需求，但是力量提升之后再做这个阶段进步会更大，上限也会更高）。

耐力环节的进步持续性会低于前两个环节，虽然有大量的代谢压力，但是力量的提升没有前面两个阶段明显。而力量的提升会带来每一组可承受重量的增加，对于肌肥大的帮助更大。简单来说，三者各有各的特点，以"增力（肌纤维肥大）- 肌肥大（肌纤维肥大与肌浆肥大）- 耐力（肌浆肥大与代谢压力）"为一个训练周期，并循环练习，对徒手增肌来说是一个比较好的选择。因为我们体重（杠铃）的重量是有限的，随着这个循环的重复，肌纤维肥大与肌浆肥大都在持续进行。

训练容量

训练容量就是单位时间内的训练总重量。举个例子，我们训练 1 h 卧推，重量是 50 kg，十个一组总共做十组，那么每一组的训练量就是 500 kg，一个小时训练十组那就是 5000 kg，这 5000 kg 就是单次训练的总容量。有些文献指出容量与增肌是正相关的关系，但是真正实践过就会发现一个问题，训练重量如果很大，单次训练的容量一般都不会高，能使容量堆得特别高的训练重量一定是不重的。

打个比方，同样是一个小时的卧推训练，将 85% 1 RM（也就是 5 RM）卧推与 65% 1 RM（也就是 15 RM）卧推进行对比会发现，每组 15 RM 的训练总容量会高于每组 5 RM 的训练容量。

因为 85% 1 RM 虽然单次重量很重，但是总的重复次数并不会像中等重量那样多（例如 85 kg 推 5×5 对比 65 kg 推 15×10）。

这其中还有一点值得注意的是：要确保能量系统的恢复，每组 5 RM 的重量一般组间休息的时间会更长，而组间休息越短的训练总容量会越高，也就是越偏向耐力训练总容量就会越高（见图 12.19）。

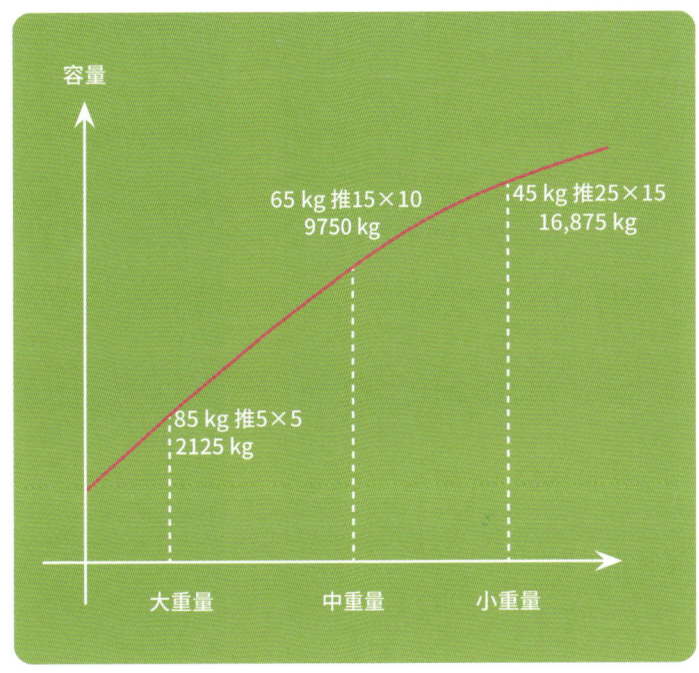

图 12.19 不同重量强度和容量关系。图中以 100 kg 负荷为 100% 1 RM 为例。85% 1 RM 大重量训练虽然单次重量很大，但是每组重复次数和总组数不会很高，所以总容量不大。45% 1 RM 小重量训练虽然每一次重量都不大，但是会有数倍的每组重复次数和组数，所以总容量会大得多。

如果只追求容量不看重量，那么训练就是导向耐力的训练。所以想要更侧重于增肌效果，容量一定要建立在重量（负荷）基础之上，也就是说建立在一定强度下的容量才是合理的，大重量可以增加力量训练效果，但是总容量不会高；而耐力虽然可以支撑总容量但是对于肌肥大的全面性不够，因此在 8 ~ 12 RM 这个范围建立的容量更可取。

也可以在不抛开重量的前提下自己进行调整，比如采用重量由大到小的倒金字塔递减训练模式。

对于训练容量不要用极端方法提高，很多人如果把容量放在第一位，再加上"干就完了"这种思维，很容易造成严重的肌肉疲劳，最后导致训练过度，使进步停滞甚至受伤（见图 12.20）。

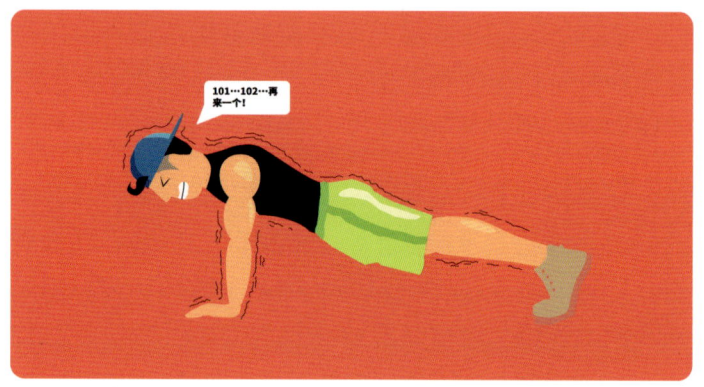

图 12.20 盲目堆砌数量和冲击极限也是导致进步迟缓甚至退步的主要原因之一。

简单来说，在重量合适、身体能恢复的情况之下再去看待训练容量，这样的容量进步才是可取的。

我们自重增肌对于容量不好精准把控，但是也能看出大概的容量。我们自重增肌的思路是："力量 - 肌肥大 - 耐力"或者"耐力 - 肌肥大 - 力量"。我们的力量每经过这三个阶段都会有一定提升，随着力量的提升，重量也在渐进超负荷，而且训练的有效容量在每一个阶段都会提高。

阻抗训练的适应性益处（见图 12.21）。

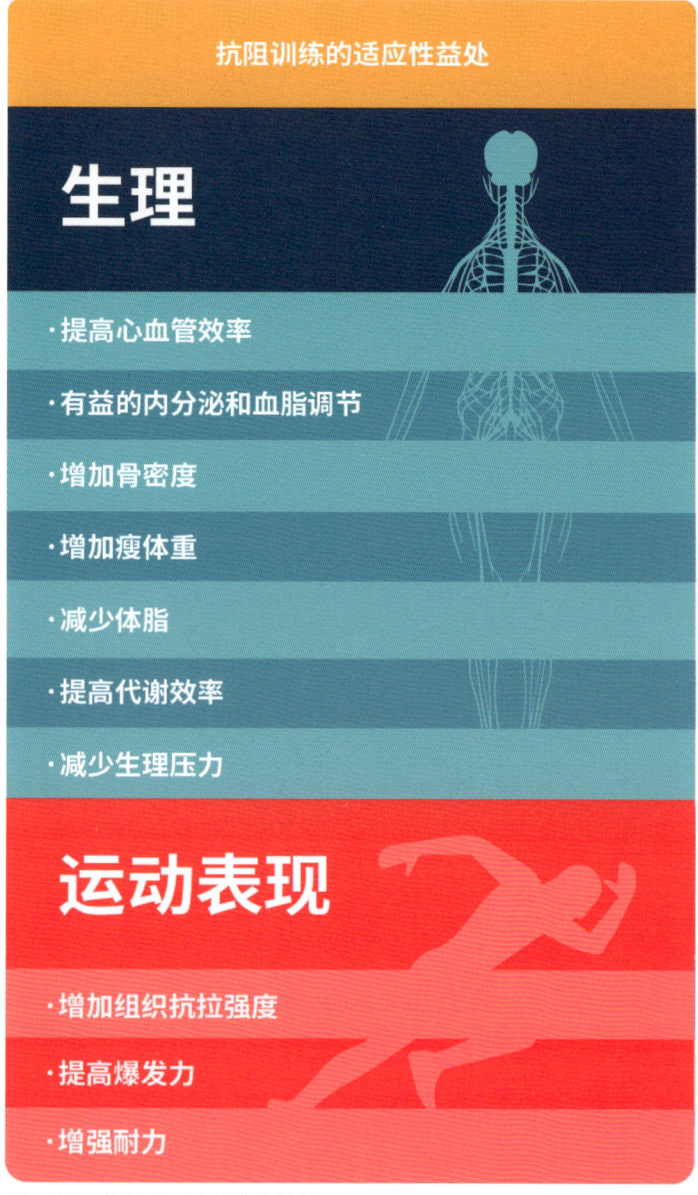

图 12.21 抗阻训练的适应性益处。

思维旋涡

对于增肌与训练影响最大的就是大脑最早接触的训练认知，很多认知会导致我们无法理性看待问题，对于训练产生负面影响。例如很多人问训练之后没有出现肌肉酸疼是不是意味着白练了？按照某大神的计划训练为什么进步不快还受伤了？

这些思考问题的思路就像漩涡，很多时候把自己当成一张白纸反而进步是最大的。有位练街健的朋友反映"训练一直没有进步"，在了解完他的饮食与恢复的情况后，本人发现了一个普遍存在的问题，那就是大多数训练者会把重心全部放在训练计划上，而基本忽视了营养的摄入与休息，每天做着大强度的训练，吃着极低热量或者极其不均衡的饮食，睡眠不足6 h。这种状态下别说训练，没受伤就已经是奇迹了。

就像现在短视频平台流行的减肥训练一样，只是要求每天练几个动作，而绝口不提最关键的热量摄入问题。同样的训练动作，有的人练完就去吃高热量食物，导致没有产生热量缺口而没有瘦下来，于是就认为这样练根本没有减肥效果；而有的人练完后，热量摄入不高就瘦下来了，于是就认为减肥一定要这样练，"因为我就是这样变瘦的"。这样，一个认知的漩涡就产生了。训练动作本身并没有什么问题，但结果是受多方面因素影响的。

对于减肥而言，训练只是消耗热量的其中一个手段，更重要的在于热量的摄入，如果天天吃高热量食物，但是训练消耗的热量并不大，那么人没瘦下来也很正常。而训练本身的因素只是这个结果的一部分。

对于训练也是一样，跟着某大神练，如果营养补充合理、睡眠充足、训练又能恢复的话，当然可以进步。如果只看训练计划，但是营养与睡眠都很差的话，不进步也很正常。

所以看待问题我们需要有一个整体思维，如果只考虑一个因素，那认知就很容易产生偏差，影响进步的"漩涡"就会出现。

我们现在需要把问题梳理一遍让思维清晰起来，进步才能更快。

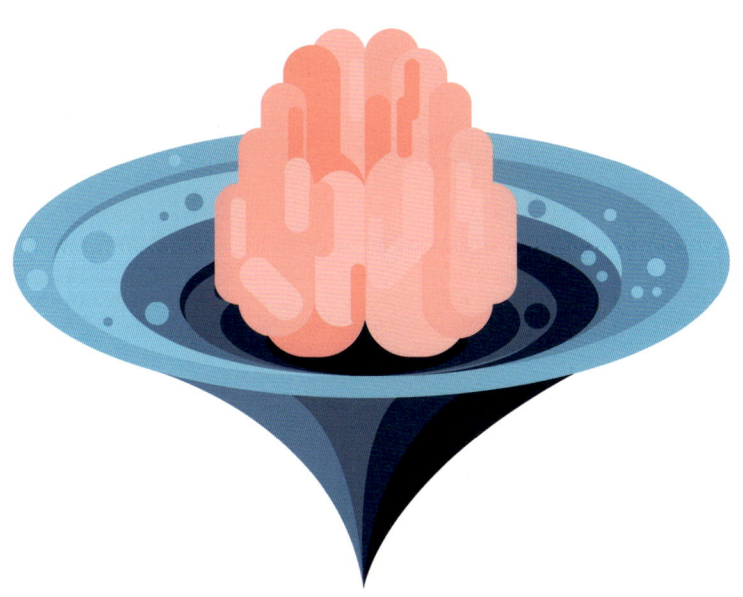

"酸痛主义"

回到大部分人问到的酸疼问题：训练后没有酸疼是不是意味着训练无效？

训练产生的酸疼分为两种：第一种是训练时出现的，第二种是训练后发生的。

第一种训练时的肌肉酸疼主要是训练代谢产生的乳酸堆积造成的反应，一般乳酸会在训练后两小时代谢掉。

第二种就是很多人关心的延迟性肌肉酸疼（DOMS），这种酸疼一般会出现在训练后的 24 ~ 72 h（每个人的时间都不一样），通常会持续出现 2 ~ 3 d，一般出现在新手刚进行抗阻力训练后、停训之后的恢复训练以及突然做的不适应训练中。长期系统做抗阻力训练的人几乎没有这个反应。

然而事实就是：很多人很享受这种延迟性肌肉酸疼，因为很多人会把这种反应与长肌肉划上等号。目前为止，还没有任何证据表明延迟性肌肉酸疼就一定等于增肌（见图 12.22）。

图 12.22 盲目追求酸痛其实是一种舍本逐末的行为。

《运动生理学》对延迟性肌肉酸疼与增肌之间关系的描述还比较模糊，书中对于 DOMS 的 5 种说法如下。

- 肌肉痉挛。

- 损伤学说。

- 急性炎症学说。

- 骨骼肌蛋白降解学说。

- 钙离子损伤学说。

本人对于延迟性肌肉酸疼的看法是，这个现象可以作为目标肌肉是否被刺激到的一个基本判断（这个观点也不全对，动作这一篇会做详细介绍），但是不能作为增肌的依据。

举个很简单的例子，一些经常做大重量深蹲的人，他们偶尔会去跑一下马拉松，跑完都会反映自己第二天出现了 DOMS。如果把增肌跟 DOMS 直接划等号是不是就可以理解为马拉松比杠铃深蹲更适合增肌呢？这样的结论显然是站不住脚的，把一个没有任何定论的问题放在训练目标的首位并作为评判标准是不合理的。很多人为了追求延迟性肌肉酸疼，每天做着巨量运动，导致肌肉严重疲劳，最后进入过度训练的状态，这是得不偿失的。

因此，不用在意有没有出现 DOMS，把训练营养与恢复做好，进步不会慢。

"感觉主义"

把"肌肉感觉"放在首位有问题吗？我们思考一个问题，假如你现在在房间里悠闲地看电视，突然发生了地震，你的第一反应是不是赶紧逃跑？那么，在逃跑的时候你会去考虑臀大肌有没有收缩感吗？是不是还在想我这腹内外斜肌在跑步转体的时候感觉不强，肌肉没有"参与到位"，那这个步白跑了？这种思维是很可怕的，因为肌肉是服务于动作的。

只要动作没有问题，该参与的肌肉一块都不会少。作为新手，可以用固定器械先去找所谓的"感觉"。但是"感觉"不是一切，我们不能过分去强调它。以前所谓的"健身教练"喜欢用这种思维去定义一切，却忽视了肌肉的工作状态并不是"孤立"的。

为什么这么多人看中"肌肉感觉"？以前流行一句话：用卧推技术的感觉推空杆推出硕大的胸肌才是真正的高手。但是如果真的有"高手"这么厉害，那还要什么杠铃片？这样的话健身房人手一个杠铃杆就都是罗尼库尔曼了（见图 12.23）。很多人会盲目崇拜"大神"，而"大神"随口的几句话能成为很多人心中的标准。

本人在带新手做引体向上时，绝大部分人反应注意力都在小臂。因为大部分人在做这种多关节动作时，

图 12.23 不用纠结某块肌肉的"发力感"。

注意力都在自己的薄弱肌肉。我们会感觉手臂抓不住，却并没有明显的背部"收缩感"。然而事实上随着训练时间的增长，背部的变化都会翻天覆地。

对于负荷较大的训练，肌肉的"收缩感"不是重点。就像举重运动员不会在意腿部有没有"收缩感"，体操运动员不会在意进行吊环项目时肱二头肌有没有"泵感"。但是他们的肌肉并不小。那么"肌肉收缩感"到底有没有作用呢？对于初学者在固定器械上找所谓的"肌肉发力"有一定的作用，但是"肌肉发力感"不是决定性因素。

什么动作会带来"肌肉发力感"呢？中低重量以及单关节动作就是所谓"肌肉发力感"最明显的动作。因为强度低，我们可以有注意力去"刻意"关注肌肉的发力感。而负荷一旦加大，"肌肉发力感"的感受就会明显降低。我们运用到自重训练上，"肌肉发力感"更不能当主角。以最常见的俯卧撑为例，一个标准的俯卧撑基本上全身肌肉都会参与进来，以保持这个动作的整体性。如果核心力量相对较差，在做完几个俯卧撑之后就会出现躯干无法保持整体性的情况，从而出现"塌腰"等现象，所以让这部分人以标准的姿态做俯卧撑，其腹部的感觉可能会更强，但并不能说明那些感觉不强的肌肉就没有得到锻炼。

"狂练主义"

绝大部分人都会出现一个问题，那就是纠结每次训练到位了没有。比起上一次如果没有进步那是不是训练量不够？是不是要加大训练强度？其实造成进步不佳的原因是多方面的，例如睡眠不佳、营养补充不到位等，而不仅仅是训练不够努力。有时候过度努力反而会导致停滞不前。

前面介绍恢复与再生的时候提到过营养与睡眠的重要性，它们就像是三个联动的齿轮，训练是启动项，使训练进步持续性更高的要素是营养与睡眠，对于增肌而言，它们的重要性也是同等重要的。

如果感觉训练进步出现了停滞，首先需要观察的是营养的摄入与睡眠有没有问题，如果营养与睡眠没有任何问题，再考虑训练上的问题。从根本上认识这些问题之间的关系，训练的进步才能更大。

2. 增肌计划设计

接下来就需要用我们有限的体重来安排效率最大化的增肌训练。在街健神技的训练中，我们没有安排下肢的训练，然而这不代表它不重要，只是绝大部分的神技不需要下肢有很强的力量。

本人建议即使想解锁的神技已经解锁了，下肢的训练也还是需要"捡起来"。想解锁神技的同时也不落下下肢的训练，可以把下肢的训练加入到周期计划中，只是这样会使解锁神技的时间变长，需要看个人取舍。如果我们是以健康为目的的增肌，那么肯定少不了下肢的训练，因为人体最发达的肌肉都在下半身，下肢力量的可开发潜力是超乎想象的，人类的最大力量记录就是髋关节创造的，所以下肢的重要性不言而喻。

对于徒手增肌我们该怎样安排训练计划呢？根据前面介绍的"力量 - 肌肥大 - 耐力"或者"耐力 - 肌肥大 - 力量"的方式循环，但如何细化执行呢？

我们还是以俯卧撑为例（见图 12.24），初学者刚开始练习标准俯卧撑的时候会经历两种情况，第一种是一个都做不了，第二种是勉强能做两个。其实从本质来看，假设自身体重为 50 kg，做俯卧撑就相当于推起 50 kg 的体重，但是如果我们当前力量不够，就要用更轻的重量（例如 40 kg）来做，换到自重上就是改变姿态和力臂长度来调整负荷。

如果是第一种情况，则可以先退阶以耐力为主，从高位俯卧撑开始选取 13 ~ 20 RM 开始练习（耐力），随着力量的逐步提升（初学者的力量提高会非常快），很快就能进阶到更低的高位俯卧撑，随着高度的降低负荷会高于 13 ~ 20 RM，从而进入到 6 ~ 12 RM 这个范围（肌肥大）。

随着持续的进步，接下来你很快能做 1 ~ 5 个俯卧撑（力量），这个时候就已经经过了耐力 - 肌肥大 - 力量这个过程，肌肉会得到相应的强化，能力也进步到第二种情况。

这个时候不需要改变动作，因为俯卧撑的负荷对于当前来说并不低。随着神经募集能力的提高与肌纤维的增粗，很快就能从 1 ~ 5 个的范围提升到 6 ~ 12

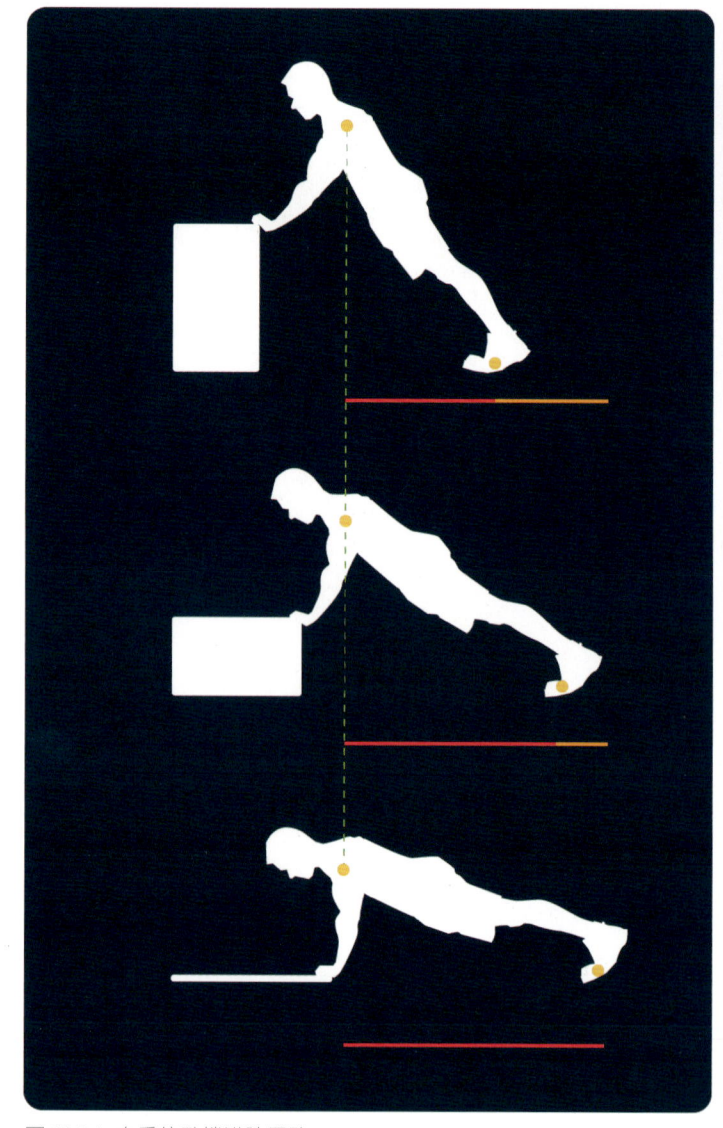

图 12.24　自重俯卧撑进阶思路。

个，再提升到 12 ~ 20 个，这个过程就是力量 - 肌肥大 - 耐力的过程，既完成了增力，也完成了增肌，同时往后靠近耐力的次数范围，也能产生足够的代谢压力为肌肉增长创造条件。

一旦动作在保持标准的情况下能做到接近 20 个，就应该增加动作难度，使其挑战性重新退回到力量（5 RM 左右）这个范围，再往后依次进步到 13 ~ 20 RM，也就是使这个动作成为耐力动作。

一旦到了耐力这个阶段，对增肌而言，再往后继续增加训练数量不如增加训练难度（力量），然后再从力量阶段过渡回到耐力阶段。

对于徒手增肌而言，用耐力 - 肌肥大 - 力量或者力量 - 肌肥大 - 耐力的方式都可以，因为一旦经历了一次这样的循环，力量都会有提升，并且动作的难度都需要随之增加。因为在上一周期耐力这个阶段的动作会变得过于轻松，所以需要将动作重新调整到合适的范围（见图 12.25）。

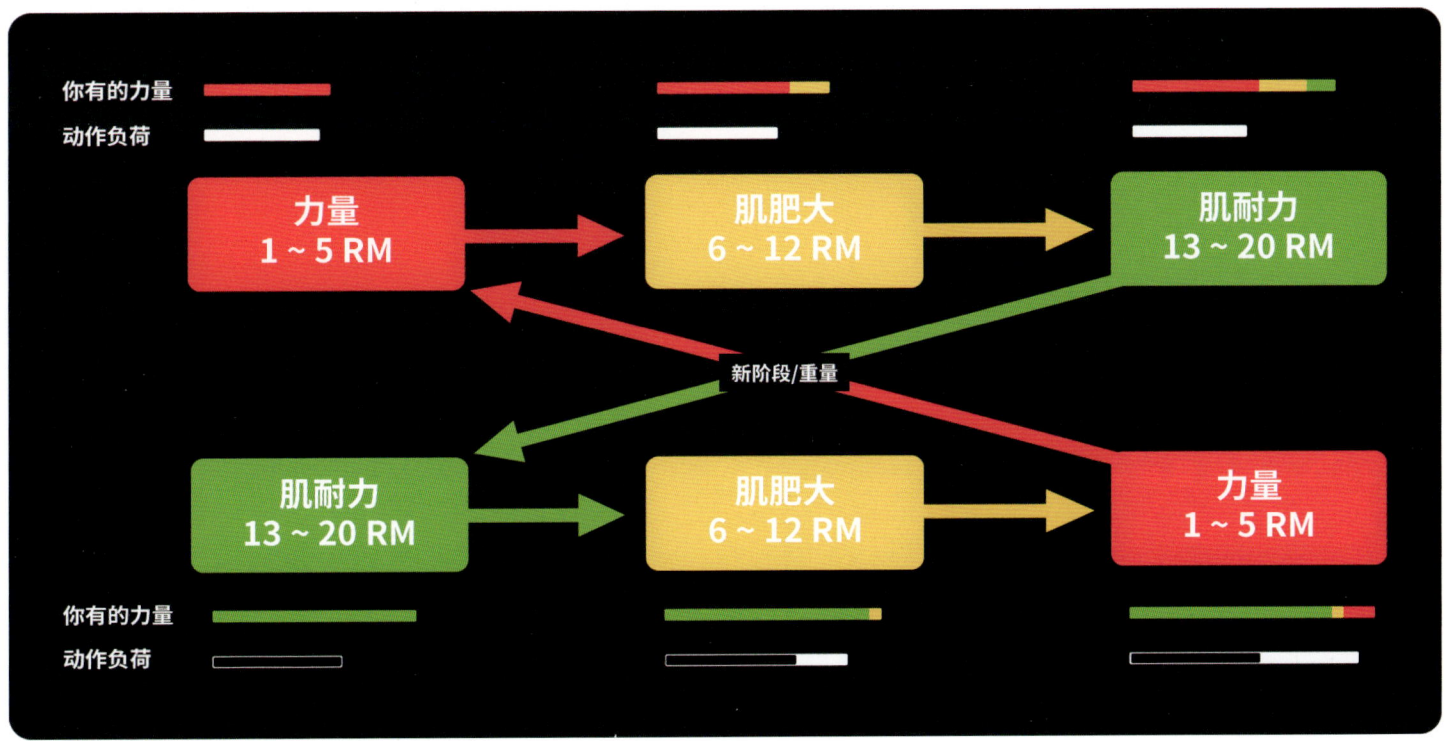

图 12.25 自重进阶思路。

莱昂纳多·卡瓦略等人发表的《不同容量匹配负荷的阻力训练后肌肉肥大与力量的进步》中，有一项试验研究很有意思，它指出了不同负荷次数范围对肌肉体积的发展。该试验内容是用低负荷、中等负荷、高负荷三种类型的负荷对受试人员的肌肉体积与力量进行观察，其中低负荷包括 35 RM 以上与 16 ~ 35 RM 两种强度，中等负荷是 8 ~ 15 RM 的强度，高负荷是 7 RM 的强度。

试验在总容量相同的情况下，记录力量与肌肉体积的进步，结果显示低负荷中两个组的结果没有明显差异。中、高负荷在保证总容量的情况下与肌肥大效果类似，但负荷越大对于力量的提高就越强。结论就是：低负荷肌肥大效果上没有明显差异，中、高负荷（17 RM 以下）的肌肥大效果总体而言与容量相关，只是越接近大负荷对力量的提升越大。

相似的试验还有很多，大部分的结果都类似。由此我们得到的结论就是：一定强度的负荷才是关键，在保证了负荷的情况下再考虑容量才是合适的选择。也正与我们前面介绍容量与增肌的观点一致：用过小的负荷做出的大容量对增肌的帮助不如负荷在中等强度下相同容量对增肌的帮助大，同时肌肉的疲劳也会相应增加，影响恢复，这是不聪明的做法。看完了这一章，我们可以再去思考一下类似于"一口气做 100 个俯卧撑"等计划的合理性。

具体该怎么实施计划呢？首先我们对各个主要目标部位的肌群做一个简单的分类：

上肢推类：胸大肌、肱三头肌、三角肌前中束以及倒立撑覆盖到的斜方肌上束；

上肢拉类：前臂肌群、背阔肌、三角肌后束以及水平引体练到的斜方肌中束等；

下肢类以及辅助单关节动作。

由于自重动作的特性，在练标准俯卧撑与引体向上类动作时，腹部肌肉也会全程参与，人体的整合运动能力也会提高。对于增肌而言可以把推力训练理解为锻炼上肢加躯干正面的肌肉，把拉力训练理解为锻炼上肢加躯干背面的动作。下肢训练中是整个下半身肌肉都在强化的动作，辅助类训练的作用主要是"锦上添花"，作为主项训练后的补充。

3. 动作进阶库

动作进阶库（见图 12.26 ~ 图 12.28）只包含了一部分的徒手动作，以上进阶思路也主要是为大家提供参考。训练其实是很自由的，富有创造性的，大家不用拘泥于以上表格里面的动作，只要掌握了最底层的思路，自己设计的训练计划一般来说都是合理的。

图 12.26 自重推力动作进阶库。

图 12.27 自重拉力动作进阶库。

图 12.28 自重下肢动作进阶库。

4. "核心"训练是什么

首先我们要明确核心指的是什么？核心指的并不是单纯的一块肌肉，而是指一个区域，不同的体系对于核心所指的区域也有一定的区别。有些学者认为核心区指的是从颈部到臀部这个区域，这个区域包含了躯干的所有肌肉；而有些学者认为核心区更针对的是腹腔这一块没有骨骼保护的区域，即从隔肌到骨盆底肌中间的这一圈深层肌肉，大体由 5 块肌肉组成，即上隔（隔肌）、下底（骨盆底肌）、前腹横（腹横肌）、侧腰方（腰方肌）、后多裂（多裂肌），它们共同的作用是稳固腰椎，保护腹腔内脏，以及高效传导力量（见图 12.29）。

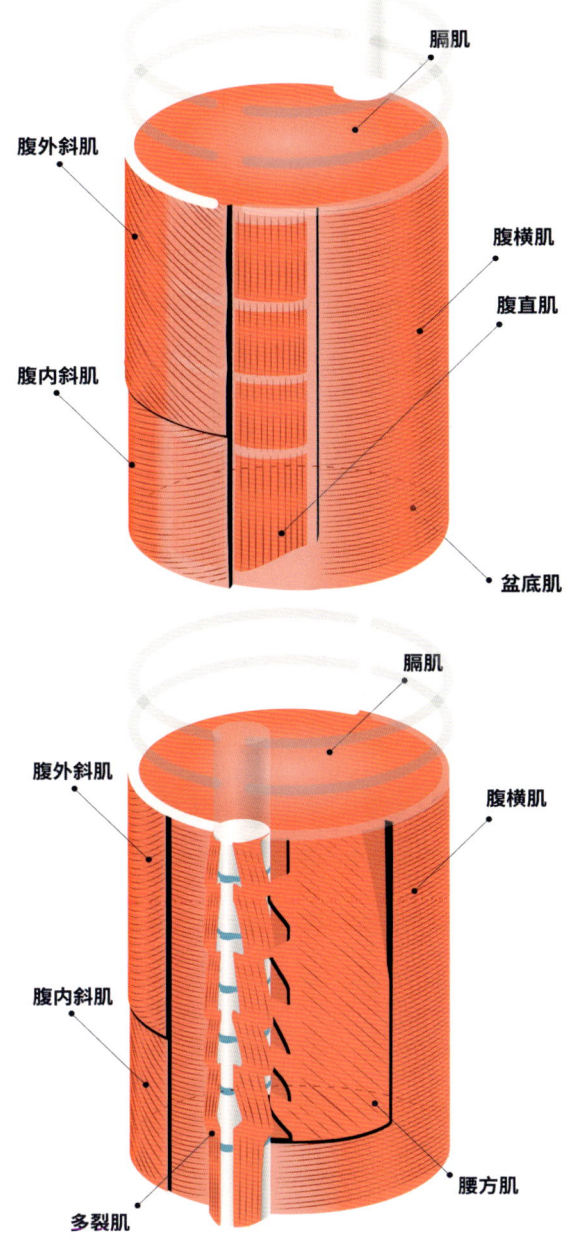

图 12.29 核心区域。

近 - 远原则

近 - 远原则，在生物力学和运动科学中是一个关键的概念。它描述了力量和运动是如何从身体的核心区域向远端部位传递的。

在我们进行运动时，稳定的核心（即身体的中心部位）对于力量的高效产生和运动协调性至关重要。

从生物力学的角度来看，稳定的核心提供了一个稳定的基础，四肢的力量才能有效地从这个平台传递开，并减少不必要的运动，避免力量的浪费，这有助于提高运动的有效性。此外，一个稳定的核心可以减少脊柱和周围结构的压力，从而降低受伤的风险。

从神经生物学的视角来看，这个原理也与大脑如何进行动作的计划和协调有关。在进行复杂或快速的运动前，大脑和神经系统必须先协调并激活近端肌肉来稳定身体核心，然后再激活远端肌肉来完成运动。这一系列复杂的神经 - 肌肉协调过程是身体实现有效、稳定运动的基础。当我们开始做动作时，尤其是需要协调和力量的动作，我们的中枢神经系统首先会确保核心区域的稳定性，这样能优化我们的动作模式，使我们的动作更流畅、协调，还能确保整体的运动效率和安全性。

核心稳定性是身体运动的基础。在我们进行四肢动作特别是复杂的动作时，核心肌群激活会优先于四肢动作，稳固的核心为身体提供了一个坚实的基座。如果核心不稳定，四肢的运动可能会不协调或低效，甚至可能导致受伤。

稳定的核心可以使肌肉更有效地收缩，以产生更大的爆发力。当核心不稳时，身体为保持平衡会牺牲爆发力并影响运动技术。

我们运动起来是一个整体，不要用单块肌肉的收缩来衡量运动。在动态运动中，我们需要全身肌肉协调工作来达到运动目的，例如跑步与投掷类运动，它们都需要"动力链"的传导，而"核心肌群"就是传导这些动力的主角，例如在投掷类项目中，我们需要蹬地、转跨、投掷，形成一套动力链，而"核心区"起到的作用就是传导下肢蹬地爆发出的力量到上半身，使力量能够连贯。街健中的花式动作（见图12.30）也是一样的道理。

图 12.30　核心稳定性对于复杂运动十分重要。例如街健的花式动作单杠360，很多训练者会在半空中"散架"落地，我们大量观察他们动作模式就会发现，他们会像下图一样核心松散，导致转体时核心偏歪，导致整个动作失去协调性。而观察花式高手动作，我们也能发现，不论何种复杂的动作，他们的核心都能保持好对位不会松散，所以他们动作十分协调，成功率高。

所以对核心和运动要有一个正确的认知，而不是单纯地以为训练腹直肌就是练核心。要想充分地训练腹部深层肌肉，呼吸是一个重点，尤其是腹式呼吸，它不仅会让我们的身体更有力更稳定，还有助于保护脊柱。腹部训练搭配腹式呼吸会让训练更高效。

呼吸与核心

腹式呼吸的练习方式：坐在柔软的球上，双手虎口对齐贴在小腹上，鼻子吸气，感受这个气直接充满小腹，把贴在小腹上的手往两边顶开，同时感受生殖器与肛门之间的这个区域随着吸气与球做"对抗"，保持胸腔不要有大的起伏，避免因为呼吸导致的肩部晃动，用嘴缓缓地把气呼出来，呼气的同时感受骨盆下段生殖器与肛门之间的这个区域在缓缓地"离开"球，同时腹部随着呼气慢慢"拉向"脊柱，贴在腹部的手也慢慢合拢。在熟悉腹式呼吸后，呼气的同时配合上轻微的骨盆后倾就是"hollow"状态。我们在自重训练时所谓的"核心收紧"就是保持"hollow"状态，这样的话我们才能一直保持"刚性"的整体。

另外一种常见的呼吸方式是瓦式呼吸。瓦式呼吸法由 17 世纪的意大利解剖学家安东尼奥·马里奥·瓦尔撒尔瓦发明，该呼吸方式具有提高腹内压及稳定脊柱的能力，是做高强度力量训练时的一种呼吸技巧。怎么操作呢？很简单！就是腹式呼吸加摒息。举个例子，当我们进行大重量训练时会深吸一口气，在发力蹲起时会憋住气使身体保持足够的"钢性"来完成动作。一般作为俄挺以及前水平主要的呼吸方式。有没有发现在练习此类动作时，我们身体都会被动摒息来保持身体的"刚性"呢？我们的核心就像是一个易拉罐，当松懈时就像是易拉罐打开了盖子，内部压力丧失，随意的揉捏都会使罐子发生变形；而绷紧时就像是易拉罐盖紧了盖子，这个时候罐子能承受的强度会发生巨大变化，我们在练习绝大部分自重训练时都需要腹部"盖紧盖子"（见图12.31），这是与固定器械不同的地方。

那么核心针对性训练的频率该怎么去安排呢？

如果是俯卧撑做不了几个的初学者，核心区的安排该适当的多一点，因为自重训练中的俯卧撑引体向上等动作需要一定的核心基础。如果在俯卧撑中无法维持身体的"刚性"（见图12.32），这个时候核心的训练就是主要的。如果俯卧撑已轻松进阶到后续阶段，则核心区的训练占比可以逐步降低。

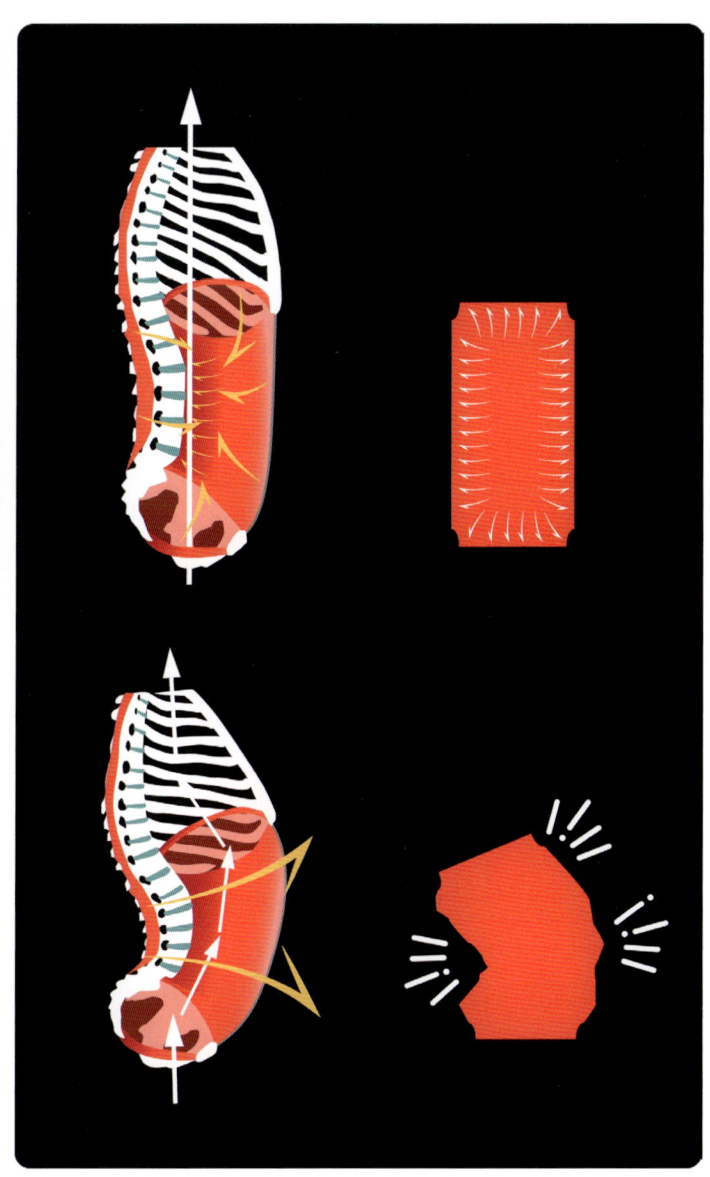

图 12.31 核心"刚性"。

很多没有经过系统街健训练的人会把俄挺与前水平等动作理解为"核心力量"主导的动作，其实并不是这样的。因为很多人一开始会有认知上的偏差：把腰腹力量等同为核心力量，这也导致他们会被贴上"核心怪"的标签；相反，有部分训练者会为了不被贴上标签，甚至直接否定核心的作用，这两种极端都是不合适的。

我们要对核心作用有正确的认知：俄挺与前水平确实需要核心的参与，虽然占比并不高，但并非不重要，因为这里需要的是核心的稳定性，稳定的核心对于整体力量的输出依然发挥着非常关键的作用，主要是维持身体的"刚性"，保持动作不变形，使肩部和手臂的主动肌有牢固的支点来高效地进行力量输出（见图 12.33）。这类动作的难度是需要更多的"形成支点"的力量，在金字塔中属于力量与专项，是金字塔的顶端，而核心稳定性则是属于塔基动作准备模块的内容。一个俯卧撑做不起来或者核心不稳不会有太大的风险，最多只是动作变形，但是俄挺等动作是一个需要小肌群形成支点的极限力量动作，稍有闪失可能就会受伤严重。所以在难度与风险上，二者有质的不同。通过对核心肌群结构及其稳定机制（见图 12.34）的了解，有助于核心训练以及综合力量训练的安排。

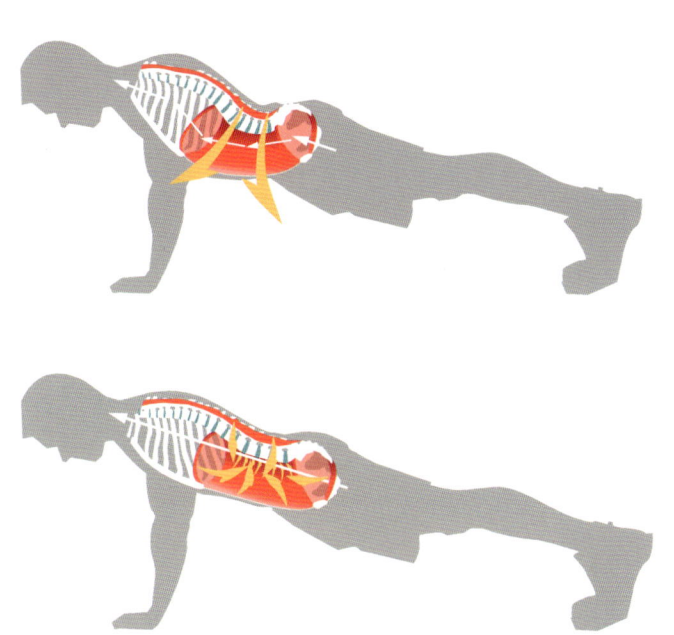

图 12.32 俯卧撑需要核心的稳定。如果像上图一样塌腰，就需要多进行核心的练习。

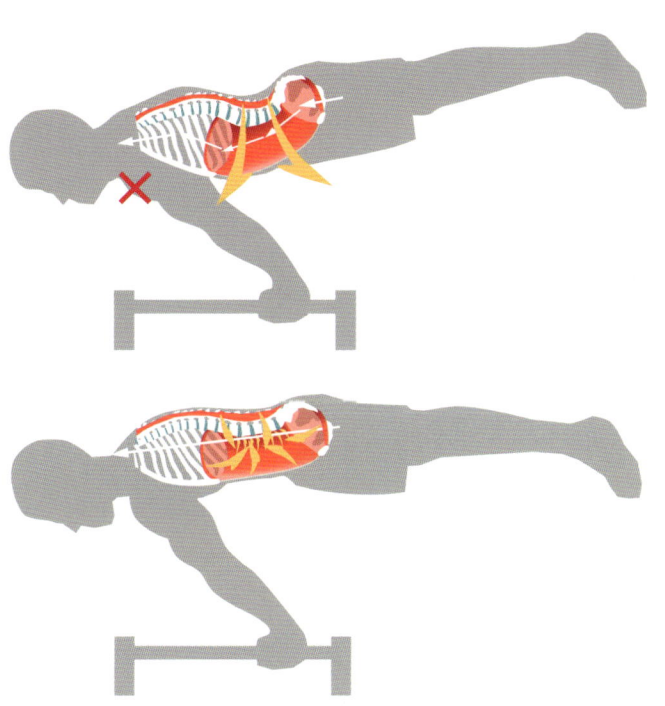

图 12.33 俄挺需要核心的稳定。如果像上图一样塌腰，就需要多进行核心的练习。

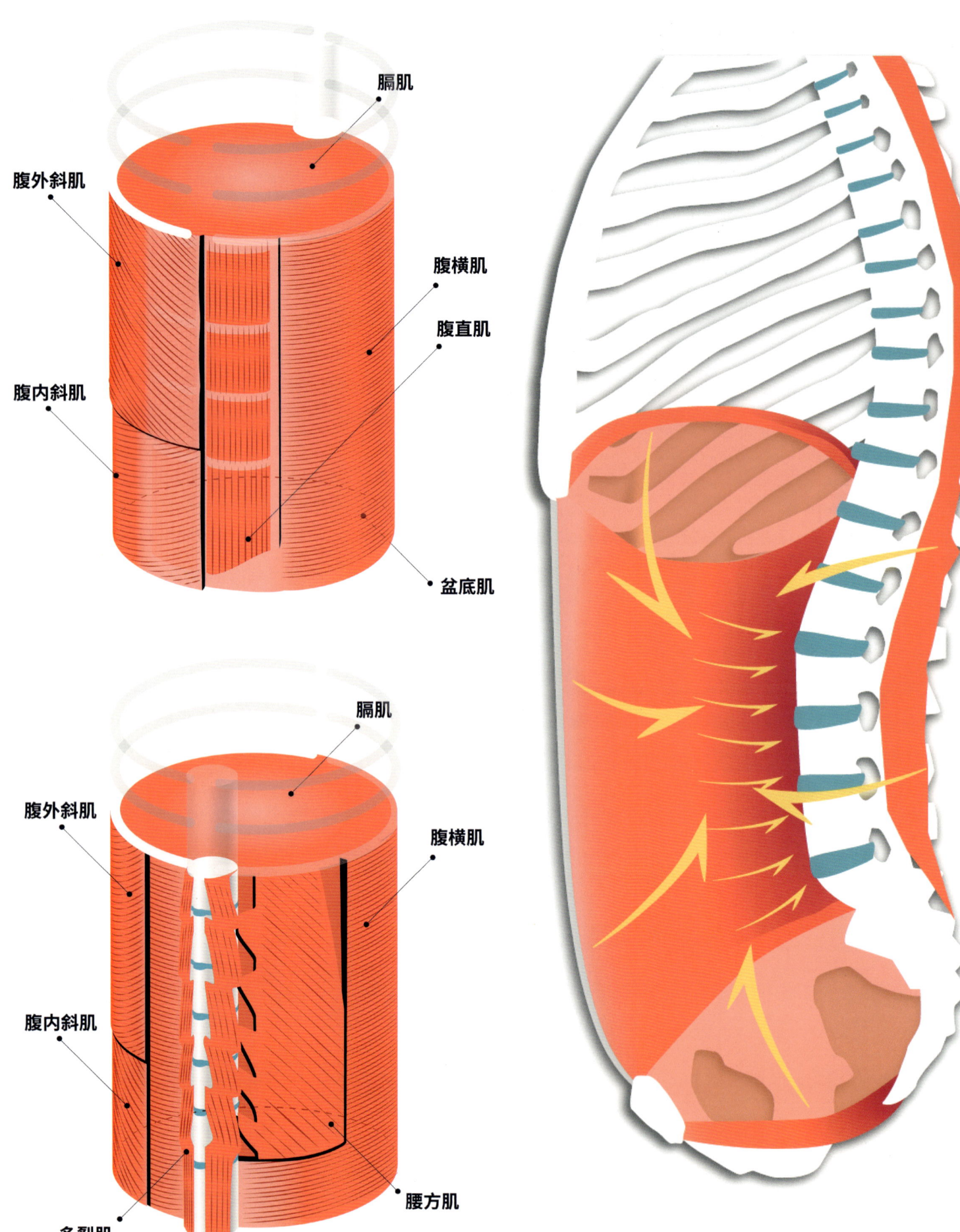

膈肌

腹外斜肌

腹横肌

腹直肌

腹内斜肌

盆底肌

膈肌

腹外斜肌

腹横肌

腹内斜肌

腰方肌

多裂肌

图 12.34 核心肌群结构及其稳定机制。

5. 训练计划的设计思路

训练计划的设计应该由粗到细，以个人当前水平能够持续进步为最佳。我们衡量一个计划的优劣是看它的**持续进步性**，而不是看这个计划够不够折磨自己。强度过大的训练计划不仅会造成严重的肌肉疲劳，还容易造成过度训练反应，合理安排适合个人的计划思路才是重点，比如训练不足半年的人或者基础动作做不了几个的人，以全身性力量提高的训练（即一分化训练）为主最为合适。

初学者的进步会非常快，那么什么时候进阶计划难度呢？引体向上能完成 12 次以上，俯卧撑等动作能完成 20 次就可以升级难度，难度进阶分为以下两个步骤。

第一步，增加动作的幅度，俯卧撑可以选择深度俯卧撑，引体向上可以适当拉高再放到底。

第二步，动作加上轻微爆发力，俯卧撑、引体向上、深蹲等动作在保持幅度的同时，可以增加速度。俯卧撑可以手掌轻微离地，深蹲也可以进阶为增加幅度的轻微深蹲跳，脚掌微微离地即可。在这些动作加上幅度与爆发的提升之后依然能达到俯卧撑 20 次，引体向上 12 次，并且剩下动作轻松无压力，就可以升级难度，改为二分化训练，一日训练推拉交替，一日训练下肢（见图 12.35、图 12.36）。

初学者增肌计划

一	二	三	四	五	六	日
全身	休息	全身	休息	全身	休息	全身

一	二	三	四	五	六	日
休息	全身	休息	全身	休息	全身	休息

全身			
	俯卧撑	3组×（5~7下）	（高位）
	引体向上	3组×（5~7下）	（澳式引体）
	深蹲	3组×（10~15下）	
	仰卧举腿	3组×（10~15下）	（卷腹）
	悬吊/直臂支撑	3组×（10~15 s）	

图 12.35 初学者增肌计划。

进阶增肌计划

	一	二	三	四	五	六	日
	推/拉	下肢	休息	推/拉	下肢	休息	全身/休息

推/拉	俯卧撑/引体向上超级组	4组×（6~12下）
	二头弯举/碎颅者超级组	4组×（6~12下）
	悬吊/倒立爬墙超级组	3组×（15~25 s）
下肢	单腿深蹲（左/右）	3组×（6~12下）
	单腿硬拉（左/右）	3组×（6~12下）
	深蹲	3组×（10~15下）
	臀桥	3组×（6~12下）
	提踵	2组×15下
全身	俯卧撑	3组×（5~7下）
	引体向上	3组×（5~7下）
	深蹲	3组×（10~15下）
	仰卧举腿	3组×（10~15下）
	悬吊/直臂支撑	3组×（10~15 s）

图 12.36 进阶增肌计划。

随着基础能力的提升，也可以选择技能树当中的升级动作进行进阶，动作进阶的原则是在增加动作幅度与速度的情况下能完成标准动作 20 次，就可以增加动作难度，在技能树上选择下一个升级动作即可，能继续增加幅度与速度完成 20 次，就继续在技能树上选择下一个难度等级的训练，依次循环。计划安排中的动作都可以根据自身能力进行进阶，随着计划难度的增加，大部分人经过这一阶段的训练，肌肉轮廓都会显现，背部的"倒三角"形状会更明显，胸肌的厚度会增加（见图 12.37）。

值得注意的是随着动作的进阶，我们的训练风险也在随之增加，在进阶难度之前应该确保关节有足够的灵活性和稳定性来保证动作的"无痛"进行。如果这个阶段的计划实行了 3 个月，并且每次训练能毫无压力地完成，我们就可以将计划继续升级。如果完成得很勉强，无法保持每个动作的标准性，就还需要继续练习。

不要盲目超出自身能力进行训练。本人观察到很多人潦草地完成计划，动作标准性很低就盲目增加训练难度，很多人甚至看到计划后觉得不难就不想练，在此，可以很负责任地告诉大家这套计划没有想象中的轻松。能保持动作的标准性并且增加动作幅度与速度时也能轻松完成才可以将计划继续升级。

这个阶段的练习已经可以满足绝大部分人对于增肌的要求了，因为大多数人对于增肌的要求就是好看。此阶段的训练难度依然可以根据技能树以及幅度与速度的要求来进阶，这个阶段对于一些不太难的神技也可以随着动作的进阶而解锁，如随着折刀俯卧撑数量的增加，动作也可以进阶为倒立撑；随着偏重引体的练习，动作也可以慢慢进阶为单臂引体的离心下放。双立臂以及脱手爆发引体也可以在这个阶段解锁，动作难度都可以在技能树上进阶选择，如果都能达到技能树的顶端动作水平，并且都能保证幅度与速度的进阶达到 20 次，那么你就已经是大神了。这时你不仅身材好，各种难度动作都可以尝试了，针对街健的力量已经打下了非常好的基础，可以按照街健金字塔进行系统的街健训练。如果想进一步肌肥大，也可以去练习健美。

虽然本书介绍的是自重训练以及街健，但是每个人的追求都不一样。最开始可能很多人没有条件去健身房，觉得家里方便才选择自重健身；随着身体能力的提高，有更多的体系可以选择。任何训练体系都有自己的优势，我们可以把这些体系中对自己有用的东西结合起来进行训练。

高阶增肌计划					
一	二	三	四	五	六
推	下肢	休息	拉	下肢	休息

推		折刀俯卧撑	3组×(6~12下)
		双杠臂屈伸	3组×(6~12下)
		俯卧撑	3组×(6~12下)
		碎颅者	2组×(6~12下)
拉		偏重引体	3组×(6~12下)
		引体向上	3组×(6~12下)
		澳式引体	3组×(6~12下)
		单杠弯举	2组×(6~12下)
下肢		单腿深蹲(左/右)	3组×(6~12下)
		单腿直臂支撑(左/右)	3组×(6~12下)
		深蹲跳	3组×(10~15下)
		直臂支撑	3组×(6~12下)
		单腿提踵(左/右)	2组×15下

图 12.37 高阶增肌计划。

徒手动作库

我们把训练动作比作是厨师的食材，那么训练结果就是利用食材烹饪出的料理，接下来会教大家如何利用各种"食材"做出美味的"料理"。这里主要给大家挑选了一些我们认为非常有价值的动作以及它们的变式和进阶，大家可以挑选自己喜爱的动作加入到计划中去。

Hollow 维持

Hollow 维持是俯卧支撑动作及悬吊动作的身体基本姿态，做悬吊与支撑动作时身体保持整体性。

核心肌群稳定性在动作协调和运动控制中有先导作用：大脑会优先确保核心是稳定的。

这种姿态也可以改善肩胛和胸廓的贴合，使肩胛骨保持在良好的生物力学位置上，有助于提高肩胛骨的稳定性，让上肢动作发力效率更高。

很多训练者俯卧撑塌腰或者引体向上前后晃动不稳定，其实都是因为"核心刚性"不足。在练习力量之前先确保核心稳定，可以让训练更高效（见图12.38）。

图 12.38

进阶动态 Hollow 举腿

整个过程确保下背部贴地。

手臂轻微摆动。

进阶：可以在保持稳定的前提下，进行抬腿的练习（见图 12.39）。

图 12.39

Arch 维持

整个过程确保只有腹部着地。

手臂轻微摆动，抬腿主要靠伸髋肌群（夹臀）而不是用腰部把身体带起来（见图 12.40）。

图 12.40

227

鳄鱼翻滚

这是一个经典的核心力量传导训练。手脚不接触地面，仅通过核心扭转来使身体翻滚（见图 12.41）。

图 12.41

L-sit

L-sit 可以提升核心稳定性，同时强化肩胛稳定性和腕关节与肘关节在直臂支撑时的能力。

注意不要耸肩，初期腿无法伸直时可以提升支架高度来给予腿一定的"容错空间"（见图 12.42）。

图 12.42

俯卧撑

支撑时身体保持紧绷的 Hollow 状态，从足跟到肩部保持身体的整体性，小臂垂直于地面，以肩为轴心围绕肘下降及撑起。没有运动经验的人很难一次就把俯卧撑动作做标准，可以从高位俯卧撑退阶开始（见图 12.43）。

图 12.43

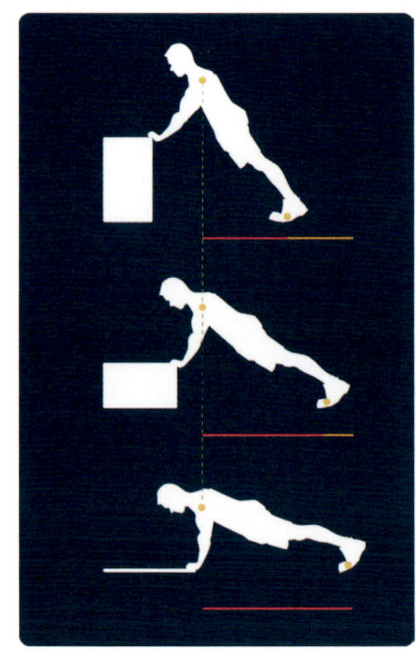

上斜俯卧撑支撑高度越高，身体与地面越接近垂直，负荷越小，动作越简单。

可以通过调整高度来调节负荷大小，可以根据前面的计划思路来安排（见图 12.44）。

图 12.44 俯卧撑 0 → 1 进阶思路。

俯卧撑进阶

　　俯卧撑进阶种类非常多，从初学者到进阶者都可以找到适合自己的动作范围。对于街健而言，个人推荐的进阶顺序如下。

　　俯卧撑 - 钻石俯卧撑 - 高位单臂俯卧撑 / 负重俯卧撑 - 单臂俯卧撑 - 爆发俯卧撑（见图 12.45）。

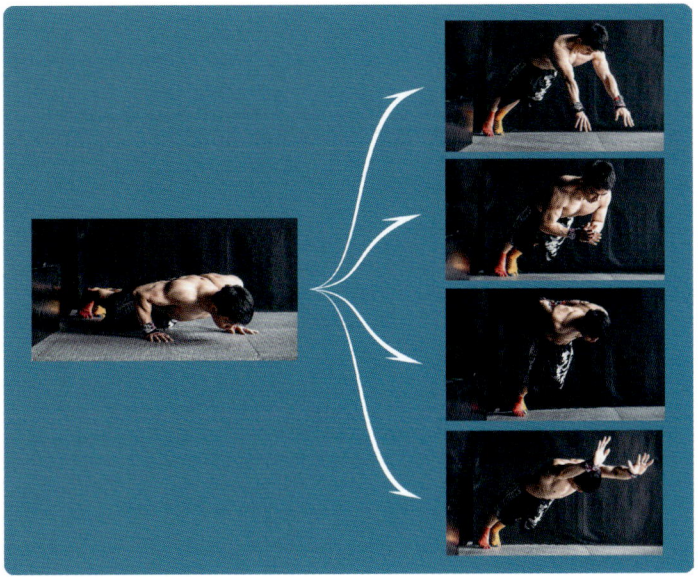

图 12.45　俯卧撑爆发力进阶思路。

　　钻石俯卧撑（见图 12.46）与单臂俯卧撑（见图 12.47）非常适合发展街健基础及发展手臂围度，当一个初学者能进阶到单臂俯卧撑时，就已经具备了一定的肌肉形态。标准的单臂俯卧撑难度并不算太低，初学者一定要打牢基础，当动作已经感觉轻松时便可尝试下一个阶段的进阶。

图 12.46　钻石俯卧撑。

　　单臂俯卧撑的主力侧的大臂要贴紧身体。注意身体要保持水平，双侧肩膀尽可能保持高度一致。

　　腿需要略微分开，这样能保持平衡，更加集中注意力在俯卧撑动作上，而不是扭腰。

图 12.47　单臂俯卧撑。

　　俯卧撑也可以通过负重的方式进阶，其中负重背心能兼顾渐进性、舒适性以及方便性（见图 12.48）。

图 12.48　负重俯卧撑。

1. 倒立

倒立是锻炼上肢支撑能力和全身平衡协调能力的动作。

当俯卧撑能比较轻松完成之后，例如能做 5 个击掌俯卧撑，代表你的基础力量和关节强度基本足够了，就可以开始进行靠墙倒立的练习了。

靠墙倒立

手离墙约一个手掌的距离（大约 20 cm），大家可以自己尝试，找到一个最舒服的距离（见图 12.49）。

图 12.49

双手间距比肩略宽一点。注意五指抓地，像树根一样牢牢扎根（见图 12.50）。

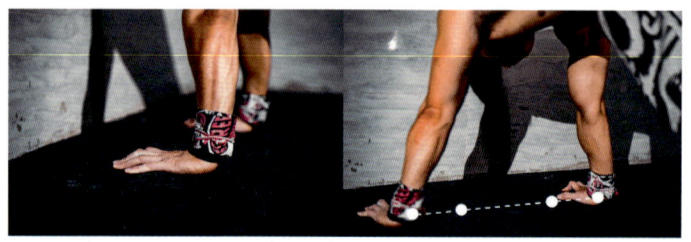

图 12.50

踢墙

踢墙倒立动作分解见图 12.51。

起式：

靠墙倒立和自由倒立的起式是相通的，动作模式基本一致，这两者只在力度和精度上略有差别。注意我们前侧的腿要尽量往前靠，这样我们的身体就能更接近于与地面垂直，整体动作变化幅度会更小更可控。后腿作为驱动腿要尽可能伸直。

上踢：

画大圆带动身体往上摆。与此同时手发力推地，把身体往天花板推。前侧腿辅助发力。一开始可能并不能踢到墙，多尝试一段时间，就能逐渐熟悉动作，越踢越高。

上墙：

当后侧腿能碰到墙，且有能支撑住的稳定感的时候，就可以尝试把前侧腿上摆上墙。

稳定支撑：

上墙之后手指抓地，手用力推。注意肩关节应该完全打开，这样我们倒立会变得非常轻松，腰部压力也会变小。

图 12.51

打开肩关节的窍门（见图 12.52）：

肩关节打不开时不需要刻意去压肩、开肩。

第一，可以先进行靠墙站姿练习：手上举，吐气，把肋骨压下去，这时你会发现肩已经能打开多一点了。

第二，不用刻意打开胸（挺胸），而是把肩胛骨进行上回旋，并且会有一种稍微"含胸"的趋势，也就是前面提到的 Hollow 姿态。这样肩才能在符合生理结构的正确方式下打开。

图 12.52

倒立防摔

想学会自由倒立，在这之前防摔的练习必不可少。知道如何防摔能让你倒立训练的信心大大提升。

防摔主要防的是背摔，我们可以先靠墙练习。

诀窍就是先松一只手，往前放，这样就变成了侧身下。多练习防摔，强化动作记忆，可以增强倒立练习的自信（见图 12.53）。

图 12.53

点墙训练

当你能熟练掌握靠墙倒立之后，例如已经能轻松维持 30 s 以上，那么就可以开始逐渐感受自身重心的变化，找控制重心的感觉了。

先轻微探出一条腿，感受重心在手掌中游走，然后双腿交替，速度不要太快。尽可能去感受控制重心的变化（见图 12.54）。

图 12.54

自由倒立

自由倒立是一个非常有乐趣的训练。值得注意的是地面不要选择太软的地方。

一定要拍视频观察自己的体态以方便调整。

倒立的平衡控制最主要的就是手指抓地与肩前移的调整：向后倒时手指抓地对抗，向前倒时前移肩膀调整平衡。

初学者很难直接找到腰腹与臀腿的控制感觉，应先从手指抓地与肩前移中找到基础控制的感觉，能离开墙面保持一会儿平衡后，就可以逐步尝试抓地加收腹来控制向后倒的平衡。这是一个需要一定耐心的训练，也是街头健身后续神技必不可少的基础。

倒立平衡的控制其实就是精度和灵敏度不断提升的过程。一开始你可能偏了 30 cm 才能感知到自己偏离了，但这个时候你的重心已经偏离了支撑面，所以就倒了。随着训练的进行，你的灵敏度会逐步提升，可能只偏离几厘米就能及时察觉，就能把重心拉回原位。

短期内倒立进步缓慢很正常，倒立训练重在频率高，但不需要一直练，只需要每天抽出 10 ~ 15 min 训练即可，可以放在正式力量训练前，也可以放在训练末尾，当然也可以用 GTG 的方式进行练习。

倒立撑

徒手练习倒立撑一般要经过折刀俯卧撑。

这项练习需要一定的肩部基础。在进阶到双杠臂屈伸时就可以尝试折刀俯卧撑，这项练习的重点就是小臂需要垂直于地面，肩围绕着肘，躯干向斜前方下放（见图 12.55、图 12.56）。

所以我们的运动轨迹并不是直上直下的，而是有点往前倾，保持小臂垂直于地面就是正确的轨迹。

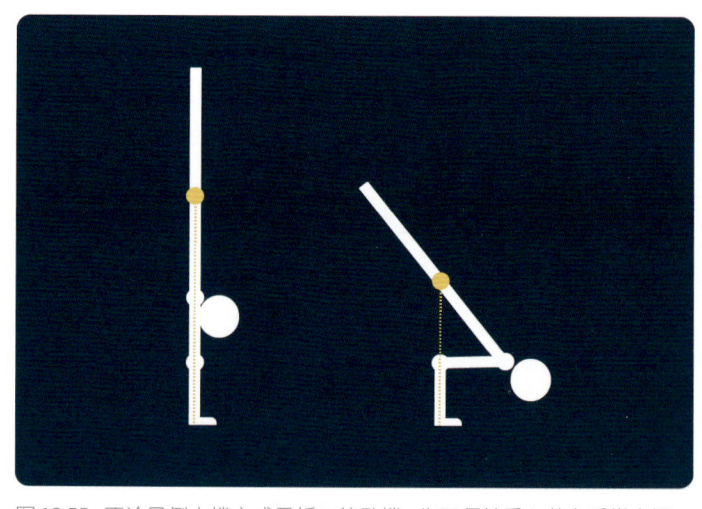

图 12.55 不论是倒立撑亦或是折刀俯卧撑，为了保持重心落在手掌之间，运动轨迹并不是直上直下的。同时轨迹向前也是为了保证肩不会过度外展，肘会朝内夹一点，这样能确保不会越过肩胛骨面，保证肩关节的安全。

图 12.56

可以在自己眼睛前方 20 ~ 30 cm 处放一个标志物，下落时让额头去向前找标志物。

当折刀俯卧撑能逐渐轻松完成时可以抬高脚以及缩短脚与手之间的距离来增加难度。这里需要注意的是折刀俯卧撑与倒立撑之间的跨越距离略大，只是相对于低团与高团之间的差距来说，风险没有太高。

可先从手脚相对较远的距离开始进阶。手脚越接近，或者脚抬得越高，身体越接近于与地面垂直，三角肌发力占比也就会更多（图 12.57）。

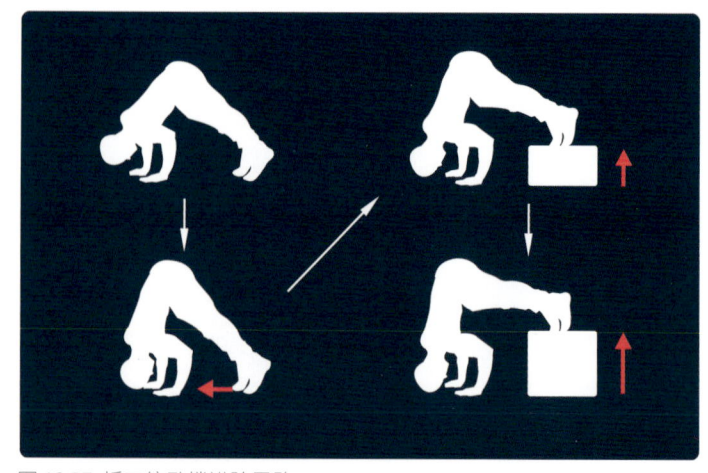

图 12.57 折刀俯卧撑进阶思路。

倒立撑建议采用面墙的方式（见图 12.58）。

使用支架进行倒立撑可以有更深的幅度（见图 12.59）。

动作注意维持 hollow 姿态，这样肩胛骨能和胸廓有更好的贴合，提升发力效率（见图 12.60）。

图 12.58 面墙倒立撑

图 12.59 使用支架进行倒立撑

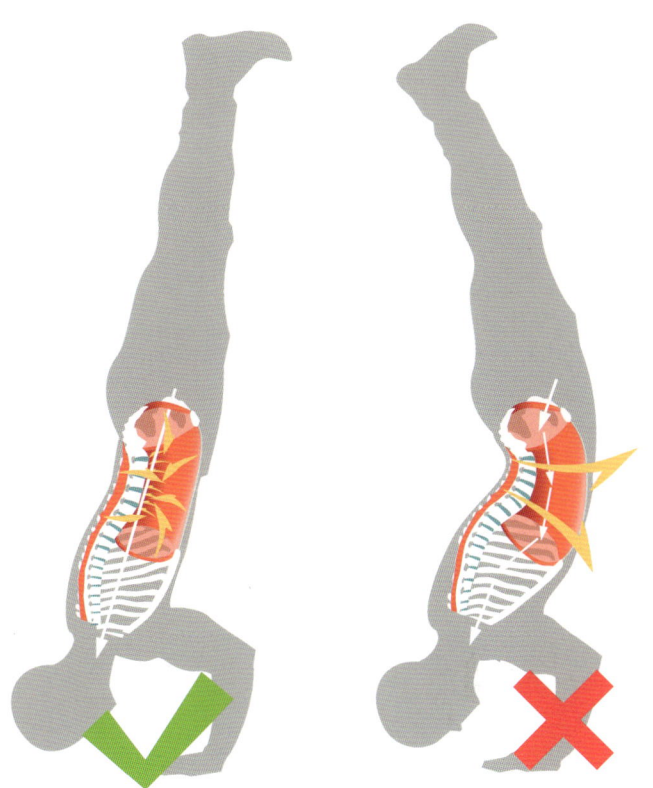

图 12.60 倒立撑需要保持核心的刚性，这也是为什么我们不太推荐背靠墙倒立撑的原因。

2. 引体

对于初学者而言，引体向上（见图12.61）的门槛略高，不是每个人一开始都能具备引体向上的力量，可以先从水平引体及弹力带辅助引体开始。一旦可以突破引体向上，再配合GTG训练，进步速度就会非常快。

![图片]

图12.61 引体向上。

引体向上可谓是锻炼上肢力量的黄金动作。可以说，能把引体拉好，整个背部力量都不会差。

但需要注意的是，引体这个动作并不需要去刻意挺胸，保持Hollow姿态，这样可以有更好的稳定性和发力效率。也不需要纠结背部有没有发力感，因为只要你拉上了引体，该用到的肌肉全部都会锻炼到。

发力上有个要点，就是想着把肘往腰拉，这样引体的效率会高得多。

引体向上的变式种类非常多（见图12.62）。

· 根据握距的变化：一般有窄距、肩宽、宽距以及超宽距引体。

· 根据握法的变化：一般有正手、反手、对握还有吊环引体。

· 根据握距和握法的排列组合，可以创造出数十种不同的变式，给训练带来很多乐趣。

图12.62 引体向上变式。

进阶思路之单手

偏重引体（见图 12.63）本质就是让重心更加偏向一侧手，让一侧承担更多重量，间接达到负重的效果。所以没有负重条件的训练者也可以通过偏重引体来达到增加负荷的效果。当然有负重条件的可以直接练习负重引体。

图 12.63 偏重引体。

难度调整思路（见图 12.64）：

· 调整握距；

· 调整辅助手的高度；

· 可以用辅助手抓握弹力带，通过调整弹力带磅数来获得更精确的负荷调整（见图 12.65）。

图 12.64 偏重引体进阶思路。

图 12.65

一个标准的单手引体（下巴完全过杠），力量上基本相当于负重一倍体重的引体（其实不需要到完全一倍，因为双侧力量会比两个单侧力量总和要小）。由于是单手抓握，所以还需要额外的抗旋转的力量。通过肌电图我们可以发现，单手引体胸肌参与程度很高，不仅仅是在启动阶段，还有顶峰阶段，参与程度都很高（见图 12.66）。

同样，单手引体我们需要把肘尽可能往腰拉，这样单手引体的高度才能更高。很多训练者下巴过不了杠，不妨试试这个方法。

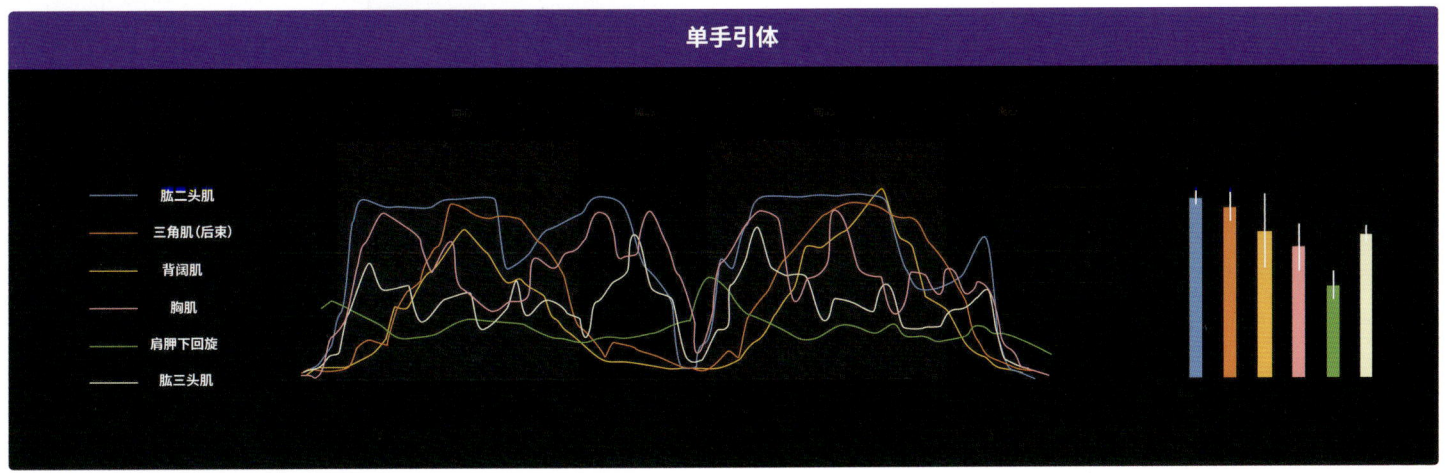

单手引体

- 肱二头肌
- 三角肌（后束）
- 背阔肌
- 胸肌
- 肩胛下回旋
- 肱三头肌

图 12.66 通过肌电图我们可以发现，单手引体胸肌参与程度会很高。

进阶思路之爆发

爆发力属于最大力量的进阶表现。

爆发力最大的体现就是速度要快，在更短时间内爆发出更大的力量，使我们能产生更大的位移。

所以爆发引体的进阶可以简略看成是上拉的高度越来越高。值得注意的是，双立臂本质上也属于爆发引体的变式，虽然有推力上撑的部分，但是主要难点还是体现在上拉阶段的爆发力。所以只要拉得够高，推的成分就更少，甚至可以直接把杠拉到裆以下，完成一个完美的双立臂。

爆发换握引体

图 12.67

爆发换握引体可以在不经意间提升你的引体爆发力。为了换手你会被迫提升引体的速度，这样才能拉得更高，争取更多滞空时间来转换握法，拉得越高换手就越从容。并且换手的过程，尤其是换成反握的过程，能极大考验我们的握力以及协调能力（见图 12.67）。

爆发高拉引体

图 12.68

引体向上的进阶思路与俯卧撑一致，爆发高拉引体是最后一步。

爆发高拉引体如果想负重的话，也要以保证速度为前提。

爆发高拉引体的轨迹是斜向后的，也就是在最高点时身体离杠有一定的距离（见图 12.68）。

当爆发高拉引体可以拉到肋骨以下，双立臂基本上也就水到渠成了。

进阶思路之水平拉力

水平引体及其变式是相当不错的锻炼方式。

很多人觉得这个动作很简单，其实它一样可以通过变式来达到非常高的难度（见图12.69）。

难度调整方式：

身体越接近于与地面水平越难；

身体越往后，杠拉到的位置越接近下腹越难。

图 12.69

相较于垂直拉力，水平拉力可以更多地使用我们的中背部肌群（见图12.70）。

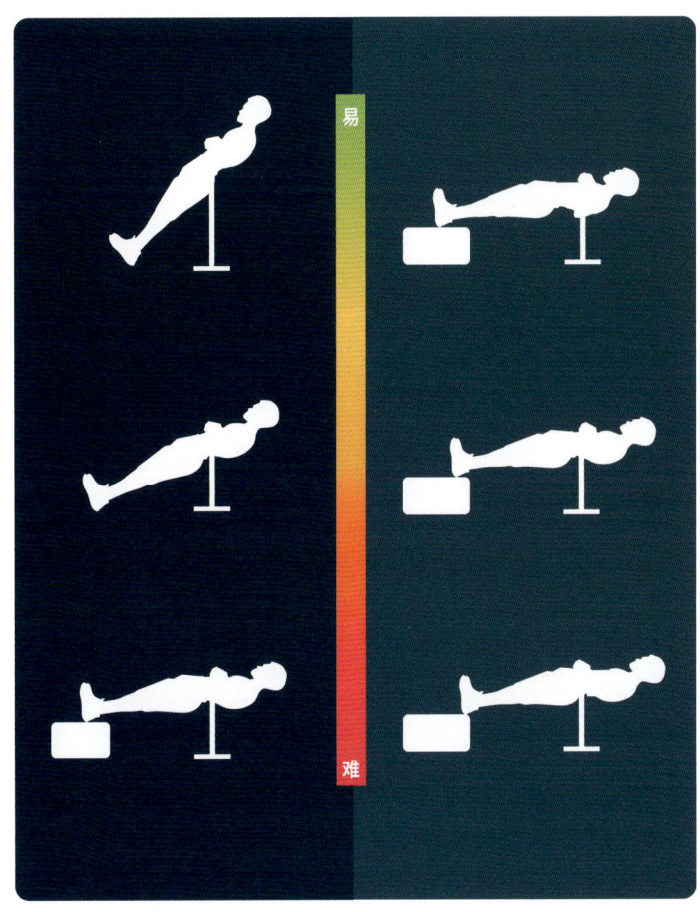

图 12.70

同样水平引体也可以采取不同握距和握法，以及采用偏重和单手的思路。

所以说徒手训练的方法其实非常多，只要你愿意开动脑筋，一样能找到科学的进阶道路（见图12.71）。

图 12.71　水平引体难度调整思路。

最极端的水平引体也就是前水平引体了，需要非常强大的整体背部拉力才能做到，可以配合负重引体（1倍以上体重）和水平引体不断进阶，通过前面金字塔思路逐步强化（见图12.72）。

图 12.72

3. 手臂训练

肘伸展（肱三头肌）训练

俯卧肱三臂屈伸，也叫后倾、虎扑俯卧撑等。

这个动作和俯卧撑的最大区别就在于肩关节的夹角不变，只有肘关节的角度产生变化（当然手腕也有，对于小臂的训练也有效果），让肱三头肌来承担更多的身体重量。另外小臂并不垂直于地面，所以肱三头肌还要承担额外的力矩（见图 12.73）。

这个动作可以作为很多动作的基础，例如碎颅者、虎扑倒立撑、A 级神技后倾臂屈伸（见图 12.74 ~ 图 12.77）以及慢速双立臂的翻腕等。

图 12.73

后倾臂屈伸

图 12.74

单手俯卧臂屈伸

单手俯卧臂屈伸，腿可以微微张开，保持平衡。肘也可以稍微打开，小臂朝斜前方 45°左右。

图 12.75

碎颅者

做该动作时高度越低越难，也可以在吊环上练习。

图 12.76

虎扑倒立撑

图 12.77

肘屈（肱二头肌等肘屈肌群）训练

自重二头弯举

相较于反手引体，这个动作对于肱二头肌的针对性更强。

弯举首选在吊环上做，因为吊环可以适应我们的高度变化，达到更好的训练效果。

动作要点（见图 12.78）：

· 大臂和身体夹角基本不变，只有肘关节角度产生变化。注意和水平引体区分开来；

· 手腕可以略微扣腕，这样肘屈肌群激活程度更高，同时也能练习到小臂的力量；

· 把环尽可能拉向耳后，肘往天花板抬，你能感受到肱二头肌巨大的刺激（虽然刺激感不是最重要的，但这个可以帮助你判断动作是否正确）。

图 12.78　自重二头弯举。

难度调整（见图 12.79）：

· 吊环高度越低、身体越接近水平，动作越难；

· 身体越往前站越难，越往后越简单；

· 随着力量上涨，也可以尝试一下单手的弯举。

易　　　　　　　　　　　　　　　　　难

图 12.79　自重弯举难度调整思路。

小臂训练

图 12.80

一个强大的小臂几乎是所有上肢动作的基础（见图 12.80）。拉力、推力动作几乎都是以手为固定点，而小臂是否强大就决定了你的支点是否稳固。一个稳定的支点可以让你的力量更强。强大的小臂肌群也能更好地保护手腕。

很多训练者在通往高阶的过程中，受伤的往往是手腕和小臂，所以在初期打下稳固的基础也是为后期的训练能更顺利地"无伤速通"。

可以在这个思路上进行难度的调整和动作的创造。下面给大家推荐几个思路供大家参考。

悬挂和变式

悬挂扣腕第一种方式：直扣（见图 12.81）。

这种握法在水平方向上会产生力矩，由小臂来承担这部分力量，相当于用自重作为阻力做一个腕弯举。

在引体向上竞赛中，这也会是一个重要的动作技术，可以有效地缩短动作行程（前提是有强大的腕力）。

图 12.81

悬挂扣腕第二种方式：搭腕（见图 12.82）。

这种方式扣的深度比前面第一种方式更深，除了有力量要求，还需要我们的手腕有强大的组织强度。初期可能会感觉比较痛，可以先用弹力带辅助的方式来进行练习。搭腕训练的进步周期会略长，因为软组织的恢复速度相较于肌肉更慢。

搭腕也有非常多的应用场景，例如搭腕慢双、前水平引体等等，很多腕力训练者也会进行这项动作的训练。

图 12.82

单手悬挂

当双手悬挂很轻松之后，可以进阶到偏重，再到单手的悬挂，甚至是单手扣腕悬挂（见图 12.83）。

图 12.83

不规则悬挂

除了前面的方法，我们还可以通过改变抓握物体的形状来进行练习（见图 12.84）。

抓握物体一般有加粗握把、指腕球、竖握把等等，而球和握把直径越大，难度也会越大。

图 12.84

动态抓握

相比于静态抓握的方式，动态抓握（见图 12.85）更有趣味，也更接近运动模式。

例如进行摆浪，在有加速度的情况下我们需要进行制动和重新加速，这算是爆发力练习的一种。这也是后期花式训练的基础练习。

图 12.85

伸肌练习

健康的手腕需要屈肌与伸肌的平衡（见图 12.86）。大多数人都处于屈肌过强伸肌不足的不平衡状态，而这种不平衡也是手腕疼痛的重要原因之一。

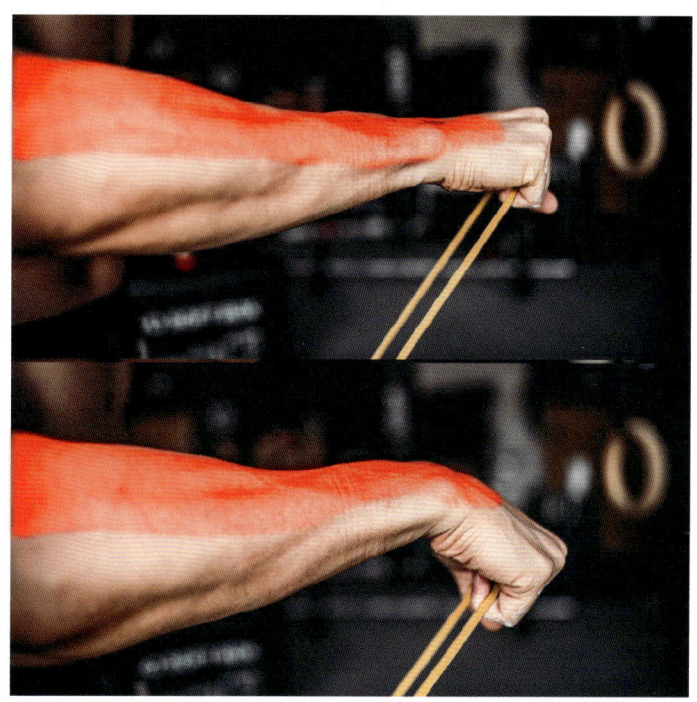

图 12.86

4. 下肢训练

自重深蹲

图 12.87

自重深蹲是锻炼下肢力量的基础动作（见图 12.87）。

从侧面观察，大腿与地面平行，躯干与小腿侧平行，臀部略低于膝关节，脚尖朝外 5˚～10˚，**膝关节与脚尖朝向一致**。至于膝关节超不超过脚尖并不是评判标准。

进阶可以通过负重、偏重的方法，也可以通过增加爆发的方法，例如跳跃等。

单腿深蹲

图 12.88

单腿深蹲是深蹲的进阶动作（见图 12.88）。单腿深蹲所需要的力量没有太高，重点在于足踝关节的灵活性及稳定性，灵活性不足的人往往脚跟会离开地面，稳定性不足的人在单腿下坐时无法维持平衡。当徒手深蹲比较轻松时，可以尝试单腿深蹲，建议从深蹲到底之后抬起一条腿开始尝试起立。

直桥

直桥对于大腿后侧的训练效果非常不错，同样，腰不用过度发力，肩、髋、膝、踝成为一条直线即可（见图 12.89）。

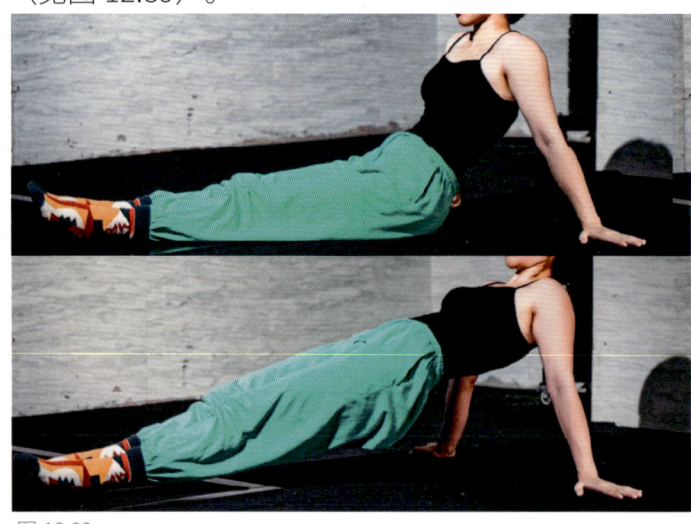

图 12.89

单腿直桥

单腿直桥是直桥的进阶版本，其实这个动作难度非常大，会感受到大腿后侧十足的刺激（见图 12.90）。

图 12.90

单腿硬拉

后侧链的训练往往是被忽略的，但是后侧链对于身体十分重要，强化后侧链有助于我们维持良好的身体姿势，提升身体的稳定性。

单腿硬拉在锻炼后侧链的同时还需要维持平衡，更具功能性。全程保持后侧腿伸直，肩、髋、膝、踝4点共线，支撑腿保持膝盖在足弓上方，不要前突（见图12.91）。

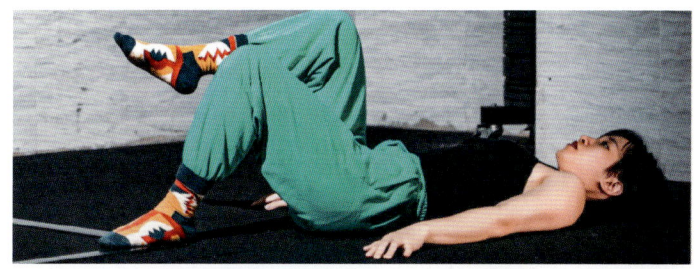

图 12.91

臀桥

臀桥是后侧链训练的必备动作之一。要建立正确的发力模式：脚抓地，有把脚底地板往臀部"拉"的感觉，臀部发力往上顶，使肩、髋、膝3点共线，腰部不要过度发力，也不要过度上顶（见图12.92）。

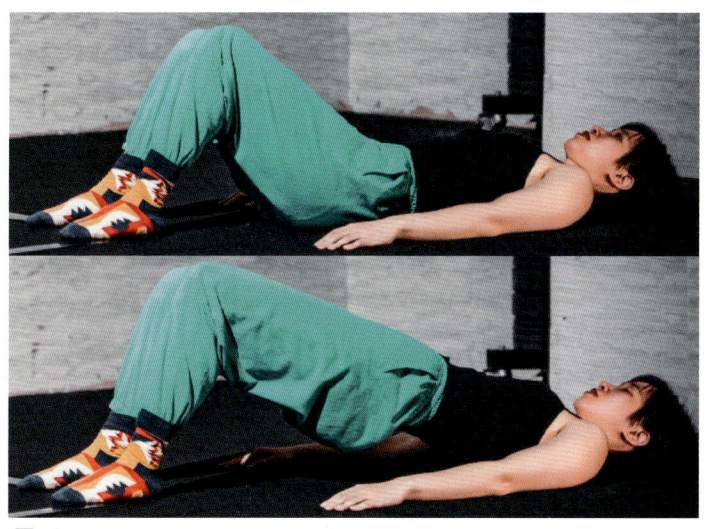

图 12.92

单腿臀桥

当双腿臀桥十分轻松后，可以尝试负重或者单腿臀桥的练习。单腿臀桥由于是单侧发力，会更接近于我们行走或跑步时的发力模式（见图12.93）。

图 12.93

跳箱

图 12.94

跳箱属于深蹲的进阶爆发力动作。准备时迅速屈膝屈髋来获得爆发力，跳跃时髋、膝、踝充分伸展，双脚蹬地获得足够的跳跃高度。落地可以适当屈髋屈膝来进行缓冲（见图12.94）。

5. 数量项目的训练思路

有部分人的目标除了解锁难度动作，更多的是想提升某些动作的极限数量。如果前面的基础知识看懂了，对于这种数量动作的训练应该会有一个基础的思维框架。

首先要明确以自己的能力能完成多少目标动作，再确定训练思路。

·如果只能完成 5 个以内，则前期还是以正常的"力量 - 肌肥大 - 耐力"的增肌思路为主。

·如果动作接近 20 个，那么训练思路就需要修改了，不需要再进入"力量 - 肌肥大 - 耐力"这个循环，而是把重点放在耐力这个环节里。

训练计划的重点就是数量跟时间，可以给自己规定一个训练时间，在这个时间内去冲击动作的最大次数，并做好记录，在下一个训练日重复（定个目标，如 10 min 内完成多少次引体向上），以数量的进步为标准。也可以每次训练中，每组以高次数为主并且适当减少组间休息时间。

除了训练，营养与恢复也需要受到重视。如果以动作数量为目标，那么在营养上还需要增加碳水的摄入比例（因为此类训练方式会造成严重的肌肉疲劳和糖原消耗），建议摄入量为 7 ~ 9 g/ (kg·d)，并且保持充足的睡眠来确保肌肉的恢复。

心血管训练

以健康为目的的训练一定不能缺少心血管系统的训练。然而事实是：大部分人都不愿意训练心肺，因为此类训练相对于力量训练而言，增肌者产生不了外观上的改变，大部分人都不会坚持。互联网上有许多"心肺训练掉肌肉"的言论，这会影响大部分初学者。在本人从事私人教练的这 7 年所服务的客户中，90% 的人健身都是为了身材，10% 的人是以健康为目的选择健身。因为觉得有氧训练"掉肌肉"，大部分人对于心肺训练不仅不重视还很排斥，但是如果把各种训练对身体的益处进行排名，心肺训练不是排第一就是排第二。

我们前面介绍了增肌大部分针对的是骨骼肌，骨骼肌的退化确实会引起很多问题，但是心肌出现问题的严重性可远高于骨骼肌。ACE(美国运动委员会)明确指出，大多数健康益处都需要每周进行至少 150 min 中等强度的体力活动才能获得，例如快走。更大的体力活动量会带来额外益处，例如每周进行 75 min 的高强度（最大摄氧量 60% ~ 95%）运动。

关于心肺训练给人体带来的各种好处，ACE 认为包括降低早逝风险、降低患冠心病的风险、降低卒中的风险、降低患高血压风险等。NASM(美国国家医学会)认为包括提高机体泵血能力、降低心脏疾病风险、提高氧传输能力、提高血管厚度，降低血凝块（血栓）的风险、降低胆固醇水平、提高大脑警觉性、减少抑郁和焦虑、提高放松和睡眠能力等。增肌不是健身的全部，虽然它也很重要，但是心肺训练的益处不会低于它。我们不是讨论它们谁更重要，因为它们之间也是有联系的，只是想提醒大家心肺训练对于健康的重要性无可替代。对于健康有益的训练我们不能忽视，对于健康有益的训练元素我们要利用起来，这样才能让健身最大化去服务我们的生活。那么我们该怎么去安排心肺训练呢？有氧训练真的"掉肌肉"吗？心肺训练的强度该如何进阶呢？如何把心肺训练融入到计划当中呢？接下来就是我们对于心肺训练相对细化的介绍。

心肺训练强度安排

心肺训练该怎么安排，该怎么提升强度呢？训练强度是一个范围性问题，比如让经常训练的你硬拉100 kg，你可能觉得不难，甚至可以做几组。但是让完全没练过的"小白"硬拉100 kg，结果可能会受伤。所以强度的标准对于每个人都是不一样的。衡量心肺训练强度的可视化标准有两个：第一个是心率，第二个是RPE（自感用力度）。在使用RPE时会出现一个常见问题，男性在使用RPE的时候一般会低估训练强度，女性在使用RPE的时候一般会高估训练强度，所以将心率与RPE结合起来判断训练强度相对比较准确。在训练强度逐渐变大时，心率会逐渐升高，同时RPE的感受也会升高。

对于强度的把控我们可以选择心率表加RPE。心率表不一定特别准确，但可以作为一个参考，配合RPE的感受，这样一般都能把强度控制在目标心率附近。

目标心率

目标心率也称为靶心率，每个人都有自己适合的强度范围，那么怎么找这个范围？

心率和训练区间是监测训练强度的便利工具，可以使用数学公式计算，这些公式可以用于估算最大心率或合适的训练区间来确保训练安全。我们可以采用一个经典公式——卡氏公式来找到自己合适的强度范围（见图12.95）。

最大心率的计算建议使用PES中的回归公式，这个公式相对来说准确性更高，计算方法是（以30岁为例）：208 −（0.7X 年龄），得到的结果就是187 bmp，那么在30岁这个年龄，训练的最大心率就是187 bmp。想进一步准确地算出适合自己的强度范围，我们就需要了解卡氏公式，它增加了静态心率和最大心率之间的差值概念用来划分不同的训练强度区间，该公式如下。

· [(208 −（0.7X 年龄））−静态心率]X 运动强度 + 静态心率。

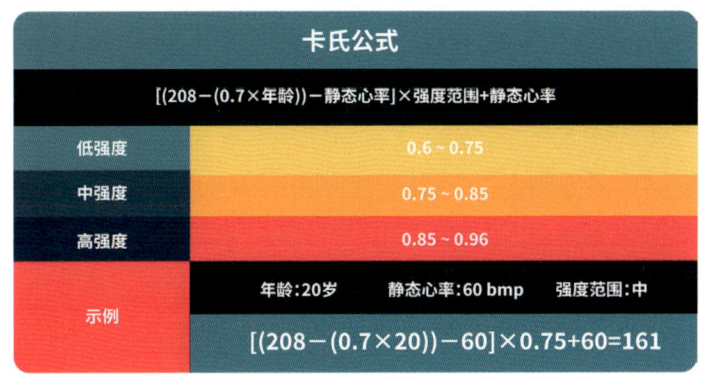

图 12.95　卡氏公式。

具体来说，低强度为0.6 ~ 0.75，适用于从来不做任何心肺针对性训练的人以及没有任何体育爱好的人，以便开始尝试并且建立心肺基础；中强度为0.75 ~ 0.85；高强度为0.85 ~ 0.96，这三个范围对应不同的训练强度。举个例子，一个人30岁，静态心率80 bmp，并且没有任何心肺训练基础以及体育爱好，那么这个人的心肺训练强度安排如下。

[(208 −（0.7X30）− 80]X0.6+80=144 bmp

[(208 −（0.7X30）− 80]X0.75+80=160 bmp

适合他的强度范围就是144 ~ 160 bmp。

常见的心肺训练方式是跑步，但是由于项目的枯燥性，很多人不愿意坚持。所以只要运动项目适合自己的目标心率范围并且能坚持一定时间就可以，像游泳、球类等有一定乐趣的项目都可以选择。

关于心肺训练"掉肌肉"以及影响力量这个问题大家不用过于担心。

"掉肌肉"是一个大话题。与心肺训练"掉肌肉"相比，营养的摄入问题更关键。对于"掉肌肉"这个问题影响最直接的是碳水摄入量过低，从而产生蛋白质大量糖异生。因此，保证关键营养的摄入才是关键，这样既不影响增肌效果，也能充分锻炼到心肺系统。

前面的章节有提到过，要保证碳水的摄入量，每周进行两次有氧耐力训练，每次30 min。这个训练强度不会影响增肌效果。那么我们怎么规划每周的60 min心肺训练就是关键。如果是一个从来不进行任何心肺训练的人，哪怕是30 min也不好坚持。

我们可以把每次训练后的5 ~ 30 min低强度训练留给心肺训练，随着心肺能力的提升，每次训练的时间可以适当延长。每次训练后先从5 min的心肺训练开始，逐步延长到 10 min。

当每次训练都能进行 10 min 低强度训练，并且没有任何困难的情况下，可以单独抽一天进行 15 min 以上的心肺训练，直到可以 1 次坚持 30 min 低强度训练就可以进阶。

一旦可以达到一周两次 30 min 低强度心肺训练这个标准时，就可以尝试中等强度的心肺训练，依此类推（见图 12.96）。

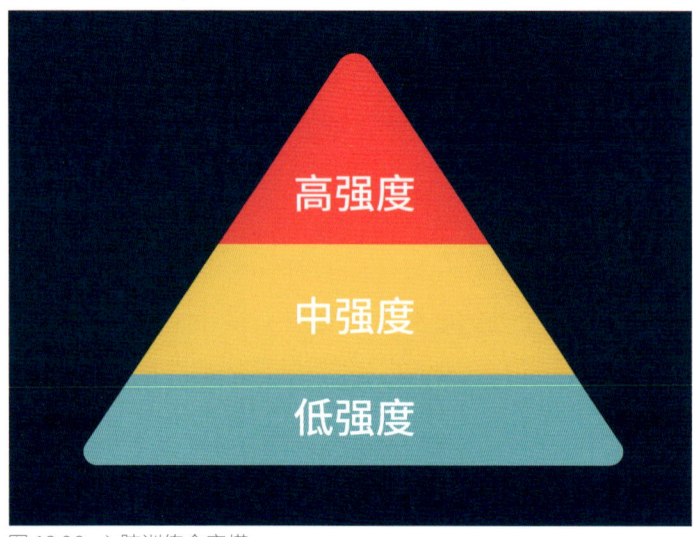

图 12.96 心肺训练金字塔。

心肺训练与力量训练

适当的心肺训练不仅不会掉肌肉，还能服务于力量训练与增肌训练（见图 12.97）。

心肺训练与力量训练之间的关系就像是"英雄联盟"中的"放技能"与"蓝条"之间的关系，大强度的力量训练就像"放技能"，而心肺基础就像是"蓝条"。拥有强大的心肺功能就像是随身带着"蓝 buff"，能放的技能更多也更强。

因为耐力训练能为我们的体能储备打下坚固的基础，主要体现在耐力训练带来的适应性变化：第一是心输出量的增加，第二是线粒体浓度的增加。线粒体的增加有助于加速体内代谢废物的清除，促进组织修复，加快代谢率。

再次强调"掉肌肉"更多的是营养补充问题，心肺耐力训练与力量训练是相辅相成的。

如果想保持增肌效率的同时进行心肺训练的进阶，就不能把进阶方式放在时长上，而需要放在强度

上。虽然延长训练时间也是强度的一部分，但是这里指的强度更多的是频率与速度等单位时间内提升心率的因素：一旦达到可以每周训练两次每次 30 min 这个"坎"，我们就需要提升强度缩短训练时间继续进阶。

随着心肺训练的进阶，训练的趣味性也会增加。低强度的心肺训练可能会相对枯燥，但是一旦进阶到

图 12.97 有氧耐力训练的生理适应。

246

中强度，我们就可以换"循环训练"模式与"代谢训练"模式来进行训练。

高强度心肺训练的代表就是"高强度间歇训练"，超高强度训练每周只需要 5~20 min 即可，心肺训练强度越大，每周所需要的总时间就越少。这里我们暂时不讨论对于减脂的效率，而是在保持增肌效率的基础之上最大化保证心肺训练的收益。

高强度心肺训练建议不要放在训练后，而是单独安排一天进行训练尝试。因为经过了一次抗阻力训练人已经在相对疲劳的状态，这种情况不适合尝试高强度心肺训练，所以需要单独安排一天，并且在状态良好时尝试。千万不要低估高强度心率范围的训练强度，有条件可以尝试一下储备心率在 90% 以上这个强度是一种什么样的感觉，就是"生不如死"。那种呼吸困难、肺部爆炸、大脑缺氧甚至想呕吐的感觉足以让任何人印象深刻。

所以，对于大强度的心肺训练，有身体基础疾病尤其是心血管疾病的人最好不要尝试，或者可以遵循医生的建议。

对高强度训练的建议是尽可能坚持，感觉无法保持这个心肺强度范围就休息，感觉恢复得差不多了就继续坚持。因为高强度训练坚持的时间一般都不长，所以在训练速度被迫降低的时候就缓停下来，等呼吸相对恢复一点就继续加速，让心率继续循环冲击。时间不用长，5 min 左右足以让大部分人"怀疑人生"，每次训练不超过 15 min，每周训练两次即可。

进阶的话可以继续提升每组的训练速度，使心率上升更多，并且逐步降低组间的恢复时间，如 1：2 训练、1：1 训练、2：1 训练。

举个例子：训练 20 s 休息 20 s 就属于 1：1 的训练，训练 20 s 休息 10 s 就属于 2：1 的训练，其中高

强度间歇训练的代表就是常见的 HIIT(High-intensity Interval Training, 高强度间歇训练) 训练模式或者强度更高的 Tabata 训练模式。

值得注意的是，不是任何间歇训练都叫 HIIT，那什么叫高强度训练？举个最直接的例子，百米冲刺就属于高强度训练。

HIIT 就是高强度训练穿插低强度训练或者休息，组成间歇训练的模式。例如：全力冲刺 10 s，然后快走或者慢跑 20 s，再接着继续冲刺 10 s，这算一组动作，做完留口喘气的时间，然后继续重复。或者骑车冲刺，一会慢骑一会冲刺，也属于 HIIT 的范围。HIIT 的高强度一般指储备心率在 90% 以上或者最大摄氧量为 90% 左右（最大摄氧量就是单位时间内身体能够摄入的最高氧气量）。

Tabata 是日本田畑泉教授于 1996 年对国家奥运速度滑冰选手提升运动表现和做测试用的，训练 20 s 休息 10 s 算一轮，8 轮，总共 4 min（这 20 s 指的是超高强度的极限训练，通常是最大摄氧量的 170%，值得注意的是 170% 的最大摄氧量是一个什么样的概念？一般"小白"跑步保持匀速能坚持 10 min 左右的这个强度大概是 50%~60% 的最大摄氧量，而对于 170% 的最大摄氧量，没有经过常年心肺训练的人基本达不到这个标准）。严格意义上的 Tabata 对于一般运动人群来说根本无法触及。

Tabata 也属于一种 HIIT，只不过它的时间有具体要求，强度也非常大，我们可以按照 Tabata 的这种时间要求去做 2：1 的间歇训练，虽然严格上来说心率没有冲到最大摄氧量的 170% 都没有达到 Tabata 的要求，但也不妨碍我们用这个模式安排高强度间歇训练。

心肺训练计划安排

循环训练的思路就是将多个动作编排在一起，每个动作之间不休息，直到完成一个大组之后才能适当休息，然后调整好呼吸进入下一组。

合适的循环训练模式需要避免动作与动作之间同一肌群的重复使用，如果循环训练的计划安排不合理，同一肌群的连续训练时间过长，会导致该计划的持续时间缩短，所以编排循环训练的思路最好是上肢与下肢、推力与拉力、躯干的正面与背面交替起来设计。训练者可以发挥自己的想象来设计训练计划，这也是一件很有趣的事情。

首先我们看一下循环训练计划的示例，我们按照推力与拉力、上肢与下肢、躯干的正面与背面选出 6 个动作为 1 组来进行计划设计。

例如：俯卧撑 10 次→引体向上 10 次→倒立上墙 10 次→深蹲 10 次→仰卧举腿 10 次→小飞燕 10 次。

动作与动作之间没有休息，直到所有动作都完成 1 次为 1 组训练。每组之间的休息时间在 1~2 min。

动作的难度可以根据自身情况进行进退阶调整，例如俯卧撑可以进阶为爆发俯卧撑或者退阶为高位俯卧撑，同理，引体向上也可以进阶为双立臂或退阶为澳式引体。

如果想要增加强度，可以进阶动作难度或者增加动作，也可以增加一次难度再增加一个动作，一个是增加单位时间内的强度，一个是可以延长每一组的训练时间。心肺能力够强的也可以两者兼顾，这样安排的心肺训练不仅不枯燥还能打牢基础。

如果循环训练安排的动作与动作之间重复使用的肌群过多，那么每组能增加的动作就会相对较少，虽然对同一肌群的肌肉耐力提升可能会更多，但是这样就脱离了训练动作多的特点。而每一组动作的减少会意味着坚持的总时间不长，心肺的收益总体会减少。

我们对于循环训练的计划设计可以从增加重复次数、增加动作难度、增加动作三个方面进阶，循环训练可以从三个动作的重复开始，最直接的就是推拉蹲。

例如从"俯卧撑 10 次→引体向上 10 次→深蹲 10 次"这三个动作开始循环。这里面可以安排针对性增强弱项的训练，例如大部分人引体向上的能力都比较差，那么我们可以从澳式引体开始，弱项动作可以选择退阶难度，并且增加次数，按照"耐力 - 肌肥大 - 力量"的方式去进阶，最终使动作之间的次数平衡化。

最开始从"俯卧撑 - 引体 - 深蹲"循环会出现一个问题：深蹲 10 次对于很多人来说太简单，而引体向上 10 次可能对于很多人来说很难，大部分人会在引体这个阶段卡住影响整体进度。我们可按照上述方式把引体退阶为澳式引体，但次数比俯卧撑增加 2~5 次，深蹲也可以适当增加次数或者改为深蹲跳。一旦我们能够轻松完成 15 次以上并且完成两组时，我们就可以增加动作难度或者增加新的动作元素来进阶。

例如第一次进阶选择增加动作难度，下次进阶就增加新动作，这个时候就能融入更多的肌肉群训练。随着动作的增加，每一组的训练时间也会相对延长，到 6 个动作时强度已经很大了，这个时候可以选择动作难度而不继续增加动作，也可以继续增加难度再增加动作。这两种方式都能锻炼到心肺系统，增加难度的方式更适合为后续的高强度间歇训练打下基础，而增加动作会增加每组的时间，这样更侧重于心肺耐力。

刚进阶到中强度这个阶段的训练者，可以从每组 3~4 个动作的循环开始逐步进阶，从 5~10 min 的训练时间开始坚持。随着力量耐力的增强以及心输出量的增加，循环训练的进步会非常快，很快就能提升到 6 个动作每个动作 15 次的水平。当可以相对轻松地完成 4~6 组的时候，我们的体能储备以及力量耐力都会提升到一个不低的水平。

这种方式很像杠铃训练中的诱导乳酸训练法，只不过动作的编排上改成了徒手街健的底层储备动作。这个时候去实践金字塔第一阶段的内容是安全的。

想继续提升心肺能力可以直接进行 HIIT 训练。其实 HIIT 训练也有一套从中低强度进阶到高强度 HIIT 的模式。HIIT 的演化与扩展还可细化为 VRT(Variable Recovery Training)、VIT(Variable Interval Training) 与 VIIT(Variable Intensity Interval Training)（见图

12.98）。HIIT 高强度间歇训练是以上几种变式的最终版本。

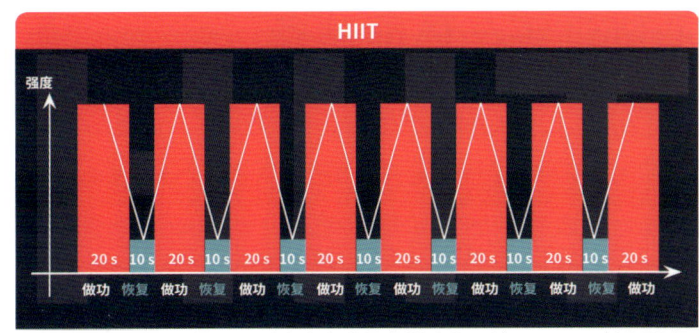

图 12.99 HIIT 训练模式。引自奥力莱健身学院代理的 HIIT 国际培训课程。

大家可以看到这几种变式都是接近 1∶2 或者 1∶1 训练的模式，而最终的 HIIT 是 2∶1 训练。

这里推荐的 HIIT 是循环训练的上层进阶，当我们可以完成循环训练 6 个动作、每个动作 15 次并且能坚持 4~6 组的时候，就可以尝试 HIIT 训练了。前面提及的 HIIT 的两大要素第一是高强度，第二是短时间的恢复。例如我们常见的 Tabata 训练模式就是高强度短恢复的代表性模式，也就是常见的 2∶1 训练模式（训练时间∶恢复时间为 2∶1），通常推荐强度是最大心率的 90% 以上，如果没有循环训练的心肺基础就很难坚持下去。

在户外可以选择冲刺跑、骑自行车以及游泳等方式进行，记录自己的训练时间与休息时间是关键。例如全力冲刺 15~20 s，休息时间是训练时间的一半，然后继续开始循环，通常持续 8~15 组。如果刚开始尝试的时候实在难以坚持可以适当退阶，暂时调整为 1∶1 训练。

我们还可以把 HIIT 设计得与徒手街健更贴合，例如进行推（快速爆发俯卧撑）、拉（快速引体 / 水平引体）、蹲（深蹲跳 / 波比）的交替，这样能更好地发展街健基础力量以及心肺能力。高强度的心肺训练每周在 15 min 左右即可，这样可以为体能储备打下基础，方便我们更好地进入街健系统动作学习中。

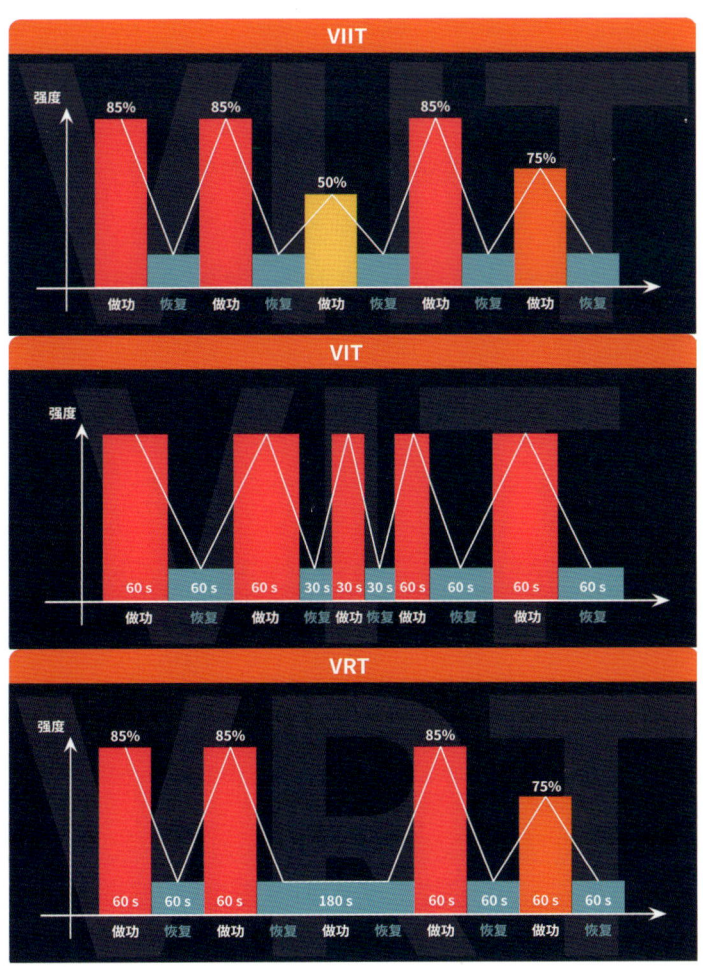

图 12.98　VIIT、VIT、VRT 训练模式。引自奥力莱健身学院代理的 HIIT 国际培训课程。

HIIT 通过短时间的高强度训练与恢复来交替完成（见图 12.99），体现的就是高强度与间歇这两个要素，以上提到的 VRT、VIT 及 VIIT 都属于 HIIT 的演化与扩展，主要目的就是通过变量与强度的调整来提升训练效果与训练强度。关于以上"变式"之间都有详细的"进退阶"调整方案，而 HIIT 则是属于"最上层"。

心肺训练与体能储备

我们安排心肺训练的目的除了提高心血管功能之外，还有一个重点就是增加体能储备。体能储备是一个概念性表述。我们可能对前面介绍的零基础训练者的增肌次数范围有疑问，因为前面介绍周期性概念的时候有介绍肌节肥大的推荐范围与肌质肥大的推荐范围，那么为什么推荐初学者把次数进阶到靠近 20 次这个范围呢？6～12 次不是更好的选择吗？其实这样推荐的主要目的就是发展体能储备。

前面介绍过心肺训练与耐力训练不是提高最大力量的方法，但是它们能给我们提供的帮助在训练过程中可能直接体会不到，因为大部分人衡量自己训练的进步就是在力量上，却没有考虑到恢复问题。

对于初学者而言，力量耐力与心肺训练会使训练者的糖原储备、线粒体浓度以及毛细血管增加，这些物质的增加对体能储备的帮助更多体现在恢复上。良好的恢复状态与训练时的"体能储备"不就是服务力量最好的方法吗？

我们可以把主要方向放在力量上，但是对身体以及健身整体有益的元素我们不能完全丢弃，只要做到不影响力量训练这个范围的"临界值"就没有问题。

花篇幅去介绍关于其他元素的训练时间及以底层的营养概念的主要原因，就是希望各位训练者能够看清底层的原理，这样才能使健身对我们身体的收益"最大化"。这本书如果能影响更多人，那它就是有价值的，因为只有好的身体才是我们能幸福生活的前提。我也希望这本书能够发挥它对于徒手健身的价值，让更多人能够利用碎片时间行动起来。

一点题外话

现在很多短视频 APP 上都出现了各种 Tabata 跟练的视频，配上各种夸张的标题来贩卖减脂焦虑。但是就像某年关于"海参炒面"这个小品一样，"海参炒面"里面没有海参，只是炒面的这个人叫海参。所谓的"Tabata 高强度间歇"点开一看，各种扭腰、卷腹等一系列动作配上 2∶1 的训练模式就莫名其妙被打上了 Tabata 的标签，并配上"运动 10 分钟燃脂一整天"这种极其夸张的标题，让大众对 Tabata 产生了严重的认知偏差。

因为现在减脂是一个大需求，而高强度训练会有一定的"后燃性"，这个就是过量氧耗（EPOC）。简单解释一下，我们一般在训练的时候会较多地消耗热量，一旦训练停止，热量消耗也会停止。

但是在大强度运动过程中，机体能够摄取的氧气量不能满足实际需要的氧气量时，就会产生内氧的"亏欠"，这种现象被称为"氧亏"（Oxygen Deficit）。运动强度越大，"氧亏"就越大（中低强度训练的开始阶段也会有"氧亏"现象）。在我们训练结束后的恢复时间，机体的耗氧水平仍然高于训练前的安静状态，这种现象就称为过量氧耗 (EPOC)（见图 12.100）。

这个时候哪怕是在安静状态下静息，消耗也比平时高，也正是这一点被各种人抓住机会大肆贩卖减脂焦虑，用"运动 10 分钟燃脂一整天"这样的视频来博取流量。

但不是我用 2∶1 的训练套着 Tabata 的训练模版做出来的东西就叫 Tabata。如果我走 20 s 坐下来休息 10 s 再走 20 s 重复 8 轮，这也不代表完成了一次 Tabata。

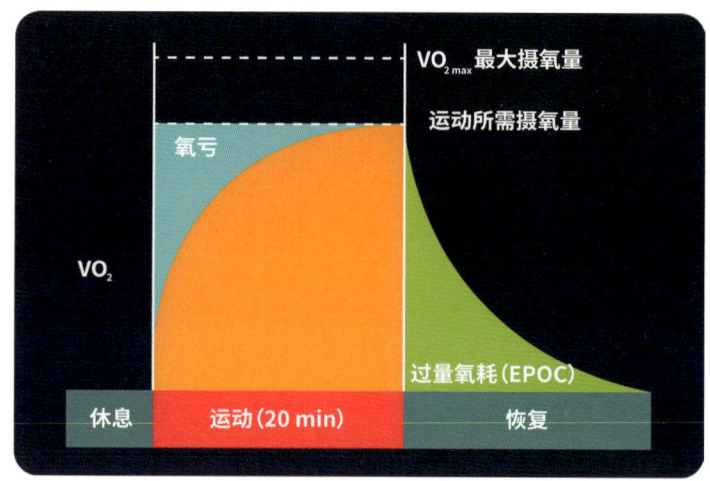

图 12.100　EPOC。横坐标表示时间，纵坐标表示氧气量。运动 20 min 所需氧气量是虚线以下整个矩形的面积，但是实际摄氧量是橙色面积，因为高强度训练最开始会使用无氧代谢，进而产生了氧亏现象，训练后身体为了恢复就会增加氧气供应。

HIIT 与 Tabata 确实可以产生过量氧耗（EPOC），但必须是建立在大强度的基础之上的。通常储备心率 90% 以上才会有大量的"氧亏"产生。

这个强度范围并不是随随便便动一动、扭扭屁股就可以实现的。也许有人会说不管用什么内容，至少能让人动起来就是有好处的。

没错，动起来确实会比不动的健康收益更高，但是这种行为对一个小白的认知影响会非常大，尤其是心态的影响。减脂这个话题是一个大范围话题，关于怎么去运动只是其中的一个部分，更大的因素来自于热量的摄入以及平时的生活习惯。那种几天瘦 10 斤、几天瘦 20 斤的视频，会让人对于减脂的心态求之过急。短时间大量掉体重对健康来说并不是一件好事，减脂的合理范围就是每周减脂 1%～2%。

另外关于运动"康复"的一系列问题，本书里并没有任何表述与建议，原因是个人对于康复这个话题的认知相对较浅，在以前所接触的康复类培训中，几乎有固有流程即损伤的成因介绍、损伤肌肉的评估以及筋膜放松与关节松动等手法。本人经过实践发现了一个问题，那就是帮客户暂时性消除疼痛并非康复，后续的复发及其他影响因素远比想象中复杂得多。本人建议在出现损伤时应去找经验丰富的运动康复师。训练所涵盖的远远不止力量与动作，还涉及相关的评估流程及问题对应的解决方案。合理训练的第一步永远是评估，第二步是体态与呼吸，第三步才是力量及动作阶段，这其中每一个阶段都是相当大的话题。对于评估感兴趣的可以去了解目前国际权威性较高的相关培训课程。

致谢

感谢四方力量街头健身团队（你们也是我见过的在街健这个领域真正热爱以及愿意付出的人），没有你们就没有《街头健身训练指南》这本书问世，书中的配图以及大量资料文献的查阅都需要巨大的付出，原则上来说你们就是第二个作者。希望你们能在自己热爱的领域继续发光发热，为中国街健的发展带来贡献。关于书中的疑问可以直接联系四方力量街头健身团队。也感谢为这本书提供过帮助的所有人，特别鸣谢 TD 健身学院院长涂志强、TD 健身学院导师朱冰岩、亚洲运动营养联合会首席培训师樊锋，他们直接提供了培训课程中的精华内容，让本书的内容更加全面。希望以后街健的未来由我们中国人"带领"！

参考资料

1. J. K. Ngo, Solis-Urra, P., J. Sanchez-Martinez, MSc(2021). *Injury profile among street workout practitioners.* Orthopaedic Journal of Sports Medicine, 9(6), 2325967121990926. https://doi.org/10.1177/2325967121990926.

2. Adams GR, Harris RT, Woodard D, Dudley GA. *Mapping of electrical muscle stimulation using MRI.* J Appl Physiol 74:532-537, 1993.

3. Petrella J K, Kim J S, Mayhew D L,et al (2008). *Potent myofiber hypertrophy during resistance training in humans is associated with satellite cell-mediated myonuclear addition: a cluster analysis.* Journal of Applied Physiology, 104(6), 1736-1742.

4. Gundersen K. *Excitation-transcription coupling in skeletal muscle: the molecular pathways of exercise.* Biological reviews of the Cambridge Philosophical Society. 2011;86(3):564-600.

5. Eisenberg BR, Kuda AM. *Discrimination between fiber populations in mammalian skeletal muscle by using ultrastructural parameters.* Journal of Ultrastructure Research. 1975;51(1-2):169-187.

6. Schiaffino S, Ausoni S, Gorza L, et al. *Myosin heavy chain isoforms and velocity of shortening of type 2 skeletal muscle fibres.* Acta physiologica Scandinavica. 1988;134(1):575-576.

7. Freedman W, Kent M, Scaduto J, et al. *Does Only a Stick Break? Sensorimotor Training Reduces Stiffness and Injurious Movement Patterns Associated With Stick Carrying in Field Hockey.* Sports (Basel). 2020;8(11):147.

8. Newell KM. *Motor skill acquisition.* Annu Rev Psychol. 1991;42:213-237.

9. Kubo, K., Ishigaki, T., Ikebukuro, T. (2017). *Effects of plyometric and isometric training on muscle and tendon stiffness in vivo.* Physiol Rep, 5(15), e13374. https://doi.org/10.14814/phy2.13374

10. Burgess, K. E., Connick, M. J., Graham-Smith, P. , et al (2007). *Plyometric vs. isometric training influences on tendon properties and muscle output.* J Strength Cond Res, 21(3), 986-989. doi: 10.1519/R-20235.1.

11. Schmidt, R. A., Lee, T. D. (2019). *Motor Learning: Generalization to Automation.*

12. Kraemer, W. J., Ratamess, N. A. (2005). *Hormonal responses and adaptations to resistance exercise and training.* Sports Medicine, 35(4), 339-361.

13. Wideman, L., Weltman, J. Y., Hartman, M. L., et al (2002). *Growth hormone release during acute and chronic aerobic and resistance exercise: recent findings.* Sports Medicine, 32(15), 987-1004.

14. Giustina, A., Veldhuis, J. D. (1998). *Pathophysiology of the neuroregulation of growth hormone secretion in experimental animals and the human.* Endocrine Reviews, 19(6), 717-797.

15. LeRoith, D., Yakar, S. (2007). *Mechanisms of disease: metabolic effects of growth hormone and insulin-like growth factor 1.* Nature Clinical Practice Endocrinology & Metabolism, 3(3), 302-310.

16. Schiaffino, S., Dyar, K. A., Ciciliot, S., et al (2013). *Mechanisms regulating skeletal muscle growth and atrophy.* FEBS journal, 280(17), 4294-4314.

17. Willkomm, L., Elsen, M., Borosch, S., et al (2011). *The Effect Of Lactate On Proliferation And Differentiation Behaviour Of C2C12 And Primary Human Myoblasts.* Medicine and science in sports and exercise, 43(5, Supplement 1), 411.

18. Hall, K. D., Heymsfield, S. B., Kemnitz, J. W., et al (2012). *Energy balance and its components: implications for body weight regulation.* The American journal of clinical nutrition, 95(4), 989-994.

19. Schwartz, M. W., Seeley, R. J., Tschop, M. H., et al. (2013). *Cooperation between brain and islet in glucose homeostasis and diabetes*. Nature, 503(7474), 59-66.

20. Fry AC. *The role of resistance exercise intensity on muscle fibre adaptations.* Sports Med. 2004;34(10):663-79.

21. Cotman CW, Berchtold NC. *Exercise: a behavioral intervention to enhance brain health and plasticity.* Trends Neurosci. 2002;25(6):295-301.

22. Haff G G,Triplett N T. (Eds.). (2015). *Essentials of strength training and conditioning,* 4th ed. Human Kinetics.

23. Gandhavadi M, Allamargotas A, Gupta V, et al. *Enhanced neuronal regeneration by exercise preconditioning in experimentalStroke.* Neurobiol Dis. 2019;123:190-200.

24. Meeusen, R., Duclos, M., Foster, C., et al (2013). *Prevention, diagnosis, and treatment of the overtraining syndrome: Joint consensus statement of the European College of Sport Science and the American College of Sport Medicine.* Medicine and science in sports and exercise, 45(1), 186-205.

25. Halson, S. L. , Jeukendrup A. E. (2004). *Does overtraining exist? An analysis of overreaching and overtraining research.* Sports Medicine, 34(14), 967-981.

26. Foster, C. (1998). *Monitoring training in athletes with reference to overtraining syndrome. Medicine and science in sports and exercise,* 30(7), 1164-1168.

27. Armstrong, L. E. , VanHeest, J. L. (2002). *The unknown mechanism of the overtraining syndrome: Clues from depression and psychoneuroimmunology.* Sports Medicine, 32(3), 185-209.

28. Urhausen, A., Kindermann, W. (2002). *Diagnosis of overtraining: what tools do we have?* Sports Medicine, 32(2), 95-102.

29. Kentta, G., Hassmén P. (1998). *Overtraining and recovery. A conceptual model.* Sports Medicine, 26(1), 1-16.

30. Eston R. *Use of ratings of perceived exertion in sports. International journal of sports physiology and performance.* 2012 Nov;7(4):309.

31. Scherr J, Wolfarth B, Christle JW, et al. *Associations between Borg's rating of perceived exertion and physiological measures of exercise intensity.* European journal of applied physiology. 2013 Jan;113(1):147-55.

32. Borg G. *Borg's perceived exertion and pain scales.* Human kinetics; 1998.

33. Uusitalo, A.L.T., Uusitalo, A. J., Rusko, H. K. (1998). *Heart rate and blood pressure variability during heavy training and overtraining in the female athlete.* International journal of sports medicine, 19(01), 45-53.

34. Meeusen, R., Duclos, M., Foster, C., et al (2013). *"Prevention, diagnosis, and treatment of the overtraining syndrome: joint consensus statement of the European College of Sport Science and the American College of Sports Medicine."* Medicine and science in sports and exercise, 45(1), 186-205.

35. Borel, F., Maisonny, R. (1957). *Mécanismes de l'augmentation de la capacité de travail à la limite de la fatigue par l'entraoinement.* Comptes Rendus des Séances de la Société de Biologie et de Ses Filiales, 151(7-8), 1357-1359.

36. Schleip, R., Duerselen, L., Vleeming, A., et al (2012). *Strain hardening of fascia: static stretching of dense fibrous connective tissues can induce a temporary stiffness increase accompanied by enhanced matrix hydration.* Journal of bodywork and movement therapies, 16(1), 94-100.

37. Langevin, H. M., Stevens-Tuttle, D., Fox, J. R., et al (2009). *Ultrasound evidence of altered lumbar connective tissue structure in human subjects with chronic low back pain.* BMC musculoskeletal disorders, 10(1), 1-12.

38. Costill, D. L., Sherman, W. M., Fink, W. J., et al (1981). *The role of dietary carbohydrates in muscle glycogen*

resynthesis after strenuous running. American Journal of Clinical Nutrition, 34(9), 1831-1836.

39. Casey, A., Mann, R., Banister, K., et al (2000). *Effect of carbohydrate ingestion on glycogen resynthesis in human liver and skeletal muscle, measured by (13)C MRS.* American Journal of Physiology-Endocrinology and Metabolism, 278(1), E65-E75.

40. Bergstrom, J., Hermansen, L., Hultman, E., et al (1967). *Diet, muscle glycogen and physical performance.* Acta Physiologica Scandinavica, 71(2-3), 140-150.

41. Heaney, R. P., Weaver, C. M. (1990). *Oxalate: Effect on calcium absorbability.* The American journal of clinical nutrition, 52(4), 754-756.

42. Kocian, J., Skala, I. (1975). *Lactose and calcium absorption.* Gut, 16(4), 295-298.

43. Abrams, S. A., Griffin, I. J., Hawthorne, K. M., et al (2005). *A combination of prebiotic short-and long-chain inulin-type fructans enhances calcium absorption and bone mineralization in young adolescents.* The American journal of clinical nutrition, 82(2), 471-476.

44. Bellamy, W., Takase, M., Yamauchi, K., et al (1992). *Identification of the bactericidal domain of lactoferrin.* Biochimica et Biophysica Acta (BBA) - Protein Structure and Molecular Enzymology, 1121(1-2), 130-136.

45. Arnold, R. R., Cole, M. F., McGhee, J. R. (1977). *A bactericidal effect for human lactoferrin.* Science, 197(4300), 263-265.

46. Thomas, G. M., Frame, S., Goedert, M., et al (2000). *A GSK3-binding peptide from FRAT1 selectively inhibits the GSK3-catalysed phosphorylation of axin and β-catenin.* FEBS letters, 458(2), 247-251.

47. Reza Halse, Lee G.D. Fryer, James G. McCormack, et al (2003). *Regulation of glycogen synthase by glucose and glycogen: a possible role for AMP-activated protein kinase.* Diabetes, 46(2), 200-206.

48. Kimball, S. R., Jefferson, L. S. (2006). *Signaling pathways and molecular mechanisms through which branched-chain amino acids mediate translational control of protein synthesis.* The Journal of nutrition, 136(1), 227S-231S.

49. Patterson RE, Laughlin GA, LaCroix AZ, et al. *Intermittent Fasting and Human Metabolic Health.* Journal of the Academy of Nutrition and Dietetics. 2015;115(8):1203-1212.

50. Mattson MP, Longo VD, Harvie M. *Impact of intermittent fasting on health and disease processes.* Ageing Res Rev. 2017;39:46-58.

51. Nadeau, K., Ehlers, L., Aguirre, L., et al (2006). *Exercise training and caloric restriction increase SREBP-1 expression and intramuscular triglycerides in skeletal muscle.* American Journal of Physiology - Endocrinology and Metabolism, 291(1), E90 – E98. DOI: 10.1152/ajpendo.00543.2005. PMID: 16449296.

52. Roepstorff, C., Vistisen, B., Kiens, B. (2005). *Muscle triacylglycerol during energy metabolism in humans during exercise.* Exercise and Sport Sciences Reviews, 33(4), 182 – 188. DOI: 10.1097/00003677-200510000-00006. PMID: 16239835.

53. Gingras AA, White PJ, Chouinard PY, et al. (2007). *Long-chain omega-3 fatty acids regulate bovine whole-body protein metabolism by promoting muscle insulin signalling to the Akt-mTOR-S6K1 pathway and insulin sensitivity.* Journal of Physiology, 579(Pt 1), 269-284.

54. Volek JS, Kraemer WJ, Bush JA, et al. *Testosterone and cortisol in relationship to dietary nutrients and resistance exercise.* Journal of Applied Physiology. 1997 Jan 1;82(1):49-54.

55. Lewis EJ, Radonic PW, Wolever TM, et al. *21 days of mammalian omega-3 fatty acid supplementation improves aspects of neuromuscular function and performance in male athletes compared to olive oil placebo.*

Journal of the International Society of Sports Nutrison. 2015 Dec;12(1):1-0.

56. Martorella M, Pisanu S, Di Stefano G, et al. *The effect of L-carnitine and L-acetyl-carnitine supplementation on the haematological response induced by a single bout of exercise in thoroughbred horses.* The Veterinary Journal. 2013 May 1;196(2):204-209.

57. Gammone, M. A., D'Orazio N. (2016). *Omega-3 polyunsaturated fatty acids: benefits and endpoints in sport.* Nutrients, 8(12), 748.

58. Jouris KB, McDaniel JL, Weiss EP. *The Effect of Omega-3 Fatty Acid Supplementation on the Inflammatory Response to eccentric strength exercise.* Journal of sports science & medicine. 2011;10(3):432-438.

59. Schoenfeld, B. J. (2010). *The mechanisms of muscle hypertrophy and their application to resistance training.* Journal of Strength and Conditioning Research, 24(10), 2857-2872. doi: 10.1519/JSC.0b013e3181e840f3.

60. Schoenfeld, B. J. (2013). *Potential mechanisms for a role of metabolic stress in hypertrophic adaptations to resistance training.* Sports Medicine, 43(3), 179-194. doi: 10.1007/s40279-013-0017-1.

61. Bruusgaard, J. C., Johansen, I. B., Egner, I. M, et al (2010). *Myonuclei acquired by overload exercise precede hypertrophy and are not lost on detraining.* Proceedings of the National Academy of Sciences, 107(34), 15111-15116.

62. William D. McArdle, Frank I. Katch, Victor L. Katch.*Essentials of Exercise Physiology*.

63. Carvalho, L.,Junior, R. M., Barreira, J., et al (2022). *Muscle hypertrophy and strength gains after resistance training with different volume-matched loads: a systematic review and meta-analysis.* Applied Physiology, Nutrition, and Metabolism, 47(4), 357-368. https://doi.org/10.1139/apnm-2021-0515.

64. Neumann DA. *Kinesiology of the musculoskeletal system: foundations for rehabilitation. 2nd ed.* St. Louis, MO: Mosby; 2010.

65. Eric R. Kandel,James H. Schwartz, Thomas M. Jessell. *Principles of Neural Science*. McGraw-Hill Professional, 2012.

66. Mark F. Bear, Barry W. Connors, Michael A. Paradiso. *Neuroscience: Exploring the Brain*.Lippincott Williams & Wilkins, 2012.

67. Hofmann, P., Tschakert, G. (2010). *Intensity-dependent effects of resistance training on power performance in young adults.* Journal of Strength and Conditioning Research, 24(5), 1279-1288. DOI: 10.1519/JSC.0b013e3181d678a2.